Coleção Vértice

91

AS VERDADEIRAS ALEGRIAS

@editoraquadrante
@editoraquadrante
@quadranteeditora
Quadrante

FRANCISCO FAUS

AS VERDADEIRAS ALEGRIAS

2ª edição

São Paulo
2024

Copyright © 2016 Quadrante Editora

Capa de
Gabriela Haeitmann

Dados Internacionais de Catalogação na Publicação (CIP)

Faus, Francisco
As verdadeiras alegrias / Francisco Faus – 2ª ed. – São Paulo :
Quadrante, 2024.

ISBN: 978-85-7465-630-4

1. Moral cristã e teologia devocional 2. Alegria I. Título II.
Série

CDD-240

Índice para catálogo sistemático:
1. Moral cristã e teologia devocional 2. Alegria

Todos os direitos reservados a
QUADRANTE EDITORA
Rua Bernardo da Veiga, 47 - Tel.: 3873-2270
CEP 01252-020 - São Paulo - SP
www.quadrante.com.br / atendimento@quadrante.com.br

Ibi nostra fixa sint corda,
ubi vera sunt gaudia.

Os nossos corações permaneçam firmes
lá onde estão as verdadeiras alegrias.

da Liturgia da Páscoa

Pórtico

A borboleta azul

Vamos iniciar juntos, leitor, uma expedição à procura das verdadeiras alegrias. Todos as desejamos. Todos queremos ser felizes. Mas sabemos por experiência que não é fácil.

Lembro que, há uns anos, passando uns dias de descanso numa chácara cercada de bosques, gostava de andar pelas trilhas do mato. Com frequência, aparecia uma grande borboleta azul, que fazia questão de voar na minha frente. Ondulava, mas não deixava de me preceder no caminho por um bom trecho. Quando, porém, eu esperava poder me aproximar um pouco mais, ela dava uma guinada e se escondia entre as árvores.

Você não acha que muitas alegrias da nossa vida foram borboletas azuis? Que, no caminho da vida, fomos encontrando indicadores que convidavam: «Rumo à alegria», mas, quando seguimos a direção da seta, descobrimos que na maioria das vezes o caminho terminava num brejo, numas moitas cerradas de espinheiros ou num beco sem saída... Por quê?

Cemitério de alegrias perdidas

Antigamente, nas cidades e povoados, era comum que os cemitérios estivessem anexos à igreja. Lá – num lugar sagrado e perto de Deus – enterravam os falecidos. Ainda hoje, uma das igrejas barrocas mais bonitas de Minas, a de São Francisco de São João del-Rei, mantém o cemitério ao lado: nele foi sepultado o presidente Tancredo Neves.

Nós – que deveríamos ser templos do Espírito Santo – também temos, grudado, junto ao coração, o nosso «cemitério de alegrias mortas». À beira das suas alamedas invisíveis, alinham-se os túmulos. Em cada um deles poderíamos ler uma inscrição:

AQUI JAZ A FRUSTRAÇÃO DA MINHA VIDA PROFISSIONAL

AQUI JAZ A MINHA FRUSTRAÇÃO FAMILIAR. NÃO SOUBE CONSTRUIR UMA FAMÍLIA UNIDA

AQUI JAZ O IDEAL DE VIDA QUE NÃO SOUBE TRANSMITIR AOS MEUS FILHOS

AQUI JAZ O BEM-ESTAR QUE PERDI, COM FRACASSOS QUE FIZERAM O MEU PADRÃO DE VIDA CAIR

AQUI JAZ A SAÚDE QUE JÁ NÃO TENHO MAIS

AQUI JAZ A JUVENTUDE QUE SE FOI

AQUI JAZ A ESTRELA DA FÉ, QUE EU MESMO APAGUEI

AQUI JAZ...

Chega! Vamos sair dessas alamedas tristes, porque é preciso descobrir que a alegria é sempre possível, e que muitas das alegrias mortas podem e devem ressuscitar, redivivas ou transformadas em outras diversas, maiores do que elas.

A alegria é um sonho real

Sem alegria não se pode viver. Por isso, é preciso sonhar com a alegria, por maiores que tenham sido as nossas decepções. É o que vamos tentar fazer, com a ajuda de Deus, na nossa expedição ao longo destas páginas.

Procuraremos olhar para Deus e, com a sua ajuda, introduzir-nos no nosso coração, para nele fazer um balanço sereno das alegrias frustradas e das alegrias permanentes. Ao fazer esse balanço, perguntemo-nos *por quê*. Pode ser que neste livro você encontre mais de uma resposta.

Ao mesmo tempo, leitor, tentaremos internar-nos bem no mundo de Deus, porque *Ele é a minha alegria* (Sal 43, 4). E, como só *Deus é luz* (1 Jo 1, 5), é *na sua luz* que *veremos a luz* (cf. Sal 36, 10).

Quer dizer que tentaremos procurar a alegria de olhos postos em Deus. Já lhe adianto – mesmo que neste momento não acredite – que não obteremos as respostas que tanto desejamos se não nos animarmos a entrar com confiança nesse mundo da *Luz verdadeira* (Jo 1, 9), que é a fé fundida com o amor, pois é daí que brotam as fontes da verdadeira alegria.

Por isso, «prepare o seu coração», como diz a canção popular, e comecemos a nossa expedição.

1. A alegria no poço

O poço úmido

«Onde estás, meu pobre coração?», dizia um poeta triste.

A resposta certa, em muitos casos, deveria ser: «Estou no fundo de um poço». «De que poço?», perguntaríamos. E eis que uma voz com pretensões cultas responderia: «No poço do Leclercq».

O que é esse enigma? Explico.

O belga Jacques Leclercq, num velho livro sobre o ano litúrgico, contava a parábola do homem que morava no fundo de um poço: pequeno, estreito, escuro e úmido. A lama e a umidade eram a sua inseparável companhia. Mas lá estava ele vivendo; melhor dizendo, lá estava vegetando[1].

---

(1) Cf. Jacques Leclercq, *Siguiendo el año litúrgico*, Rialp, Madri, 1957.

Um dia sentiu vontade de olhar a paisagem acima do poço. Deu um pulinho, pôs as mãos na beirada, fez força, ergueu-se um pouco e viu o esplendor da terra: árvores, caminhos a perder de vista no horizonte, montanhas, relva ensolarada dos pastos, flores, pássaros... Após uns instantes de deslumbramento, o homem resmungou: «Tudo isto é muito complicado». E voltou a encolher-se no fundo do poço.

Você e eu não fomos nunca um homem ou uma mulher no poço? Eu diria que sim. Talvez você pergunte: «Como? Por quê?» Procuremos entrar, como dizíamos antes, nos fundos do nosso coração.

Os nossos poços

O poço do comodismo. Lembro-me agora de um verso do poeta «maldito», Arthur Rimbaud, que diz *«par delicatesse j'ai perdu ma vie»*, «por delicadeza, eu perdi a minha vida». Peço licença ao poeta morto para lhe alterar o verso e dizer: «Por preguiça, eu perdi a minha vida».

É triste perder a vida por medo de complicá-la, por acomodação, por moleza. Por pensar, como o homem do poço: «Tudo isso é muito complicado». E «tudo isso» é a grandeza, é o ideal, são as aspirações elevadas, os compromissos que valem a pena; é a generosidade do amor..., em suma, tudo o que poderia abrir-nos as portas da alegria. Mas nós renunciamos a esses ideais e somos como aquele de que fala o Salmo: *Caiu no buraco que ele mesmo fez* (Sal 7, 16).

1. A ALEGRIA NO POÇO

O poço do medo. O coração egoísta e mesquinho tem pavor de abraçar a Verdade e o Bem, porque isso exige comprometer-se. Tem pavor de assumir uma meta grande na vida, porque no fundo sabe que «nenhum ideal se torna realidade sem sacrifício»[2]. Por isso, por medo do sacrifício, não tem a coragem de sair do «aconchego» mesquinho do poço.

O medo da Luz (da Verdade, da Bondade, do Amor) nos paralisa. Assim, as melhores possibilidades da vida vão ficando para trás. E, juntamente com elas, a alegria naufraga. Grande verdade encerra esta frase de Amyr Klink: «a forma mais terrível de naufrágio é não partir»[3]. É deixar-se estar, é nada arriscar. Entende-se que Santo Agostinho chamasse a essa atitude «o amor em fuga»... Foge para o nada.

Outros poços. Não vou detalhar agora outros poços em que a alegria se afunda, porque disso, justamente, vai tratar boa parte dos capítulos deste livro. Desde já, porém, acho importante adiantar-lhe uma coisa, que explico a seguir.

O *leitmotiv* deste livro

Você já sabe – sobretudo se é amante da música – que *leitmotiv* é a repetição cadenciada de um determinado

---

(2) Josemaria Escrivá, *Caminho*, 10ª edição, Quadrante, São Paulo, 2015, n. 175.

(3) Amyr Klink, *Paratii: entre dois pólos*, Companhia das Letras, São Paulo, 1996, pág. 42.

14 FRANCISCO FAUS

tema, ao longo de uma peça musical ou de uma obra literária.

Pois bem, o *leitmotiv* destas páginas, que irá reaparecendo uma e outra vez, é a *verdade cristã* sobre a alegria, que Santo Tomás de Aquino resume assim:

1) A tristeza é um vício causado pelo desordenado amor de si mesmo (ou seja, pelo *egoísmo*), que não é um vício especial, mas a raiz de todos os vícios.

2) «A alegria não é uma virtude diferente do *amor*, mas um ato e efeito dele».

Ambas as afirmações se encontram na *Suma Teológica*[4].

Dito ainda mais brevemente: A tristeza é um fruto do egoísmo, e a alegria é a irradiação do amor, daquele *amor* verdadeiro, que *vem de Deus* (1 Jo 4, 7) e que *foi derramado nos nossos corações pelo Espírito Santo que nos foi dado* (Rom 5,5).

Tomara que, a você e a mim se nos gravem bem na alma, para nunca mais esquecê-las, as seguintes afirmações do Apóstolo São João, que podem ser um diagnóstico e um curativo para as nossas crises de tristeza:

• *Deus é amor* (1 Jo 4, 8).

• *Todo aquele que ama nasceu de Deus* (1 Jo 4, 7).

• *Quem não ama permanece na morte* (1 Jo 3, 14).

---

(4) *Suma Teológica*, II-II, q. 28, a. 4.

2. A alegria e os espelhos

Mais um passo

Vamos dar mais um passo na nossa expedição à procura das verdadeiras alegrias.

Faz já bastantes anos, assisti a um curta-metragem francês. Era a história breve de um egoísta fechado em si mesmo, que um dia descobriu o verdadeiro amor humano. Quando isso lhe aconteceu, ele abriu a alma com palavras semelhantes a estas:

Eu era um homem que vivia encafuado num quarto rodeado de espelhos. Por todos os lados, só via o reflexo de mim mesmo, do meu «eu»: nas pessoas, no trabalho, nos planos, nos projetos de vida... Só me procurava a mim. Apenas enxergava o que *eu* gostava, o que *eu* desejava, o que *me* interessava, o que *me* oferecia vantagens ou prazer. Pessoas e coisas não passavam de bens consumíveis. Caso não servissem, eu os descartava.

Até que um dia descobri o amor. Alguém de uma bondade que nunca imaginei que pudesse existir. Foi algo de novo que eu, pobre egoísta, desconhecia. O meu pedestal tremeu, e pela primeira vez senti a necessidade de quebrar todos os meus espelhos e transformá-los em janelas para poder olhar para fora de mim, de transformá-los em portas que me permitissem sair do cativeiro e dizer à pessoa amada: «Tudo o que é meu é teu. Só o quero para te dar e te fazer feliz».

Ao pronunciar esse «sim» ao amor – ao autêntico «querer bem» –, entrou-lhe na alma, pelo vão dos espelhos quebrados, a alegria, e compreendeu o que Cristo ensinava: *há mais felicidade em dar do que em receber* (At 20, 35).

Um «sim» e um «não» que decidem a vida

Comecemos pelo «não». Os que leem o Evangelho, conhecem o «jovem rico» (cf. Mc 10, 17-31). Esse moço estava cheio de inquietações espirituais. Soube de Jesus, empolgou-se e foi procurá-lo. *Veio correndo e, dobrando os joelhos diante dele, suplicou-lhe: «Bom Mestre, que devo fazer para ganhar a vida eterna?»*.

Jesus respondeu-lhe em dois tempos.

Primeiro, lembrou-lhe que uma condição essencial para estar com Deus é cumprir os mandamentos: *Conhe-*

2. A ALEGRIA E OS ESPELHOS

ces os mandamentos: não matarás, não cometerás adultério, não roubarás, não levantarás falso testemunho, não cometerás fraudes, honra teu pai e tua mãe.

O moço abriu os olhos, encantado, e disse: *Mestre, tudo isso tenho observado desde a minha adolescência.* Segundo tempo. *Jesus, olhando para ele com muito amor, lhe disse: «Ainda te falta uma coisa. Vai, vende tudo o que possuis e dá-o aos pobres e terás um tesouro no céu. Depois, vem e segue-me».* São Francisco de Assis meditou essas palavras, abriu o coração e viveu ao pé da letra o que Jesus sugeria. Após *dar tudo*, até a roupa do corpo, ficou inundado por uma das maiores alegrias que um coração humano pôde experimentar. Cantava, ria, louvava a Deus, amava e servia a todos..., e arrastava muitos na sua aventura de jogral da alegria divina... Justamente porque deu tudo, ele era capaz de amar tudo e de ensinar aos outros o mesmo amor. E, com o amor, a alegria.

Não aconteceu assim com o jovem rico. Ao escutar a chamada de Jesus, fechou a cara *e foi embora cheio de tristeza, pois possuía muitos bens.* Não queria dar nem dar-se. Queria obter o Céu, mas sem se desgrudar do que era seu. E assim só lhe restou a tristeza, amarrada à bolsa fechada.

Deus, a alguns – a muitos – pede que o sigam muito de perto, como os Apóstolos: *Deixaram tudo e o seguiram* (Lc 5, 11). A outros – à maioria – não pede exatamente isso. Mas a todos põe uma condição: *Se alguém quer vir após mim* – o que é a mesma coisa que ir atrás do Amor, aqui e eternamente –, *renuncie a si mesmo, tome a sua cruz e siga-me. Porque o que quiser guardar a sua vida a perderá* (Mt 16, 24-25).

Entende o que é renunciar a si mesmo? É expulsar o egoísmo, não tolerar que ele governe as rédeas da nossa vida.

O verdadeiro amor – dizia o Papa Francisco nas Filipinas – leva-nos a queimar a vida, mesmo com o risco de ficarmos com as mãos vazias. Pensemos em São Francisco: deixou tudo, morreu com as mãos vazias, mas com o coração cheio[5].

A parábola de um poeta

Rabindranath Tagore é um poeta hindu, bengali, que ganhou o prêmio Nobel de literatura. Não era cristão, mas estava apaixonado pelo Evangelho de Jesus. Uma das suas prosas poéticas, cheia de simbolismo, fala de um mendigo e da alegria de se dar.

Ia eu pedindo de porta em porta pelo caminho da aldeia, quando a tua carruagem de ouro apareceu ao longe como um sonho magnífico. E eu me perguntava, maravilhado, quem seria aquele rei de reis.

As minhas esperanças voaram até o céu, e pensei que os meus maus dias tinham acabado. Fiquei aguardando esmolas espontâneas, tesouros derramados sobre o pó.

A carruagem parou a meu lado. Olhaste-me e desceste sorrindo. Senti que por fim me tinha chegado a felicidade da vida. E eis que de repente estendeste-me a mão direita, dizendo: «Podes dar-me alguma coisa?»

---

(5) Papa Francisco durante encontro com jovens em Manila (Filipinas), a 18.01.2015.

2. A ALEGRIA E OS ESPELHOS

Ah! Que lembrança a da tua realeza! Pedir a um mendigo! Eu estava confuso, sem saber o que fazer. Depois, tirei devagar da minha sacola um gãozinho de trigo, e te dei.

Mas, qual não foi a minha surpresa quando, ao esvaziar à noite a minha sacola no chão, encontrei um gãozinho de ouro na miséria do montão. Com que amargura chorei por não ter tido a coragem de dar tudo[6].

«A alegria é um bem cristão – dizia São Josemaria –. Só desaparece com a ofensa a Deus, porque o pecado é fruto do egoísmo e o egoísmo é causa da tristeza»[7]. Peço-lhe que medite nessas palavras. O pecado é sempre um «não», um «não» a Deus, um «não» ao próximo, portanto, um «não» ao amor; e é um «sim» a nós mesmos.

Façamos um pouco de exame de consciência. Uns questionamentos que servem para todos:

• Se você só reza (ou vai à Missa) quando tem vontade, se recorre a Deus com insistência quando tem alguma aflição, mas não se lembra de lhe oferecer essa cruz que agora lhe custa, se se esquece de lhe dar graças pelas coisas boas com que Deus o abençoa, você está sem dúvida na prisão dos espelhos.

• Se você, todas as noites, faz um exame do dia que passou e, depois de pedir perdão a Deus por tê-lo amado tão pouco, pensa: «Que melhora na oração, que empenho

---

(6) Rabindranath Tagore, *Gitanjali*, poema 50.

(7) Josemaria Escrivá, *É Cristo que passa*, 4ª edição, Quadrante, São Paulo, 2014, n. 178.

no trabalho, que serviço ao próximo posso oferecer a Deus amanhã?», você quebrou um espelho e abriu uma janela.

• Se você nota que, quando está sozinho, a sua imaginação gira à volta de si mesmo, daquilo que deseja, do que o aborrece, dos motivos que tem de reclamação e de ressentimento, você é prisioneiro dos espelhos.

• Se você, porém, saindo da órbita do «eu», pensa cada vez mais no bem que pode fazer às pessoas que encontrar, no que vai perguntar ou comentar lá em casa para desanuviar preocupações e aumentar a alegria, você já está jogando fora os cacos do espelho e saindo pela porta do amor, onde a alegria o aguarda.

• Se você só pensa no futuro em termos de realização, de sucesso, de alcançar mais do que os outros conseguem, de usufruir o que pretende conquistar, tome cuidado, que os espelhos estão apertando o cerco.

• Pelo contrário, se você sonha no seu futuro como um ideal, como uma sequência de passos construtivos que o levem a conseguir uma família unida e feliz, a fazer algum bem a todos os que de você se aproximem, a auxiliar os necessitados com iniciativas fecundas, então você, sem dúvida, já saboreou a alegria de passar pela porta do amor.

• Pense, enfim, olhando para trás, se ficou mais feliz praticando boas ações que lhe custaram muito, ou se ficou alegre – contente mesmo – dizendo «não» a coisas boas para não ter que sofrer.

3. A alegria e a estrela

Uma imensa alegria

Você conhece, com certeza, a história dos Magos, narrada pelo Evangelho de São Mateus (cf. Mt 2, 1-12). Pode ser até que em criança, nos dias de Natal, tenha colocado e movimentado, no presépio de sua casa, as figurinhas de barro dos três reis Magos, com seus pajens e camelos.

A viagem dos Magos é um episódio que culmina numa das maiores alegrias de que fala a Bíblia. Chegados a Belém, *a estrela que tinham visto no Oriente ia à frente deles, até parar sobre a casa onde estava o Menino. Ao verem de novo a estrela, alegraram-se com uma alegria imensa, e muito.*

É admirável a simplicidade com que, após uma viagem muito longa e dura, os Magos chegam a Jerusalém dizendo, como a coisa mais natural do mundo: *Onde está o rei dos judeus que acaba de nascer? Vimos a sua estrela no Oriente e viemos adorá-lo* (Mt 2, 2).

Seguindo a mensagem da estrela, compreendida por eles como um chamado de Deus, enfrentaram desertos e rochedos, bosques fechados e perigos sem conta, incompreensóes e canseira, mas não pararam até chegar a Jesus. Felizes por terem sido fiéis ao apelo da estrela, resumiram a sua aventura, com total singeleza, em duas palavras: «vimos» e «viemos». *«Vimos a sua estrela e viemos adorá-lo».* Pronto. Para eles era lógico, após verem a luz de Deus, segui-la até o final.

Assim, eles foram os primeiros pagãos a reconhecer o Salvador, a adorá-lo e a levar a boa nova de Cristo para as suas terras. A tradição diz que, graças a eles, quando alguns dos Apóstolos e discípulos de Jesus foram em missão aos países de onde procediam, já havia lá almas preparadas para receberem a mensagem do Evangelho.

Todos temos a nossa estrela

Para os Magos aquela estrela foi uma chamada do Céu. Agora, para nós, é uma chamada à reflexão.

Deus, no íntimo da alma, nos diz: «Por acaso você pensa que não tem estrela? Acha que eu não conto com você? Que não preparei nada para você? Pensa que há algum filho de Deus que não tenha uma vocação e uma missão a cumprir nesta terra? Ou será que você veio sem sentido nem finalidade a este mundo?...» É claro que não!

3. A ALEGRIA E A ESTRELA

«Deus – dizia São Josemaria – aproximou-se dos homens, pobres criaturas, e disse-nos que nos ama [...]. Nenhum homem é desprezado por Deus. Todos nós, cada um seguindo a sua própria vocação – no seu lar, na sua profissão ou ofício, no cumprimento das obrigações [...] –, todos somos chamados a participar do reino dos céus»[8].

Para todos, Deus tem uma estrela – a nossa –, que um dia Ele nos ajuda a descobrir, para que nos indique o que Ele espera de nós. Essa estrela marca o rumo que dá sentido à nossa vida. Se soubermos acolhê-la com fé e boa vontade, perceberemos que sua luz se desdobra em três raios.

O primeiro é *o raio luminoso da fé*, que abre os olhos a todas as outras luzes. Que nos diz a luz da fé? «Deus te ama. Deus quer contar contigo para irradiar o seu amor pelo mundo».

Você se lembra do episódio do cego Bartimeu (cf. Mc 10, 46-52)? Pedindo esmola às portas de Jericó, disseram--lhe que por ali estava passando Jesus, e cheio de esperança começou a gritar: *«Jesus, filho de Davi, tem compaixão de mim!» Muitos o repreendiam para que se calasse. Mas ele gritava ainda mais alto: «Filho de Davi, tem compaixão de mim!»*

Ouvindo os gritos, Jesus parou e disse: *«Chamai-o!» Eles o chamaram dizendo: «Coragem, levanta-te! Ele te chama!» O cego jogou o manto fora, deu um pulo e se aproximou de Jesus. Este lhe perguntou: «Que queres que eu te*

---

(8) *Idem*, n. 44.

faça?» O cego respondeu: «Mestre, que eu veja». Jesus disse: «Vai, a tua fé te salvou». No mesmo instante ele recuperou a vista e foi seguindo Jesus pelo caminho.

São Lucas acrescenta que seguiu Jesus feliz, *glorificando a Deus*, cantando a glória de Deus (cf. Lc 18, 43).

Se ainda não descobriu a sua estrela, anime-se a gritar, como Bartimeu: *«Jesus, que eu veja!»* Não tenha medo da estrela, e assim não irá fazer companhia ao «homem do poço».

O segundo raio é *a luz da vocação*. Com a luz da fé, crendo e confiando no amor de Deus, poderemos descobrir a nossa «vocação», o «porquê» de cada um de nós estar neste mundo.

Todos temos vocação. A todos Deus chama com uma vocação de amor, cada qual com as suas características, mas com o denominador comum que São Paulo explica assim: *Sede imitadores de Deus como filhos muito amados, e progredi no amor, como Cristo nos amou e se entregou a Deus por nós* (Ef 5,1).

Para uns, a vocação é a chamada a santificar-se e a servir o próximo vivendo a vocação matrimonial; para outros, é uma vocação de entrega plena a serviço de Deus e dos irmãos; para outros, a dedicação idealista e generosa a uma boa causa humana. Para todos, é uma vocação de amor.

A vocação – escrevia São Josemaria – acende uma luz que nos faz reconhecer o sentido da nossa existência. É convencermo-nos, sob o resplendor da fé, do porquê da nossa realidade terrena[9].

---

(9) *Idem*, n. 45.

3. A ALEGRIA E A ESTRELA

Com a luz da vocação, tendo já claro o sentido da vida, todas as *peças* – como as pedras de um mosaico – passam a ocupar o seu lugar: as alegrias e as tristezas, o passado e o presente, os sonhos, o trabalho, o amor, as dificuldades, tudo..., tudo se compreende e se harmoniza. Vê-se a mão de Deus que nos conduz, e que vai escrevendo conosco – se correspondemos – a aventura divina da nossa vida. Às vezes, Ele o faz de um modo evidente; outras, escrevendo direito por linhas aparentemente tortas, que acabam formando um poema.

Terceiro raio: *o raio de luz da nossa missão*. Com as luzes da fé e da vocação, compreendemos a *missão* que Deus nos confia na terra. De modos e por caminhos diferentes, a todos nos diz: *Eu vos escolhi e vos designei para que vades, e deis fruto, e que o vosso fruto permaneça* (Jo 15, 16).

Assim, quando um casal cristão descobre que o seu casamento é uma *vocação divina*, e que o próprio Deus lhes confiou uma grande *missão* – a bela missão de fazer, de edificar uma família –, esse casal já enxergou a estrela. Em qualquer momento de crise, de dificuldade ou de cansaço, o coração lhes dirá: «Olha para a estrela. Ela te marca o caminho. Deus te chama. Sê fiel à tua estrela e serás feliz! Muitos – não só os teus filhos – dependem da tua fidelidade!»

A mesma coisa pode-se dizer de todas as outras vocações cristãs. São chamada, são missão, são expectativa de muito fruto e de imensas alegrias... para os que são fiéis à sua estrela, haja o que houver.

Não troque a estrela pelos vagalumes

No romance *A elegância do ouriço*, de Muriel Barbery, que deu um bom filme, a protagonista, uma menina precocemente desiludida pela experiência de uma família vazia, julga duramente os adultos. Ela os vê desorientados, atordoados após terem andado atrás de ambições que acabaram afundando-os numa «vida inútil»... «As pessoas creem perseguir as estrelas e acabam presas como peixes vermelhos num aquário».

Com precoce cinismo, a menina escreve no seu diário que:

Aparentemente, de vez em quando os adultos têm tempo de sentar e contemplar o desastre que é a vida deles. Então se lamentam sem compreender e, como moscas que sempre batem na mesma vidraça, se agitam, sofrem, definham, e se interrogam sobre a engrenagem que os levou ali aonde não queriam ir[10].

Na maior parte das vezes, não acham resposta. Que fizeram? O que muitos fazem e que Deus nos livre de fazer. Em vez de caminhar seguindo a estrela de Deus, com seus três grandes fulgores, foram atrás dos vagalumes do orgulho, do prazer, do sucesso, do dinheiro, do egoísmo, dos fogos fátuos que piscam no escuro do coração, ora aqui, ora acolá, sempre mutáveis e efêmeros. E acabam deixando no oco da alma a tristeza da falta de sentido, a ausência de frutos que permitam dizer: «Obrigado, meu Deus, valeu a pena viver».

---

(10) Muriel Barbery, *A elegância do ouriço*, Companhia das Letras, São Paulo, 2008, págs. 19-20.

3. A ALEGRIA E A ESTRELA

Peço a Deus que você e eu e muitos outros, ao chegarmos ao final da viagem terrena, possamos fazer essa ação de graças: «Obrigado, meu Deus, valeu a pena». E que, como os Magos, saboreemos aquela imensa alegria que lhes inundou o coração para sempre, depois de acharem o Menino em Belém.

4. A alegria e a lei

O jardim encantado

O Livro dos Salmos é, na Bíblia, como um jardim encantado, onde florescem as preces e os sentimentos espirituais mais puros, e onde cintilam as luzes de Deus. Prosseguindo a nossa expedição à procura das verdadeiras alegrias, penetremos nesse jardim, e ouçamos o que o salmista (o piedoso compositor dos salmos, sob a inspiração divina) canta em louvor da santa Lei de Deus.

Leia devagar e medite a seleção que reproduzo a seguir.

O salmista anseia pela Lei de Deus:

Mostra-me, Senhor os teus caminhos, faz-me caminhar na tua verdade (Sal 25,4-5).

Minha alma se consome desejando os teus mandamentos o tempo todo (Sal 119,20).

Abre-me os olhos para contemplar as maravilhas da tua lei. (...) Dá-me inteligência para que observe a tua lei e a guarde de todo coração (Sal 119, 18 e 34).

O salmista medita nos mandamentos de Deus e sente--se seguro e feliz:

Feliz o homem cujo prazer está na lei do Senhor, e medita em sua lei de dia e de noite (cf. Sal 1, 1-2).
Os preceitos do Senhor são retos, alegram o coração; o mandamento do Senhor é claro, ilumina os olhos (Sal 19, 9).
Lâmpada para os meus passos é a tua palavra e luz no meu caminho. Jurei, e o confirmo, guardar as tuas justas normas (Sal 119, 105-106).

Basta o pensamento de que há muitos que desconhecem ou desprezam a lei de Deus para lhe fazer subirem lágrimas aos olhos:

Não entendem, não querem entender; caminham no escuro (Sal 82, 5).
Meus olhos derramam torrentes de lágrimas, por causa dos que não guardam a tua lei (Sal 119, 136).

O salmista fala da lei de Deus com o enlevo de um enamorado. Você entende isso?

Talvez me diga: «Não entendo muito, não. Regular a vida pela *lei*, pelos *preceitos* religiosos e morais, me parece enfraquecer a liberdade, abafar a espontaneidade do coração. Eu preferiria que me falassem menos dos mandamentos e mais do amor».

Compreendo. Mas deixe-me expor umas considera-

4. A ALEGRIA E A LEI

ções que podem ajudá-lo a perceber que justamente os mandamentos são a estrada do amor.

A estrada e suas sinalizações

Imagine uma moderna autoestrada. Bem traçada e protegida, pode ser percorrida em alta velocidade e com o mínimo risco. Para isso, tem muros de proteção, *guard-rails*, faixas bem pintadas, acostamentos amplos, e placas que sinalizam: umas indicam rumos (para tal cidade, para tal outra); outras, com a barra vermelha transversal, assinalam a contramão e evitam que você se choque frontalmente com os veículos que vêm em sentido contrário; outras alertam para algum perigo (trecho em obras, curvas acentuadas, pista escorregadia) e sugerem moderar a velocidade.

Você diria que essas sinalizações, muretas, avisos, restrições de velocidade, etc., são um abafamento da liberdade dos motoristas que trafegam por lá? Só se estiver mal da cabeça. Liberdade para quê? Para despencar com o carro num precipício? Para estraçalhar o veículo e seus ocupantes num choque frontal com uma jamanta?

Você já percebe para onde aponta essa comparação. A estrada é o caminho da vida rumo a Deus e à felicidade eterna. As sinalizações, mesmo quando dizem «não» ou «proibido», estão garantindo uma viagem segura, rápida, isenta de perigos, que permita chegar felizmente ao destino.

Na nossa vida cristã, qual é o destino, a meta? A Vida com maiúscula!

Abra o Evangelho. Procure o capítulo 22, versículos

35-40 de São Mateus, e encontrará este diálogo. Um doutor da Lei de Moisés, com a intenção de pôr Jesus à prova, perguntou-lhe:

«Mestre, qual é o maior mandamento da Lei?». Ele respondeu: «Amarás o Senhor teu Deus, com todo o teu coração, com toda a tua alma e com todo o teu entendimento. Esse é o maior e o primeiro mandamento. O segundo lhe é semelhante: Amarás teu próximo como a ti mesmo. Toda a Lei e os Profetas dependem desses dois mandamentos».

O que Deus *manda* é amar. Deus nos amou primeiro, amou-nos até o fim, dando a vida por nós antes de que nós lhe déssemos qualquer coisa (cf. 1 Jo 4, 7-10). Para Deus, o amor é tudo. Para nós, é a única realidade que pode dar sentido à vida e à morte. Como citávamos há pouco, *quem não ama permanece na morte* (1 Jo 3, 13).

Por isso, São Paulo afirma categoricamente que, por mais que façamos coisas difíceis e valiosas, se não temos amor, tudo fica vazio: *se não tivesse amor, eu nada seria; se não tivesse amor, de nada me aproveitaria* (cf. 1 Cor 13, 1-3).

Pensando nisso, entende-se o que diz São João Paulo II na encíclica *O esplendor da Verdade*: «Deus, que *é o único bom* (cf. Mt 19, 17), conhece perfeitamente o que é bom para o homem, e, devido ao seu mesmo amor, o propõe nos mandamentos»[11]. Ele, que é o amor, nos ensina a amar indicando o caminho certo *por meio dos mandamentos.*

---

(11) São João Paulo II, encíclica *Veritatis splendor,* n. 35.

E a sinalização?

O amor, como a luz no prisma, decompõe-se em muitas cores. É isso, no fundo, o que Jesus lembrou àquele jovem rico, idealista meramente teórico, que já encontramos no segundo capítulo.

Chega correndo o moço, atira-se aos pés de Jesus, e pergunta:

– Bom Mestre, que devo fazer para ganhar a vida eterna?

Responde Jesus:

– Conheces os mandamentos: não matarás, não cometerás adultério, não roubarás, não levantarás falso testemunho, não cometerás fraudes, honra teu pai e tua mãe.

Os diversos mandamentos da Lei de Deus, bem como os da Igreja, são o espectro da luz do amor. Por isso, Jesus dizia ao doutor da Lei: *Desses dois mandamentos* – do amor a Deus e ao próximo – *dependem toda a Lei e os Profetas* (Mt 22, 40). Todos e cada um dos dez mandamentos são os modos certos de garantir os dois maiores: o amor a Deus e ao próximo.

Talvez você pergunte: «Como? Como pode ser amor um conjunto de proibições, uma série de negações: *não farás, não cometerás, não desejarás...*?»

Pois é assim mesmo, porque esses «não» são tão positivos como a sinalização das boas estradas. Não cometerás erros ao volante, não te afastarás da pista..., porque assim estarás conseguindo – como dizíamos – a plena afirmação: uma boa viagem e um final feliz.

Não sei se reparou, mas cada proibição, quando bem

entendida, é um «não» imprescindível para poder dizer um «sim» ao amor.

Se Deus nos proíbe que odiemos, é para que fiquemos liberados para um amor sem limites. Se Deus nos diz: «Não pecarás contra a castidade», «Não cometerás adultério», é para que, dizendo «não» ao sexo egoísta, possamos dizer «sim» ao amor grande e fiel, vivido com a alma e com o corpo, dentro do matrimônio santo, generoso e fecundo.

Isso nos convida a voltar ao *leitmotiv* destas páginas. Afirmávamos que a alegria é a irradiação do amor. Pois bem, todos os mandamentos – quando brotam como ramos vivos do tronco daqueles dois «primeiros» – são mesmo a estrada do amor.

Talvez agora possamos entender um pouco melhor aquelas palavras do Salmo 19, que citávamos no começo: *Os preceitos do Senhor são retos, alegram o coração.*

5. A alegria e as lágrimas

A alegria do perdão

Feliz aquele cuja culpa foi cancelada e cujo pecado foi perdoado... (Sal 32, 1).

O filho pródigo, quando voltou à casa do pai, após anos de devassidão e desvarios, experimentou a verdade destas palavras do Salmo 32. Você seguramente se lembra de sua história, uma das mais belas parábolas de Cristo (cf. Lc 15, 11-32).

O filho mais novo pede ao pai a herança adiantada, foge para longe, abusa de todos os prazeres, esbanja os bens recebidos e fica na mais abjeta miséria. Então, caindo em si, lembra-se da casa do pai, onde até os empregados têm pão com fartura. Diz então para si: *«Vou voltar para meu pai e dizer-lhe: Pai, pequei contra Deus e contra ti; já não mereço ser chamado teu filho. Trata-me como a um dos teus empregados».*

Envergonhado e apenas com um fio de esperança, volta à casa do Pai. Mas quando está chegando, um choque indescritível lhe abala o coração: *Quando ainda estava longe, seu pai o avistou e, tomado de compaixão, correu-lhe ao encontro, abraçou-o e o cobriu de beijos.* Não lhe deixa sequer pronunciar as palavras de arrependimento que havia preparado. Nem uma palavra de recriminação. Só alegria e festa: *Trazei depressa* – diz o pai, com a voz cortada pela emoção – *a melhor túnica para vestir meu filho; colocai-lhe um anel no dedo e sandálias nos pés; trazei um novilho gordo e matai-o, para comermos e festejarmos; pois este meu filho estava morto e tornou a viver, estava perdido e foi encontrado.*

Muitos comentaristas do Evangelho, entre eles Bento XVI, dizem que esta parábola, em vez de se chamar «a parábola do filho pródigo», deveria chamar-se «a parábola do pai misericordioso». Toda ela, deliciosa em seus detalhes, é a voz de Cristo falando-nos da alegria do perdão.

Alegria de quem?

Não custa muito pensar que, uma vez refeito da surpresa, o filho pródigo tenha começado a chorar lágrimas de sincero arrependimento e de gratidão. Soluços misturados com risos. Acabava de descobrir o que antes nunca percebera: a grandeza do amor de seu Pai.

O filho pródigo ficou alegre, mas a sua alegria não foi a principal. Deixa-nos surpresos perceber que Jesus afirma que, quando um pecador se arrepende, quem fica mais alegre é o próprio Deus.

5. A ALEGRIA E AS LÁGRIMAS

Mencionávamos há pouco a alegria festiva do pai, que simboliza Deus. Antes desta parábola do filho pródigo, Cristo narrou outras duas parábolas, a da ovelha e a da moeda perdidas, também sobre o perdão de Deus, e as concluiu assim:

Eu vos digo: haverá mais alegria no Céu por um só pecador que se converte, que por noventa e nove justos que não precisam de arrependimento. Haverá alegria entre os anjos de Deus por um só pecador que se converte (Lc 15, 7.10).

Uma das melhores meditações sobre o filho pródigo é a de Henri J. M. Nouwen, no precioso livro *A volta do filho pródigo*.

Pode parecer estranho – comenta o autor –, mas Deus deseja tanto me encontrar, ou mais, do que eu a Ele. Sim, Deus precisa de mim tanto quanto eu preciso dele... Não seria bom acrescentar à alegria de Deus, deixando que Ele me encontre, me carregue para casa e celebre com os anjos a minha volta? Não seria maravilhoso fazer Deus sorrir por lhe dar a chance de me encontrar e me amar perdidamente?[12]

Leia, por favor, o capítulo 15 do Evangelho de São Lucas. Devagarzinho, meditando, frase por frase. Vai descobrir, com a ajuda do Espírito Santo, que existe uma alegria enorme à sua espera, se você se decide a ser humilde e sincero para reconhecer como o filho pródigo: *Pai,*

---

(12) Henri J. M. Nouwen, *A volta do filho pródigo*, Paulinas, São Paulo, 1997, pág. 116.

pequei! Se se decide a lhe pedir perdão de coração aberto, dispondo a sua alma para acolher uma alegria que nunca experimentou: a alegria que o próprio Deus, seu Pai, quer partilhar com você.

Se quer o testemunho de um sacerdote que já atingiu seis décadas após a sua ordenação e atendeu em confissão milhares de pessoas, creia que esse padre viu poucas alegrias tão grandes como as das pessoas que, depois de estarem muitos anos afastadas de Deus – *numa terra longínqua*, como diz a parábola do filho pródigo –, se levantaram após uma confissão bem preparada, contrita e bem-feita, palpitando de gozo, com lágrimas de alegria.

E pensar que alguns acham a confissão desnecessária ou absurda!

Um novilho gordo e um cabrito

Na parábola do filho pródigo, há uma sombra. A reação do irmão mais velho, que ferve de inveja do irmão assim «mimado» e de indignação contra o pai. Emburrado, nega-se a participar da festa que o pai preparou. E quando este o anima carinhosamente a entrar, explode: *Eu trabalho para ti há tantos anos, jamais desobedeci a qualquer ordem tua. E nunca me deste um cabrito para eu festejar com meus amigos. Mas quando chegou esse teu filho, que esbanjou teus bens com as prostitutas, matas para ele o novilho gordo!*

Esse irmão está triste. Pior do que isso, amargurado. Creio que tinha razão aquele que dizia que a nossa tristeza se pode medir pelo número das nossas reclamações.

5. A ALEGRIA E AS LÁGRIMAS

Veja como reclama. Apresenta a sua folha de serviços – *há tantos anos que trabalho para ti* –, e cospe o fel do ressentimento por um fato sem transcendência: queria fazer uma festa com amigos, e o pai não gostou de que matasse um cabrito naquela ocasião. Que importância tem um churrasco frustrado ao lado de um irmão recuperado?

É bem antipática a figura do irmão incapaz de se alegrar com o resgate do caçula. O que ele demonstra? Que trabalhava, sim, que cumpria os deveres, que seguia o figurino, que obedecia. Mas tudo isso, para ele, era uma carga mal suportada, que o oprimia. Via seus dias com o ar resignado de quem tem que aguentar um peso, uma obrigação a que não pode fugir. Não fazia as coisas com amor. Por isso, não podia estar alegre.

Não é verdade que há muitos que se parecem com ele? São boa gente, cumpridores, corretos, tanto no lar como no trabalho. Mas são tristonhos e desagradáveis. Não é grato trabalhar nem conviver com eles. Fazem-me pensar naquele bispo que quando lhe falavam de um padre e lhe diziam que era muito bom, perguntava: «Bom para quê?» Esses são «corretos», mas não são bons para o mais importante, o primeiro mandamento, o mandamento do Amor, e os outros sofrem as consequências.

Um homem ou uma mulher que «cumprem», que se julgam irrepreensíveis, mas que fazem tudo sem carinho, reclamando, remoendo invejas, são como uma granada de gás lacrimogêneo para os que vivem perto deles, e fazem pensar no retrato do tíbio, que Jesus faz no Apocalipse: *Conheço a tua conduta. Não és frio, nem quente. Oxalá fosses frio ou quente! Mas, porque és morno, nem frio nem quente, estou para vomitar-te da minha boca* (Apoc 3, 15-16).

É duro pensar que a atitude do egoísta medíocre enoja a Deus. Mas é tocante, ao mesmo tempo, comprovar a bondade de Cristo, que logo após sacudi-lo e abrir-lhe os olhos para seu erro, anima-o a *comprar um colírio para curar teus olhos, a fim de que vejas*, e, como o pai do filho pródigo, se adianta a perdoar: *Eis que estou à porta de teu coração e bato...* (cf. Apoc 3, 17-20).

Tal como Cristo é o pai da parábola. Após a diatribe do filho mais velho, diz-lhe carinhosamente: *Filho, tu sempre estás comigo, e tudo o que é meu é teu. Mas era preciso festejar e alegrar-nos, porque este teu irmão estava morto e tornou a viver, estava perdido e foi encontrado.*

Se você for capaz de compreender a beleza do arrependimento e do perdão de Deus, encontrará uma secreta fonte de alegria.

6. A alegria e o sofrimento

Paradoxos da alegria

São Josemaria Escrivá costumava dizer que «a alegria tem as raízes em forma de Cruz»[13]; e na primeira página do seu calendário litúrgico, anotava muitas vezes, como lema do ano, estas palavras: *In laetitia, nulla dies sine cruce* («Com alegria, nenhum dia sem cruz»).

Parece um paradoxo difícil de entender, pois a cruz está associada aos dois «S» que quase todos veem como os grandes inimigos da alegria: o *sofrimento* e o *sacrifício*.

Também são paradoxais as declarações de amor à Cruz que a Igreja faz na liturgia da Semana Santa: «Salve, ó Cruz, única esperança!» (Hino das Vésperas dos dias da Semana Santa). E na Sexta-feira da Paixão: «Adoramos,

---

(13) Josemaria Escrivá, *Forja*, 3ª edição, Quadrante, São Paulo, 2014, n. 28.

Senhor, vosso madeiro... Por essa cruz, que hoje veneramos, veio a alegria para o mundo inteiro».

A Igreja contempla com olhos de apaixonado o amor inefável de Jesus, que entrega a vida por nós – por você e por mim – morrendo na Cruz: o máximo ato de *amor* que a história conhece; por isso, a Cruz foi, e será sempre, a suprema fonte da *alegria*.

Veja o que nos dizem os Apóstolos:

• São João: *Nisto sabemos o que é o amor: Jesus deu a vida por nós...* (1 Jo 3, 16).

• São Paulo: *Estou crucificado com Cristo..., e a vida que agora vivo na carne, eu a vivo na fé do Filho de Deus, que me amou e se entregou a si mesmo por mim* (Gl 2, 19-20).

Jesus na Cruz, com as mãos estendidas, é o «abraço amoroso de Deus», que envolve, protege, salva e move o coração a amar com todas as forças: «Saber que me amas tanto, meu Deus, e não enlouqueci?!»[14].

O sofrimento cristão

Há dois olhares conjugados, capazes de compreender isso: o olhar da fé e o olhar do amor.

Penso que nos faria muito bem conhecer melhor a alegria dos cristãos que têm esse duplo olhar. Diante do sofrimento, não os vemos revoltados, raivosos, desanima-

_____
(14) Josemaria Escrivá, *Caminho*, n. 425.

6. A ALEGRIA E O SOFRIMENTO 43

dos; nem tampouco estoicos, rígidos, apenas resignados.

Nós os vemos serenos e alegres: eles sofrem com paz, sem dramatismo; não se fecham em si mesmos com complexo de vítima, mas aumentam a compreensão e a ternura para com os outros; e amadurecem muito por dentro.

Como diz Jacques Philippe, «se nós o acolhemos na confiança e na paz, o sofrimento nos faz crescer, nos educa, nos purifica, nos ensina a amar de forma desinteressada, nos faz pobres, humildes, doces e compassivos para com o próximo»[15].

Em 26 de março de 1996, um comando terrorista islâmico invadiu o mosteiro trapista de Nossa Senhora do Atlas, na Argélia, e levou presos o abade e mais seis monges. Em 21 de maio foram decapitados.

Poucos anos antes, o abade, padre Christian de Chergé, havia escrito um testamento espiritual, do qual agora reproduzo uns trechos:

Se algum dia me acontecer ser vítima do terrorismo, eu quereria que a minha comunidade, a minha Igreja, a minha família, se lembrassem de que a minha vida estava entregue a Deus e a este país. Peço-lhes que rezem por mim.

Como posso ser digno dessa oferenda? Eu desejaria, ao chegar esse momento da morte, ter um instante de lucidez tal, que me permitisse pedir o perdão de Deus e o dos meus irmãos os homens, e perdoar eu, ao mesmo tempo, de todo o coração, aos que me tiverem ferido.

---

(15) Jacques Philippe, *A liberdade interior*, Shalom, Aquiraz, 2011, pág. 48.

Se Deus o permitir, espero poder mergulhar o meu olhar no olhar do Pai, e contemplar assim, juntamente com Ele, os seus filhos do Islá tal como Ele os vê; que os possa ver iluminados pela glória de Cristo, fruto da sua Paixão, inundados pelo dom do Espírito... Por essa minha vida perdida, totalmente minha e totalmente deles, dou graças a Deus[16].

Sofrer e amar

O cristão que tem fé sabe que é amado, que é um *filho muito amado* de Deus (cf. Ef 5, 1). Com os olhos postos em Cristo na Cruz, entende que Deus não é um Ser longínquo que contempla fria ou indiferentemente, do alto do Céu, as dores dos homens.

Não! O nosso Deus é Cristo, é Jesus que compartilhou conosco aqui na terra todas as nossas dores, que quis conhecê-las todas, quis prová-las todas. Basta-me isso para ter alegria, na certeza de que Ele «sabe», Ele me entende, Ele me ama e me acompanha com carinho. No sofrimento, Ele está mais perto de mim do que nunca, porque já passou por «isso» por amor de mim. Assim, no meu sofrimento, eu posso estar mais unido a Ele do que nunca.

Em setembro de 2002, faleceu em Roma o cardeal vietnamita François-Xavier Nguyên Van Thuân. Preso durante treze anos pelos comunistas, despojado de tudo, reduzido humanamente à miséria, dizia a si mesmo:

_____
(16) Cf. Francisco Faus, *Otimismo cristão, hoje,* Quadrante, São Paulo, 2008, págs. 41-42.

6. A ALEGRIA E O SOFRIMENTO

«François, tu és ainda muito rico. Tens o amor de Cristo no teu coração»[17].

Em 2007, na encíclica sobre a esperança, Bento XVI falava dele:

> Sobre os seus treze anos de prisão, nove dos quais em isolamento, o inesquecível cardeal Nguyên Van Thuân deixou-nos um livro precioso: *O caminho da esperança*. Durante treze anos de prisão, numa situação de desespero aparentemente total, a escuta de Deus, o poder falar-lhe, tornou-se para ele uma força crescente de esperança que, depois da sua libertação, lhe permitiu ser para os homens de todo o mundo uma testemunha da esperança, daquela grande esperança que não declina, nem mesmo nas noites de solidão[18].

O sofrimento que purifica

O Amor de Deus no seio da Trindade, que é o Espírito Santo, foi simbolizado em Pentecostes pelo fogo que ilumina, acende e purifica. Por isso, os discípulos de Jesus, enlevados pelo mistério da Cruz, podiam dizer, como São Pedro, que os sofrimentos são *a prova a que é submetida a vossa fé, muito mais preciosa que o ouro perecível, o qual se prova pelo fogo* (1 Pe 1, 7).

São Tiago falava de forma parecida: *Meus irmãos, con-*

---

(17) François-Xavier Nguyên Van Thuân, *Cinco pães e dois peixes*, 9ª edição, Santuário, Aparecida, 2006, pág. 54.

(18) Bento XVI, encíclica *Spe salvi*, n. 32.

siderai como suprema alegria as provações de toda ordem que vos assediam, e explicava a seguir que, dessas provações, o cristão sai amadurecido, aperfeiçoado (cf. Tg 1, 2-4).

Três meses antes de falecer, São Josemaria fazia oração diante do sacrário, lançando um olhar retrospectivo à sua vida, e dizia:

Um olhar para trás... Um panorama imenso: tantas dores, tantas alegrias. E agora, tudo alegrias, tudo alegrias. Porque temos a experiência de que a dor é o martelar do Artista, que quer fazer de cada um, dessa massa informe que nós somos, um crucifixo, *o outro Cristo* que temos de ser[19].

O sofrimento que alarga o coração

Voltemos ao cardeal Van Thuân, uma alma a quem o sofrimento injusto não encolheu, mas dilatou: «Para fazer resplandecer o amor que vem de Deus – afirmava – devemos amar a todos, sem excluir ninguém». Fiel a essa convicção, deu-se de tal modo a ajudar, ensinar e animar seus carcereiros, que um dos guardas lhe perguntou:

– O senhor nos ama verdadeiramente?

– Sim, eu os amo sinceramente.

– Mas nós o tivemos preso durante tantos anos, sem julgá-lo, sem condená-lo, e o senhor nos ama? É impossível, isso não é verdade!

---

(19) Salvador Bernal, *Perfil do Fundador do Opus Dei*, Quadrante, São Paulo, 1978, pág. 416.

6. A ALEGRIA E O SOFRIMENTO

– Estive muitos anos com vocês. Você viu que isso é verdade.

– Quando for libertado, não vai mandar os seus fiéis incendiar as nossas casas e matar as nossas famílias?

– Não. Mesmo que você queira matar-me, eu o amo.

– Mas por quê?

– Porque Jesus me ensinou a amar a todos, mesmo aos inimigos. Se eu não o fizer, não sou digno de ser chamado cristão.

– É muito bonito, mas difícil de compreender...[20]

Passemos agora a uma menina. Montserrat Grases, ainda estudante de secundário, descobriu a sua vocação ao Opus Dei e se entregou a Deus com alegria. Pouco depois, foi-lhe diagnosticado um sarcoma incurável numa perna, e veio a falecer após um longo itinerário de sofrimento aceito com fé e muita paz.

Um irmão seu, que depois foi ordenado sacerdote, deu o seguinte depoimento:

A sua Cruz foi muito dolorosa. Às vezes comentam-me, quando a recordam tão alegre e tão feliz, que ela sentia até gosto no meio da dor... Não, isso não é verdade. Falar assim poderia soar a masoquismo, porque aquilo não era uma dor convertida em gosto; era uma dor convertida em amor, e em luta para poder continuar a ser fiel a si mesma, a nós e a Deus, mas continuava a ser uma dor que a dilacerava, que a desfazia.

---

(20) François-Xavier Nguyên Van Thuân, *Cinco pães e dois peixes*, pág. 54-55.

Sofreu – eu o vi – tremendamente: mas era uma luta enamorada, no meio da dor, para encontrar Cristo Crucificado. Em meio a essa dor, junto de Cristo, nunca esteve só. Se Deus está ao meu lado – pensou – e me pede isto, será porque é possível; e se Ele o quer, Ele me ajudará... Montse, graças à dor, deu-nos o melhor de si mesma[21].

Esta é a maravilha da fé cristã impregnada de amor: leva-nos a manter a alegria no meio da dor, e nos capacita para dar aos outros o melhor de nós mesmos.

---

(21) J.M. Cejas, *Montse Grases. La alegría de la entrega*, Rialp, Madri, 1993, pág. 481.

7. A alegria e o sacrifício

Um amor chamado sacrifício

Vamos completar aqui o capítulo anterior, meditando um pouco sobre um ingrediente essencial do *amor que dá e que se dá*: o sacrifício. Naturalmente estou falando do sacrifício voluntário, que vai unido a um ideal de vida abnegada e generosa.

O modelo, neste ponto como em todas as outras coisas, é Cristo. Você se lembra da parábola do Bom Pastor, que é um autorretrato do Senhor? Ele faz alusão à sua próxima Morte na Cruz e diz: *Eu sou o bom pastor. O bom pastor dá a vida por suas ovelhas. [...] Ninguém me tira a vida, mas eu a dou por própria vontade* (Jo 10, 11.18).

Cristo veio para isto: para *amar até o extremo* (cf. Jo 13, 1), para *servir e dar a vida para a redenção de muitos* (Mt 20, 28).

FRANCISCO FAUS

Sacrifício. Acha que todas as formas de sacrifício são positivas? Não. O sacrifício pode ser bom ou mau. Tudo depende do *porquê* e *para quê* nos sacrificamos.

Podemos sacrificar-nos por mera necessidade (por exemplo, o sacrifício inevitável, suportado apenas para manter um emprego), ou por ambição (de dinheiro, de prestígio, de cargos), ou ainda por vaidade (beleza física, procura do aplauso), e até mesmo por prazer (um esporte radical).

Nenhum desses é aquele sacrifício de que Jesus fala quando diz:

> *Se alguém quer vir após mim, renuncie a si mesmo, tome a sua cruz e siga-me. Quem quiser guardar a sua vida, a perderá; e quem perder sua vida por causa de mim, a encontrará* (Mt 16, 24-25).

O ideal que Jesus nos propõe é o da abnegação amorosa, ou seja, do sacrifício abraçado para ir «atrás do Amor»[22].

Abnegação alegre

Vamos ver o que diz o dicionário sobre a abnegação: «ato caracterizado pelo desprendimento e altruísmo, feito em benefício de uma pessoa, superando as tendências egoístas».

Provavelmente você se recorda de que Jesus comparava a abnegação à «morte» do grão de trigo:

---

(22) Josemaria Escrivá, *Caminho* n. 790.

7. A ALEGRIA E O SACRIFÍCIO

Se não morre, fica só. Mas, se morre, produz muito fruto. Quem se apega à sua vida, perde-a; mas quem não faz conta da sua vida nesta terra, vai guardá-la para a vida eterna. Se alguém quer me servir, siga-me (Jo 12, 24-26).

Há pessoas que nunca souberam sacrificar-se para o bem dos outros (deram talvez algumas ajudazinhas, só para anestesiar a consciência); e, quando chegaram ao fim da vida, por doença ou por velhice, olharam para trás e sentiram a tristeza do seu vazio: «Agora já é tarde, não dá mais». Teria sido tão bom semear sacrifícios com abnegação para colher espigas de alegria e amor! Nos que vivem dominados pelo egoísmo, cumpre-se o ditado italiano que é citado nos *Fioretti* de São Francisco: *«Chi non dà quello che li duole, non riceve quello que vuole* – quem não dá o que lhe dói, não recebe o que quer».

Será que ainda não nos convencemos de que o egoísmo (tanto apego ao «eu, eu, eu!») enforca a alegria? O pior é que achamos que ser egoísta é uma maneira «esperta» de aproveitar a vida, muito útil no mundo de hoje.

O nosso problema é que nos falta – muito ou pouco – aquela loucura de que falava São Paulo: *Cristo crucificado é escândalo e loucura; [...] mas o que é loucura de Deus é mais sábio do que os homens* (1 Cor 1, 23.25).

Em maio de 1974, São Josemaria Escrivá estava em São Paulo. Numa reunião com estudantes, um rapaz lhe perguntou por que, como e quando, em tempos idos, lhe tinham chamado de «louco». O santo respondeu:

– Você nunca viu um louco?

– Não, Padre.

– Não? Nunca viu ninguém que esteja louco?...
Então, olhe para mim. Faz muitos anos diziam de
mim: Está louco! Tinham razão. Eu nunca disse que
não estivesse louco. Estou *louquinho perdido* de amor
a Deus! E desejo a você a mesma *doença*...[23]

Os aproveitadores da vida, os «sabidos», são calculis-
tas. Poupam-se. Evitam sacrifícios, que julgam sempre
inutilidades, exageros ou «loucuras». Com a calculadora
assim ligada, jamais conseguirão encontrar o verdadeiro
amor.

Corações generosos

Há outros que, pelo contrário, foram generosos, não
optaram – voltemos ao dicionário – por «defender-se,
acautelar-se, proteger-se» dos sacrifícios.

Por exemplo, o Servo de Deus Dr. Eduardo Ortiz de
Landázuri, médico e professor universitário de grande
prestígio, que fundou com outros colegas a Faculdade de
Medicina da Universidade de Navarra. Hoje está em an-
damento o seu processo de Beatificação.

Quando já sabia do câncer que o aproximava do fim,
foi entrevistado por um jornalista. A entrevista é longa e
tocante. Transcrevo a seguir só alguns trechos:

O repórter escreve que o Dr. Eduardo, ao longo dos
seus cinquenta anos de exercício da medicina,

---

(23) Francisco Faus, *São Josemaria Escrivá no Brasil: esboços do perfil de um
santo*, Quadrante, São Paulo, 2007, pág. 25.

7. A ALEGRIA E O SACRIFÍCIO

espremeu sua vida, atendendo a uns quinhentos mil doentes para os quais não tinha limite de horários. «Às três da madrugada – dizia-me ele – pode-se salvar uma vida para a qual, se deixarmos para atendê-la às nove horas, só poderemos exarar um atestado de óbito».

O professor conta o seu encontro com o Opus Dei, em 1952, e a sua conversão juntamente com a da esposa. Faz balanço da vida e conclui com simplicidade:

Tentei passar pela vida fazendo todo o bem que pude. Tentei, digo, mas não quero que me digam que consegui, porque me assusta a possível vaidade. Quero ir para o céu e lá não há lugar para os vaidosos[24].

Foi um homem bom, um bom cristão, que se esforçou por viver o que pregava São Josemaria Escrivá, que para ele era um pai espiritual muito venerado: quando vivemos em união com Deus,

o nosso coração se dilata e nos revestimos de entranhas de misericórdia. Doem-nos, então, os sofrimentos, as misérias, os erros, a solidão, a angústia, a dor dos outros homens, nossos irmãos. E sentimos a urgência de ajudá-los em suas necessidades e de lhes falar de Deus, para que saibam tratá-lo como filhos e possam conhecer as delicadezas maternais de Maria[25].

Com isso, evidentemente, a vida se «complica». Mas essa doação sacrificada nos torna capazes de superar a

---

(24) Luis Ignacio Seco, *La herencia de Mons. Escrivá de Balaguer*, Palabra, Madri, 1986, págs. 98 e 109.

(25) Josemaria Escrivá, *É Cristo que passa*, n. 146.

rotina triste para sairmos à procura do bem dos outros. O sacrifício, então, torna-se o bater feliz do coração generoso.

O perfume do incenso

O amor – diz São Josemaria – traz consigo a alegria, mas é uma alegria com as *raízes em forma de cruz*. (...) Uma dor que é fonte de íntima alegria, mas que é dor real, porque requer vencer o egoísmo e tomar o amor como regra de todas e cada uma de nossas ações[26].

Das cinzas do egoísmo que se vai queimando, sobe até Deus um perfume de incenso, uma oferenda que Ele acolhe e retribui com as suas bênçãos e a bem-aventurança terrena e eterna.

Veja o que conta o autor de uma breve biografia da Madre Teresa de Calcutá:

Nenhum hospital aceitaria as escórias humanas que ela aceita e acolhe com alegria sincera na sua casa, a dois passos do templo da deusa Káli, em Calcutá. E com que nome pensa você que uma ex-leprosa de Benares se tornou religiosa professa entre as Missionárias da Madre Teresa? Com o nome de Irmã Alegria. É toda uma radiografia desse espírito de felicidade no sacrifício.

Nós nascemos – declarava a Madre Teresa – para

_____
(26) *Idem*, n. 43.

7. A ALEGRIA E O SACRIFÍCIO

amar e ser amados, e isso é muito mais forte do que tudo o que destrói o poder de amar. «Uma noite – contava –, alguém me disse: "A senhora não fala nunca das dificuldades que encontra na sua tarefa diária". E a minha resposta foi que eu não tinha nem tenho necessidade de falar das dificuldades e obstáculos que se apresentam – claro que se apresentam! – no nosso trabalho diário, porque todos sabem que isso acontece e que é normal que seja assim... O importante é dar a própria vida, sabendo que morrer não é senão ir para casa, voltar para casa, onde nos espera o Pai, com Jesus, com o Espírito Santo e com a Santíssima Virgem»[27].

Tomara que esses belíssimos exemplos nos movam a acreditar – e a apostar! – no que escreve São Paulo: *Deus ama a quem dá com alegria* (2 Cor 9, 7).

---

(27) Miguel Ángel Velasco, *Madre Teresa de Calcutá*, Quadrante, São Paulo, 1996, págs. 34 e 54.

8. A alegria e o prazer

«Parábola» do ídolo e do fogo

Na estrada da vida – como dizíamos no *Pórtico* –, muitas vezes encontramos sinais que nos convidam, como uma grande seta luminosa: «Ao prazer», «À felicidade». Muitos enveredam por essas bifurcações. Chegam assim a uma clareira de gramado fino esmaltado de flores, no meio da qual se ergue um pedestal em forma de altar. Em cima dele, há um ídolo dourado que nos sorri. Letras de bronze o nomeiam: O DEUS-PRAZER.

Quando dele nos aproximamos, uma voz esotérica nos informa de que, para obter os favores desse deus sorridente, devemos oferecer-lhe sacrifícios, à semelhança dos povos antigos. Para isso, ao pé do altar há uma pequena fossa escavada de onde saem chamas dançantes.

A voz meiga sussurra: «Atira na fogueira o que os tolos

chamam de amor!» Obedecemos, ansiosos pelos favores do prazer. Imperceptivelmente, pouco a pouco, a fogo lento, o amor vai se volatilizando em cinzas. «Agora sim – voltamos a ouvir a doce voz –, eu te guiarei para a liberdade e serás feliz. O Prazer será a estrela que te guie em todos os teus passos, será a meta das tuas procuras, o objeto dos teus anseios, o sentido da tua vida».

Asas ou grilhões?

Há muitas pessoas que, desde a adolescência, cultuaram o prazer como seu único deus e senhor, livres de incômodas barreiras moralistas. Foram incentivados a isso por adultos tortos, pregadores de falsos psicologismos, antropologismos, pedagogismos, panssexualismos, liberdades e outros *marketings* sedutores, num clima de aparente seriedade cultural, científica, midiática, televisiva, etc.

Sentiam-se «livres» sem as amarras da moral («é proibido proibir»), das convenções sociais, das imposições e deveres chatos, das renúncias e das fidelidades obsoletas que só prendem e traumatizam.

Passou-se um tempo – não muito, em geral – e acabaram se encontrando (mesmo que quase nunca o reconheçam) transformados em escravos do ídolo dourado, que agora sorri com a boca torta, acorrentados a ele de tal maneira que já não se podem livrar.

Tudo o que era estrada aberta para a felicidade foi-se enevoando de desilusão, porque a seta convidativa do deus-prazer conduziu-os, inexoravelmente, para be-

8. A ALEGRIA E O PRAZER

cos sem saída. É lógico. O prazer é insaciável. Sempre pede mais. Empurra para novas experiências, pede doses maiores ou mais frequentes (de sexo, de álcool, de drogas, de frenesi dançante), e o acúmulo desses êxtases voláteis torna-se corrente de aço com que o ídolo escraviza.

Já não conseguem mudar, não têm mais forças. Tentam em vão quebrar às cabeçadas os muros do cárcere em que seu deus os trancou. Mas tudo neles – mente, coração e vontade – está doente. Os sentimentos, os valores, a capacidade de amar viraram pó na fogueira do ídolo. Alucinados, descobrem que os seus vícios (este é o nome exato) agora são armas letais que lhes ameaçam o coração e destroem os pulmões, o fígado, o sangue..., após destruírem a consciência.

Como diz o filósofo Julián Marías, a droga, especialmente, troca a esperança de felicidade «pela certeza de um sofrimento atroz, a destruição da personalidade e diversos danos irreversíveis. O decisivo é o mecanismo de dependência, que anula a liberdade e causa um sofrimento incomparável»[28].

Só Deus – com maiúscula – e o amor sacrificado pelos outros (o tipo de amor que eles eliminaram) podem, a grande custo, ajudá-los a se libertarem.

Na sua autobiografia, o escritor britânico C.S. Lewis conta que, antes da conversão, procurava e obtinha mesmo o prazer. Mas isso o deixava insatisfeito, era como um «cão de caça [que] perdera o faro. [...] Em pleno trabalho

---

(28) Julián Marías, *A felicidade humana*, Duas Cidades, São Paulo, 1989, págs. 203-204.

60 FRANCISCO FAUS

de construção do templo, despertei para o fato de que Deus me havia fugido». Comprovou que o prazer é fugaz e só o amor que se entrega dá a felicidade duradoura[29].

Um contraste

Dominique Lapierre, outro escritor, conheceu e acompanhou de perto o trabalho da Madre Teresa de Calcutá. Num dos seus relatos, descreve os últimos dias de Josef, um doente de Aids que, após várias experiências de vida, veio a ser recolhido pelas irmãs da Madre Teresa.

Prostrado no leito, ficou maravilhado pelo brilho de felicidade que viu nos olhos da Irmã Ananda, uma humilde indiana, filha espiritual da Madre Teresa, que cuidava dele. Fulgurava naqueles olhos uma alegria constante. E era fácil intuir que vinha do amor de um coração simples e abnegado.

Já agonizante, Josef conseguiu dizer à Irmã: «Vocês estão muito além do Amor!». Essa frase foi escolhida por Lapierre como título de um livro[30]. Aquele rapaz que tinha procurado o prazer na vida, veio encontrar à beira da morte uma faísca de alegria na alma feliz de uma moça pobre que, para se dar plenamente a Deus e aos irmãos, tinha renunciado a tudo o que homens e mulheres, deslumbrados pelo ídolo, consideram imprescindível neste mundo.

---

(29) Cf. C.S. Lewis, *Surpreendido pela alegria*, Mundo Cristão, São Paulo, 1998, pág. 172 e 176.

(30) Dominique Lapierre, *Muito além do amor*, Salamandra, São Paulo, 1992.

8. A ALEGRIA E O PRAZER

Tinha razão São Josemaria Escrivá quando respondia a uma jornalista: «O que verdadeiramente torna uma pessoa infeliz – e até uma sociedade inteira – é a busca ansiosa de bem-estar»[31]. Pensamento que se conjuga plenamente com estas palavras de uma carta da Bem-aventurada Isabel da Trindade: «O segredo da paz e da felicidade consiste em "desocupar-nos" de nós mesmos»[32].

Dor, alegria e prazer

Jesus lembrava aos Apóstolos, na Última Ceia, que há dores que nos levam à alegria. Falando do mistério da sua próxima Paixão e Ressurreição, dizia-lhes:

Ficareis tristes, mas a vossa tristeza se transformará em alegria. A mulher, quando vai dar à luz, fica angustiada, porque chegou a sua hora. Mas depois que a criança nasceu, já não se lembra mais das dores pela alegria de ter vindo um homem ao mundo (Jo 16, 20-21).

O exemplo é muito expressivo do que já comentamos acima sobre a alegria que procede do sacrifício e do sofrimento abraçados com fé. Cristo escolheu o exemplo perfeito, pois a mãe sofre e se alegra única e exclusivamente por amor.

A verdadeira «seta» que indica, sem enganos, o caminho da felicidade é a que nos orienta a «desocupar-nos»

---

(31) Josemaria Escrivá, *Questões atuais do cristianismo*, 3ª edição, Quadrante, São Paulo, 1986, pág. 150.

(32) Carta à Madame Angles, 05.08.1906.

de nós mesmos, a esquecer-nos da «ânsia de bem-estar», e a «sacrificar», no altar do Deus vivo e santo, as obsessões do nosso egoísmo.

– E o prazer? É mau? Não. Andam erradas as pessoas que pensam, com pouco critério, que só tem mérito o que envolve sacrifício. «Mais sacrifício – acham –, mais santidade». Não. «Mais amor, mais santidade!» Este é o critério certo.

É verdade, naturalmente, que muitas vezes só haverá mais amor se houver um sacrifício mais generoso.

Mas outras vezes poderá haver muito amor unido a um prazer agradável, como a alegria do amor conjugal, do convívio familiar, da contemplação da natureza e da arte, da partilha com amigos das alegrias esportivas, culturais, científicas e até culinárias. Lembre-se de que São Paulo, que fazia jejuns, também dizia: *Quer comais, quer bebais ou façais qualquer outra coisa, fazei tudo para glória de Deus* (1 Cor 10, 31). E a seu discípulo Timóteo: *Não bebas mais somente água; toma também um pouco de vinho por causa do teu estômago e das tuas fraquezas frequentes* (1 Tm 5, 23).

São momentos muito agradáveis e felizes, que Deus abençoa. Se vividos com moderação, ordem e caridade, dão-nos uma alegria que não trocaríamos por nenhum prazer egoísta.

Pense que o prazer está no lugar querido por Deus quando reúne estas duas qualidades:

- Primeiro: quando é um coadjuvante dos atos e serviços de amor, de virtude, da perfeição dos deveres. Colaborador, não dono e tirano que nos tira dos

8. A ALEGRIA E O PRAZER

eixos. Porque o prazer não é um *fim* a ser procurado por cima de tudo – como fazem os adoradores do ídolo dourado –, mas um *meio* útil e bom para a prática do bem. Não empurra os outros para fora do ninho, como o chupim, mas compartilha o calor do ninho com todos.

• Segundo: quando o prazer é vivido com *moderação*, isto é, com a virtude da temperança, sem abuso nem exagero. As coisas agradáveis, praticadas com equilíbrio e medida, dão mais prazer ainda[33].

Uma bela experiência

Permita-me contar-lhe uma experiência pessoal. Em alguns feriados, quando o clima e o dever o permitem, gosto de passear umas poucas horas com um ou dois amigos por um parque que se encontra em uma zona periférica de São Paulo. Tem cinco ou seis quadras de futebol, muitos quiosques com churrasqueira rústica, parquinhos para crianças, pista para *bicicross*, e uma grande extensão de bosque, sem nada mais que um riachinho e umas trilhas, onde os amantes das árvores, plantas e pássaros passamos momentos agradabilíssimos, e não deixamos de rir dos ateus, ao deliciarmo-nos perante tanta beleza criada por Deus: «Tudo por acaso!», comentamos brincando.

Os frequentadores do parque, muito numerosos, per-

---

(33) Sobre a virtude da temperança, ver o livro *Autodomínio: Elogio da temperança*, Quadrante, São Paulo, 2004.

tencem praticamente todos à que se convencionou chamar «classe C». Famílias simples, muitas – pais, filhos, avós, tias... –, pessoas simples, enxames de crianças se embalando nos balanços, pedalando tropegamente na minibicicleta, colocando terra e areia num baldezinho de plástico, se encarapitando em rústicas escadinhas... Não há luxo. Não há aparelhos caros. Não há brinquedos eletrônicos de última geração...

Pois bem, nós, os aficionados à botânica, ficamos felizes ao comprovar a alegria daquele povo, incomparavelmente superior à que se pode achar somando quase toda a população dos bairros mais «A» da cidade. É a alegria das coisas simples, das brincadeiras ingênuas, do churrasco familiar. Ficamos encantados e pedimos a Deus que mostre a muitos hedonistas e consumistas tristes, sempre insatisfeitos, o segredo dessas risadas espontâneas e dessas alegrias singelas que talvez eles nunca tenham conhecido.

9. A alegria e a fidelidade

A beleza da fidelidade

Não sei se você conhece a história de John Henry Newman, uma das personalidades intelectuais e espirituais mais elevadas da história moderna da Inglaterra. Não vou contar a sua biografia. Só resumirei alguns trechos dela.

Antes da sua conversão ao catolicismo em 1845, era uma figura de enorme relevo na Universidade de Oxford e na Igreja da Inglaterra: como intelectual, como mestre universitário, como finíssimo teólogo, como o mais amado pregador de Oxford (era presbítero anglicano), como um dos melhores escritores do seu tempo.

Para quem conheça um pouco de história, abandonar o anglicanismo e passar para o «papismo» era, na Inglaterra daquela época, condenar-se ao ostracismo. Teve de deixar Oxford (onde ainda era proibida a presença de católicos), largar seus meios de vida, perder a maioria dos seus amigos e cair na suspeição dos colegas e patrícios. Foi bem acolhido entre os católicos? No começo, com grande alegria. Mas logo percebeu que não era compreendido. Suas intuições e planos para o aprofundamento e a difusão da fé católica entre os intelectuais – excelentes, e atualmente aplicados com grande eficácia – criaram suspeitas. Um a um, seus projetos cheios de zelo e sabedoria foram definhando. Também na Cúria Romana havia autoridades (especialmente alguns prelados ingleses) que o olhavam com receio. Faz-me lembrar do que diziam a São Josemaria Escrivá personalidades da mesma Cúria, gente boníssima e bem-intencionada, quando ele postulava a aprovação pontifícia do Opus Dei: «É uma obra maravilhosa, mas chegou com um século de antecipação».

Tudo se esclareceu..., quando Newman já era um ancião santo e sofrido. O Papa Leão XIII alegrou-lhe o coração nomeando-o cardeal, a máxima honra que pode receber um sacerdote católico. Bento XVI elevou-o aos altares, beatificando-o no dia 19 de setembro de 2010 em Birmingham – onde passara os últimos anos de sua vida –, numa cerimônia que foi como que uma aclamação coletiva de todos os católicos, e de muitos não-católicos da Inglaterra, e do mundo ao Bem-aventurado John Henry Newman.

Como é que ele encarou os longos anos de incompreensão e de aparentes fracassos, um atrás do outro? Com fé e amor, sem julgar as pessoas que desconfiavam dele. Crescendo na oração e nas virtudes. Oferecendo o sofrimento. Tornando-se um santo. Vários dos antigos

9. A ALEGRIA E A FIDELIDADE

amigos sugeriam-lhe abandonar a Igreja Católica e voltar ao anglicanismo. Um jornal chegou a anunciar isso como fato consumado. O santo homem reagiu e publicou um escrito admirável, em que – entre outras coisas – diz:

Minha fé na Igreja Católica não foi abalada nem por um só instante desde que fui recebido em seu seio. Sustento e sempre sustentei que o Soberano Pontífice [o Papa] é o centro da Unidade e o Vigário de Cristo; sempre tive e continuo tendo uma fé sem restrições em todos os artigos do seu *Credo*, uma suprema satisfação em seu culto, em sua disciplina, em seu ensinamento, e um ardente desejo, uma esperança contra toda a esperança de que os numerosos amigos que deixei no protestantismo virão um dia partilhar da minha felicidade [...]. Retornar à Igreja da Inglaterra? Nunca! «A rede foi rompida e nós estamos livres». Eu seria completamente louco (para usar um termo moderado) se, em minha velhice, deixasse a «terra onde correm leite e mel» e a trocasse pela cidade da confusão e a casa da escravidão[34].

A alegria que nasce da fidelidade

Tomamos como paradigma um homem fiel à sua fé e à Santa Igreja. A mesma «qualidade» deveriam ter todas as fidelidades da vida. Tanto a fidelidade de um casal a seu compromisso matrimonial, como a fidelidade de um

---

(34) Cf. Paul Thureau-Dangin, *Newman católico: A fidelidade na provação*, Cultor de Livros, São Paulo, 2014, págs. 58-59.

cristão comprometido numa missão apostólica, como a fidelidade de um sacerdote ou religioso à sua vocação.

Falar de comprometer-se, de «assumir um compromisso», para muitos, é quase um palavrão. Querem é ver-se livres de qualquer amarra, como folha à mercê de todos os ventos. Nada prometem a sério. Nada assumem a sério. O mundo parece estar cada vez mais infeccionado pela doença do provisório, do «descartável», como diz o Papa Francisco.

No entanto, só a fidelidade que aprende a atravessar e superar (não apenas aguentar) as provações nos torna grandes, realizados e felizes. Quem descarta a fidelidade como uma opressão da liberdade vai morrer como aquele homem do Evangelho, que provocou as risadas do povo, porque *principiou a edificar e não pôde terminar* (Lc 14, 30). Será um frustrado que se jogou aos sopros variáveis da liberdade mal-entendida e acabou caindo no nada.

Naturalmente, para poder saborear a alegria da fidelidade é preciso ter um ideal, um sentido para a vida, forte o bastante para não ceder aos desejos momentâneos: um ideal que nos dê a energia para enfrentar, lutar, superar o que nos custa e o que nos tenta; que nos impeça de limitar-nos a reagir mal, reclamar e fugir.

Duas doenças mortais da fidelidade

A fidelidade condicionada

É a da pessoa que, nos seus compromissos vitais (os que definem o sentido da vida), não sabe dizer um «sim» pleno como o «faça-se» de Nossa Senhora (cf. Lc 1, 38).

9. A ALEGRIA E A FIDELIDADE

Essas pessoas têm o «sim» poluído pelo «se», pelo condicional: «Serei fiel... se não ficar difícil continuar, se não for "chato", se não me cansar de viver com a mesma pessoa ou de fazer as mesmas coisas...».

A incapacidade de se decidir a assumir compromissos com fé e fortaleza explica a inconsistência de muitas vidas atuais. Para os egoístas, para os que não querem saber da grandeza do amor, a palavra «assumir» é substituída pela palavra «experimentar»: «Vou experimentar, vou ver se gosto, vou ver se não me canso, vou ver se dá... Se não der, largo tudo».

No livro *O senhor dos Anéis*, Tolkien coloca na boca de um dos personagens uma frase que deveríamos meditar: «Desleal é aquele que se despede quando o caminho escurece».

Quando escurece, quando as coisas se tornam difíceis, ou as circunstâncias ou as pessoas nos desnorteiam, em suma, quando surge uma crise, é então a hora em que Deus nos dá a oportunidade e a graça para «superar» aquilo e «superar-nos» a nós mesmos.

Toda crise pode ser uma crise de crescimento (como a da adolescência), ou uma crise terminal (como a do paciente desenganado). O mal consiste em que quase todos encaram como terminais crises que, aos olhos de Deus, deveriam ser de crescimento. Deveriam ser uma fase decisiva da vida, em que aprendêssemos a despojar-nos da imaturidade, das banalidades, da frivolidade..., trocando esse entulho por virtudes que não tínhamos e agora podemos adquirir: desprendimento, humildade, fortaleza, prudência, caridade... As crises são portas abertas para um amor maior, temperado na provação.

Quem não tentou lutar assim não conhece a felicidade de ser fiel. São Paulo experimentou-a de tal modo que, estando preso e a ponto de ser martirizado, escreveu na cadeia o que eu chamaria «o epitáfio feliz de uma vida realizada»: *Chegou o tempo da minha partida. Combati o bom combate, terminei a corrida, fui fiel* (2 Tm 4, 6-7).

Se a dificuldade, e concretamente o sacrifício que toda fidelidade exige, nos fazem vacilar, estamos à beira de enveredar pelo que Rafael Llano Cifuentes chama de «vocação de vira-latas»[35], que é uma opção de vida extremamente perigosa.

A fidelidade de manutenção

É a fidelidade da pessoa que não abandona o barco, mas se limita a «ir tocando» a vida com rotina morna, apagada.

Alguns parecem fiéis por pura inércia. O marido e a mulher continuam juntos no lar, mas sem renovação de sentimentos e atitudes, sem diálogo fecundo e sem novas iniciativas. A alegria da vida familiar soa, para eles, a sonho ingênuo de lua de mel. Que diriam se ouvissem São Josemaria dizer-lhes, como repetia a casais de qualquer idade: «Vocês devem tratar-se como se sempre fossem noivos»?

Mas não esqueçam – dizia-lhes – que o segredo da felicidade conjugal está no cotidiano, não em sonhos. Está em encontrar a alegria escondida de chegarem ao

---

(35) Rafael Llano Cifuentes, *A constância*, Quadrante, São Paulo, 1989, pág. 28.

9. A ALEGRIA E A FIDELIDADE 71

lar; no relacionamento afetuoso com os filhos; no trabalho de todos os dias, em que toda a família colabora; no bom humor perante as dificuldades, que é preciso enfrentar com espírito esportivo[36].

Coisas análogas deveriam dizer-se sobre a fidelidade de leigos, sacerdotes e religiosos à vocação e à missão divina com a qual se comprometeram. A fidelidade de manutenção é, para os mornos, um mero vegetar acomodado. Esqueceram-se da palavra «mais» e da palavra «além». Como dizia Ernest Hello, «se não existisse a palavra exagero, o homem medíocre a inventaria»[37].

Como evitar essas duas doenças da fidelidade? Entre outras coisas, vendo se conseguimos dar uma resposta positiva (com a cabeça, o coração e as ações) às seguintes perguntas:

• Eu tenho «metas», ou vou só no embalo; ou seja, proponho-me frequentemente modos concretos – claros e definidos – de dar mais, de alegrar mais os outros, de ajudar mais, quebrando assim a rotina?

• Trato com Deus desse desejo de superação? Medito, rezo, leio livros de espiritualidade, procuro conselhos e experiências para sair do meu trilho monótono e renovar meus compromissos?

• Se me pedissem que escrevesse num papel os desafios de superação que atualmente me proponho para

---

(36) Josemaria Escrivá, *Questões atuais do cristianismo*, n. 91.
(37) Ernest Hello, *L'homme: la vie, la science, l'art*, Perrin, Paris, 1911, pág. 60.

dar um salto de qualidade, ou para superar uma crise, deixaria a folha em branco? Quantas linhas poderia preencher?

Quero terminar este capítulo pedindo-lhe que medite as palavras que Cristo utiliza para abrir a porta do Céu a uma alma que foi fiel até a morte: *Muito bem, servo bom e fiel, já que foste fiel no pouco, eu te confiarei muito. Entra na alegria do teu Senhor!* (Mt 25, 21).

10. Oito alegrias cristãs

Uma estranha felicidade

A pregação de Jesus começou com um chamado à conversão (cf. Mc 1, 15) e, pouco depois, com um vasto programa de felicidade (cf. Mt 5, 1 e segs.): *Bem-aventurados os pobres, os que choram..., os que padecem perseguição...* Os ouvintes devem ter ficado pasmos. Nunca ninguém tinha ligado a felicidade – a bem-aventurança – à pobreza, às lágrimas, às perseguições... Estaria falando a sério? Ou estaria desvendando um mistério desconhecido, até então nunca imaginado?

A essa última indagação pode-se responder que sim: essa felicidade de que fala Jesus é um mistério «novo», que quebra os esquemas e as experiências da história humana. É um mistério que só pode ser esclarecido pelo próprio Cristo, que veio a este mundo para fazer novas todas as coisas (cf. Apoc 21, 5).

Mais ainda. É um mistério que só pode ser captado contemplando a vida de Cristo do começo ao fim. Nela encontraremos todas as luzes sobre essas alegrias inéditas que, em meio às dores deste mundo, desabrocham em forma de vitória sobre o mal, sobre a tristeza e sobre a morte, em felicidade eterna que já começa a ser saboreada na terra pelos que vivem *em Jesus Cristo*.

É por isso que o Catecismo da Igreja diz, sinteticamente: «As bem-aventuranças traçam a imagem de Cristo e descrevem o seu amor»[38].

As bem-aventuranças são a perspectiva cristã do amor e da felicidade. São um aparente enigma, decifrado apenas por quem é capaz de dizer, como São Josemaria: «Que eu veja com teus olhos, Cristo meu, Jesus da minha alma»[39]. Pois todas elas são fulgores do amor de Cristo e lições para o nosso amor.

Mistérios de felicidade no amor

Vamos lançar a seguir um olhar rápido, quase num relance, sobre cada uma das oito Bem-aventuranças: apenas um esboço que nos incentive a aprofundar mais nelas[40].

---

(38) *Catecismo da Igreja Católica*, n. 1717.

(39) E. Burkhart e J. López, *Vida cotidiana y santidad en la enseñanza de San Josemaria*, 4ª edição, Rialp, Madri, 2013, vol. I, pág. 323.

(40) Um excelente comentário às bem-aventuranças é o livro de Georges Chevrot, *O Sermão da Montanha*, Quadrante, São Paulo, 1988.

10. OITO ALEGRIAS CRISTÃS

*1. Felizes os pobres em espírito,
porque deles é o Reino dos Céus*

Jesus nasceu sem nada e morreu sem nada. E ensinou-nos a alegria de ter um amor que não se debilita pela falta de bens materiais, que não fica cativo do apego ao dinheiro, às posses, às ambições egoístas. Lembra? Quando Cristo pediu ao jovem rico que vendesse e doasse tudo e, assim, ficasse livre e desimpedido para o seguir pelo caminho do Amor, o rapaz não conseguiu vencer esses apegos, desistiu e retirou-se triste, porque tinha muitos bens (cf. Mc 9, 22).

Não ajunteis para vós – dizia Jesus – *tesouros na terra. [...] Ajuntai para vós tesouros no céu, onde não os consomem nem as traças nem a ferrugem, e os ladrões não furtam nem roubam. Porque onde está o teu tesouro, lá também está o teu coração* (Mt 6, 19-21).

Felizes os que, com coração pessoalmente desprendido, sabem esquecer-se de si mesmos para servir a Deus, e para ajudar os indigentes e desvalidos espirituais e materiais desta terra (cf. 1 Jo 3, 16-18).

*2. Felizes os que choram,
porque serão consolados*

Esta bem-aventurança fala do coração que chora porque ama, e dói-lhe ver-se a si mesmo e ver os outros afastados de Deus pelo pecado. Esse foi o motivo por que Jesus chorou à vista da cidade de Jerusalém, rebelde ao seu apelo de conversão (cf. Lc 19, 41 e segs.). São as lágrimas que voltaram a escorrer por suas faces, misturadas com gotas de sangue, quando, no Horto das Oliveiras, aceitou beber o cálice amargo dos nossos pecados para nos livrar deles expiando-os com o Sacrifício da Cruz.

As lágrimas de contrição encheram de paz e de uma alegria inéditas a alma da pecadora arrependida que, com elas, banhou os pés de Jesus (cf. Lc 7, 36 e segs.); foram fonte de alegria no céu e na terra quando o filho pródigo voltou à Casa do Pai (cf. Lc 15, 32); e também fazem felizes agora os que alcançam o perdão de Deus numa confissão contrita.

3. Felizes os mansos,
porque receberão a terra em herança

O amor de Jesus estendia-se a todos, quer o amassem quer o odiassem. Tinha infinita paciência para com os pecadores. E, nos momentos duríssimos da Paixão, como diz São Pedro, Ele, ultrajado, não retribuía com idêntico ultraje; Ele, maltratado, não proferia ameaças... *Carregou os nossos pecados em seu corpo para que, mortos aos nossos pecados, vivamos para a santidade* (1 Pe 2, 23-24).

A paz com que sofria, sem ira, sem revidar nem lamentar-se, deixou Pilatos boquiaberto. Nunca tinha visto tamanha bondade em meio a tanto horror (cf. Jo 19, 8-9).

Toda vez que veja um crucifixo, pense que Ele lhe diz: *Aprendei de mim, que sou manso e humilde de coração, e encontrareis repouso para as vossas almas* (Mt 11, 29).

10. OITO ALEGRIAS CRISTÃS

4. Felizes os que têm fome e sede de justiça,
porque serão saciados

«Justiça» significa – na Sagrada Escritura – santidade, plenitude do amor a Deus e ao próximo. Jesus desejava a nossa santificação e a nossa salvação eterna mais do que a sua própria vida: *Eu vim trazer fogo à terra. [...] Devo ser batizado com um batismo de sangue, e como estou ansioso até que isso se realize* [na Paixão redentora]! (cf. Lc 12, 49-50).

Cristo, justamente porque nos quer felizes, pede-nos aspirar a um amor grande – à santidade! –, pois só esse amor poderá saciar de alegria a nossa alma. *Esta é a vontade de Deus* – escrevia São Paulo –, *a vossa santificação. Aspirai aos dons superiores* (cf. 1 Tess 4, 3 e 1 Cor 12, 31).

Aspirai! Despertava assim nos primeiros cristãos a fome e sede de justiça, e dava-lhes a certeza de que Deus nos escolheu nele [em Cristo] *antes da criação do mundo, para sermos santos e irrepreensíveis, no amor, diante de seus olhos* (cf. Ef 1, 3-4).

5. Felizes os misericordiosos,
porque alcançarão misericórdia

Quando Jesus foi criticado pelos fariseus porque tinha compaixão dos pecadores, porque se aproximava deles e aceitava sentar à mesa com eles, respondeu-lhes: *Não são as pessoas com saúde que precisam de médico, mas as doentes. Não são os justos que vim chamar à conversão, mas os pecadores* (Lc 5, 32).

E, pouco antes de dar na Cruz a sua vida por nós, rezava – com as poucas forças que lhe restavam – pelos seus algozes: *Pai, perdoa-lhes! Eles não sabem o que fazem!* (Lc 23, 34). A todos nós Jesus pede que aprendamos com Ele a compreender, a desculpar, a perdoar, a compadecer-nos dos que andam errados, e a ajudá-los a se aproximarem de Deus:

> *Perdoai-nos as nossas ofensas, assim como nós perdoamos aos que nos têm ofendido. [...] Se vós perdoardes aos outros as suas faltas, vosso Pai que está nos céus também vos perdoará* (Mt 5, 12.14).

Uma das maiores alegrias cristãs é a alegria de ser perdoado e perdoar.

6. Felizes os puros de coração, porque verão a Deus

Se o teu olhar for puro, ficarás todo cheio de luz. Mas se teu olho for ruim, ficarás todo em trevas (Mt 6, 22-23).

Esse «olhar» de que Jesus fala é a intenção com que fazemos as coisas, é a maneira limpa de encarar as coisas da vida e as nossas relações com os outros. A pureza de coração exclui a mentira, a trapaça, o egoísmo interesseiro, a cobiça carnal... *Todo aquele que olhar para uma mulher com o desejo de possuí-la, já cometeu adultério com ela em seu coração* (Mt 5, 28).

Nada dificulta tanto «ver» a Deus como ter um coração embaçado pelo pecado. Se o coração é puro, a alma ganha transparência, recebe a luz do Espírito Santo e,

10. OITO ALEGRIAS CRISTÃS

com ela, a lucidez necessária para entender as coisas de Deus e acolhê-las de coração.

Essa é a alegria que experimentava São Paulo quando escrevia aos coríntios:

A razão da nossa glória é esta: o testemunho da nossa consciência de que, no mundo e particularmente entre vós, temos agido com simplicidade de coração e sinceridade diante de Deus (2 Cor 1, 12).

7. Felizes os que promovem a paz, porque serão chamados filhos de Deus

No dia em que São João Batista nasceu, seu pai, Zacarias, profetizou que aquele menino *prepararia o caminho do Senhor, de Cristo, que viria iluminar os que jazem nas trevas e na sombra da morte e dirigir os nossos passos no caminho da paz* (Lc 1, 76.79).

Também os anjos anunciaram o nascimento de Jesus com uma mensagem de paz: *Paz para os homens de boa vontade* (Lc 2, 14). E, no final da sua vida mortal na terra, Ele se despediu com uma promessa de paz: *Não vos deixarei órfãos. [...] Deixo-vos a paz, dou-vos a minha paz* (Jo 14, 18.27).

Ele, que nos trouxe os caminhos da paz, declara que nós seremos felizes se procurarmos ser «semeadores de paz e de alegria», como dizia São Josemaria; isto é, se ajudarmos os outros a encontrarem a paz que vem da harmonia amorosa com Deus e, por Ele, com os irmãos.

8. Felizes os perseguidos por causa da justiça, porque deles é o Reino dos Céus

Várias vezes Jesus havia anunciado que os seus discípulos, ao longo dos séculos, sofreriam perseguição, calúnias, martírio (cf. Mt 5, 11-12; Jo 15, 18-21). A história atual está sendo o cenário de uma das maiores perseguições já sofridas por cristãos: desde a perseguição procedente de leis e governos empenhados em banir os valores cristãos dos seus países, até o martírio sangrento de muitos milhares de cristãos – mais numerosos, nos últimos decênios, do que o total dos mártires da perseguição do Império Romano nos três primeiros séculos –, que estão sendo agora torturados, encarcerados, exilados, degolados pelos que odeiam «o povo da Cruz».

Jesus os chama de «felizes»! Muitos mártires morreram com paz, cantando, rezando e pronunciando com amor o nome de Jesus – como os vinte e um cristãos coptas decapitados na Líbia pelo Estado Islâmico em fevereiro de 2015 –, perdoando os seus assassinos e pedindo a Deus por eles. Não só tinham a certeza da felicidade eterna no Céu, como já possuíam a graça da fé que faz exclamar como São Paulo: *Estou crucificado com Cristo. [...] Cristo vive em mim. [...] Vivo na fé no Filho de Deus, que me amou e se entregou por mim* (Gal 2, 19-20).

Uma loucura divina

Você se detém um pouco a meditar no que estamos comentando? Estivemos tratando de um modo muito re-

10. OITO ALEGRIAS CRISTÃS

sumido essa página capital da mensagem de Jesus. Mas, se quiser ser feliz de verdade, peça ao Espírito Santo que o ajude a aprofundar nesta loucura divina, mais sábia do que os homens (cf. 1 Cor 1, 25).

Deixe-me insistir. As bem-aventuranças são um segredo maravilhoso, mas só podem ser compreendidas olhando para o amor de Jesus e contemplando-as encarnadas em sua vida.

Mais ainda. Somente quando nos decidimos a viver na intimidade de Deus – numa vida de sacramentos, de fé e de oração – é que começamos a saboreá-las. Descobrimos então a alegria nova de viver:

• sob o olhar de Deus Pai;

• em união com Jesus Cristo;

• e movidos pela graça do Espírito Santo.

Tentaremos aprofundar nessas três alegrias nos próximos capítulos.

11. A alegria de ser filho de Deus

Um velho que sempre foi jovem

O Apóstolo São João, quando já era muito velho – à volta dos noventa anos –, dizia como quem não consegue sair do seu assombro: *Caríssimos, desde já somos filhos de Deus!* (1 Jo 3, 2).

Sentia-se emocionado – com o ardor de um jovem – ao anunciar aos seus discípulos o que Cristo fez por nós: *Deu-lhes o poder de se tornarem filhos de Deus* (Jo 1, 12).

Como impressiona perceber que esse Apóstolo, que começou a seguir Cristo sendo um adolescente, passados tantos e tantos anos, ainda estremecia de alegria ao escrever:

> *Vede com que amor nos amou o Pai, ao querer que fôssemos chamados filhos de Deus. E nós o somos de verdade!* (1 Jo 3, 1).

É a mesma alegria, cheia de vibração, que experimentava São Paulo ao pensar no mistério da nossa filiação divina. Basta ler dois trechos das suas cartas:

> *Quando chegou a plenitude dos tempos, Deus enviou seu Filho, que nasceu de uma mulher [...] para que recebêssemos a adoção de filhos. E a prova de que sois filhos é que Deus enviou aos vossos corações o Espírito do seu Filho, que clama: «Abá, pai!»* (Gal 4, 4-6).

«Abá» era a palavra carinhosa que os filhos – sobretudo as crianças – usavam para chamar o pai; palavra tão familiar que jamais um judeu se atreveria a usá-la para invocar a Deus.

> *Não recebestes um espírito de escravidão para viverdes ainda no temor, mas recebestes o espírito de adoção de filhos pelo qual clamamos: Abá, Pai! [...] E, se somos filhos, também, somos herdeiros, herdeiros de Deus e coerdeiros de Cristo* (Rom 8, 15.17).

Se compreendêssemos essa realidade, nunca mais ficaríamos tristes.

Uma luz inesquecível

Quando os santos «descobriram» essa verdade, tiveram uma sensação parecida com a de uma pessoa que se julgasse órfã e, de repente, descobrisse que tem um pai e uma mãe amorosos, dos quais foram arrancados criminosamente na infância, mas que andaram sempre à sua procura, ansiosos por achar o filho perdido, dispostos a

11. A ALEGRIA DE SER FILHO DE DEUS 85

dar a vida e mil vidas que tivessem para poder abraçá-lo e derramar nele todos os tesouros de amor que, nos anos de dura separação, não lhe puderam dar. Pois bem. Isso não é telenovela. É o que Deus fez por nós, pecadores, enviando seu Filho para ser o nosso Salvador, e enviando o Espírito Santo para que nos dê a graça da adoção de filhos, da identificação com Jesus Cristo, *primogênito entre muitos irmãos* (Rom 8, 29). Consideremos, como uma ilustração disso, o exemplo de um santo que viveu como poucos o sentido da filiação divina. Refiro-me a São Josemaria Escrivá.

Um primeiro momento

Criado num lar cristão, educado em escola de padres, desde criancinha rezava com devoção, juntamente com a mãe, a oração que Jesus nos ensinou: o Pai-nosso. Como ele conta,

não poucas vezes tinha por costume não utilizar nenhum livro para a meditação. Recitava, degustando-as uma a uma, as palavras do Pai-nosso, e detinha-me – saboreando – na consideração de que Deus era Pai, meu Pai, de que me devia sentir irmão de Jesus Cristo e irmão de todos os homens. Não saía do meu assombro, contemplando que era filho de Deus![41]

Foi este um primeiro passo, um passo que todo cristão deveria dar.

_____

(41) Andrés Vázquez de Prada, *O Fundador do Opus Dei*, vol. I, pág. 369.

Mas esse passo não era o «fim da linha». Porque, se perseverarmos numa vida de carinho filial com Deus, o Espírito Santo irá acendendo na nossa alma novas luzes e alegrias, mediante os dons de entendimento e de sabedoria. São Josemaria foi favorecido por Deus com uma efusão extraordinária desses dons, que o habilitaram a ser – como o Senhor queria – um grande pregoeiro do sentido da filiação divina entre os cristãos.

O segundo momento

Vez ou outra ele confidenciou uma intervenção extraordinária do Espírito Santo na sua alma. Foi no dia 16 de outubro de 1931. Já tinha recebido de Deus, em 2 de outubro de 1928, luzes do Céu para fundar o Opus Dei. Nessa outra data de 1931, contava apenas vinte e nove anos.

Naquele dia 16 anotou à noite, no seu caderno de apontamentos íntimos, umas poucas palavras:

Dia de Santa Edwiges de 1931. Quis fazer oração, depois da Missa, na quietude da minha igreja. Não o consegui. Em Atocha [Madri], comprei um jornal (o ABC) e tomei o bonde. Até este momento em que escrevo isto, não pude ler mais que um parágrafo do jornal. Senti afluir a oração de afetos, copiosa e ardente. Assim estive no bonde e até a minha casa[42].

O enlevo que ainda o dominava não lhe permitiu escrever mais. Depois evocaria o fato com mais detalhe:

_____

(42) *Idem*, págs. 355-356.

11. A ALEGRIA DE SER FILHO DE DEUS

Senti a ação do Senhor, que fazia germinar no meu coração e nos meus lábios, com a força de algo imperiosamente necessário, esta terna invocação: *Abba! Pater! – Abá! Pai!* Estava na rua, num bonde... Provavelmente fiz aquela oração em voz alta. E andei pelas ruas de Madri talvez uma hora, talvez duas, não sei dizer, o tempo passou sem eu o sentir. Devem ter me tomado por doido. Estive contemplando com luzes que não eram minhas essa verdade assombrosa, que ficou acesa como uma brasa na minha alma, para nunca mais se apagar[43].

«Como filhos muito amados»

Já citávamos em páginas anteriores as seguintes palavras de São Paulo: *Sede imitadores de Deus como filhos muito amados, e progredi no amor* (Ef 5, 1-2). Este é o programa da vida dos filhos de Deus.

Primeiro passo. Tomar consciência de que Deus é mesmo nosso Pai e nos ama «mais do que todas as mães do mundo podem querer a seus filhos»[44]. *Tanto amou Deus o mundo* – lemos no fim da conversa de Jesus com Nicodemos –, *que lhe deu seu Filho único, para que todo o que nele crer não pereça, mas tenha a vida eterna* (Jo 3, 16).

É o que São João resume em três palavras: *Deus é amor* (1 Jo 4, 8).

---

(43) *Idem*, pág. 356.

(44) Josemaria Escrivá, *Caminho*, n. 267.

São Gregório de Nissa afirmava que «é necessário contemplar sem cessar a beleza do Pai e com ela impregnar a nossa alma»[45].

Outro homem de Deus, o abade João Cassiano, comentava que só o fato de olhar para a paternidade de Deus

> é um grande fogo de amor; a alma nele se dissolve e se abisma no santo afeto, e se entretém com Deus como com seu próprio Pai, bem familiarmente, com ternura de piedade toda particular[46].

Diante disso, é lógico que São Cipriano, o bispo mártir de Cartago, escrevesse:

> Quando chamamos a Deus de *nosso Pai*, precisamos lembrar-nos de que devemos comportar-nos como filhos de Deus[47].

Segundo passo. Comportar-nos como filhos de Deus.

Consiste em corresponder com amor ao Deus-Amor.

Você conhece provavelmente a encíclica de Bento XVI *Deus caritas est* («Deus é amor»). Vale a pena que a leia ou releia de novo. Vou transcrever a seguir um extrato «telegráfico» (porém literal) de alguns trechos:

> O mandamento do amor [o primeiro mandamento: «amar a Deus sobre todas as coisas»] só se torna possível porque não é mera exigência: o amor pode ser «mandado», porque antes nos é dado.

---

(45) Cit. em *Catecismo da Igreja Católica*, n. 2784.

(46) *Idem*, n. 2785.

(47) *Idem*, n. 2784.

11. A ALEGRIA DE SER FILHO DE DEUS

Bento XVI está glosando palavras da primeira carta de São João:

Nisto consiste o amor: não fomos nós que amamos a Deus, mas foi ele que nos amou primeiro e enviou seu Filho como oferenda de expiação pelos nossos pecados (1 Jo 4, 10).

E continua a encíclica:

Na história de amor que a Bíblia nos narra, Ele vem ao nosso encontro, procura conquistar-nos [...], incessantemente vem ao nosso encontro. [...] Ele continua a ser o primeiro a amar-nos [...], e dessa «antecipação» de Deus pode, como resposta, despontar também em nós o amor.

A seguir, mostra uma característica essencial que deve ter o amor:

Querer a mesma coisa e rejeitar a mesma coisa é, segundo os antigos, o autêntico conteúdo do amor: um tornar-se semelhante ao outro, que leva à união do querer e do pensar. A história do amor entre Deus e o homem consiste precisamente no fato de que esta comunhão de vontade cresce em comunhão de pensamento e de sentimento e, assim, o nosso querer e a vontade de Deus coincidem cada vez mais: a vontade de Deus deixa de ser para mim uma vontade estranha que me impõem de fora os mandamentos, mas é a minha própria vontade. [...] Cresce então o abandono em Deus, e Deus torna-se a nossa alegria (cf. Sal 73, 23-28).

Terceiro passo. Tirar consequências dessa «união de vontades», medula e essência do verdadeiro amor. Por exemplo:

• Fé na Providência, aconteça o que acontecer. *Vosso Pai vê, vosso Pai sabe...; Não vos inquieteis...; Não vos preocupeis, pequeno rebanho* (cf. Lc 12, 22 e segs.; Mt 6, 25 e segs.). Porque o Pai *faz concorrer todas as coisas para o bem daqueles que o amam* (Rom 8, 28), mesmo as que nos parecem mais incompreensíveis.

• Confiança filial na oração: *Ora a teu Pai, que vê em segredo* (Mt 6, 6), que está presente no mais íntimo de ti. Esse Pai, *se um filho lhe pedir um pão, não lhe dará uma pedra* (Lc 11, 11).

• Viver na presença de Deus. Todos nós, se tivéssemos fé, poderíamos dizer, como Jesus: *Aquele que me enviou está comigo; ele não me deixou sozinho* (Jo 8, 29). Com quanta razão dizia São Josemaria:

> É preciso convencer-se de que Deus está junto de nós continuamente. – Vivemos como se o Senhor estivesse lá longe, onde brilham as estrelas, e não consideramos que também está sempre ao nosso lado. – E está como um Pai amoroso – quer mais a cada um de nós do que todas as mães do mundo podem querer a seus filhos –, ajudando-nos, inspirando-nos, abençoando... e perdoando[48].

• Sentir e viver entre nós a fraternidade dos filhos de Deus, dos irmãos, *membros da família de Deus* (Ef

---

(48) Josemaria Escrivá, *Caminho*, n. 267.

11. A ALEGRIA DE SER FILHO DE DEUS

2, 19), que participam do mesmo amor do Pai: *Se Deus nos amou assim, nós também devemos amar-nos uns aos outros* (1 Jo 4, 11). Por sermos filhos e termos recebido o Espírito Santo, o Amor divino em pessoa,

estamos em condições de esbanjar carinho a mãos cheias entre os que nos rodeiam, porque nascemos para a fé pelo Amor do Pai. Peçamos ousadamente ao Senhor este tesouro, esta virtude sobrenatural da caridade, para levá-la à prática até o seu último detalhe[49].

Se procurarmos fazer assim, se nos esmerarmos em imitar o amor filial de Cristo em relação a Deus Pai, poderão dizer de nós o que dizia de São Josemaria um bispo que o conheceu muito bem:

Tinha uma alegria constante, radicada – notava-se claramente – na profunda consciência da filiação divina. Nunca o vi triste nem abatido [...]. Tudo avaliava sobrenaturalmente e de um modo otimista e positivo[50].

---

(49) Josemaria Escrivá, *Amigos de Deus*, 3ª edição, Quadrante, São Paulo, 2014, n. 229.

(50) José López Ortiz, *Testimonios sobre el Fundador del Opus Dei*, Palabra, Madri, 1992, pág. 64.

12. A alegria da infância espiritual

Uma notícia de grande alegria

Na noite do nascimento de Cristo, o Anjo enviado por Deus disse aos pastores:

Não tenhais medo! Eu vos anuncio uma grande alegria: hoje, na cidade de Davi, nasceu para vós o Salvador, que é o Cristo Senhor.

Ao mesmo tempo, indicou-lhes «como era» que o Filho de Deus vinha ao mundo para nos salvar:

Isto vos servirá de sinal: encontrareis um recém-nascido, envolto em faixas e deitado numa manjedoura (Lc 2, 10-12).

Uma criança, o menor dos homens, vem curar-nos desde que nasce do mal radical do orgulho, da soberba que é *o princípio de todo pecado* (Eclo 10, 15).

O que nos salva não é o poder e a força de Deus, mas o seu amor, que vem até nós desvalido, sem outra riqueza e autoridade que a da sua doação.

Eu sou o caminho, diz-nos Cristo (Jo 14, 6). Contemplemos o menino de Belém e então entenderemos por que Jesus fala da necessidade de nos fazermos «crianças», de seguir um caminho espiritual de infância, se quisermos fazer parte do seu Reino:

> *Em verdade vos digo, se não vos converterdes e vos tornardes como crianças, não entrareis no Reino dos Céus* (Mt 18, 3).

É possível que você – se conhece o Evangelho – se lembre de que, pelo menos três vezes, Jesus teve de corrigir as ambições de poder e glória dos seus discípulos (cf. Mt 20, 21; Mc 9, 34; Lc 22, 24). O remédio para essa pretensão foi colocar-lhes como modelo um dos meninos que brincavam na casa de Simão em Cafarnaum: *Quem não receber o Reino de Deus como uma criança, não entrará nele* (cf. Mc 9, 36 e 10, 15).

Crianças diante de Deus

> *Quem se fizer humilde como este menino, esse será o maior no Reino dos Céus* (Mt 18, 4).

Jesus ensina a necessidade essencial da humildade. Não da falsa humildade do adulto frustrado, amargo, que se autorrebaixa e se sente fracassado. Ele pede-nos a simplicidade do menino: ele sabe que é «pequeno», pode até

12. A ALEGRIA DA INFÂNCIA ESPIRITUAL

ser o menor de todos, mas isso não lhe tira o riso, nem o humilha, nem o impede de ser feliz.

A infância espiritual foi, para alguns santos, o cume daquele espírito de *filiação divina* de que falávamos no capítulo anterior. Consideravam com alegria que «diante de Deus, que é Eterno, tu és uma criança menor do que, diante de ti, um garotinho de dois anos»[51]. Isso dava-lhes consolo e conforto.

Santa Teresinha fez da infância espiritual o «caminhozinho» que a elevou às alturas da santidade. E difundiu pelo mundo inteiro essa atitude íntima de humilde confiança, a «pequena via»[52], que tem alimentado a vida espiritual e tornado felizes a muitos milhares de almas. Outros santos – como São Josemaria Escrivá – receberam também de Deus graças especiais para avançar por essa via e ensiná-la aos outros.

Veja alguns traços principais do espírito de infância.

Uma limitação cheia de esperança

A criança sabe, mesmo que nem pense nisso, que é constitutivamente limitada e dependente. Mas essa limitação, para ela, não é uma deficiência, como o seria para um adulto aleijado ou um velho incapaz. Estes últimos podem ficar tristes por isso; a criança, nunca.

Conhece o conto de Oscar Wilde sobre o anão apaixonado? Era um dos servidores do palácio do rei e se enamo-

---

(51) Josemaria Escrivá, *Caminho*, n. 860.
(52) Cf. Santa Teresa do Menino Jesus, *Obras completas*, Paulus, São Paulo, 2002.

rou da princesa. Nunca se tinha visto a si mesmo. Quando um dia, por acaso, contemplou a sua figura refletida num espelho, horrorizou-se e seu coração se partiu.

As limitações da criança não são assim. São apenas uma natural «imperfeição» (ainda não-perfeição) cheia de esperança, pois diante dela se abre toda a estrada da vida, rica de mil possibilidades. A vida para ela é um livro em branco: sobre as suas páginas ainda por preencher tudo se pode sonhar.

Além disso, a criança tem a certeza de que, junto dos pais, caminhará aconchegada por um amor solícito: que a alimenta, cuida, cura, carrega; mesmo as correções e castigos, para ela, serão amor, uma ajuda para que cresça melhor.

Pois bem, Deus age assim conosco, se nos vê simples e humildes.

O orgulho torna muitos adultos autossuficientes («não preciso de ninguém, eu me viro; não me faz falta orientação espiritual, nem formação cristã nem o aprendizado das virtudes, nem que me corrijam...»). Então, o fracasso é garantido, porque *Deus resiste aos soberbos, mas dá a sua graça aos humildes* (1 Pe 5, 5).

Já pensou numa criança dizendo «Eu não preciso de ninguém», ou «Eu sou um fracassado». Só de imaginá-lo nos faz rir.

Então, por que não fazemos caso de Nosso Senhor e reconhecemos, humildes e esperançados, que precisamos aprender, que precisamos ser orientados por quem tem condições de ajudar; e que precisamos lutar, tentando uma e outra vez ser melhores, bem agarrados à mão do pai e da mãe – de Deus, de Nossa Senhora – como crianças?

12. A ALEGRIA DA INFÂNCIA ESPIRITUAL

Uma pequenez rodeada de amor

Acabamos de mencioná-lo. A criança, num ambiente familiar sadio, desenvolve-se num clima de solicitude e carinho. Sente-se segura, mesmo que se machuque, mesmo que berre e se rebele, mesmo que esperneie e queira bater na mãe. Nós, que sabemos como são as crianças, dizemos: «Não tem importância. São criancices». Ela continuará a ser muito amada, e cuidada, e limpada, e defendida, e acariciada, mesmo que às vezes leve uns tapinhas nos fundilhos.

Você não percebe que isso é o que Deus, nosso Pai, faz conosco e também a nossa Mãe Santa Maria? Contanto – é claro – que desçamos do pedestal do nosso orgulho.

É bom meditar, a respeito disso, umas considerações de São Josemaria, baseadas na experiência de sua própria vida interior:

Sendo crianças, não tereis mágoas; as crianças esquecem depressa os desgostos para voltarem aos seus divertimentos habituais. – Por isso, com esse «abandono», não tereis que vos preocupar, pois descansareis no Pai[53].

Na vida interior – na vida espiritual –, a todos nos convém ser como esses pequeninos que parecem de borracha, que até se divertem com os seus tombos, porque logo se põem de pé e continuam com as suas

---

(53) Josemaria Escrivá, *Caminho*, n. 864.

98 FRANCISCO FAUS

correrias; e porque também não lhes falta – quando é necessário – o consolo de seus pais[54]. O trabalho esgota o teu corpo, e não podes fazer oração. – Estás sempre na presença de teu Pai. Se não falas com Ele, olha-O de vez em quando, como uma criancinha... e Ele te sorrirá[55].

Uma pequenez poderosa

Nos anos em que se falava muito do «poder jovem», Carlos Drummond de Andrade publicou uma série de crônicas deliciosas com o título de *O poder ultrajovem*. Giram à volta do «poder» dos bebês, que têm a casa inteira – pais, avós, irmãos, tias... – dependentes deles, dedicados a eles, sob o «domínio» deles. É o que Machado de Assis chamava «soberania da criança».

Também nós, se formos *humildes como crianças* (Mt 18, 4), ganharemos um «poder ultrajovem». Veja mais umas meditações de São Josemaria:

Ser pequeno. As grandes audácias são sempre das crianças. – Quem pede... a lua? – Quem não repara nos perigos, ao tratar de conseguir o seu desejo?[56]

Perseverar [na oração]. – Uma criança que bate a uma porta, bate uma e duas vezes, e muitas vezes..., com força e demoradamente, sem se envergonhar! E quem vai abrir, ofendido, é desarmado pela simpli-

---

(54) Josemaria Escrivá, *Amigos de Deus*, 146.
(55) Josemaria Escrivá, *Caminho*, n. 895.
(56) *Idem*, n. 857.

12. A ALEGRIA DA INFÂNCIA ESPIRITUAL

cidade da criaturinha inoportuna... – Assim tu com Deus[57].

E Santa Teresinha escreve:

Eu não posso me apoiar sobre nenhuma das minhas obras para ter confiança. Mas sinto uma paz tão grande por ser absolutamente pobre, por não poder contar com nada fora dele, fora de Deus.

É uma confiança que não pode morrer

Deus, pela boca do profeta Isaías, diz:

Pode uma mulher esquecer-se daquele que amamenta? Não ter ternura pelo fruto de suas entranhas? Mesmo que ela se esquecesse, eu não te esqueceria nunca. [...] *Como uma criança que a mãe consola, assim eu vos consolarei* (Is 49, 15; 66, 13).

Não vê? Aconteça o que acontecer na vida, mesmo que sejamos o mais miserável dos filhos pródigos, Deus nos estenderá a mão e Nossa Senhora também (ia dizer que nos estenderá as duas mãos)..., a não ser que os rejeitemos.

Assim, feliz, vivia São Paulo:

Se Deus é por nós, quem será contra nós? Ele, que não poupou seu próprio Filho, mas o entregou por todos nós, como não nos dará tudo com ele? (Rom 8, 31-32).

---

(57) *Idem*, n. 893.

100   FRANCISCO FAUS

Assim vivia Santa Teresinha que, mesmo nas horas mais duras, dizia que seu caminho era

o da confiança total, o do abandono de uma criança que adormece sem medo nos braços do pai. Se a noite mete medo à criancinha e se queixa de que não está vendo o pai que a carrega, o que deve fazer é fechar os olhos e confiar: é o único sacrifício que Deus lhe pede.

Também São Josemaria aconselhava a rezar assim:

Senhor, que pouco valho!... Quantos erros!... Ainda bem, Senhor, que me tens sustentado com a tua mão... Não me largues, não me deixes; trata-me sempre como a um menino. Que eu seja forte, valente, íntegro. Mas ajuda-me como a uma criatura inexperiente. Leva-me pela tua mão, Senhor, e faz com que a tua Mãe esteja sempre a meu lado e me proteja[58].

E, por fim, a mais santa e feliz de todas as criaturas, Maria Santíssima, na casa de Isabel louvava a Deus dizendo:

A minha alma engrandece o Senhor, e meu espírito exulta de alegria em Deus, meu Salvador! Porque olhou para a pequenez da sua serva! (Lc 1, 47-48).

Não diz que olhou para a grandeza dos seus méritos, nos quais ela nem pensava, mas para a sua pequenez, para a sua humildade.

---

(58) Josemaria Escrivá, *É Cristo que passa*, n. 15.

13. «Jesus, alegria dos homens»

Como é o Cristo que nós vemos?

Já se deliciou alguma vez escutando a cantata 147 de Bach, *Jesus, alegria dos homens*. É belíssima, na sua simplicidade, e resume o que vamos meditar neste capítulo. Lembra-se dos dois primeiros versos? Traduzidos, dizem: «Jesus continua sendo a minha alegria, / o conforto e a seiva do meu coração»

Todo cristão deveria poder repetir sinceramente essas palavras. Se você não o consegue, talvez lhe convenha meditar nesta consideração:

Esse Cristo que tu vês não é Jesus. – Será, quando muito, a triste imagem que podem formar teus olhos turvos...[59]

---

(59) Josemaria Escrivá, *Caminho*, n. 212.

Os que têm uma imagem vaga ou distorcida de Jesus, ignoram que Ele é «a alegria dos homens». Os que o conhecem pela fé e o amor mantêm a vida inteira, junto dele, uma alegria que não pode morrer. Assim era a alegria dos Apóstolos.

«O que nós vimos...»

São João, que era um adolescente quando começou a seguir Jesus, passado muito tempo, sendo já um ancião de mais de noventa anos, ardia em desejos de partilhar a sua alegria com muitos:

> *O que vimos com os nossos olhos, o que contemplamos e o que as nossas mãos apalparam no tocante ao Verbo da vida* [Jesus, o Verbo feito carne], *isso que vimos e ouvimos nós vos anunciamos, para que vós tenhais comunhão conosco. Nós vos escrevemos estas coisas para que a vossa alegria seja completa* (cf. 1 Jo 1, 1-4).

Em plena perseguição contra os cristãos, São Pedro escreveu aos fiéis da Ásia Menor, *afligidos por diversas provações*, umas linhas de encorajamento. Dava graças a Deus pela fé em Jesus Cristo que eles tinham, uma *fé mais preciosa que o ouro provado ao fogo*, que enchia de esperança suas vidas:

> *Este Jesus vós o amais, sem o terdes visto; credes nele, sem o verdes ainda, e isto é para vós a fonte de uma alegria inefável e gloriosa* (cf. 1 Pe 1, 3- 8).

13. «JESUS, ALEGRIA DOS HOMENS»

E São Paulo, o perseguidor «conquistado» pelo Senhor às portas de Damasco (cf. At 9, 4-6), dizia na plenitude do seu gozo:

Para mim, o viver é Cristo. [...] *Pelo conhecimento de Jesus Cristo, meu Senhor, tudo desprezei e tenho em conta de esterco, a fim de ganhar Cristo* (Fil 1, 21 e 3, 7-8).

Onde está Jesus?

Quando Cristo é «encontrado» – hoje como há dois mil anos –, Ele se torna a fonte da máxima alegria. Digo «encontrado», mas não sei se isto já aconteceu conosco.

Olhe que podemos ser como os discípulos de Emaús, que, enquanto Jesus ressuscitado caminhava conversando com os dois, e depois comia à mesa na casa deles, *tinham os olhos como que vendados, incapazes de reconhecê-lo* (Lc 24, 16). Quando enfim Jesus se manifestou na «fração do pão»,

seus olhos se abriram e o reconheceram. Então um disse ao outro: «Não é verdade que o nosso coração estava ardendo dentro de nós quando ele nos falava pelo caminho?» (Lc 24, 31-32).

Imediatamente voltaram a toda pressa para Jerusalém, ansiosos por transmitir a sua felicidade – Jesus vive! – aos demais.

Sim. «*Cristo vive* – exclama São Josemaria numa homilia de Páscoa –. Esta é a grande verdade que enche de conteúdo a nossa fé»[60]. Vive e está muito mais perto de nós do que muitos católicos sabem ou imaginam.

Se tivéssemos os olhos da alma cheios de fé, poderíamos dizer: Cristo está na minha alma em graça; Cristo está na Eucaristia; Cristo é quem atua e nos confere a graça do Espírito Santo em todos os sacramentos; Cristo age também, como cabeça de sua Igreja, em cada ação litúrgica; Cristo está presente nos irmãos sofredores que auxiliamos («*a mim o fizestes*»); Cristo vive na Igreja, que é o seu Corpo Místico, inseparável da Cabeça; Cristo está presente onde dois ou mais oram em seu nome...

Não é possível glosar neste capítulo essa riqueza de «presenças». Vamos nos deter apenas nas duas primeiras que acabamos de mencionar: a presença na alma em graça e na Eucaristia.

No centro da nossa alma em graça

Jesus está no centro da nossa alma em graça. Entende o que isso significa?

Na Última Ceia, quando o Senhor se despedia – naquele clima quente de emoção e expectativa –, manifestou mistérios inefáveis aos Apóstolos. Entre outras coisas, garantiu-lhes que a sua Morte na Cruz não o separaria deles; que, ao contrário, ficaria muito mais perto deles do que antes.

Em verdade vos digo: chorareis e lamentareis [...].
Ficareis tristes, mas a vossa tristeza se transformará em

---

(60) Josemaria Escrivá, *É Cristo que passa*, n. 102.

13. «JESUS, ALEGRIA DOS HOMENS» 105

alegria. [...] *Eu vos verei novamente, e o vosso coração se alegrará, e ninguém poderá tirar a vossa alegria* (cf. Jo 16, 20-22).

Naquela mesma noite da Quinta-feira Santa, fez-lhes uma promessa que deve ter deixado os Apóstolos desnorteados:

Se alguém me ama, guardará a minha palavra e meu Pai o amará, e nós viremos a ele e faremos nele a nossa morada (Jo 14, 18.23).

Moraremos *nele*, no mais íntimo dele! Pouco antes, havia anunciado que o Espírito Santo *permanecerá convosco e estará em vós* (Jo 14, 17). Portanto, a Trindade inteira está presente em nós pela graça. É o mistério que a teologia chama «a habitação da Trindade na alma do justo». «Nos nossos corações – pregava, comovido, São Josemaria – há habitualmente um Céu»[61].

Na Última Ceia, Jesus disse exatamente o que queria dizer. Se o amarmos, se cumprirmos seus preceitos, se guardarmos a sua palavra..., Ele virá à nossa alma e «morará» nela! Você entende? Virá juntamente com o Pai e o Espírito Santo – as três Pessoas são inseparáveis –, mas de fato (mistério divino!) Ele virá a nós, com aquele seu olhar de carinho, com o coração aberto, com a mão estendida... Onde quer que nós estivermos, sempre poderemos dizer-lhe: «Creio firmemente que estás em mim, que me vês, que me ouves... Eu te adoro, eu te amo.» E acontecerá o que Ele prometeu: *O vosso coração se alegrará.*

---

(61) Francisco Faus, *São Josemaria Escrivá no Brasil*, pág. 30.

Peça a graça de crer firmemente, e experimentará então como é maravilhoso conviver com Ele: na rua, em casa, no ônibus, na biblioteca, na oficina, na fábrica, na lanchonete, no clube, na praia... As últimas palavras pronunciadas por Jesus nesta terra, no dia da Ascensão, foram: *Eu estou convosco todos os dias até o fim dos séculos* (Mt 28, 20).

Na Santíssima Eucaristia

Ao pensar na Eucaristia, estamos nos aproximando do cume do amor de Cristo por nós. Como a Igreja ensina, a Eucaristia é o «ápice e o centro da vida cristã».

A Santíssima Eucaristia – dizia Bento XVI – é a doação que Jesus Cristo faz de si mesmo, revelando-nos o amor infinito de Deus por cada homem. [...] Jesus continua a amar-nos «até o fim», até o dom do seu corpo e do seu sangue. Que enlevo se deve ter apoderado do coração dos discípulos à vista dos gestos e palavras do Senhor durante aquela Ceia! Que maravilha deve suscitar também no nosso coração o mistério eucarístico[62].

Pense com que emoção os discípulos, depois da Ascensão do Senhor, repetiriam, tal como Cristo lhes havia mandado, o milagre da Última Ceia:

Isto é o meu Corpo, que será entregue por vós. – Este é o cálice do meu sangue, derramado por vós e por muitos para remissão dos pecados. Fazei isto em memória de mim.

---

(62) Bento XVI, exortação apostólica *Sacramentum caritatis*, n. 1.

13. «JESUS, ALEGRIA DOS HOMENS»

São palavras que o próprio Jesus continua a pronunciar em cada Missa por intermédio dos sacerdotes, e que realizam exatamente o que enunciam: tornam o pão no Corpo e o vinho no Sangue do Salvador, fazendo-o presente no ato supremo da sua entrega na Cruz.

Na sua encíclica sobre a Eucaristia, São João Paulo II escreveu:

> Quando a Igreja celebra a Eucaristia, memorial da morte e ressurreição do seu Senhor, este acontecimento central da salvação torna-se realmente presente e realiza-se também a obra da nossa redenção[63].

E ensina ainda:

> O sacrifício eucarístico torna presente não só o mistério da paixão e morte do Salvador, mas também o mistério da ressurreição, que dá ao sacrifício sua coroação. Por estar vivo e ressuscitado é que Cristo pode tornar-se «pão da vida», «pão vivo», na Eucaristia (cf. Jo 6, 35.48.51)[64].

Esta é a nossa fé: «Eis o mistério da fé». Na Eucaristia, Jesus se faz presente «com seu corpo, seu sangue, sua alma e sua divindade»; oferece-se por nós, dá-se como alimento na Comunhão e fica permanentemente presente no sacrário.

Estamos perante um mistério fascinante, que só aos poucos aprofundamos com a fé. Veja algumas das alegrias que nos infunde:

---

(63) São João Paulo II, encíclica *Ecclesia de Eucharistia*, n. 11.

(64) *Idem*, n. 14.

• O *Catecismo da Igreja*, citado por João Paulo II na encíclica mencionada, afirma:

Tudo o que Cristo é, tudo o que fez e sofreu por todos os homens, participa da eternidade divina, e assim transcende todos os tempos e em todos se torna presente[65].

Por isso, na Missa, podemos estar vivendo realmente junto do Presépio e adorando Jesus Menino nas celebrações do Natal; acompanhar realmente Jesus, ao lado de Nossa Senhora, enquanto sobe ao Calvário na liturgia da Semana Santa. Podemos alegrar-nos com a Virgem, com Madalena, com os Apóstolos nas Missas do tempo da Páscoa, e unir-nos ao júbilo dos que proclamam: «Ressuscitou verdadeiramente»!

• Na Comunhão recebemos Jesus – deixe-me repetir –, «com seu corpo, seu sangue, sua alma e sua divindade!» Quantas coisas não lhe podemos dizer! Quantos atos de adoração e de amor! Quantas ações de graças e pedidos confiantes!

Compreendo que os santos ficassem extasiados diante da Hóstia Santa e dissessem, como São João Maria Vianney, o Cura d'Ars:

Se soubéssemos como Nosso Senhor nos ama, morreríamos de felicidade. Não creio que haja corações tão duros como para não o amar, sentindo-se eles tão amados [...]. A única felicidade

---

(65) *Catecismo da Igreja Católica*, n. 1085.

13. «JESUS, ALEGRIA DOS HOMENS»

que temos na terra é amar a Deus e saber que Ele nos ama[66].

• Em todos os sacrários – das igrejas, das capelas, dos oratórios – está Jesus realmente presente. Não se cansa de nos esperar. Como dizia São Josemaria: «Quando te aproximares do Sacrário, pensa que Ele!... faz vinte séculos que te espera»[67]. Basta visitá-lo com frequência (melhor, se é diariamente) e ficar junto do sacrário cinco, dez, quinze minutos; ali podemos acompanhá-lo, adorá-lo, falar-lhe, repousar os problemas e canseiras no seu Coração.

Tomara que possamos repetir muitas vezes a saborosa experiência de São João Paulo II:

É bom demorar-se com Ele e, inclinado sobre seu peito como o discípulo predileto (cf. Jo 13, 25), deixar-se tocar pelo amor infinito de seu coração. [...] Como não sentir a necessidade de permanecer longamente em diálogo espiritual, adoração silenciosa, atitude de amor, diante de Cristo presente no Santíssimo Sacramento? Quantas vezes, meus queridos irmãos e irmãs, fiz esta experiência, recebendo dela força, consolação, apoio![68]

As promessas de Jesus são verdadeiras. Ele as cumpre todos os dias.

---

(66) Marc Joulin, *Vida de Cura de Ars*, Rialp, Madri, 1987, pág. 82.

(67) Josemaria Escrivá, *Caminho*, n. 537.

(68) São João Paulo II, *Ecclesia de Eucharistia*, n. 25.

14. A alegria no Espírito Santo

Templos do Amor

Quando São Paulo escreveu aos cristãos de Roma, por volta do ano 57, sabia bem que, também lá, na capital do Império, alguns recém-convertidos sofriam com dúvidas acerca da obrigação ou não de abster-se de certos alimentos proibidos pelos seus antigos ritos religiosos. São Paulo os tranquiliza e lhes diz que não precisam se preocupar, pois *o Reino de Deus não é comida e bebida, mas santidade e paz e alegria no Espírito Santo* (Rom 14, 17). *Alegria no Espírito Santo!* São Paulo gostava de encher de gozo os primeiros cristãos recordando-lhes que, depois do Batismo, eram «templos de Deus, templos do Espírito Santo». Insistia especialmente nisso ao escrever aos coríntios, porque entre eles tinham surgido diversas confusões: *Não sabeis que sois templo de Deus e que o Espírito de Deus habita em vós?* (1 Cor 3,16). E ainda: *Ou não sabeis que o vosso corpo é templo do Espírito Santo, que habita em vós?* (1 Cor 6, 19).

Você lembra que, no capítulo anterior, falávamos que Cristo vive em nós, no centro da alma em graça, e esclarecíamos que onde está o Filho estão também o Pai e o Espírito Santo, a Trindade inteira. Por que, então, Paulo frisa tanto que é o Espírito Santo quem habita em nós? A resposta é simples e bela: porque, no seio da Trindade, o Espírito Santo é o Amor substancial de Deus, a «corrente divina de Amor» – como diria São Josemaria –, que vai do Pai ao Filho e do Filho ao Pai. E Paulo sabia bem que *o amor de Deus foi derramado nos nossos corações pelo Espírito Santo que nos foi dado* (Rm 5, 5).

A alegria da intimidade divina

Já sabemos – e é bom repeti-lo – que a alegria é a irradiação do amor. Tendo, pois, em nós o Amor divino, isso significa que o Espírito Santo nos dá a capacidade sobrenatural (para além das forças humanas) de alcançarmos alegrias divinas, incomparavelmente superiores às alegrias humanas.

A principal alegria é descobrir que podemos ter uma intimidade muito grande com o Deus-Amor que veio habitar em nós. E que – como aos Apóstolos depois de Pentecostes – esta chama de Amor pode inflamar em nós o desejo de levar a alegria de Deus a muitos outros (cf. At 2, 14 e segs.).

Esta fé levou Santo Agostinho a dirigir-se a Deus com estas exclamações:

14. A ALEGRIA NO ESPÍRITO SANTO

Tarde te amei, Beleza tão antiga e tão nova, tarde te amei! Tu estavas dentro de mim e eu te buscava fora de mim. [...] Tu estavas comigo, mas eu não estava contigo. [...] Chamaste-me, gritavas-me, rompeste a minha surdez. Brilhaste e resplandeceste diante de mim, e expulsaste dos meus olhos a cegueira. Exalaste o teu espírito e aspirei o seu perfume, e desejei-te. Saboreei-te, e agora tenho fome e sede de ti. Tocaste-me, e abrasei-me na tua paz[69].

Não sei se você conhece a Bem-aventurada Elisabete da Trindade. É uma santa carmelita que captou, com uma clarividência deslumbrante, o mistério da presença da Trindade na alma. Ela dizia:

Encontrei o meu céu na terra, pois o céu é Deus e Deus está na minha alma. No dia em que o compreendi, tudo se tornou luminoso para mim e eu gostaria de confiar este segredo, bem baixinho, àqueles que amo.

Na véspera da sua morte, a jovem Elisabete escreveu o seguinte bilhete:

Acreditar que um Ser, que se chama Amor, habite em nós a qualquer momento do dia e da noite e que nos pede que vivamos em comunhão com Ele, eis o que transformou a minha vida num céu antecipado[70].

---

(69) Santo Agostinho, *As Confissões*, Quadrante, São Paulo, 2015, págs. 223-224.

(70) Elisabete da Trindade, *A Trindade que habita em nós*, Paulinas, São Paulo, 1980, págs. 13 e 58.

A fonte e a brasa

Semanas antes da sua Paixão, Jesus comparava o Espírito Santo a uma fonte interior, aberta por Deus na alma, que não para de derramar as suas águas vivificantes:

No último e mais importante dia da festa [festa dos Tabernáculos], *Jesus, de pé, exclamou: «Se alguém tem sede, venha a mim e beba. Do seio daquele que acredita em mim correrão rios de água viva, como diz a Escritura». Jesus disse isso falando do Espírito Santo, que haviam de receber os que acreditassem nele* (Jo 7, 37-39).

O Espírito Santo, que Jesus enviou como fruto da Redenção, é a fonte viva de todas as graças. Une-nos a Deus, identifica-nos com Cristo, implanta na alma a capacidade de viver as três virtudes teologais: a fé, a esperança e a caridade; impregna de amor sobrenatural todas as outras virtudes (prudência, justiça, fortaleza, temperança...); infunde em nós os seus dons, inspira-nos e impele-nos a fazer a vontade de Deus, e faz amadurecer na alma os seus frutos: *caridade, alegria, paz, paciência, afabilidade...* (cf. Gal 5, 22).

Por isso, quando, com a ajuda da graça, mergulhamos neste abismo de luz, a nossa vida muda:

• Ganhamos uma intimidade com Deus que pode crescer sem cessar. A Igreja suplica, cantando: «Vinde, Pai dos pobres, / vinde, Doador das graças, / vinde, Luz dos corações»[71].

---

(71) Os versos citados neste parágrafo e nos seguintes são da *Sequência litúrgica* da Santa Missa da Solenidade de Pentecostes.

14. A ALEGRIA NO ESPÍRITO SANTO

• A alma fica inundada pela luz da fé: «Ó luz felicíssima, / enchei até o íntimo / os corações dos vossos fiéis».

• O fogo do Espírito nos purifica, vai limpando, cauterizando as nossas misérias: «Lavai, pois o que está manchado, / ao que tem sede, dai-lhe água, / curai o que está enfermo. // Abrandai o que é duro, / aquecei o que tem frio, / guiai o que anda errado».

• Conforta nas dificuldades, tristezas e cansaços: «Ó Consolador perfeito, / doce Hóspede da alma, / suave Refrigério».

• Constantemente nos ensina que o amor a Deus é inseparável do amor ao próximo: da doação fraterna, da misericórdia, da compreensão, do perdão, do consolo, do auxílio nas necessidades materiais e espirituais dos outros (cf. 1 Jo 2, 9-10; 3, 14-17; 4, 11, etc.).

Por isso, quem corresponde generosamente à graça do Espírito Santo torna-se ele mesmo luz e calor para os outros.

Quando São Josemaria Escrivá esteve no Brasil, em uma das reuniões com muitas pessoas alguém lhe perguntou como viver o dever cristão do apostolado. Era a Solenidade de Pentecostes, dia 2 de junho de 1974. São Josemaria respondeu:

Todos os cristãos temos a obrigação de levar o fogo de Cristo a outros corações. [...] Olhe, você e eu somos pouca coisa. No fundo do meu coração, vejo-me a mim mesmo como uma espécie de nada. Vamos dizê-lo com uma comparação: vejo-me a mim mesmo como um carvão que nada vale: preto, escuro, feio... Mas o carvão, metido no fogo [estava falando do fogo do Espírito Santo], se acende e se converte numa brasa: parece um rubi esplêndido. Além disso, dá calor e luz: é como uma joia reluzente. E caso se apague? Outra vez carvão! E caso se consuma? Um punhadinho de cinza, nada.

Meu filho, você e eu temos de inflamar-nos no desejo e na realidade de levar a luz de Cristo, a alegria de Cristo, as dores e a salvação de Cristo a tantas almas de colegas, de amigos, de parentes, de conhecidos, de desconhecidos – sejam quais forem as suas opiniões em coisas da terra –, para dar a todos um abraço fraterno. Então, seremos rubi aceso e deixaremos de ser esse nada, esse carvão pobre e miserável, para sermos voz de Deus, luz de Deus, fogo de Pentecostes![72]

Quem enxergar as verdades que acabamos de meditar entenderá que São Paulo tenha dado aos primeiros cristãos o «mandamento» da alegria: *Alegrai-vos sempre no Senhor! Repito, alegrai-vos! O Senhor está perto* (Fil 4, 4-5).

Antes citávamos umas palavras de Bento XVI: «O amor pode ser mandado, porque, antes, nos é dado». A mesma coisa podemos afirmar da alegria: ela pode ser «mandada» porque, antes, nos foi dada pelo Espírito Santo.

---

(72) Francisco Faus, *São Josemaria Escrivá no Brasil*, pág. 35.

15. A felicidade da oração

A oração, fonte de alegria

A oração é uma grande fonte de alegria. Disso vamos tratar no presente capítulo. O título está tomado de uma catequese do Santo Cura d'Ars, São João Maria Vianney:

Deus não tem necessidade de nós: se Ele nos pede que rezemos é porque deseja a nossa felicidade, e essa felicidade só pode ser encontrada na oração.

Vou transcrever a seguir trechos da pregação de três santos sobre a oração. Não escolhi nenhum dos grandes místicos – monges, religiosas contemplativas, etc. –, que têm muitas páginas admiráveis sobre as alegrias da oração, porque fiz questão de escolher três sacerdotes que, no meio do mundo, pregavam para cristãos comuns, gente da rua, homens e mulheres iguais aos que hoje frequentam as Missas de domingo nas cidades e na roça.

Pode ser que você se impressione ao ler estes três textos de pregação ao povo simples, achando que são elevados demais. Talvez lhe aconteça isso porque ainda não se convenceu de que – como a Igreja ensina – todos os batizados somos chamados à santidade, ou seja, a uma vida de muito amor e intimidade com Deus, que transborde em amor ao próximo.

Será bom, por isso, lembrar o que escrevia São João Paulo II quando entramos no terceiro milênio. Dizia que era preciso voltar a propor a todos a «medida alta» da vida cristã, com uma «pedagogia de santidade», e esclarecia:

> Para essa pedagogia de santidade, há a necessidade de um cristianismo que se destaque principalmente pela *arte da oração*. [...] Seria errado pensar que o comum dos cristãos possa contentar-se com uma oração superficial, incapaz de encher a sua vida[73].

Sob esse foco meditemos, pois, os três testemunhos de que falava acima.

São João Crisóstomo

Nascido na primeira metade do século IV, foi ordenado bispo e veio a ser Patriarca de Constantinopla. Seu «sobrenome», Crisóstomo («boca de ouro»), lhe foi dado pelo

---

(73) São João Paulo II, carta apostólica *Novo millennio ineunte*, ns. 31-34.

15. A FELICIDADE DA ORAÇÃO

povo pelas suas extraordinárias qualidades como pregador. As suas homilias ocupam muitos volumes. De uma delas, que trata da oração, selecionei os seguintes trechos:

O bem supremo é a oração, o colóquio com Deus, porque é relação com Ele e união com Ele. Assim como os olhos do corpo são iluminados quando veem a luz, a alma voltada para Deus é iluminada por sua luz inefável. Falo da oração que não é só uma atitude exterior, mas provém do coração; que não se limita a ocasiões ou horas determinadas, mas está dia e noite em contínua atividade.

A oração é a luz da alma, o verdadeiro conhecimento de Deus [...]. Pela oração, a alma se eleva aos céus e abraça o Senhor em inefáveis amplexos... Exprime seus desejos e recebe dons superiores a toda a natureza visível.

A oração, pela qual nos apresentamos em adoração diante de Deus, *traz alegria e paz ao coração* [...]. Semelhante oração é uma riqueza que não pode ser tirada e um alimento celeste que sacia a alma. Quem a experimentou inflama-se no desejo eterno de Deus, como de um fogo devorador que abrasa o coração. Entrega-te, pois, à oração [...], e adorna-a com boas obras[74].

São João Maria Vianney

Este humilde pároco da pequena cidadezinha de Ars, na França, atraiu muitos milhares de almas, que acorriam

---

(74) São João Crisóstomo, *Homilia 6 sobre a Oração.*

de toda parte às suas Missas, catequeses e confissões, porque era muito santo. Como dizia um descrente que se converteu só de vê-lo uma vez: «Eu vi Deus num homem».

Pregava muito aos seus paroquianos, na maioria lavradores daquele povoado perdido no mapa. Trabalhou até o esgotamento – sobretudo atendendo horas intermináveis de confissões, de dia e de noite –, mas rezou ainda mais: muitas horas de oração diante do sacrário; e fez muita penitência pela conversão dos pecadores. Isso explica que um padre como ele, simples e sem muita cultura, tenha obtido frutos pastorais incríveis e seja hoje o padroeiro de todos os párocos do mundo.

Vale a pena meditar, pois, sobre algumas palavras das suas deliciosas catequeses:

Prestai atenção, filhinhos meus; o tesouro do cristão não está na terra, está nos céus. Por isso, volte-se o nosso pensamento para onde está o nosso tesouro.

É esta a linda profissão do homem: rezar e amar. Se orais e amais, aí está a felicidade do homem sobre a terra.

A oração é toda a felicidade do homem. Quanto mais se reza, mais se quer rezar: é como um peixe que nada na superfície da água e logo se submerge até o mais profundo do mar. A alma se abisma, mergulha no amor do seu Deus.

A oração é simplesmente união com Deus. Se alguém tem o coração puro e unido a Deus, sente uma suavidade e doçura que inebria, envolve-o numa luz maravilhosa. Nesta íntima união, Deus e a alma são como duas ceras fundidas, que ninguém pode separar.

15. A FELICIDADE DA ORAÇÃO

Coisa linda, a união de Deus com a sua pequenina criatura; felicidade impossível de se imaginar. A oração nos antecipa o gozo do céu, faz descer algo do paraíso até nós. Jamais nos deixa sem doçura; é um mel que flui na alma e tudo adoça. Na oração bem-feita, os sofrimentos se dissolvem como a neve ao sol[75].

São Josemaria Escrivá

A grande luz de Deus que São Josemaria recebeu em 1928 – uma luz que ficou plasmada na fundação do Opus Dei – era um apelo divino para proclamar pelos quatro cantos do mundo que Deus chama todos os batizados, seus filhos, à santidade; e para anunciar que a santidade é acessível a todos, pois os cristãos comuns podem alcançar essa meta – santificar-se e fazer apostolado no meio do mundo – através da santificação do trabalho profissional, da vida familiar e dos demais deveres cotidianos do cristão.

Bem no começo de uma homilia que intitulou *Rumo à santidade*, da qual citaremos a seguir alguns trechos, São Josemaria dizia:

> Sentimo-nos tocados, com um forte estremecimento no coração, quando escutamos atentamente o grito de São Paulo: *Esta é a vontade de Deus, a vossa santificação* (1 Tess 4, 3). É o que hoje, uma vez mais, proponho a mim mesmo, recordando-o também a

---

(75) Abbé Monnin, *L'Esprit du Curé d'Ars*, Douniol, Paris, 1864, págs. 109-111.

quantos me ouvem e à humanidade inteira: esta é a Vontade de Deus, que sejamos santos.

Repisando esse chamado universal à santidade, explicitava a seguir que Deus

chama cada um à santidade e a cada um pede amor: a jovens e velhos, a solteiros e casados, a sãos e enfermos, a cultos e ignorantes; trabalhem onde trabalharem, estejam onde estiverem. Só há um modo de crescer na familiaridade e na confiança com Deus: ganhar intimidade com Ele na oração, falar com Ele, manifestar-lhe – de coração a coração – o nosso afeto[76].

Apresentava assim a oração e a santidade como realidades inseparáveis. E, depois, marcava rumos:

Começamos com orações vocais, que muitos de nós repetimos quando crianças [...]. Primeiro, uma jaculatória, e depois outra, e mais outra..., até que parece insuficiente esse fervor, porque as palavras se tornam pobres..., e se dá passagem à intimidade divina, num olhar para Deus sem descanso e sem cansaço. Vivemos então como cativos, como prisioneiros. Enquanto realizamos com a maior perfeição possível, dentro dos nossos erros e limitações, as tarefas próprias da nossa condição e do nosso ofício, a alma anseia escapar-se. Vamos rumo a Deus, como o ferro atraído pela força do ímã. Começamos a amar Jesus de forma mais eficaz, com um doce sobressalto. [...]

---

(76) Josemaria Escrivá, *Amigos de Deus*, n. 294.

15. A FELICIDADE DA ORAÇÃO

Uma oração e uma conduta que não nos afastam das nossas atividades habituais e que, no meio dessas aspirações nobremente terrenas, nos conduzem ao Senhor. Elevando todos os afazeres a Deus, a criatura diviniza o mundo. Quantas vezes não tenho falado do mito do rei Midas, que convertia em ouro tudo o que tocava! Podemos converter tudo o que tocamos em ouro de méritos sobrenaturais, apesar dos nossos erros pessoais[77].

Após comentar diversas características da vida de oração, sublinhava que a oração deve penetrar suave e fortemente no cotidiano, de maneira que o cristão comum não separe a vida ordinária da oração (da Missa, Comunhão, leituras cristãs, meditação, *lectio divina*, Santo Rosário, etc.)[78]. Não são dois compartimentos separados nem separáveis:

Quando a fé vibra na alma, descobre-se que os passos do cristão não se separam da própria vida humana corrente e habitual. E que essa santidade grande, que Deus nos reclama, se encerra aqui e agora, nas coisas pequenas de cada jornada.

Rogo ao Senhor que nos decidamos a alimentar na alma a única ambição nobre, a única que vale a pena: caminhar ao lado de Jesus Cristo, como fizeram sua Mãe bendita e o santo Patriarca [São José], com ânsia,

---

(77) *Idem*, ns. 296 e 308.

(78) Sobre a oração e as suas diversas formas, vale a pena ler os números 2558 a 2865 do *Catecismo da Igreja Católica*, Loyola, São Paulo, 2011. Pode ajudar no exercício das diversas formas de oração cristã o livro de Francisco Faus, *Para estar com Deus*, Cultor de Livros, São Paulo, 2014.

com abnegação, sem descuidar nada. Participaremos da ventura da divina amizade – num recolhimento interior compatível com os nossos deveres profissionais e com os de cidadãos – e lhe agradeceremos a delicadeza e a clareza com que nos ensina a cumprir a Vontade do nosso Pai que habita nos céus[79].

Na Missa solene em que João Paulo II canonizou São Josemaria, lembrava à multidão de fiéis presentes na Praça de São Pedro:

> São Josemaria foi um mestre na prática da oração. [...] Recomendava sempre: «Em primeiro lugar, oração; em segundo lugar, expiação; em terceiro lugar, muito em terceiro lugar, ação» (cf. *Caminho*, n. 82). [...] Este é, no fundo, o segredo da santidade e do verdadeiro sucesso dos santos[80].

Depois disso, talvez não esteja fora de lugar encerrar este capítulo com a célebre frase de Léon Bloy: «A única tristeza que existe é a de não ser santo».

---

(79) Josemaria Escrivá, *Amigos de Deus*, ns. 300 e 312.

(80) *Homilia na Missa de canonização do Beato Josemaria Escrivá*, em 06.10.2002.

16. Maria: a alegria da humildade

O cântico de um coração enamorado

Uma das maiores alegrias do Evangelho é a que transbordou do coração de Maria quando visitou a sua prima Santa Isabel. Não cabendo em seu peito, ela extravasou-a no cântico de louvor que conhecemos como *Magnificat* (cf. Lc 1, 39-56).

Tudo aconteceu pouco depois da Anunciação. Maria tinha recebido, através do anjo Gabriel, o anúncio de que Deus a escolhera para ser a Mãe do Salvador. Com uma simplicidade encantadora, pediu esclarecimentos sobre o que não entendia, e imediatamente entregou-se a Deus com fé plena: *Eis aqui a serva do Senhor, faça-se em mim segundo a tua palavra* (cf. Lc 1, 26-38). Naquele mesmo instante, *o Verbo se fez carne e habitou entre nós* (Jo 1, 14). A segunda Pessoa da Trindade assumiu a natureza humana no seio de Maria.

Gabriel, ao anunciar à Virgem que ela conceberia milagrosamente, sem intervenção de varão, quis firmá-la na certeza de que *para Deus nada é impossível*, e, como prova disso, comunicou-lhe que a sua prima Isabel, uma mulher já idosa e considerada estéril, havia *concebido um filho na sua velhice, e estava no sexto mês* (Lc 1, 36).

Para Maria, a Encarnação do Verbo foi o momento supremo da vida. Tudo a levava a se extasiar, deslumbrada com a predileção de Deus para com ela e o incrível futuro que se lhe abria. No entanto, ao saber da gravidez de Isabel, esqueceu-se de si e foi *com pressa às montanhas da Judeia*, à cidade onde a prima morava. Sentia necessidade de lhe dar assistência até o nascimento do filho. E foi ali, na casa de Isabel, que Maria cantou a sua felicidade com o *Magnificat*.

Vale a pena meditarmos – neste capítulo e no próximo – sobre a alegria de Nossa Senhora, tal como se contempla no mistério da Visitação.

«Olhou para a sua humilde serva»

Com estas palavras Maria começa a explicar, no *Magnificat*, as razões da sua alegria:

A minha alma engrandece o Senhor e o meu espírito exulta de alegria em Deus, meu Salvador, porque olhou para a sua humilde serva (Lc 1, 48).

Para entender melhor essas últimas palavras, tenha em conta que também seria correto traduzir: «porque olhou

16. MARIA: A ALEGRIA DA HUMILDADE

para a humilde condição da sua serva», ou «porque olhou para a pequenez da sua serva» ou «porque olhou para a sua pobre serva».

Em todas as possíveis versões o sentido é o mesmo: a humildade de Maria. Ela considera-se uma pequena criatura que não merece que Deus a distinga especialmente. Por isso, ficou *perturbada* (Lc 1, 29) quando ouviu a saudação de Gabriel e a escolha que Deus fizera dela, chamando-a a tornar-se a Mãe de seu Filho.

Olhou para a sua humilde serva. Maria tem a surpresa de quem se sabe muito pequena diante de Deus; sabe que jamais poderia igualar-se a Deus, como o diabo sugeriu aos nossos primeiros pais: *Sereis como deuses* (Gn 3, 5)..., e como infelizmente o Inimigo continua a sugerir-nos a nós.

Em Maria, há uma realização viva do que lemos no livro dos Salmos: *Excelso é o Senhor e olha para o humilde* (Sal 138, 6). Uma alma humilde como a de Maria, que ama e adora Deus com o coração puro, atrai sobre si o olhar e as bênçãos do Senhor, que a levam a fazer e a viver coisas grandes. Deus, pelo contrário, se afastaria do coração orgulhoso e o deixaria abandonado aos seus delírios estéreis.

Deus – diz São Pedro, citando o livro dos Provérbios – *resiste aos soberbos, mas dá a sua graça aos humildes* (1 Pe 5, 5). O mesmo pensamento foi inspirado pelo Espírito Santo a Maria no *Magníficat*: *Deus desconcertou o coração dos orgulhosos e exaltou os humildes* (Lc 1, 51-52). Jesus ensinou-nos que a humildade de coração nos faz encontrar a paz e a alegria (cf. Mt 11, 29).

«A minha alma engrandece o Senhor»

Assim começa Maria o *Magnificat*. Na alma humilde, Deus se mostra grande, e «diviniza» a sua criatura, tornando-a apta a conseguir maravilhas.

Comentando o *Magnificat*, Bento XVI dizia que

neste cântico maravilhoso reflete-se toda a alma, toda a personalidade de Maria. Podemos dizer que este seu cântico é um retrato, é um verdadeiro ícone de Maria. Ele se inicia com a palavra *magnificat*: a minha alma «engrandece» o Senhor, ou seja, «proclama grande» o Senhor. Maria deseja que Deus seja grande no mundo, seja grande na sua vida, esteja presente entre todos nós. Não teme que Deus possa ser um «concorrente» na nossa vida, que possa tirar algo da nossa liberdade, do nosso espaço vital, com a sua grandeza. Ela sabe que, se Deus é grande, também nós somos grandes. A nossa vida torna-se grande no esplendor de Deus[81].

Na alma humilde, Deus pode agir livremente, com toda a potência do seu amor, com toda a energia vivificante do Espírito Santo. Isso é o que aconteceu com Maria, que foi *bendita entre todas as mulheres* (Lc 1, 42), Mãe de Deus, cheia de graça e de virtudes, corredentora com Cristo e Mãe de todos os homens.

E nós? Quanta graça de Deus não fica perdida pela nossa soberba e pelo nosso «medo» de nos comprometer-

---

(81) *Homilia na Solenidade da Assunção de Maria Santíssima*, em 15.08.2005.

16. MARIA: A ALEGRIA DA HUMILDADE 129

mos com Deus. Que pena! Porque essa nossa «exaltação» orgulhosa e esse nosso «encolhimento» tacanho garantem nossa tristeza.

«Não tenhas medo, Maria»

Foi assim que o anjo tranquilizou a Virgem no dia da Anunciação:

Alegra-te, cheia de graça! O Senhor está contigo. Ela perturbou-se com estas palavras [...]. O anjo, então, lhe disse: «Não tenhas medo, Maria! Encontraste graça junto a Deus» (Lc 1, 28-30).

Não tenhas medo, Maria. Também a nós Deus nos chama pelo nome. Não somos números abstratos. Cada um de nós é único diante de Deus. A todos, de um modo ou de outro, Ele nos diz: *Eu te chamei pelo teu nome* (Is 45, 4); *Eu te amo com amor eterno, e por isso a ti estendi o meu favor* (Jer 31, 3).

Convençamo-nos de que, se Deus nos ama assim «pessoalmente», Ele reserva para cada um de nós muitos dons e, além disso, confia a cada um uma missão. Se formos humildes, abrir-se-ão as comportas das bênçãos divinas, receberemos na alma a graça do Espírito Santo e poderemos realizar coisas admiráveis, do tamanho do Amor. Por isso, o coração humilde de Maria canta com gozo:

Todas as gerações me chamarão feliz, porque realizou em mim maravilhas aquele que é poderoso, e o seu nome é Santo (Lc 1, 49).

Está vendo? Uma alma verdadeiramente humilde não teme, não se amesquinha. Não diz «coitada de mim, não posso nada...». Isso seria uma falsa humildade. Com a graça de Deus, devemos dizer como São Paulo: *Sou o último dos apóstolos* [...], *mas posso tudo naquele que me dá forças* (cf.1 Cor 15, 9 e Fil 4, 13).

São Josemaria, muito jovem, sem muitos conhecidos e sem meios materiais, percebeu claramente que Deus lhe pedia uma coisa grande, a fundação do Opus Dei, que devia se estender por toda a terra. Alguns padres amigos diziam-lhe que isso não daria, que seria uma loucura tentar esse empreendimento apostólico de dimensões universais.

Mas ele pôs tudo nas mãos de Deus e se lançou a essa «loucura». Por isso Deus o abençoou. Muitos anos depois, lembrando a época em que tudo parecia impossível, dizia:

> Impossível! Se tivesse pensado assim, se não tivesse tido uma plena confiança em que, quando Deus pede alguma coisa, concede todas as graças necessárias para realizá-la, ainda hoje estaria repetindo essa palavra – impossível! – como um pobre retardado mental[82].

«Deus realizou em mim maravilhas»

Realizou em mim maravilhas aquele que é Poderoso e cujo nome é Santo (Lc 1, 49).

---

(82) Álvaro del Portillo, *Entrevista sobre o Fundador do Opus Dei*, Quadrante, São Paulo, 1994, pág. 110.

16. MARIA: A ALEGRIA DA HUMILDADE

São palavras do *Magnificat*. Na vida dos homens e mulheres humildes, Deus opera *maravilhas*, que os orgulhosos, sozinhos (porque se isolam de Deus), não conseguem jamais realizar.

A pessoa humilde recebe de Deus energias espirituais que a tornam capaz de vencer dificuldades antes invencíveis; a pessoa humilde recebe a graça de ver com a luz da fé coisas que antes eram totalmente obscuras; a pessoa humilde torna-se capaz – com Deus! – de ter uma paciência, um espírito de sacrifício, uma mansidão e uma compreensão que antes julgava impossíveis de alcançar; a pessoa humilde, com a graça divina, enfrenta com coragem todos os obstáculos e se atira a conquistas espirituais «impossíveis»...

Maria, a Mãe de Deus, lembra-nos com o *Magnificat* – vale a pena frisá-lo – que Deus escolhe os que são humildes como instrumentos para realizar *coisas grandes* neste mundo. Ela foi e é – unida ao Filho, secundando Jesus – *corredentora* da humanidade inteira.

Todos os grandes santos – a exemplo de Maria – foram humildes. Os realizadores de grandes iniciativas cristãs foram humildes. Os melhores mestres – os que não transmitiram só a ciência, mas formaram homens e mulheres, filhos de Deus – foram humildes. Os bons pais – os que não reduzem tudo a dar comida, saúde e estudo, mas ajudam os filhos a serem pessoas de valores e virtudes cristãs – são pacientes e humildes. Os Apóstolos eficazes – os que caminham e avançam rumo a Deus junto com muitas outras almas – são humildes. Os que, por Cristo, vivem dedicados com desprendimento total de si mesmos aos pobres e sofredores são humildes.

O cântico humilde e gozoso de Maria no «*Magnificat*» – disse São Josemaria –, lembra-nos a infinita generosidade do Senhor para com os que [...] se abaixam e sinceramente se sabem nada[83].

---

(83) Josemaria Escrivá, *Forja*, n. 608

17. Maria: a alegria da fé

«Feliz a que acreditou!»

No dia da Visitação, assim que Nossa Senhora chegou à casa de Isabel, houve uma verdadeira explosão de alegria:

Mal Isabel ouviu a saudação de Maria, a criança [o futuro São João Batista] *estremeceu de alegria no seu seio; e Isabel ficou cheia do Espírito Santo.* Movida por Deus, ela louvou Maria *com voz forte,* chamando-a *«bendita entre todas as mulheres»*; ficou comovida *«por vir a mim a mãe do meu Senhor»*; e manifestou que, *«assim que a voz da tua saudação chegou aos meus ouvidos, o menino pulou de alegria no meu ventre»* (Lc 1, 41-44).

A seguir, inspirada pelo Espírito Santo, proclamou uma «bem-aventurança» de Maria:

Feliz a que acreditou, pois se hão de cumprir as coisas que da parte do Senhor lhe foram ditas! (Lc 1, 45).

Se você ler devagar os Evangelhos, perceberá que a vida de Maria não foi fácil. Desde o começo, ela sabia que seu filho seria o Messias sofredor – o *Servo sofredor* – de que haviam falado os profetas (cf. Is 53, 7-8). Isso mesmo lhe foi lembrado pelo ancião Simeão no dia da Apresentação de Jesus no Templo: «Uma espada atravessará a tua alma» (Lc 2, 35). Ela sabia disso. Mas não sabia onde, nem quando, nem quantas vezes, nem de que modo essa espada de dor a feriria.

Por isso, é assombrosa a serenidade com que ela passou por tantas provações, sem que a sua fé ficasse abalada. Foi a sua fé no amor de Deus que a sustentou e a manteve confiante quando seu Menino nasceu no desamparo de Belém; quando teve de fugir com Ele para o Egito porque Herodes queria matá-lo; quando, aos doze anos, Jesus ficou perdido no Templo e ela não sabia onde estava; quando teve notícia das conspirações tramadas para acabar com Jesus; e, enfim, quando o contemplou morrendo destroçado na Cruz.

«Avançou em peregrinação de fé»

A Igreja vê a vida de Maria, tão cheia de incidentes perturbadores, como uma «peregrinação de fé».

A bem-aventurada Virgem – diz o Concílio Vaticano II – avançou em peregrinação de fé, e sustentou

17. MARIA: A ALEGRIA DA FÉ

fielmente a sua união com o Filho até a Cruz. [...] Com ânimo materno se associou ao seu sacrifício[84].

São João Paulo II retomou a reflexão do Concílio na sua encíclica *A Mãe do Redentor*:

Ela é feliz porque acreditou; e acredita dia a dia, no meio de todas as provações e contrariedades. [...] Dia a dia cumprem-se nela as palavras abençoantes pronunciadas por Isabel no dia da Visitação: *Feliz aquela que acreditou*[85].

Ela sempre viu os acontecimentos como se fossem novos «anjos Gabriel», que continuavam a explicitar a mensagem da Anunciação: *Darás à luz um filho.* [...] *Será chamado Filho do Altíssimo.* [...] *Seu Reino não terá fim* (Lc 1, 31-33).

Acolhia essas «mensagens» com a segurança da fé e esforçava-se por entendê-las com a ajuda da oração: *Maria guardava todas estas coisas, meditando-as no seu coração* (Lc 2, 19).

Daí lhe advinham luzes para corresponder às novas exigências divinas com a mesma generosidade do primeiro dia: *Eis aqui a escrava do Senhor, faça-se em mim segundo a tua palavra* (Lc 1, 38).

Essa «tua palavra», que na Anunciação fora verbal e explícita, continuou a interpelá-la com a linguagem silenciosa da Providência através dos fatos, por vezes de fatos terríveis. E assim, em todas as circunstâncias, sem

---

(84) Concílio Vaticano II, Constituição dogmática *Lumen gentium*, n. 58.

(85) São João Paulo II, encíclica *Redemptoris Mater*, n. 17.

nunca ceder à dúvida ou ao desespero, ela soube «ouvir» a voz de Deus.

Tal como nos lembram os mistérios do Rosário, algumas vezes essa voz foi gozosa (alegria dos anjos e dos pastores adorando o Menino); outras, luminosa (como quando em Caná viu Jesus realizar seu primeiro milagre, atendendo a um pedido dela); outras, dolorosa (toda a *Via Crucis* da Paixão e Morte do Filho); e finalmente, gloriosa, quando a Redenção realizada pelo Filho desembocou na Ressurreição, na Ascensão, na vinda do Espírito Santo e na glorificação dela mesma em corpo e alma no Céu.

Pensando nela e em nós – que tão facilmente perdemos a fé nas contrariedades –, o Papa Bento XVI, no dia da Assunção de 2006, glosava:

> *Bem-aventurada aquela que acreditou.* O primeiro e fundamental ato para se tornar morada de Deus e para assim encontrar a felicidade definitiva é crer, é a fé, a fé em Deus, naquele Deus que se manifestou em Jesus Cristo. [...] Se Deus existe, tudo se transforma, a vida é luz, o nosso futuro é luz e temos orientação para toda a nossa vida[86].

«Felizes os que ouvem a Palavra de Deus»

Uma cena profundamente humana nos é contada por São Lucas no capítulo 11 do seu Evangelho. Estava certa vez Jesus rodeado por uma multidão, como em tantas

---

(86) *Homilia na Solenidade da Assunção de Maria Santíssima*, em 15.08.2006.

17. MARIA: A ALEGRIA DA FÉ

ocasiões, e o povo o escutava fascinado. De repente, uma mulher – sem dúvida uma boa mãe –, *levantou a voz do meio da multidão e lhe disse: «Feliz o ventre que te trouxe e os seios que te amamentaram».* Aquela boa mulher seguramente pensou: «Como deve ser feliz a mãe que tem um filho assim». Era um elogio carinhoso a Maria, que talvez nem conhecesse.

Jesus respondeu-lhe com umas palavras que nem sempre as traduções da Bíblia refletem com clareza: *Diz, melhor, felizes os que ouvem a Palavra de Deus e a põem em prática* (Lc 11, 28).

Um dos mais prestigiosos especialistas nas línguas bíblicas, o padre Ignace de la Potterie, traduziu as duas primeiras palavras dessa frase assim: «Muito bem, felizes...», ou «É isso mesmo, felizes...». Assim se esclarece que Jesus não quis contradizer a boa mulher, mas completou seu elogio conduzindo-o ao verdadeiro motivo de louvor. Maria, mais do que pela sua maternidade física, foi feliz por ter acolhido as palavras de Deus e as ter levado à prática. Mais uma vez o Espírito Santo, pela boca de uma mulher simples, proclamou a bem-aventurança de Maria, nosso exemplo de fé.

Esse elogio completado por Jesus move-nos a perguntar: «Eu, a quem escuto mais, a Deus ou a mim?»

Infelizmente, a nossa tendência é postergar o que Deus pede e dar ouvidos aos nossos desejos, às nossas ambições, às nossas cobiças. Custa-nos dizer: «Meu Deus, não eu, mas Tu...». Custa-nos orar como o menino Samuel: *Fala, Senhor, que o teu servo escuta* (1 Sam 3, 10). Maria orou assim. A voz de Deus era a única que desejava ouvir: *Eis a escrava do Senhor, faça-se em mim segundo a tua palavra.*

Pobre ouvido o nosso, tão cheio de barulhos! Gritos de paixões, clamores de protesto, reclamações ansiosas, estrépitos de raiva... Quantas vezes não é um coração ensurdecido, incapaz de escutar a voz de Deus. E assim, a nossa vida não é um diálogo com Deus, mas um monólogo conosco, com as nossas ânsias e as nossas frustrações... Será que isso nos faz felizes?

Fixemos o olhar em nossa Mãe. *Felizes os que ouvem a Palavra de Deus*. É coisa que ela nos pede, porque nos quer alegres. É como se nos dissesse: «Ouve o que Deus te diz! Procura nas palavras da Sagrada Escritura a luz que deves projetar sobre todos os teus problemas, sobre todas as tuas dúvidas, sobre todos os teus desconcertos... Olha para meu filho Jesus, porque só Ele é a *luz do mundo* (Jo 8, 12), só Ele *tem palavras de vida eterna* (Jo 6, 68). Nele e com Ele verás tudo claro e alcançarás a paz. Faz, para isso, muita oração, reza e medita recolhendo-te com calma no silêncio, e verás como Ele te *fala ao coração* (Os 2, 16)».

«Mãe nossa – rezava São Josemaria –, tu, que trouxeste à terra Jesus, por quem nos é revelado o amor do nosso Pai-Deus, ajuda-nos a reconhecê-lO no meio das ocupações de cada dia; toca a nossa inteligência e a nossa vontade, para que saibamos escutar a voz de Deus, o impulso da graça»[87].

---

(87) Josemaria Escrivá, *É Cristo que passa*, n. 174.

18. Maria e as alegrias cotidianas

Cerca de trinta anos

Quando São Lucas começa a narrar a vida pública de Cristo diz que, *ao iniciar o seu ministério, Jesus tinha cerca de trinta anos* (Lc 3, 23).

Trinta anos! Quando Jesus começou a atrair as multidões com a sua palavra e os seus sinais milagrosos, os que o haviam conhecido antes ficavam assombrados: *Não é Ele o carpinteiro, o filho de Maria?* (Mc 6, 3). *Não é Ele o filho do carpinteiro?* (Mt 13, 55).

Você percebe o que isso significa? Durante pelo menos trinta anos, a vida de Jesus teve – com exceção de uns meses de exílio no Egito – a normalidade da vida diária, ou seja, o relacionamento familiar e o trabalho próprios de um lar modesto. Vê-se que José, ao iniciar-se a vida pública, já tinha falecido, porque só é mencionado indiretamente, ao passo que a mãe é designada pelo nome, como pessoa conhecida.

Fixemos o olhar na Virgem Mãe. Passados os acontecimentos extraordinários dos primeiros dois anos depois da Anunciação (cf. Mt 2, 1 e segs.; Lc 1, 39 a 2, 52), a vida dela entra na «rotina» da mãe de uma pequena família em Nazaré (cf. Mt 2, 23). Juntamente com Jesus e José, vê transcorrer os dias com a aparente monotonia de um calendário e um relógio que não marcam eventos extraordinários (se excetuarmos apenas dois dias e pouco de agonia à procura de Jesus que, aos doze anos de idade, tinha ficado no Templo).

De onde tirava Maria as suas alegrias nessa sequência de dias quase sempre iguais, ao longo de trinta anos? Da mesma fonte de onde tirava todas as outras alegrias: do amor!

Vale a pena meditar nisto, porque é frequentíssimo que hoje as pessoas, alucinadas atrás de alegrias de fantasia, de propagandas aliciantes, do brilho de coisas extraordinárias, deixem as alegrias cotidianas perder-se pelo ralo.

A «rotina» dos dias

A rotina dos dias pode ser, para qualquer um, um balde de cinzas ou uma coleta de ouro. Depende de nós. Para Maria, cada dia era uma arrecadação do ouro fino, um tesouro de felicidade que, ao adormecer, lhe deixava o sorriso estampado nos lábios.

Não custa nada pensar nas pequenas alegrias cotidianas de Nossa Senhora: o convívio amável com Jesus e

18. MARIA E AS ALEGRIAS COTIDIANAS

José, os cuidados carinhosos com o seu Menino, o encantamento de ver que crescia *em sabedoria, estatura e graça diante de Deus e dos homens* (Lc 2, 52); as conversas íntimas ao cair da tarde, o riso cristalino das brincadeiras puras; e as canções que animavam o trabalho; e a procura da água no poço; e a produção doméstica do pão; e o preparo de alimentos no fogão de chão; e a tarefa de fiar, tecer e costurar... Com que carinho Maria deve ter tecido a túnica sem costura, que os soldados sortearam ao pé da Cruz do filho! (cf. Jo 19, 23-24).

A rotina dos dias era para ela, como para nós,

> um tecido de pequenas insignificâncias que, conforme a intenção com que se fazem, podem formar uma tapeçaria esplêndida de heroísmo ou de baixeza, de virtudes ou de pecados[88].

A «rotina» de Maria era uma tapeçaria de virtudes. Como dizia o cardeal Luciani, num artigo sobre os ensinamentos de Mons. Escrivá, poucos dias antes de se tornar o Papa João Paulo I, a «tragédia cotidiana» (as rusgas, brigas e discussões quase diárias de tantos lares) pode ser transformada pelo amor no «sorriso cotidiano».

Com seu exemplo, Maria nos diz palavras semelhantes a estas:

> Na simplicidade do teu trabalho habitual, nos detalhes monótonos de cada dia, tens que descobrir o segredo − para tantos escondido − da grandeza e da novidade: o Amor[89].

---

(88) Josemaria Escrivá, *Caminho*, n. 826.
(89) Josemaria Escrivá, *Sulco*, n. 489.

Aprender com a Virgem as alegrias cotidianas

O amor ao dever

Um adolescente imaturo dizia: «O dever... são todas aquelas obrigações aborrecidas que a gente detesta fazer».

Maria nos diria exatamente o contrário: «O dever é a Vontade de Deus, que eu escuto em cada momento; é o apelo de Deus que me diz "eu te espero aqui"», e isso me enche de alegria».

São Josemaria fazia sobre isso um belo comentário:

É isso o que explica a vida de Maria: o seu amor. Um amor levado até o extremo, até o esquecimento completo de si mesma, feliz de estar onde Deus a quer, cumprindo com esmero a Vontade divina. Isso é o que faz com que o menor de seus gestos não seja nunca banal, mas cheio de conteúdo[90].

Alegria de caprichar no dever

O poeta francês Charles Péguy dizia:

A minha mãe [uma camponesa simples] empalhava o vime das cadeiras com o mesmo amor e o mesmo entusiasmo com que os nossos antepassados construíam as catedrais.

«Du même amour et du même coeur». Lembrávamos antes o capricho com que Maria teceu, de uma só peça,

---

(90) Josemaria Escrivá, *É Cristo que passa*, n. 148.

18. MARIA E AS ALEGRIAS COTIDIANAS

a túnica inconsútil de Jesus. É o exemplo de uma atitude constante nela, pois ela tudo fazia – por amor a Deus, a Jesus e a José – com o mesmo carinho e idêntico esmero, cuidando dos mínimos pormenores.

Penso que a Madre Teresa de Calcutá era como um eco do coração de Nossa Senhora, quando escrevia ao arcebispo vietnamita F.-Xavier Van Thuân, assim que ele foi libertado do cárcere após treze anos de cativeiro: «O que conta não é a quantidade das nossas ações, mas a intensidade do amor que colocamos em cada uma delas».

Dom Van Thuân citou essas palavras no retiro que pregou ao Papa João Paulo II em março de 2000 e comentou:

> Cada palavra, cada gesto, cada decisão, tem que ser o momento mais belo da nossa vida. É preciso amar [...] sem perder um único segundo.

A alegria de contemplar

Já imaginou a felicidade com que Maria deve ter contemplado seu filho Jesus nas palhas do presépio, adormecido em seu colo, e depois, no lar de Nazaré, enquanto engatinhava, dava passos incertos e se atirava aos seus braços protetores? E ao observá-lo se aplicando como aprendiz de José, trabalhando com arte a madeira...; e em todos os momentos.

Ela vivia de olhos e coração postos, com inefável felicidade, naquele que os profetas chamaram *o mais belo dos filhos dos homens* (Sal 45,3).

Como nos faz falta pedir-lhe: «Mãe, ensina-nos a contemplar!» Porque hoje o mundo parece ter perdido essa capacidade: pouco meditamos na intimidade, no silêncio orante do coração (cf. Lc 2, 19)... Parece que perdemos a capacidade de nos concentrarmos na contemplação agradecida das coisas belas da Criação, de Jesus e dos santos, das palavras de Deus e dos dons que Ele nos dá...

Até a religiosidade, para alguns, tende a manifestar-se apenas como agitação, barulho, balbúrdia... Como precisaríamos aprender a contemplar, na paz de uma igreja, nuns dias de retiro praticado em silêncio, ou no campo, ou em casa (cf. Mt 6, 6), as cenas da vida de Jesus (o Evangelho, a Via Sacra...); e as passagens da vida de Maria (os mistérios do Rosário), com o coração escancarado, com sede de ver, escutar, orar, dialogar, amar...

A alegria do «sacrifício escondido e silencioso»

Essa expressão de São Josemaria – «sacrifício escondido e silencioso» – define bem uma atitude fundamental da vida de Maria Santíssima.

Comentava esse santo a cena evangélica, que há pouco meditávamos, da mulher do povo que louvou a Mãe de Jesus, e a resposta que Jesus lhe deu: *Felizes os que escutam a palavra de Deus e a põem em prática* (Lc 11, 27-28).

Essa frase, escrevia São Josemaria,

era o elogio de sua Mãe, do seu *fiat* [...], que não se manifestou em ações aparatosas, mas no sacrifício escondido e silencioso de cada dia.

18. MARIA E AS ALEGRIAS COTIDIANAS

E acrescentava que, ao refletirmos sobre isso,

compreendemos que o valor sobrenatural da nossa vida não depende de que se tornem realidade as grandes façanhas que às vezes forjamos com a imaginação, mas da aceitação fiel da vontade divina, de uma disposição generosa em face dos pequenos sacrifícios diários[91].

Você poderia imaginar Nossa Senhora reclamando dos sacrifícios do trabalho diário? Das contrariedades, das renúncias, dos imprevistos, das canseiras? Ou cobrando agradecimento dos outros, retorno pelo que fazia? É claro que não. Seu sacrifício era puro. Ela bem sabia o que Jesus nos ensinou: que as alegrias mais belas crescem sobre a boa terra da mortificação, da doação praticada sem interesse, da renúncia voluntária.

Numa sociedade como a nossa, dominada pelos tentáculos do consumismo e do prazer, vai se perdendo a capacidade de saborear as pequenas alegrias cotidianas. Cada vez há menos pessoas que experimentam o que dizia Santo Agostinho: «Quando há amor, ou não se nota o sacrifício, ou o próprio sacrifício é amado». Neste mesmo sentido, São Josemaria observava: «Não reparaste que as almas mortificadas, pela sua simplicidade, até neste mundo saboreiam mais as coisas boas?»[92].

Maria nos ensina a maravilha das pequenas alegrias cotidianas, dessas que estão ao alcance de todos e que a nossa vida agitada torna invisíveis. Talvez já as tenhamos

---

(91) *Idem*, n. 172.

(92) Josemaria Escrivá, *Sulco*, n. 982.

vivido na infância, talvez sintamos certa nostalgia das que não experimentamos, ao contemplá-las descritas nos bons romances dos tempos passados ou nas lembranças que os avós nos contam... São tesouros que o ritmo frenético da vida atual e as tiranias eletrônicas querem nos roubar, e que é preciso resgatar.

A alegria de dar alegrias

Vamos terminar com um resumo simples do episódio das Bodas de Caná (cf. Jo 2, 1-11).

Era um casamento rural. Muita festa e muita gente. Muitos parentes, amigos e vizinhos convidados. *A mãe de Jesus estava lá. Também Jesus e seus discípulos foram convidados.*

Avançada a celebração, Nossa Senhora sussurra ao ouvido de Jesus: *Eles não têm vinho.* Só ela, entre a multidão, tinha percebido que a família dos noivos calculara mal as bebidas, e podiam passar por um vexame. Jesus respondeu-lhe: *Mulher, que temos nós com isso? A minha hora ainda não chegou.* Ela não insiste, mas também não desanima. Conhece o filho! Por isso avisa os que serviam: *Fazei tudo o que ele vos disser.*

Pouco depois Jesus chama esses serventes: *Enchei as talhas de água* (eram seis recipientes de pedra, muito grandes). *Eles as encheram até a borda. Então disse: «Agora tirai e levai ao encarregado da festa».*

Assombro! O mestre-sala fica pasmado com a qualidade daquele vinho e censura o noivo: *Todo o mundo serve primeiro o vinho bom. [...] Tu guardaste o vinho bom até agora!*

18. MARIA E AS ALEGRIAS COTIDIANAS

Este foi o primeiro milagre de Jesus, frisa o Evangelho. Não parece um pouco estranho? Nós acharíamos lógico que o primeiro milagre tivesse sido a cura de uma cegueira, a ressurreição de um morto, uma tempestade acalmada... Mas não foi assim. Por solicitação da Mãe, Jesus, Deus feito Homem, iniciou os milagres com um detalhe «doméstico»: dar alegria a uns noivos, não permitir que um erro de cálculo prejudicasse a festa de uns jovens esposos. Penso que nessa atitude de Cristo há três ensinamentos:

• Primeiro: que as pequenas alegrias da vida simples – as alegrias íntimas e as que damos aos outros – têm muita importância aos olhos de Deus. Tomara que a tenham aos nossos olhos;

• Segundo: que Jesus quer fazer-nos compreender que as almas que, como Maria, sabem «garimpar» a alegria nos detalhes cotidianos vivem contentes, e sentem o impulso de transmitir essa alegria aos demais;

• Terceiro: que com esse milagre, Cristo quis que ficasse patente o poder de intercessão de Nossa Senhora junto de seu Filho Jesus. Porque Ele a escuta sempre.

Agora você, leitor, medite nisso e tire as suas consequências.

19. A alegria eterna

O inefável

Todas as verdadeiras alegrias da terra são pequenos reflexos da Alegria eterna, ou seja, de Deus, que é o Amor eterno.

Lembra-se da seresta *Chão de estrelas*, que Sílvio Caldas gostava de cantar? Evoca com saudades «meu barraco no morro do Salgueiro», e – muito poeticamente – diz: «A porta do barraco era sem trinco, mas a lua, furando o nosso zinco, salpicava de estrelas nosso chão...».

São versos bonitos e sugestivos. Porque todas as alegrias deste mundo são como esses pontinhos de luar que – no claro-escuro da fé – se filtram dentro da alma, a iluminam, e despertam em nós ânsias de uma alegria total. Um dia, se formos fiéis, o Sol divino, que empresta luz ao luar, iluminará para sempre a nossa alma com esplendor de meio-dia.

Mas agora, enquanto estamos na terra, só vemos – como diz São Paulo – *num espelho, confusamente; depois* [no Céu], *veremos Deus face a face* (1 Cor 13, 12).

Sim, aqui vemos só luz entre sombras e as palavras não conseguem exprimir a beleza e a grandeza de Deus. Mesmo algumas almas que receberam a graça extraordinária de pregustar por uns instantes um pouco de Céu, ao quererem narrar a sua experiência não achavam palavras, todas lhes pareciam pobres, como se pretendessem mostrar o mar dentro de um copo d'água.

São Paulo teve um experiência mística indescritível:

> *Conheço um homem em Cristo que há catorze anos foi arrebatado até o terceiro céu. Se foi no corpo, não sei. Se fora do corpo, também não sei; Deus o sabe. E sei que este homem* [...] *lá ouviu palavras inefáveis, que não é permitido a um homem repetir* (2 Cor 12, 2-4).

Antes, ele mesmo já tinha falado do Céu aos coríntios, e frisava, com palavras do profeta Isaías, que o Céu é inimaginável:

> *É como está escrito: «Coisas que os olhos não viram, nem os ouvidos ouviram, nem o coração humano imaginou» (Is 64, 4), tais são os bens que Deus tem preparado para aqueles que o amam* (1 Cor 2, 9).

A grandeza e a beleza do Céu são certamente «inefáveis», ou seja, inexprimíveis com a linguagem limitada dos homens. Só a poesia consegue, às vezes, uma aproximação.

Vislumbres

Pode-se ter, por exemplo, uma aproximação do mistério do Céu (esse Céu que é Deus!) quando, num momento de contemplação admirativa da criação, ficamos embasbacados, e nos parece captar por uns instantes o toque da mão do Criador na beleza das realidades do universo. As coisas criadas, dizem os teólogos, são «vestígios de Deus»; e os seres humanos somos *imagem de Deus* (Gn 1, 27). Nas obras de Deus, captamos fulgores da sua grandeza, do seu amor e da sua alegria, mas logo se desvanecem como o reflexo das árvores no rio.

Alguns autores espirituais comentam, fazendo uma analogia, um episódio bem conhecido das aventuras de Robinson Crusoé. Um belo dia, na praia de sua ilha deserta, Robinson viu as marcas de uns pés humanos. Foi um choque. Para ele tudo mudou, pois ficou sabendo que não estava só, «alguém» estava perto dele. Assim, os sinais de Deus no mundo nos falam de Alguém que já vive conosco, e que algum dia *veremos como ele é* (1 Jo 3, 2).

Santo Agostinho, num dos seus Sermões, exortava assim os ouvintes:

> Interroga a beleza da terra, interroga a beleza do mar, interroga a beleza do ar que se dilata e difunde, interroga a beleza do céu, [...] interroga todas essas realidades. Todas elas te respondem: «Olha-nos, somos belas». Sua beleza é um hino de louvor. Essas belezas sujeitas à mudança, quem as fez senão o único Belo, Deus, não sujeito à mudança?[93]

---

(93) Santo Agostinho, *Sermão*, n. 241.

No mesmo sentido, São João da Cruz, numa das mais altas poesias da história, o *Cântico espiritual,* encantava-se na Canção v imaginando Deus que passava pelo meio da sua criação:

> Mil graças derramando [...]
> Só com sua figura
> a todos revestiu de formosura.

E comentava assim esses versos: «Deus criou todas as coisas, deixando nelas um rastro de quem Ele é». Antes, no comentário à Canção iv, já havia dito:

> A alma inclina-se muito ao amor de Deus, seu Amado, pela consideração das criaturas, vendo que são feitas diretamente pela mão dele.

Também São Josemaria convidava a abrir os olhos a essa transparência de Deus no mundo:

> Considera o que há de mais formoso e grande na terra..., o que apraz ao entendimento e às outras potências..., o que é recreio da carne e dos sentidos... E o mundo, e os outros mundos que brilham na noite: o Universo inteiro.
> E isso, mais todas as loucuras do coração satisfeitas..., nada vale, é nada e menos que nada, ao lado deste Deus meu! – teu! –, tesouro infinito, pérola preciosíssima...[94]

Acima de tudo, a própria Palavra de Deus, no Apocalipse, descreve o Céu por meio de imagens poéticas,

---

(94) Josemaria Escrivá, *Caminho,* n. 432.

19. A ALEGRIA ETERNA 153

como que rasgando, com rápidos clarões, a cortina de nuvens que nos separa aqui da visão de Deus:

Vi, depois, um novo Céu e uma nova Terra, porque o primeiro céu e a primeira terra tinham desaparecido. [...] E vi a cidade santa, a nova Jerusalém, que descia do Céu, de junto de Deus, bela como uma esposa que se ataviou para seu esposo.

E ouvi uma grande voz que saía do trono e dizia: «Eis aqui o tabernáculo de Deus entre os homens! Habitará com eles, serão o seu povo e o próprio Deus estará com eles. Ele enxugará as lágrimas dos seus olhos; não haverá mais morte nem pranto, nem gritos, nem dor, porque as primeiras coisas passaram. [...] O que vencer possuirá estas coisas. Eu serei seu Deus e ele será meu filho. [...] Não haverá mais noite e não precisarão de lâmpadas nem da luz do sol, porque o Senhor Deus os iluminará e eles reinarão pelos séculos dos séculos» (Apoc 21, 1-7; 22, 5).

A fé que ilumina a razão

Ainda que com uma pobre aproximação do mistério, o raciocínio dos teólogos, iluminado pela Revelação e o Magistério da Igreja, transmite-nos a essência do que Deus nos manifestou sobre a vida eterna no Céu.

O *Compêndio do Catecismo* sintetiza-o com estas palavras:

Por Céu se entende o estado de felicidade suprema e definitiva. Os que morrem na graça de Deus e não têm necessidade de ulterior purificação são reunidos em torno de Jesus e de Maria, dos anjos e dos santos. Formam assim a Igreja do Céu, onde veem a Deus «face a face» (1 Cor 13, 12), vivem em comunhão com a Santíssima Trindade e intercedem por nós[95].

Por sua vez, o *Catecismo da Igreja* define o Céu como

vida perfeita com a Santíssima Trindade, comunhão de vida e de amor com ela, com a Virgem Maria, os anjos e os bem-aventurados [...]. O Céu é o fim último e a realização das aspirações mais profundas do homem, o estado de felicidade suprema e definitiva [...]. Viver no Céu é «viver com Cristo» (cf. Jo 14,3). Os eleitos vivem «nele», mas lá conservam – ou melhor, lá encontram– sua verdadeira identidade, seu próprio nome (cf. Apoc 2, 17). [...] Deus só poderá ser visto tal como é quando Ele mesmo abrir o seu mistério à contemplação direta do homem e o capacitar para tanto. Esta contemplação de Deus em sua glória celeste é chamada pela Igreja «visão beatífica»[96].

Quando Santo Tomás de Aquino pregou ao povo de Nápoles sobre o Credo, ao comentar «creio na vida eterna», explicou com traços simples a felicidade do Céu. Faço um resumo a seguir:

• Na vida eterna o homem se une a Deus, que é o prêmio e a felicidade de todos os nossos trabalhos aqui na terra.

---

(95) *Compêndio do Catecismo da Igreja Católica*, n. 209.
(96) *Catecismo da Igreja Católica*, ns. 1024-1028.

19. A ALEGRIA ETERNA

- Esta comunhão com Deus consiste na perfeita visão e no supremo louvor: *Haverá gozo e alegria, ação de graças e vozes de louvor* (Is 51, 3).

- Na vida eterna há a perfeita saciedade dos desejos. Nunca um bem-criado sacia o desejo humano de felicidade. Somente Deus o pode saciar, e o faz excedendo infinitamente: *Serei saciado quando entrar na vossa glória* (Sal 16, 15).

- Tudo o que há de deleitável haverá aí plena e superabundantemente, porque será o deleite que provém da posse do sumo bem, de Deus.

- A vida eterna consiste também na perfeita segurança. Não haverá nem tristeza, nem trabalhos, nem temor.

- E ainda a vida eterna consistirá na sociedade alegre de todos os bem-aventurados, em que cada qual possuirá todos os bens em comunhão com os outros, e se alegrará no alheio como se fosse seu; quanto mais crescerem o gozo e a alegria de um, tanto mais aumentará o gozo de todos.

No final, Santo Tomás conclui modestamente dizendo:

Tudo o que aqui foi descrito, os justos terão no Céu e, além disso, muitos outros bens inefáveis.

Na encíclica sobre a esperança, o Papa Bento XVI descrevia o Céu com umas palavras em que a reflexão teológica se funde com a poesia:

Seria o instante de mergulhar no oceano do amor infinito, no qual o tempo – o antes e o depois – já não existe. Podemos somente procurar pensar que este instante é a vida em sentido pleno, um incessante mergulhar na vastidão do ser, ao mesmo tempo que ficamos simplesmente inundados pela alegria. Assim o exprime Jesus, no Evangelho de João: *Eu hei de ver-vos de novo; e o vosso coração se alegrará e ninguém vos poderá tirar a vossa alegria* (16, 22)[97].

Umas palavras finais

O Céu, ao qual nos chama a nossa vocação de cristãos, não pode ser descrito – volto a dizer –, mas pode ser desejado e preparado.

São Paulo que, como já comentamos, teve uma pregustação mística do Céu, via os bens da Vida Eterna – o Amor, o abraço eterno da Trindade – como uma «meta» para a qual devemos avançar nesta terra, lutando com vigor e esperança, e acelerando o passo: *Correi de tal maneira que o consigais* (1 Cor 9, 24). *Não desanimamos* – confidenciava –; *e, mesmo que o nosso físico se vá arruinando, o nosso interior vai-se renovando de dia para dia* (2 Cor 4, 16).

Na Carta aos Filipenses explicitava assim esses pensamentos:

Não pretendo dizer que já alcancei a meta e que cheguei à perfeição. Não. Mas eu me empenho em conquistá-la,

---

(97) Bento XVI, encíclica *Spe salvi*, n. 12.

19. A ALEGRIA ETERNA

uma vez que eu também fui conquistado por Jesus Cristo. Consciente de não tê-la ainda conquistado, só procuro isto: prescindindo do passado e atirando-me ao que resta para a frente, persigo o alvo, rumo ao prêmio celeste ao qual Deus nos chama, em Jesus Cristo (Fil 3, 12-14).

Este programa que São Paulo se propunha deveria ser o nosso programa. Não o esqueça. Sempre aspirando a mais amor e mais fidelidade, sempre esforçando-nos para dar mais um passo rumo a Deus, com a ajuda de Maria Santíssima e de todos os santos que já gozam eternamente da visão beatífica da divina Trindade.

Com isso, a nossa expedição à procura da alegria chega ao fim.

Acho que, se afinarmos o ouvido, escutaremos Deus que nos diz: «Vale a pena». Vale a pena viver, lutar, amar, servir os outros e trabalhar de olhos postos nessa meta, onde acharemos a plenitude do Amor e, com ele, o esplendor das «verdadeiras alegrias».

Índice

Pórtico 7
1. A alegria no poço 11
2. A alegria e os espelhos 15
3. A alegria e a estrela 21
4. A alegria e a lei 29
5. A alegria e as lágrimas 35
6. A alegria e o sofrimento 41
7. A alegria e o sacrifício 49
8. A alegria e o prazer 57
9. A alegria e a fidelidade 65
10. Oito alegrias cristãs 73
11. A alegria de ser filho de Deus 83
12. A alegria da infância espiritual 93
13. «Jesus, alegria dos homens» 101
14. A alegria no Espírito Santo 111
15. A felicidade da oração 117
16. Maria: a alegria da humildade 125
17. Maria: a alegria da fé 133
18. Maria e as alegrias cotidianas 139
19. A alegria eterna 149

Direção geral
Renata Ferlin Sugai

Direção editorial
Hugo Langone

Produção editorial
Juliana Amato
Gabriela Haeitmann
Ronaldo Vasconcelos
Roberto Martins

Capa
Gabriela Haeitmann

Diagramação
Sérgio Ramalho

ESTE LIVRO ACABOU DE SE IMPRIMIR
A 19 DE MARÇO DE 2024,
EM PAPEL PÓLEN BOLD 90 g/m².

MICHEL HOUELLEBECQ
O MAPA E O TERRITÓRIO

TRADUÇÃO DE

André Telles

5ª edição

2024

CIP-Brasil. Catalogação na fonte
Sindicato Nacional dos Editores de Livros, RJ

H835m
5ª ed.

Houellebecq, Michel
   O mapa e o território / Michel Houellebecq; tradução de
André Telles. — 5ª ed. — Rio de Janeiro: Record, 2024.

   Tradução de: La carte et le territoire
   ISBN 978-85-01-09347-9

   1. Romance francês. I. Telles, André. II. Título.

   11-8275.   CDD: 843
                                     CDU: 821.133.1-3

Título original:
LA CARTE ET LE TERRITOIRE

Copyright © Michel Houellebecq e Flammarion, 2010.

Editoração eletrônica: FA Editoração

Texto revisado segundo o novo Acordo Ortográfico da Língua
Portuguesa.

Todos os direitos reservados. Proibida a reprodução,
no todo ou em parte, através de quaisquer meios.
Os direitos morais do autor foram assegurados.

Direitos exclusivos de publicação em língua portuguesa
somente para o Brasil adquiridos pela
EDITORA RECORD LTDA.
Rua Argentina, 171 — Rio de Janeiro, RJ — 20921-380 — Tel.: (21) 2585-2000,
que se reserva a propriedade literária desta tradução.

Impresso no Brasil

ISBN 978-85-01-09347-9

Seja um leitor preferencial Record.
Cadastre-se no site www.record.com.br
e receba informações sobre nossos
lançamentos e nossas promoções.

Atendimento e venda direta ao leitor:
sac@record.com.br

O mundo está cheio de mim,
E, da mesma forma, eu, dele.

Charles d'Orléans

Jeff Koons acabava de se erguer do assento, os braços atirados para a frente num arroubo de entusiasmo. Sentado diante dele num sofá de couro branco parcialmente coberto por sedarias, um pouco encolhido, Damien Hirst parecia prestes a emitir uma objeção; tinha o semblante congestionado, taciturno. Ambos vestiam ternos pretos — o de Koons, com riscas finas —, camisas brancas e gravatas pretas. Entre os dois homens, sobre a mesa de centro, achava-se uma travessa com frutas cristalizadas, à qual nem um nem outro prestava a mínima atenção; Hirst bebia uma Budweiser Light.

Atrás deles, uma sacada envidraçada dava para uma paisagem de arranha-céus que formavam um emaranhado babilônico de polígonos gigantescos até os confins do horizonte; a noite estava clara, o ar, completamente limpo. Poderiam estar no Qatar, ou em Dubai; na realidade, a decoração do quarto se inspirava numa fotografia publicitária, recortada de uma publicação de luxo alemã, do hotel Emirates, de Abu Dhabi.

A testa de Jeff Koons reluzia um pouco; Jed secou-a rapidamente e recuou três passos. Havia de fato um problema com Koons. Hirst, ao fundo, era fácil de captar: dava para fazê-lo brutal, cínico, tipo "estou cagando para você do alto da minha grana"; dava também para fazê-lo como o *artista revoltado* (porém rico) às voltas com uma *obra angustiada sobre a morte*; enfim, seu rosto tinha algo de sanguíneo e carregado, tipicamente inglês, que o aproximava de um torcedor comum do Arsenal. Em suma, havia diferentes aspectos, mas passíveis de serem combinados no retrato coerente, representável, de um artista britânico típico de sua geração. Já Koons, parecia carregar certa dubiedade, uma espécie de contradição insuperável entre a indefectível malícia do administrador de empresas e a exaltação do asceta. Já fazia três semanas que Jed retocava a expressão de Koons levantando-se de seu assento, os braços atirados para a frente num arroubo de entusiasmo, como se tentasse convencer Hirst — algo que se revelava tão difícil quanto pintar um pornógrafo mórmon.

Jed possuía fotografias de Koons sozinho e na companhia de Roman Abramovitch, Madonna, Barack Obama, Bono, Warren Buffet, Bill Gates... Nenhuma delas era capaz de exprimir um grão de sua personalidade, superar aquela aparência de vendedor de Chevrolets conversíveis que ele optara por ostentar, o que, por sinal, era irritante, não era de hoje que os fotógrafos irritavam Jed, especialmente os *grandes fotógrafos,* com sua pretensão de revelar a *verdade* de seus modelos; não revelavam absolutamente nada, contentavam-se em se posicionar na frente deles e disparar o motor da câmera para bater centenas de fotos totalmente aleatórias, dando risadinhas, e mais tarde escolhiam as menos ruins da série, eis como eles procediam, sem exceção, todos aqueles supostos *grandes fotógrafos.* Jed conhecia alguns deles pessoalmente e não lhes dedicava senão desprezo, considerando-os todos, sem exceção, tão pouco criativos quanto uma foto 3 por 4.

Na cozinha, alguns passos atrás dele, o boiler emitiu uma série de estalidos. Ele estacou, paralisado. Já era 15 de dezembro.

Um ano antes, aproximadamente na mesma data, seu boiler emitira a mesma série de estalidos antes de enguiçar definitivamente. Em poucas horas, a temperatura do ateliê caíra para 3ºC. Ele conseguira dormir um pouco ou, melhor, cochilar por breves períodos. Por volta das 6 da manhã, utilizara os últimos litros do tambor de água quente para uma higiene sumária, em seguida preparou um café enquanto aguardava o técnico da Hidráulica em Geral — haviam prometido mandar alguém nas primeiras horas da manhã.

Em seu site, a Hidráulica em Geral propunha-se a "levar a hidráulica ao terceiro milênio"; poderiam começar honrando seus compromissos, resmungou Jed por volta das 11 horas, zanzando pelo ateliê sem conseguir se aquecer. Trabalhava na época num quadro em que representava seu pai, o qual intitularia *O arquiteto Jean-Pierre Martin deixando a direção de sua empresa*; inevitavelmente, a queda da temperatura atrasaria a secagem da última camada. Como todos os anos, aceitara o convite do pai para jantar na noite de Natal, dentro de duas semanas, e esperava terminar o quadro antes do encontro; se um bombeiro hidráulico não aparecesse rapidamente, talvez não conseguisse. A bem da verdade, aquilo não tinha importância alguma, em absoluto, não era sua intenção presentear o pai com aquele quadro, queria simplesmente *mostrar-lhe*; por que, de uma hora para a outra, dava tanta importância àquilo? Estava definitivamente com os nervos à flor da pele naquele momento, trabalhava em excesso, começara seis quadros ao mesmo tempo; não parara nos últimos meses, aquilo não era racional.

Por volta das 3 da tarde, decidiu ligar para a Hidráulica em Geral; o telefone dava ocupado, constantemente. Conseguiu falar com eles um pouco depois das 5 horas; o funcionário do atendimento ao cliente alegou sobrecarga de trabalho devido à chegada do frio intenso, mas prometeu alguém para a manhã seguinte, sem falta. Jed desligou e providenciou a reserva de um quarto no hotel Mercure, no boulevard Auguste-Blanqui.

No dia seguinte, tornou a esperar em vão não apenas a chegada da Hidráulica em Geral, mas também da Simplesmente Hidráulica, com a qual conseguira falar nesse ínterim. A Simplesmente Hidráulica prometia respeito às tradições artesanais da "alta hidráulica", mas tampouco se mostrava capaz de honrar um compromisso.

No quadro em que Jed o representara, seu pai, em pé sobre um estrado no centro dos cerca de cinquenta funcionários que sua empresa possuía, erguia sua taça com um sorriso triste. A festa de despedida acontecia no *open space* de seu escritório de arquitetura, uma sala ampla com as paredes brancas, de 30 por 20 metros, iluminada por uma claraboia e onde se alternavam os postos de trabalho computadorizados e as mesas de cavalete com maquetes tridimensionais dos projetos em curso. O grosso dos convidados era composto por rapazes com aspecto de nerd — os projetistas em 3D. De pé junto ao estrado, três arquitetos na casa dos 40 anos cercavam o pai de Jed. Segundo uma configuração copiada de uma tela secundária de Lorenzo Lotto, cada um evitava o olhar dos outros dois, ao mesmo tempo em que tentava atrair o olhar do pai de Jed; todos eles, estava na cara, acalentavam a esperança de sucedê-lo à frente da empresa. O olhar de seu pai, fixado um pouco acima do grupo de convidados, exprimia o desejo de reunir pela última vez sua equipe em torno de si, uma confiança razoável no futuro, mas sobretudo uma tristeza absoluta. Tristeza por deixar a empresa que fundara, à qual dera o melhor de si, tristeza pelo inelutável: era claramente um homem acabado.

No meio da tarde, Jed tentou em vão, umas dez vezes, fazer contato com o Zé Bombeiro, que usava "Skyrock" como música de espera, ao passo que a Simplesmente Hidráulica optara por "Rires et chansons".

Por volta de 5 da tarde, dirigiu-se ao hotel Mercure. Anoitecia no boulevard Auguste-Blanqui; sem-teto haviam acendido uma fogueira no meio-fio.

Passou os dias seguintes praticamente na mesma, a telefonar para serviços de hidráulica, ser dirigido quase instantaneamente para uma música de espera e mofar, num frio cada vez mais glacial, junto ao seu quadro, que teimava em não secar.

Uma solução apresentou-se na manhã de 24 de dezembro, na figura de um bombeiro hidráulico croata que morava nas redondezas, na avenue Stephen-Pichon — Jed reparara na placa por acaso, ao voltar do hotel Mercure. Estava disponível, sim, imediatamente. Era um homem baixinho, de cabelos pretos, pele clara e traços harmoniosos e finos, que usava um bigodinho agressivamente Belle Époque; na realidade, lembrava um pouco Jed — bigode à parte.

Imediatamente após entrar no apartamento, o bombeiro examinou detidamente o aquecedor, desmontando o painel de controle e percorrendo com os dedos esguios o complexo labirinto das canalizações. Falou em válvulas e sifões. Dava a impressão de saber muito sobre a vida, em geral.

Após 15 minutos de análise, seu diagnóstico foi o seguinte: podia consertar, sim, estava em condições de proceder a uma espécie de *reparo*, era coisa de 50 euros, não passava disso. Porém, não seria um conserto de verdade, mas um gatilho, um quebra-galho por alguns meses, anos na melhor das hipóteses, mas isso o impedia de dar uma garantia de longo prazo; mais genericamente, parecia-lhe quimérico apostar na longevidade daquele aquecedor.

Jed suspirou; esperava um pouco por isso, admitiu. Lembrava-se muito bem do dia em que decidira comprar aquele apartamento, nove anos antes; revia o corretor de imóveis, obtuso e satisfeito, elogiando a luz excepcional, sem dissimular a necessidade de algumas "reformas". Ele, então, ruminara que deveria ter sido corretor de imóveis, ou ginecologista.

Apenas simpático nos primeiros minutos, o obtuso corretor entrou num verdadeiro transe lírico quando soube que Jed era artista. Era a primeira vez, exclamou, que tinha a oportunidade de vender um *ateliê de artista* a um *artista*! Jed temeu, por um instante, que ele se proclamasse solidário dos verdadeiros artistas contra os riquinhos e outros burgueses da mesma laia que faziam os preços subirem, tornando assim proibitivos os ateliês de artistas para os artistas, e o que fazer não é mesmo não posso ir contra a verdade do mercado não é esse o meu papel, mas felizmente isso não aconteceu, o obtuso corretor limitou-se a conceder-lhe um desconto de 10 por cento — que, com certeza, planejara consentir no desfecho de uma minibarganha.

O "ateliê de artista", cumpria entender, era uma mansarda com uma claraboia, uma bonita claraboia, é verdade, e sanitários obscuros, suficientes para alguém como Jed, que tinha necessidades higiênicas limitadas. Em contrapartida, a vista era esplêndida: passando pela place des Alpes, estendia-se até o boulevard Vincent-Auriol, ao metrô de superfície e, mais adiante, até aquelas fortalezas quadrangulares construídas em meados dos anos 1970, em oposição absoluta ao conjunto da paisagem estética parisiense, que eram, de longe, o que Jed preferia em Paris, no plano arquitetônico.

O croata fez o conserto e recebeu os 50 euros. Não ofereceu recibo a Jed, ele não contava com isso, aliás. Mal fechada a porta, ele chamou novamente, com batidinhas secas. Jed entreabriu.

— Na verdade, senhor — disse o homem —, feliz Natal. Eu queria lhe dizer feliz Natal.

— É mesmo — respondeu Jed, sem jeito. — Feliz Natal para o senhor também.

Foi então que tomou consciência do problema do táxi. Como ele esperava, AToute recusou-se categoricamente a levá-lo a Le Raincy, e a Speedtaxi aceitou levá-lo no máximo até a estação ferroviária, a rigor até a prefeitura, mas em hipótese alguma até as imediações da Cité des Cigales. "Razões de segurança, cavalheiro…", sussurrou o funcionário com uma ligeira censura. "Só fazemos corridas para zonas totalmente seguras, cavalheiro", indicou, de sua parte, o atendente da Cooperativa Fernand Garcin, num tom de compunção anódino. Aos poucos foi se sentindo culpado por querer passar o Natal numa zona tão inconveniente quanto a Cité des Cigales, e, como todos os anos, pôs-se a odiar o pai, que se recusava obstinadamente a abandonar aquela casa burguesa, rodeada por um vasto parque, que os deslocamentos populacionais haviam progressivamente empurrado para o cerne de uma zona cada vez mais perigosa, nos últimos tempos, verdade seja dita, inteiramente controlada pelas gangues.

As primeiras providências consistiram em reforçar o muro da propriedade, dotá-lo de uma grade eletrificada e instalar um sistema de câmeras de vigilância conectado ao comissariado, tudo isso para que seu pai pudesse deambular solitariamente por 12 cômodos refratários a qualquer calefação e que ninguém frequentava, à exceção de Jed, por ocasião dos festejos natalinos. Fazia tempo que o comércio de rua desaparecera, e era impossível andar pelas ruas do entorno — afinal, não eram raras as agressões contra automóveis nos sinais vermelhos. A comuna de Le Raincy concedera-lhe uma ajudante doméstica — uma senegalesa rabugenta e má chamada Fatty, que cismara com ele desde os primeiros dias, recusando-se a mudar os lençóis mais de uma vez por mês e muito provavelmente roubando-o nas compras.

A temperatura, de qualquer forma, subia gradualmente no ateliê. Jed bateu uma fotografia do quadro em que trabalhava, já seria alguma coisa para mostrar ao pai. Despiu as calças e o suéter, sentou-se com as pernas em xis sobre o estreito colchão instalado diretamente no chão e que lhe servia de cama e cobriu-se com um cobertor. Progressivamente, diminuiu o ritmo da respiração. Visualizou ondas desenrolando-se lenta e preguiçosamente sob um crepúsculo fosco. Tentou conduzir a mente para uma zona de calmaria; concentrando-se ao máximo, preparou-se para aquele novo Natal na companhia do pai.

Aquela preparação mental rendeu frutos, e a noite foi um período de tempo neutro, até mesmo simpático; fazia tempo que não alimentava maiores expectativas.

Na manhã seguinte, em torno das 7 horas, supondo que as gangues também haviam festejado durante a noite, Jed dirigiu-se a pé até a estação de Le Raincy e retornou, sem maiores contratempos, à Gare de l'Est.

Um ano mais tarde — o gatilho resistira —, o boiler começou a dar sinais de fraqueza. *O arquiteto Jean-Pierre Martin deixando a direção de sua empresa* estava há muito concluído, guardado no acervo do galerista de Jed, à espera de uma exposição individual que tão cedo não aconteceria. O próprio Jean-Pierre Martin — para surpresa do filho e depois de muito tempo se negando a tocar no assunto com ele — decidira deixar o casarão de Le Raincy para se instalar numa clínica de repouso em Boulogne. O jantar anual, dessa vez, teria lugar numa *brasserie* na avenue Bosquet chamada Chez Papa. Jed escolhera-a no *Pariscope*, confiando num anúncio publicitário que prometia um serviço tradicional, *à moda antiga*, e a promessa, no geral, foi cumprida. Papais Noéis e pinheiros enfeitados com guirlandas de luzinhas espalhavam-se pela sala parcialmente vazia, ocupada em sua maioria por pequenos grupos de pessoas idosas, bem idosas até, que mastigavam, com determinação, consciência e quase ferocidade, pratos da cozinha tradicional. Havia javali, leitão, peru; como sobremesa, é claro, um rocambole *tradicional* era sugerido pelo estabelecimento, cujos garçons, educados e apagados, trabalhavam em silêncio, como numa ala de pacientes com queimaduras graves. Jed bancava um pouco o idiota, tinha perfeita consciência disso, oferecendo aquele jantar ao pai. Aquele homem seco, sério, de rosto comprido e austero, parecia nunca ter sido um aficionado das delícias da mesa, e, nas raras ocasiões em que Jed fizera uma refeição fora de casa com ele, quando precisara encontrá-lo nas proximidades de seu escritório, seu pai escolhera um restaurante japonês — sempre o mesmo. Era patético e inglório desejar estabelecer um convívio gastronômico que não tinha razão de ser, que aliás, possivelmente nunca existira — sua esposa, quando viva, sempre detestara cozinhar. Mas era Natal e, afinal, por que não? Indiferente às questões de vestuário, seu pai lia cada vez menos e não se interessava por muita coisa. Era, segundo as palavras da diretora da clínica geriátrica, "razoavelmente integrado", o que devia significar que, na prática, não dirigia a palavra a ninguém. Naquele instante, mastigava com labor seu leitão, praticamente com a mesma expressão que teria se comesse um bloco de borracha, e nada indicava que desejasse romper o silêncio que se prolongava, e Jed, nervoso (não deveria ter bebido Gewurztraminer junto com as ostras, compreendera tão logo fizera o pedido, vinho branco sempre embaralhava suas ideias), procurava aflito alguma coisa que pudesse se assemelhar a um assunto de conversa. Se tivesse se casado, se ao menos tivesse uma namorada, *enfim uma mulher qualquer*, as coisas talvez houvessem se passado de modo bem diferente— as mulheres lidam melhor com essas questões de família, é um pouco sua especialidade primordial, mesmo na ausência de filhos efetivos, estes se encontram virtualmente presentes no horizonte da conversa, e os velhos se interessam por netos, isso é sabido, fato associado aos ciclos da natureza ou a alguma coisa, enfim, uma espécie de emoção consegue brotar em suas velhas cabeças, o filho é a morte do pai isso é certo mas para o avô o neto é uma espécie de renascimento ou revanche, e isso é mais que suficiente ao menos para uma refeição natalina. Jed chegara a cogitar contratar uma acompanhante para aquelas noites de Natal, inventar uma historinha, bastaria instruir a moça com duas horas de antecedência, seu pai não era muito curioso acerca dos detalhes da vida dos outros, não mais do que o são os homens em geral.

Nos países latinos, a política é suficiente para suprir as necessidades de conversação dos machos de idade mediana ou avançada; nas classes inferiores, eventualmente, ela é substituída pelo esporte. Nas pessoas muito influenciadas pelos valores anglo-saxões, o papel da política é desempenhado pela economia e pelas finanças; a literatura pode até fornecer um assunto complementar. No caso, nem Jed nem seu pai interessavam-se efetivamente por economia, tampouco por política. Jean-Pierre Martin aprovava de um modo geral como o país era governado, e seu filho não tinha uma opinião, o que, afinal, permitiulhes, a despeito de tudo, dissecando ministério por ministério, resistir até o carrinho de queijos.

Nos queijos, o pai de Jed animou-se um pouco e interrogou o filho sobre seus projetos artísticos. Desafortunadamente, dessa vez era Jed quem poderia carregar a atmosfera, porque, definitivamente, não sentia mais seu último quadro *Damien Hirst e Jeff Koons dividem entre si o mercado de arte*, ele tinha empacado, uma espécie de força o arrastava nos últimos dois anos e o estava esgotando, erodindo, mas para que dizer tudo aquilo ao pai, ele não podia fazer nada, e aliás ninguém podia fazer nada, era uma confidência que só fazia as pessoas se entristecerem ligeiramente e, de toda forma, as relações humanas não valem muita coisa.

— Estou preparando uma exposição individual para a primavera — anunciou, finalmente. — Enfim, a coisa está um pouco enrolada. Franz, meu galerista, gostaria de um escritor para o catálogo. Pensou em Houellebecq.

— Michel Houellebecq?

— Conhece? — perguntou Jed, surpreso. Jamais suspeitaria que seu pai ainda pudesse se interessar por qualquer produção cultural.

— Há uma pequena biblioteca na clínica de repouso; li dois romances dele. É um bom autor, me parece. É agradável de ler, e tem uma visão bastante correta da sociedade. Ele respondeu?

— Não, ainda não...

Jed refletia a toda velocidade, agora. Se até mesmo alguém profundamente paralisado numa rotina desesperada e mortal, alguém tão profundamente embrenhado na escuridão, na vereda das Sombras da Morte, como seu pai, notara a existência de Houellebecq, era porque, definitivamente, havia alguma coisa naquele autor. Então, tomou consciência de que se esquecera de tentar Houellebecq novamente por e-mail, como Franz lhe pedira várias vezes para fazer. E, não obstante, aquilo era urgente. Considerando as datas da Art Basel e da Frieze Art Fair, era essencial organizar a exposição em abril, em maio no mais tardar, e seria difícil pedir a Houellebecq que escrevesse em 15 dias um texto para o catálogo. Era um autor famoso, mundialmente famoso até, ao menos segundo Franz.

A animação de seu pai diminuíra, ele mastigava seu *saint-nectaire* com a mesma falta de entusiasmo que dedicara ao leitão. É decerto por compaixão que presumimos uma gula particularmente intensa nas pessoas idosas, porque desejamos nos persuadir de que lhes resta ao menos isso, ao passo que, na maioria dos casos, os gozos gustativos extinguem-se irremediavelmente, como todo o resto. Subsistem os distúrbios digestivos e o câncer de próstata.

Alguns metros à esquerda, três octogenárias pareciam se recolher diante da salada de frutas, possivelmente em respeito a seus finados maridos. Uma delas esticou a mão para sua taça de champanhe, mas a mão tombou sobre a mesa; seu peito arfava com o sacrifício. Segundos depois, repetiu a tentativa, com a mão terrivelmente trêmula e o rosto franzido pela concentração. Jed segurava-se para não intervir, não estava em absoluto à altura de intervir. O próprio garçom, postado a poucos metros, que vigiava a operação com um olhar preocupado, não estava mais à altura de intervir; aquela mulher já se encontrava em contato direto com Deus. Tudo indicava estar mais para os 90 do que para os 80.

A fim de que tudo se cumprisse, não faltaram as sobremesas. Com resignação, o pai de Jed atacou seu rocambole tradicional. Não faltava muito agora. O tempo passava insolitamente entre eles: embora nada fosse dito, embora o silêncio duradouro estabelecido em torno da mesa devesse oferecer-lhes a sensação de uma opressão total, parecia que os segundos, e mesmo os minutos, escoavam-se com rapidez fulminante. Meia hora mais tarde, sem que sequer um pensamento lhe tivesse efetivamente ocorrido, Jed acompanhou o pai até o ponto de táxi. Eram apenas 10 horas da noite, mas Jed sabia que os outros internos da clínica de repouso consideravam seu pai um privilegiado: por ter alguém, algumas horas, para passar o Natal. "O senhor tem um bom filho...", já lhe haviam observado, em ocasiões diversas. Depois que entrou na clínica, o ex-executivo — transformado, de maneira terminantemente irrefutável, num *velho* — achava-se um pouco na posição da criança no colégio interno. Às vezes, ela recebe visitas: então é a felicidade, pode descobrir o mundo, comer biscoitos de chocolate e encontrar o palhaço Ronald McDonald. Porém, quase sempre, não recebe visitas: vagueia, então, tristemente entre as balizas de handebol e pelo chão de piche do internato deserto. Espera a libertação, a fuga.

De volta ao ateliê, Jed constatou que o boiler continuava a funcionar, a temperatura estava normal, até mesmo quente. Despiu-se parcialmente antes de se deitar no colchão e caiu no sono, com o cérebro inteiramente vazio.

Acordou em sobressalto no meio da noite, o despertador marcando 4h43. A temperatura no quarto estava alta, quase sufocante. Tinha sido o barulho do boiler que o despertara, mas não os estalidos de sempre, dessa vez a máquina emitia um ronco prolongado, grave, quase sub-sônico. Com um empurrão brusco, abriu a janela da cozinha, cujas vidraças estavam cobertas de gelo. O ar glacial invadiu o cômodo. Seis andares abaixo, grunhidos suínos perturbaram a noite de Natal. Fechou-a imediatamente. Era provável que mendigos tivessem se introduzido no pátio; no dia seguinte, usufruiriam dos restos da festa acumulados nas lixeiras do prédio. Nenhum dos locatários ousaria chamar a polícia para se livrar deles — não num dia de Natal. Era geralmente a locatária do primeiro andar que se encarregava disso — uma mulher na casa dos 60 anos, cabelos tingidos com hena, que usava suéteres em patchwork, com cores chamativas, e que Jed supunha ser uma psicanalista aposentada. Mas ele não a vira nos últimos dias, decerto estava de férias — a menos que houvesse falecido subitamente. Os mendigos permaneceriam vários dias, o cheiro de suas defecações tomaria conta do pátio, impedindo de abrir a janela. Com os locatários, eles se mostrariam corteses, ou mesmo obsequiosos, mas as rixas internas eram ferozes e costumavam terminar daquela forma, gritos agonizantes que ressoavam na noite e alguém chamando o Samu, e por fim encontravam um sujeito mergulhado no próprio sangue, com metade de uma orelha arrancada.

Jed aproximou-se do aparelho, que se calara, e ergueu prudentemente a tampa de acesso aos comandos; de imediato o aparelho emitiu um breve rosnado, como se se sentisse ameaçado pela intrusão. Um visor amarelo piscava loucamente, ininterpretável. Devagar, milímetro por milímetro, Jed girou o cursor da intensidade para a esquerda. Se malograsse, ainda tinha o número de telefone do croata, mas será que ele continuava na ativa? Não tinha intenção de "mofar na hidráulica", ele confessara a Jed sem rodeios. Sua ambição, uma vez "feito o pé-de-meia", era voltar para casa, na Croácia, mais precisamente na ilha de Hvar, e abrir uma firma de aluguel de jet-ski. Entre parênteses, um dos últimos projetos com que o pai de Jed tivera de lidar antes de se aposentar referia-se a uma licitação para a construção de uma sofisticada marina em Stari Grad, na ilha de Hvar, que vinha de fato se tornando um destino sofisticado; no ano passado, era possível esbarrar por lá com Sean Penn e Angelina Jolie, e Jed sentiu uma decepção humana e obscura ao pensar naquele homem abandonando a hidráulica, uma ocupação nobre, para alugar geringonças barulhentas e estúpidas a playboys endinheirados que vivem na rua da Preguiça.

"E o que temos aqui, especificamente?", interrogava o portal na internet da ilha de Hvar, antes de responder nesses termos: "Aqui você tem planícies de lavanda, venerandas oliveiras e vinhedos em harmonia única, e, portanto, o visitante que desejar se aproximar da natureza visitará primeiramente o pequeno *konoba* (barzinho) de Hvar, em vez de ir ao restaurante mais luxuoso, provará o autêntico vinho de mesa em vez de champanhe, cantará uma velha canção popular da ilha e esquecerá a rotina cotidiana", eis provavelmente o que seduziu Sean Penn, e Jed imaginou a baixa temporada, nos meses ainda amenos de outubro, o ex-bombeiro tranquilamente aboletado diante de um risoto de frutos do mar, opção mais que compreensível e até mesmo desculpável.

Um pouco a contragosto, aproximou-se de *Damien Hirst e Jeff Koons dividem entre si o mercado de arte*, instalado em seu cavalete no centro do ateliê, e foi novamente tomado pela insatisfação, ainda mais amarga dessa vez. Constatou que sentia fome, o que não era normal, tivera um jantar natalino completo com o pai — entrada, queijos e sobremesa, não faltara nada, mas sentia fome e muito calor, estava praticamente sem ar. Voltou à cozinha, abriu uma lata de canelones ao sugo e engoliu-os um por um, considerando, com um olhar mal-humorado, o frustrado quadro. Koons realmente não estava tão leve, tão alado — quem sabe não poderia tê-lo desenhado com asas, como o deus Mercúrio, divagou estupidamente; ali, com seu terno riscado e seu sorriso de vendedor, lembrava um pouco Silvio Berlusconi.

Na tabela *ArtPrice* das maiores fortunas artísticas do mundo, Koons era o segundo da lista; nos últimos anos, Hirst, dez anos mais jovem, arrebatara-lhe o primeiro lugar. Uns dez anos antes, por sua vez, Jed alcançara o quinquagésimo octogésimo terceiro lugar — mas o décimo sétimo francês. Na sequência, fora, como dizem os comentaristas do Tour de France, "relegado às profundezas da classificação" antes de sumir dela completamente. Terminou a lata de canelones e descobriu um resto de conhaque. Acendendo seus spots de halógenas na potência máxima, apontou-os para o centro da tela. Examinando de perto, nem a noite estava boa: não tinha aquela suntuosidade, aquele mistério que associamos às noites da península arábica; deveria ter usado azul cobalto, não o ultramar. Era realmente um quadro de merda que estava fazendo. Pegou a espátula e furou o olho de Damien Hirst, alargou a brecha com dificuldade — era uma tela em fibras de linho cerradas, bastante resistente. Segurando a tela pegajosa com uma das mãos, rasgou-a de uma assentada, desequilibrando o cavalete, que se desfez no chão. Um pouco resserenado, parou, olhou suas mãos besuntadas de tinta e terminou o conhaque, antes de pular de pés juntos sobre o quadro, pisoteando-o e esfregando-o no chão, que se tornava escorregadio. Terminou por perder o equilíbrio e caiu, a armação do cavalete bateu violentamente em seu occipital, ele teve um refluxo e vomitou, sentiu-se imediatamente melhor, o ar fresco da noite circulava livremente no seu rosto, fechou os olhos, feliz; chegara visivelmente ao fim de um ciclo.

PRIMEIRA PARTE

I

Jed não se lembrava mais de quando começara a desenhar. Todas as crianças desenham, sem dúvida, um pouco mais ou um pouco menos, ele não conhecia crianças, não tinha certeza. Sua única certeza no presente é que começara desenhando flores — em cadernos de formato pequeno, usando lápis de cor.

Nas tardes de quarta-feira, geralmente, e às vezes aos domingos, conhecera momentos de êxtase, sozinho no jardim ensolarado enquanto a babá telefonava para seu namorado da vez. Vanessa tinha 18 anos, cursava o primeiro ano de Economia na universidade de Saint-Denis/ Villetaneuse, e foi durante muito tempo a única testemunha de suas primeiras tentativas artísticas. Achava seus desenhos bonitos, dizia-lhe isso e era sincera, embora às vezes lhe dirigisse olhares perplexos. Meninos desenham monstros sanguinários, insígnias nazistas e aviões de caça (ou, no caso dos mais avançados, bocetas e paus), flores, raramente.

Na época, Jed ignorava isso, e Vanessa idem, mas as flores não passam de órgãos sexuais, vaginas multicoloridas a enfeitar a superfície do mundo, entregues à lubricidade dos insetos. Os insetos e os homens, assim como outros animais, parecem perseguir um objetivo, seus deslocamentos são rápidos e orientados, ao passo que as flores subsistem na luz, deslumbrantes e fixas. A beleza das flores é triste porque elas são frágeis e destinadas à morte, como qualquer coisa sobre a Terra, claro, mas elas muito especialmente, e, como os animais, seu cadáver não passa de uma grotesca paródia de seu ser vital, e seu cadáver, como o dos animais, fede — tudo isso, basta a gente viver uma vez a passagem das estações e o apodrecimento das flores para compreender e, de sua parte, Jed compreendera desde os 5 anos, talvez antes, pois havia muitas flores no parque em torno da casa de Le Raincy, muitas árvores também, e os galhos das árvores agitados pelo vento foram talvez uma das primeiras coisas que ele percebeu quando era empurrado em seu carrinho de bebê por uma mulher adulta (sua mãe?), afora as nuvens e o céu. A vontade de viver dos animais manifesta-se por transformações rápidas — a umectação de um orifício, a rigidez do caule e, mais tarde, a emissão do líquido seminal —, mas isso ele só descobriria mais tarde, numa sacada em Port-Grimaud, por intermédio de Marthe Taillefer. A vontade de viver das flores manifesta-se com a formação de fascinantes manchas coloridas, quebrando a banalidade esverdeada da paisagem natural, bem como a banalidade amiúde transparente da paisagem urbana, ao menos nas municipalidades floridas.

À noite, o pai de Jed chegava, chamava-se "Jean-Pierre", seus amigos chamavam-no assim. Jed, por sua vez, chamava-o "papai". Era um bom pai, assim era considerado pelos amigos e pelos subordinados; um homem viúvo precisa de muita coragem para criar um filho sozinho.

Jean-Pierre fora um bom pai nos primeiros anos, agora era um pouco menos, pagava cada vez mais horas de babá, jantava fora com frequência (quase sempre com clientes, às vezes com subordinados, cada vez mais raramente com amigos, pois o tempo da amizade começava a passar para ele, não acreditava mais ser realmente possível ter amigos, que uma relação de amizade pudesse influir seriamente na vida de um homem ou modificar seu destino), chegava tarde e não procurava sequer levar a babá para a cama, o que a maioria dos homens tentava fazer; escutava o relato do dia, sorria para o filho e pagava o salário reivindicado. Era chefe de uma família decomposta, e não pretendia recompô-la. Ganhava muito dinheiro: presidente de uma empreiteira, especializara-se na construção de resorts "chaves na mão"; tinha clientes em Portugal, nas Maldivas e em São Domingos.

Desse período, Jed conservara seus cadernos, que continham a integralidade de seus desenhos da época, e tudo aquilo morria mansamente, sem pressa (o papel não era de muito boa qualidade, os lápis tampouco), podia durar dois ou três séculos ainda, coisas e criaturas têm uma duração de vida.

Remontando provavelmente aos primeiros anos da adolescência de Jed, uma pintura a guache intitulava-se: *A colheita do feno na Alemanha* (assaz misteriosamente, pois Jed não conhecia a Alemanha e muito menos assistira ou participara de qualquer "colheita do feno"). Montanhas nevadas, embora a luz evocasse manifestamente o pleno verão, fechavam a cena; os camponeses que carregavam o feno em seus forcados e os burros atrelados às carroças eram chapados em cores vivas; era tão belo quanto um Cézanne ou outro qualquer. A questão da beleza é secundária na pintura, os grandes pintores do passado eram considerados como tais quando haviam desenvolvido uma visão ao mesmo tempo coerente e inovadora do mundo; o que significa que pintavam sempre da mesma maneira, que utilizavam sempre o mesmo método, o mesmo modus operandi para transformar os objetos do mundo em objetos pictóricos, e que essa maneira, que lhes era peculiar, nunca fora empregada antes. Eram ainda mais estimados como pintores quando sua visão de mundo parecia exaustiva, parecia poder se aplicar a todos os objetos em todas as situações existentes ou imagináveis. Tal era a visão clássica da pintura, na qual Jed tivera a oportunidade de ser iniciado durante seus estudos secundários, e que se baseava no conceito de *figuração* — figuração à qual, durante alguns anos de sua carreira, e bastante insolitamente, Jed retornaria, e que, ainda mais insolitamente, acabaria por lhe trazer fortuna e glória.

Jed dedicou sua vida (pelo menos sua vida profissional, que quase imediatamente se confundiria com *o conjunto de sua vida*) à arte, à produção de representações do mundo, nas quais, porém, era inconcebível a presença de vida humana. Graças a isso, podia produzir representações críticas — críticas até certo ponto, pois o movimento geral da arte, bem como de toda a sociedade, tendia nos anos da juventude de Jed para uma aceitação do mundo, às vezes entusiasta, quase sempre eivada de ironia. Seu pai estava longe de ter essa liberdade de escolha, era obrigado a produzir configurações habitáveis, de maneira absolutamente não irônica, onde as pessoas se sentissem estimuladas a viver, com a possibilidade de se divertir ao menos durante as férias. Era ele o responsável diante de um caso de disfunção grave da máquina de habitar — se um elevador despencasse ou se os vasos sanitários entupissem, por exemplo. Não era o responsável em caso de invasão da residência por uma população brutal e violenta, não controlada pela polícia ou pelas autoridades constituídas; tinha a responsabilidade atenuada em caso de sismos.

O pai de seu pai tinha sido fotógrafo — suas origens perdiam-se numa espécie de poça sociológica nada apetecível, estagnada desde tempos imemoriais, essencialmente constituída por operários agrícolas e camponeses pobres. Realmente, o que pôde levar aquele homem oriundo de um meio miserável a se ver confrontado com as técnicas incipientes da fotografia? Jed não fazia a menor ideia, seu pai tampouco, mas o avô fora o primeiro de uma linhagem a se desviar da pura e simples reprodução social do mesmo. Ganhara a vida fotografando muitos casamentos, às vezes comunhões ou festas de fim de ano em escolas rurais. Vivendo naquele departamento desde sempre abandonado e esquecido que é o Creuse, quase não tivera oportunidade de fotografar inaugurações de prédios ou visitas de políticos de envergadura nacional. Era uma arte medíocre, nada compensadora, e o acesso do filho à profissão de arquiteto já constituía uma importante promoção social — para não mencionar o futuro sucesso do mesmo como empreiteiro.

Na época de sua entrada na Belas-Artes de Paris, Jed trocara o desenho pela fotografia. Dois anos antes, descobrira no porão de seu avô uma câmera fotográfica Linhof Master Technika Classic — que ele já não usava mais na época em que se aposentou, mas que estava em perfeito estado de funcionamento. Ficara fascinado por aquele objeto pré-histórico, pesado, estranho, mas com um acabamento excepcional. Um pouco às apalpadelas, conseguira dominar o descentramento, a báscula e o Scheimpflug antes de se lançar no que devia ocupar a quase totalidade de seus estudos artísticos: a fotografia sistemática de objetos manufaturados de todo o mundo. Trabalhava no quarto, geralmente utilizando a luz natural. Pastas penduradas, armas de mão, agendas, cartuchos de impressora, garfos: nada escapava à sua ambição enciclopédica de formar um catálogo exaustivo dos objetos de fabricação humana na era industrial.

Embora, por seu caráter ao mesmo tempo grandioso e maníaco, para resumir, um tanto estapafúrdio, esse projeto lhe tivesse angariado o respeito dos professores, não lhe permitiu, em absoluto, juntar-se a nenhum dos grupos que se formavam ao seu redor, baseados numa ambição estética comum ou, mais prosaicamente, numa tentativa de entrar em grupo no mercado de arte. Nesse ínterim, fez amizades, não muito intensas, sem perceber como seriam efêmeras. Teve também alguns casos amorosos, dos quais quase nenhum se estenderia. No dia seguinte ao dia em que recebera seu do diploma, percebeu que levaria uma vida bastante solitária. Seu trabalho dos últimos seis anos resultara em pouco mais de 11 mil fotos. Zipadas em formato TIFF, com uma cópia JPG de baixa resolução, cabiam com facilidade em um disco rígido de 640 Gb, da marca Western Digital, que pesava pouco mais de 200 gramas. Guardou cuidadosamente sua câmera fotográfica, suas lentes (dispunha de uma Rodenstock Apo-Sironar de 105mm, que abria a 5,6, e de uma Fujinon de 180mm, que abria igualmente a 5,6) depois considerou o restante de seus pertences. Havia o laptop, o iPod, algumas roupas, alguns livros: pouca coisa, na verdade, tudo caberia facilmente em duas malas. O tempo estava aberto em Paris. Não tinha sido infeliz naquele quarto, tampouco muito feliz. Seu contrato de locação expiraria dentro de uma semana. Hesitou em sair, em dar uma última volta pela vizinhança, às margens do lago do Arsenal — telefonou então para o pai, a fim de que ele o ajudasse na mudança.

Pela primeira vez em muito tempo, na realidade, pela primeira vez desde a infância de Jed, tirando certos períodos de férias escolares, o convívio na casa de Le Raincy revelou-se imediatamente fácil e ao mesmo tempo vazio. Seu pai ainda trabalhava muito na época, estava longe de largar as rédeas da empresa, era raro chegar antes de 9, até mesmo 10 da noite e desabava em frente à televisão, enquanto Jed requentava um dos pratos prontos que comprara semanas antes, abarrotando o porta-malas do Mercedes, no Carrefour de Aulnay-sous-Bois; tentava variar, aproximando-se de certo equilíbrio alimentar, e comprara queijo e frutas também. Seu pai, de qualquer forma, não dava muita bola para comida; zapeava a esmo, terminando infalivelmente num dos enfadonhos debates econômicos do canal LCI. Deitava-se praticamente logo depois do jantar; pela manhã, saía antes de Jed se levantar. Os dias eram claros, e o calor, inalterável. Jed passeava por entre as árvores do parque e sentava-se sob uma grande tília, com um livro de filosofia na mão, que na maior parte das vezes não abria. Recordações de infância vinham-lhe à mente, rarefeitas; em seguida, voltava para acompanhar as transmissões do Tour de France. Apreciava aqueles longos e tediosos planos, de helicóptero, que seguiam o pelotão avançando preguiçosamente pelos campos franceses.

Anne, a mãe de Jed, vinha de uma família da pequena burguesia judaica — seu pai era ourives de bairro. Aos 25 anos, casara-se com Jean-Pierre Martin, então um jovem arquiteto. Foi um casamento por amor, e poucos anos depois ela engendrara um filho, chamado Jed em homenagem a seu tio, que ela estimara muito. Mais tarde, alguns dias antes do sétimo aniversário do filho, ela se suicidou — Jed só soube disso anos depois, por uma indiscrição da avó paterna. Ela, na época, tinha 40 anos — e o marido, 47.

Jed não conservava quase nenhuma lembrança da mãe, e seu suicídio não era um assunto que ele pudesse abordar durante a estada na casa de Le Raincy, sabia que devia esperar o pai tomar a iniciativa — embora ciente de que isso provavelmente jamais aconteceria, de que ele evitaria o assunto até o fim, assim como todos os demais.

Um ponto, entretanto, precisava ser esclarecido, e foi seu pai quem se encarregou disso numa tarde de domingo, quando acabavam de acompanhar juntos uma breve etapa do tour de France — uma de "contra-o-relógio" em Bordeaux — que não gerara mudanças decisivas na classificação geral. Estavam na biblioteca — de longe o aposento mais bonito da casa, com seu piso de carvalho, mantida numa leve penumbra pelos vitrais das janelas, móveis em couro inglês, estantes que contornavam a sala contendo quase 6 mil volumes, sobretudo tratados científicos publicados no século XIX. Jean-Pierre Martin comprara a casa por um bom preço, quarenta anos antes, de um proprietário com necessidade urgente de liquidez, o bairro era seguro na época, era uma zona de casarões elegantes e ele sonhava com uma feliz vida familiar, de toda forma a casa permitia alojar uma família numerosa e hospedar amigos à vontade, mas nada disso viria a acontecer.

No momento em que a imagem retornava ao rosto sorridente e previsível de Michel Drucker, Jean-Pierre tirou o som e dirigiu-se ao filho.

— Pretende seguir a carreira artística? — indagou.

Jed respondeu afirmativamente.

— E não consegue ganhar a vida por enquanto?

Sua resposta foi vaga. Para a própria surpresa, no ano anterior fora contatado por duas agências de fotografia. A primeira, especializada em fotografia de objetos, tinha clientes como o catálogo da CAMIF ou La Redoute, e às vezes também vendia suas fotos a agências de publicidade.

A segunda era especializada em fotografia gastronômica; revistas como *Notre Temps* ou *Femme Actuelle* recorriam assiduamente a seus serviços. Pouco prestigiosos, esses domínios eram igualmente pouco compensadores: tirar uma foto de uma bicicleta ou de uma batata gratinada ao *reblochon* rendia muito menos que uma fotografia equivalente de Kate Moss ou mesmo de George Clooney; mas a demanda era constante, estável, e ele recebia corretamente: isso significava que Jed, se quisesse, não se achava de forma alguma sem recursos; além disso, julgava desejável manter um pé na fotografia, limitando-se à fotografia pura. Satisfazia-se a fornecer diapositivos com alta definição e boa exposição, que a agência escaneava e modificava a seu bel-prazer; preferia não partir para o retoque de imagens, virtualmente submetido a diversos imperativos comerciais ou publicitários, e contentar-se em entregar fotos tecnicamente perfeitas, mas neutras.

— Que bom que você é independente — respondeu seu pai. — Ao longo da vida conheci muita gente que queria ser artista e era sustentada pelo pai; nenhum deles conseguiu chegar lá. Curioso, podemos achar que a necessidade de se exprimir, de deixar um rastro no mundo, é uma força poderosa; e, no entanto, isso em geral não basta. O que funciona melhor, o que ainda obriga as pessoas a se superarem é a pura e simples necessidade de dinheiro. Vou ajudá-lo a comprar um apartamento em Paris, de qualquer forma — continuou. — Você vai precisar receber pessoas, fazer contatos. Enfim, digamos que é um investimento, o mercado anda um pouco em baixa neste momento.

No televisor, agora passava uma comédia que Jed esteve perto de identificar. Surgiu um close de Michel Drucker, parvo, hílare. Jed entendeu de repente que seu pai queria apenas ficar sozinho; o contato entre eles nunca mais se restabelecera efetivamente.

Duas semanas mais tarde, Jed comprava o apartamento que ainda ocupa, no boulevard de l'Hôpital, na parte norte do XIII *arrondissement*. A maioria das ruas adjacentes homenageava pintores — Rubens, Watteau, Véronèse, Philippe de Champaigne —, o que a rigor podia ser considerado um presságio. Mais prosaicamente, não estava longe das novas galerias inauguradas nas imediações da quadra onde se situava a Très Grande Bibliothèque. Não chegara a barganhar, mas não deixara de se informar sobre a situação, por toda parte na França os preços despencavam, em especial nas zonas urbanas, e, ainda assim, os imóveis continuavam vazios, sem compradores.

II

Ainda que a memória de Jed não conservasse praticamente nenhuma imagem da mãe, ele decerto vira fotografias. Era uma mulher bonita, de pele clara e cabelos pretos e longos, em determinadas imagens podia ser considerada até mesmo uma beldade; lembrava um pouco o retrato de Agathe von Astighwelt exposto no museu de Dijon. Raramente sorria nessas imagens, e mesmo seu sorriso parecia encobrir uma angústia. Claro, sem dúvida estava influenciada pela ideia de suicídio, mas, mesmo tentando abstrair essa questão, havia nela algo irreal, ou, em todo caso, atemporal; era possível imaginá-la com facilidade num quadro da Idade Média ou da Renascença primitiva; em contrapartida, parecia inverossímil que houvesse sido adolescente nos anos 1960, usado um *transistor* ou assistido a *shows de rock*.

Durante os primeiros anos que se seguiram à sua morte, o pai de Jed tentara acompanhar o desempenho escolar do filho, programara atividades para os fins de semana, levando-o ao McDonald's ou a museus. Com o tempo, quase inelutavelmente, as atividades de sua firma haviam ganhado amplitude; seu primeiro contrato no ramo das estâncias balneárias "chaves na mão" foi um sucesso retumbante. Não apenas os prazos e as planilhas iniciais foram respeitados — o que já era, em si, relativamente raro —, como a execução foi unanimemente saudada na imprensa regional, bem como nas revistas de arquitetura nacionais, ocupando inclusive uma página inteira do caderno "Styles", do *Libération*. Em Port-Ambarès, escreviam, ele soubera aproximar-se "da essência do hábitat mediterrânico". Em sua opinião, apenas alinhara cubos de tamanho variável e de um branco fosco uniforme, diretamente calcados nas construções tradicionais marroquinas, separando-os com sebes de loureiro-rosa. Fato é que as encomendas, após esse primeiro sucesso, haviam afluído, e cada vez mais ele precisara viajar para outros países. Quando Jed chegou ao segundo grau, ele decidiu matriculá-lo num colégio interno.

Optou pelo colégio de Rumilly, no Oise, dirigido por jesuítas. Era uma instituição particular, mas não daquelas reservadas à elite; aliás, as despesas com material escolar eram aceitáveis, o ensino não era bilíngue, o equipamento esportivo nada tinha de extravagante. A clientela do colégio de Rumilly não era constituída de milionários, mas por pessoas conservadoras, da burguesia tradicional (muitos pais eram militares ou diplomatas); não se tratava, porém, de católicos fundamentalistas — quase sempre a criança era internada após um divórcio litigioso.

Austeras e quase feias, as dependências ofereciam um conforto razoável — quartos para dois alunos nas classes inferiores, com os alunos do último ano se beneficiando de um quarto individual. O ponto forte do estabelecimento, trunfo mais importante de seu prospecto, era o apoio pedagógico que proporcionava a cada um dos alunos — e, realmente, desde a criação do estabelecimento, a taxa de aprovação no vestibular se mantivera acima dos 95 por cento.

Era entre aqueles muros, e em longos passeios sob a escura abóbada que cobria as aleias de pinheiros do parque, que Jed passaria os anos de adolescência, estudiosos e tristes. Não se queixava da sorte, nem imaginava outra. As brigas entre os alunos às vezes eram violentas, as humilhações, violentas e cruéis, e Jed, delicado e franzino, não teria efetivamente condições de se defender; mas espalhara-se o rumor de que era órfão, além do mais órfão de mãe, e esse sofrimento, desconhecido de seus colegas, intimidava-os, instalando-se assim a sua volta uma espécie de halo de respeito temeroso. Não tinha amigos íntimos e não procurava amizades. Em contrapartida, passava tardes inteiras na biblioteca e, aos 18 anos, tendo passado no vestibular, detinha um conhecimento extenso e incomum, nos jovens de sua geração, acerca do patrimônio literário da humanidade. Lera Platão, Ésquilo e Sófocles; lera Racine, Molière e Victor Hugo; conhecia Balzac, Dickens, Flaubert, os românticos alemães, os romancistas russos. Ainda mais surpreendente, era íntimo dos principais dogmas da fé católica a cerca, cujo estigma sobre a cultura ocidental fora tão profundo — ao passo que, nesse campo, seus contemporâneos geralmente sabiam um pouco menos sobre a vida de Jesus que sobre a do Homem-Aranha.

A impressão que ele transmitia, de uma gravidade um pouco ultrapassada, decerto dispusera favoravelmente os professores que examinaram seu ensaio por ocasião de sua matrícula na Belas-Artes; era claro que estavam às voltas com um candidato original, culto, sério, razoavelmente aplicado. O trabalho em si, intitulado *Trezentas fotos de ferramentas*, atestava uma surpreendente maturidade estética. Evitando enfatizar o brilho dos metais e o caráter ameaçador das formas, Jed utilizara uma iluminação neutra, pouco contrastada, e fotografara as amostras contra um fundo de veludo cinza intermediário. Parafusos, rebites e chaves de grifa pareciam, assim, joias de brilho discreto.

Por outro lado, sentira grande dificuldade (dificuldade que o acompanharia vida afora) para redigir o texto de apresentação das fotografias. Após diversas tentativas de justificar seu tema, refugiou-se no puro factual, limitando-se a afirmar que as ferramentas mais rudimentares, produzidas em aço, tinham uma precisão de usinagem da ordem de um décimo de milímetro. Mais próximas da mecânica de precisão propriamente dita, outras peças, que entravam na composição das câmeras fotográficas de alto nível ou dos motores de Fórmula 1, eram geralmente fabricadas em alumínio ou numa liga leve, e usinadas a um centésimo de milímetro. Por fim, a mecânica de alta precisão, empregada por exemplo na relojoaria ou em cirurgias dentárias, que faz uso do titânio; a tolerância era, então, da ordem do mícron. Em suma, concluía Jed, de maneira abrupta e aproximativa, a história da humanidade podia em grande parte se confundir com a história do domínio dos metais — a era dos polímeros e dos plásticos, ainda recente, não tivera tempo, segundo ele, de produzir real transformação mental.

Historiadores da arte, mais versados no manuseio da linguagem, observariam que essa primeira e incontestável obra de Jed já se afigurava, em certo sentido e assim como todas as suas realizações posteriores, malgrado a variedade dos suportes, como uma *homenagem ao trabalho humano*.

Assim, Jed viu-se lançado numa carreira artística sem outro projeto senão aquele — cujo caráter ilusório ele raramente percebia — de fornecer uma descrição objetiva do mundo. Apesar de sua cultura clássica, não se sentia, de forma alguma — ao contrário do que escreveriam mais tarde —, imbuído de um respeito religioso pelos mestres antigos: a Rembrandt e Velásquez, preferia incomparavelmente, desde essa época, Mondrian e Klee.

Durante os meses que se seguiram à sua instalação no XIII *arrondissement*, não fez praticamente nada além de atender às encomendas de fotografias de objetos, por sinal numerosas, que lhe eram feitas. E um belo dia, ao desembalar um disco rígido multimídia Western Digital que um portador acabava de lhe entregar e do qual deveria entregar fotografias de diferentes ângulos no dia seguinte, compreendeu que a fotografia de objetos — ao menos no plano artístico — terminara para ele. Como se o fato de ele ter vindo a fotografar aqueles objetos de uso puramente profissional e comercial invalidasse toda possibilidade de utilizá-los num projeto criativo.

Essa evidência, ao mesmo tempo brutal e inesperada, mergulhou-o num período depressivo de intensidade fraca, durante o qual sua principal distração cotidiana era assistir ao *Questions pour un champion*, um programa apresentado por Julien Lepers. Pela obsessão e espantosa capacidade de trabalho, esse apresentador, a princípio pouco talentoso e meio burro, com a fisionomia e o apetite de um garanhão, que nos primórdios arriscou-se numa carreira de cantor popular e provavelmente sentia uma saudade secreta disso, tornara-se pouco a pouco uma figura incontornável da paisagem midiática francesa. As pessoas se reconheciam nele, tanto os alunos de primeiro ano da Politécnica quanto as professorinhas aposentadas do Pas-de-Calais, tanto os *bikers* do Limousin quanto os donos de restaurantes do Var, ele não era nem impressionante nem distante, passava uma imagem da classe média, quase simpática, da França dos anos 2010. Fã incondicional de Jean-Pierre Foucault, de sua humanidade, de sua franqueza astuciosa, Jed era obrigado a admitir que se sentia cada vez mais seduzido por Julien Lepers.

No início de outubro, recebeu um telefonema do pai, comunicando-lhe que sua avó acabava de morrer; sua voz estava lenta, um pouco aflita, mas não muito mais do que de costume. A avó de Jed nunca se recuperara, ele sabia, da morte do marido, a quem amara apaixonadamente, com uma paixão até mesmo surpreendente num meio rural que, em geral, é pouco propício às efusões românticas. Após seu falecimento, nada, nem seu neto, foi capaz de arrancá-la de uma espiral de tristeza que a fizera paulatinamente desistir de todas as atividades, da criação de coelhos à preparação de compotas, e, no final, abandonar até a jardinagem.

O pai de Jed iria no dia seguinte ao Creuse para o enterro, e também pela casa e por questões de herança; queria que o filho o acompanhasse. Na realidade, queria inclusive que ele ficasse um pouco mais, que se encarregasse de todas as formalidades, estava assoberbado no escritório naquele momento. Jed aceitou prontamente.

No dia seguinte, seu pai passou para buscá-lo em seu Mercedes. Por volta das 11 horas, entraram na autoestrada A20, uma das mais belas da França, atravessando as mais harmoniosas paisagens rurais; a atmosfera estava límpida e a temperatura amena, com um pouco de neblina no horizonte. Às 3 da tarde, pararam num bar um pouco antes de La Souterraine; a pedido do pai, enquanto este enchia o tanque, Jed comprou um mapa rodoviário "Michelin Départements", do Creuse e de Haute-Vienne. Foi nesse momento, desdobrando o mapa, a dois passos dos sanduíches de pão de forma embalados em papel celofane, que Jed teve sua segunda grande revelação estética. Aquele mapa era sublime; transtornado, começou a tremer diante do mostruário. Nunca contemplara um objeto tão magnífico, tão prenhe de emoção e de sentido quanto aquele mapa Michelin, em escala 1/150.000, do Creuse e de Haute-Vienne. Nele, a essência da modernidade, da apreensão científica e técnica do mundo, confundia-se com a essência da vida animal. O desenho era complexo e bonito, de uma clareza cristalina, utilizando apenas um código restrito de cores. Mas em cada um dos vilarejos e aldeias, representados conforme sua importância, sentiam-se a palpitação e o apelo de dezenas de vidas humanas, de dezenas ou centenas de almas — algumas fadadas à danação, outras à vida eterna.

O corpo de sua avó já repousava num caixão de carvalho. Ela usava um vestido escuro e tinha os olhos cerrados e as mãos postas; os empregados da funerária não esperavam senão Jed e seu pai para descerem a tampa. Foram deixados sozinhos, por uns dez minutos, na sala.

— É melhor para ela… — disse seu pai, após um momento de silêncio.

Sim, provavelmente, pensou Jed.

— Ela acreditava em Deus, você sabe — acrescentou seu pai, timidamente.

No dia seguinte, durante a missa fúnebre, assistida por toda a população, depois em frente à igreja, no momento em que recebiam os pêsames, Jed ruminou que seu pai e ele até que estavam se saindo bem naquelas circunstâncias. Pálidos e cansados, ambos em ternos escuros, não tinham nenhuma dificuldade em exprimir a gravidade e a tristeza resignada que eram praxe na cerimônia; chegaram a apreciar, sem a ela poder aderir, a nota de discreta esperança trazida pelo padre — um padre idoso também, um *veterano* dos enterros, os quais pareciam constituir, visto a média de idade da população, sua atividade principal.

No caminho de volta para a casa, onde era oferecido o *vin d'honneur*, Jed percebeu que era a primeira vez que assistia a um enterro sério, *à moda antiga*, um enterro que não procurava escamotear a realidade da morte. Assistira a várias cremações em Paris; a última fora de um colega da Belas-Artes, morto num acidente de avião durante as férias em Lombok; chocara-o que alguns dos presentes não tivessem desligado os celulares no momento da cremação.

Seu pai foi embora logo em seguida, tinha uma reunião de trabalho na manhã seguinte em Paris. Jed saiu para o jardim. O sol se punha, as lanternas traseiras do Mercedes se afastavam na direção da rodovia, e ele voltou a pensar em Geneviève. Namoraram durante alguns anos, quando ele estudava na Belas-Artes; fora inclusive com ela que perdera efetivamente a virgindade. Geneviève era malgaxe e falara-lhe dos curiosos costumes de exumação praticados em seu país. Uma semana após o falecimento, desenterravam o cadáver, retiravam os panos que o amortalhavam e faziam uma refeição na sua presença, na sala de jantar da família; em seguida, enterravam-no novamente. Um mês depois, repetiam tudo, depois mais uma vez dali a três meses, já não se lembrava muito bem, mas parecia-lhe não serem menos de sete exumações sucessivas, a última desenrolando-se um ano depois do falecimento, antes que o defunto fosse considerado definitivamente morto e pudesse rumar para o repouso eterno. Esse dispositivo de aceitação da morte e da realidade física do cadáver caminhava exatamente na contramão da sensibilidade ocidental moderna, concluiu Jed, e, por um instante, lamentou ter deixado Geneviève sair de sua vida. Ela era carinhosa e tranquila; na época, ele era vítima de enxaquecas oftálmicas terríveis, e ela era capaz de ficar horas, sem entediar-se, à sua cabeceira, preparando sua comida e trazendo-lhe água e remédios. Igualmente temperamental, era, na verdade, um *tesão*, e no plano sexual ensinara-lhe tudo. Jed gostava de seus desenhos, que se inspiravam um pouco no grafite, distinguindo-se dele pelo caráter infantil e alegre dos personagens, por algo também de mais arredondado na letra e pela paleta de cores que ela usava — muito vermelho cádmio, amarelo indiano, terra de siena natural ou queimada.

Para financiar seus estudos, Geneviève *mercadejava seus encantos*, como se dizia antigamente; Jed achava que essa expressão caduca convinha-lhe melhor que o termo anglo-saxão *escort*. Ela recebia 250 euros por hora, com um extra de 100 euros em caso de anal. Ele não tinha nada a objetar àquela atividade, chegando inclusive a lhe sugerir fazer fotos eróticas para melhorar a apresentação de seu site. Da mesma forma que os homens quase sempre sentem ciúmes, e às vezes ciúmes terríveis, dos *ex* de suas namoradas, perguntando-se com angústia, durante anos e às vezes até sua morte, se não era melhor com o outro, se o outro não as fazia *gozar melhor*, há quem aceite com facilidade, sem o menor esforço, tudo o que a mulher aprontou no passado no âmbito de uma atividade de prostituição. A partir do momento em que se conclui com uma transação financeira, toda atividade sexual está desculpada, domesticada e, de certa forma, santificada pela arcaica maldição do trabalho. Dependendo do mês, Geneviève ganhava entre 5 e 10 mil euros, sem dedicar a isso mais que algumas horas por semana. Fazia-o desfrutar do dinheiro, incitando-o a "não criar caso", e em várias oportunidades passaram as férias de inverno juntos, na ilha Maurício ou nas Maldivas, bancadas integralmente por ela. Era tão espontânea, tão desenvolta, que ele nunca passou por qualquer constrangimento, nunca se sentiu, por pouco que fosse, na pele de um *cafetão*.

Em contrapartida, sentiu genuína tristeza quando ela lhe comunicou que iria morar com um de seus clientes regulares — um advogado de negócios de 35 anos, cuja vida parecia, sem tirar nem pôr, segundo o que ela contou a Jed, com a dos advogados de negócios descritos nos thrillers de advogados de negócios — invariavelmente, americanos. Ele sabia que ela cumpriria com a palavra, que seria fiel ao marido, e, resumindo, no momento em que atravessou pela última vez a porta de seu conjugado, sabia que provavelmente nunca tornaria a vê-la. Quinze anos haviam se passado desde então; o marido dela era realmente um esposo dedicado, e ela, uma mãe de família feliz; seus filhos eram, Jed tinha certeza disso sem os conhecer, afáveis e bem-educados, e tiravam notas excelentes na escola. Os honorários do marido, do advogado de negócios, seriam agora superiores aos honorários de Jed como artista? Pergunta difícil de responder, mas talvez a única que se justificasse. "Você tem vocação de artista, quer de verdade...", ela lhe dissera por ocasião de seu último encontro. "Você é pequenininho, bonitinho, queridinho, mas tem uma ambição enorme, vi isso imediatamente nos seus olhos. Já eu, só faço isso..." — e apontou, com um gesto evasivo e circular, seus desenhos a carvão pendurados na parede —, "só faço isso para me divertir."

Jed guardara alguns desenhos de Geneviève e continuava a enxergar virtudes neles. A arte talvez devesse ser assim, dizia às vezes consigo, uma atividade inocente e alegre, quase animal, houvera opiniões nesse sentido, "bestial como um verdadeiro pintor", "ele pinta como o passarinho canta" e assim por diante, quem sabe a arte não seria assim depois que o homem houvesse superado a questão da morte, e talvez já houvesse sido assim, periodicamente, em Fra Angelico por exemplo, tão próximo do paraíso, tão imbuído da ideia de que sua passagem pela Terra não passava de uma preparação temporária, nebulosa, para a estada eterna junto a seu senhor Jesus. *Eis que estou convosco todos os dias, até o fim do mundo.*

No dia seguinte ao enterro, recebeu a visita do tabelião. Não haviam comentado nada com seu pai. Jed se deu conta de que sequer tinham abordado o assunto — não obstante o principal motivo da viagem —, mas pareceu-lhe logo evidente que não estava em pauta vender a casa, e ele nem sentiu necessidade de telefonar ao pai para discutir o caso. Sentia-se efetivamente em casa, sentiu-se bem ali, era um lugar onde se poderia viver. Gostava da justaposição infeliz entre a parte reformada, com as paredes revestidas pelo epóxi branco, e a parte antiga, com as paredes de pedras encaixadas irregularmente. Gostava da porta de batente duplo, que não fechava de jeito nenhum e dava para a estrada de Guéret, e do enorme fogão da cozinha, que podia ser alimentado com madeira, carvão e, sem dúvida, qualquer tipo de combustível. Naquela casa, sentia-se tentado a acreditar em coisas como o amor, o amor recíproco de um casal, que irradia pelas paredes com certo calor, um calor meigo que se transmite aos futuros ocupantes para lhes dar serenidade. Nesse sentido, poderia muito bem ter acreditado em fantasmas ou em qualquer outra coisa.

O tabelião, de resto, não parecia de forma alguma propenso a incentivá-lo a um projeto de venda; teria reagido de maneira diferente, admitiu, apenas dois ou três anos antes. Na época, os *traders* ingleses, os jovens-velhos *traders* ingleses aposentados, após fincarem o pé na Dordonha, alastravam-se como fumaça, de olho grande no Bordelais e no Maciço Central e progredindo rapidamente, escorando-se nas posições adquiridas, e já haviam dominado o Limousin central; era previsível seu iminente desembarque no departamento do Creuse e uma concomitante escalada dos preços. Todavia, a queda da bolsa de Londres, a crise dos *subprimes* e o desmoronamento dos títulos especulativos haviam mudado o jogo: longe de pensar em adquirir casas sofisticadas, os jovens-velhos *traders* ingleses agora suavam para cumprir os contratos de suas casas de Kensignton, pensando, ao contrário, cada vez mais, em *revender*, e, para resumir, os preços despencaram vertiginosamente. Cumpria agora, pelo menos era o diagnóstico do tabelião, aguardar o advento de uma nova geração de ricos, com uma riqueza mais robusta, alicerçada numa produção industrial; poderiam ser chineses ou vietnamitas, o que sabia ele sobre isso, mas, de qualquer forma, parecia-lhe que o melhor por ora era esperar, cuidar da manutenção da casa, fazer eventualmente algumas reformas, sempre respeitando a tradição artesanal local. Por outro lado, era inútil realizar obras supérfluas, como uma piscina, uma jacuzzi ou instalar uma conexão banda larga; os novos-ricos, uma vez comprada a casa, nunca abririam mão de se encarregar pessoalmente disso, ele era absolutamente categórico nesse ponto, tinha quarenta anos como corretor imobiliário nas costas.

Quando seu pai passou para buscá-lo no final de semana, estava tudo concluído, os negócios destrinchados e organizados, os pequenos legados previstos em testamento distribuídos aos vizinhos, o sentimento de que a mãe e avó podia *"descansar em paz"*, como se costuma dizer. Jed relaxou no assento de couro napa enquanto o Classe S acessava a autoestrada com um ronronar mecânico de satisfação. Numa velocidade moderada, atravessaram durante duas horas uma paisagem de tons outonais; falavam pouco, mas Jed tinha a impressão de que se estabelecera entre eles uma espécie de aliança, um consenso quanto à maneira geral de abordar a vida. No momento em que se aproximavam da saída para o centro de Melun, ele compreendeu que vivera, durante aquela semana, um parêntese de paz.

III

O trabalho de Jed Martin foi muitas vezes apresentado como decorrente de uma reflexão fria e distanciada sobre a condição do mundo, e ele se viu transformado numa espécie de herdeiro dos grandes artistas conceituais do século precedente. Foi, porém, num estado de frenesi nervoso que comprou, tão logo chegou a Paris, todos os mapas Michelin que viu pela frente — um pouco mais de 150. Rapidamente, percebeu que os mais interessantes pertenciam às séries "Michelin Régions", que cobriam grande parte da Europa, e principalmente à série "Michelin Départements", limitada à França. Voltando as costas para a fotografia analógica, a única que praticara até aquele momento, adquiriu uma Betterlight 6000-HS, que permitia capturar imagens de 48 bits em RGB, com uma resolução de 6.000 x 8.000 pixels.

Durante quase seis meses, saiu muito pouco de casa, a não ser para um passeio diário até o hipermercado Casino do boulevard Vincent-Auriol. Seus contatos com outros estudantes da Belas-Artes, já pouco frequentes na época da faculdade, foram se rarefazendo até desaparecerem completamente, e foi com surpresa que recebeu, no início do mês de março, um e-mail convidando-o a participar de uma exposição coletiva, *Restons courtois*, a ser organizada em maio pela Fundação Ricard. Ainda assim, respondeu ao e-mail, aceitando, sem realmente se dar conta de que era justamente seu distanciamento quase provocativo que o cingia com uma aura de mistério e tampouco de que vários ex-colegas desejavam saber *o que ele andava aprontando.*

Na manhã do vernissage, percebeu que fazia um mês que não pronunciava uma palavra, à exceção do "Não" que repetia diariamente à moça do caixa (raramente a mesma, é verdade) quando esta lhe perguntava se ele tinha o cartão Club Casino, mas, mesmo assim, à hora marcada pôs-se a caminho da rue Boissy-d'Anglas. Havia talvez umas cem pessoas, enfim, nunca fora bom nesse tipo de cálculo e, em todo caso, eram dezenas de convidados, e no início Jed mostrou certa preocupação ao constatar que não conhecia ninguém. Receou, por um instante, ter se enganado de dia ou de exposição, mas seu trabalho fotográfico estava de fato ali, pendurado numa parede no fundo, corretamente iluminado. Após servir-se de um copo de uísque, deu várias voltas pela sala, descrevendo uma trajetória elipsoidal, fingindo-se mais ou menos absorto em suas reflexões, ao passo que seu cérebro não conseguia gerar qualquer pensamento, apenas surpresa ante o fato de que a imagem de seus ex-colegas também havia evaporado completamente de sua memória, apagada, radicalmente apagada; deviam estar perguntando se ele pertencia ao gênero humano. Teria ao menos reconhecido Geneviève, sim, estava certo de que teria reconhecido a ex-namorada, eis uma certeza à qual podia se agarrar.

Concluindo seu terceiro périplo, Jed observou uma jovem a contemplar suas fotos com grande atenção. Teria sido difícil não notá-la: não apenas era de longe a mulher mais bonita da noite, como sem dúvida a mulher mais bonita que já vira. Com a pele bem clara, quase translúcida, os cabelos louros platinados e as maçãs do rosto salientes, correspondia exatamente à imagem da beleza eslava tal como popularizada pelas agências de modelos e revistas após a queda da União Soviética.

Na volta seguinte, ela não estava mais ali; tornou a avistá-la lá pela sexta volta, sorridente, com uma taça de champanhe na mão, no meio de um grupinho. Os homens devoravam-na com os olhos com uma avidez que sequer tentavam dissimular; um deles ficara simplesmente boquiaberto.

Quando passou novamente, na volta seguinte, diante de suas fotos, lá estava ela, agora sozinha. Hesitou por um instante, fez então uma tangente e plantou-se, por sua vez, em frente à imagem, a qual considerou, balançando a cabeça.

Ela se voltou para ele e olhou-o pensativamente durante alguns segundos antes de perguntar:

— É o senhor o artista?

— Sou.

Ela tornou a olhar para ele, mais detidamente, durante pelo menos cinco segundos, antes de dizer:

— Acho muito bonito.

Dissera aquilo com simplicidade, calmamente, mas com genuína convicção. Sem encontrar uma resposta apropriada, Jed voltou o olhar para a imagem. Tinha de admitir que, de fato, estava bastante satisfeito com ela. Para a exposição, escolhera uma parte do mapa Michelin do Creuse na qual figurava o vilarejo de sua avó. Utilizara um ângulo de tomada bastante inclinado, a trinta graus da horizontal, ajustando o obturador no máximo para obter ampla profundidade de campo. Depois é que introduzira a imprecisão da distância e o efeito azulado no horizonte, utilizando camadas no Photoshop. No primeiro plano estavam o lago do Breuil e o vilarejo de Châtelus-le-Marcheix. Atrás, despontando como um território de sonho, feérico e inviolável, estradinhas serpenteavam através da floresta entre as aldeias de Saint-Goussaud, Laurière e Jabreilles-les-Bordes. Ao fundo e à esquerda da imagem, como que emergindo de um lençol de bruma, distinguia-se ainda nitidamente a linha branca e vermelha da autoestrada A20.

— Faz muitas fotografias de mapas rodoviários?

— Sim... Sim, com bastante frequência.

— Sempre Michelin?

— Sim.

Ela refletiu por alguns segundos antes de lhe perguntar:

— Fez muitas fotos nesse gênero?

— Um pouco mais de oitocentas.

Dessa vez, ela fitou-o, visivelmente atordoada, durante pelo menos vinte segundos, antes de prosseguir:

— Precisamos conversar. Precisamos nos encontrar para falar sobre isso. Pode achar estranho, mas... eu trabalho na Michelin.

De uma minúscula bolsa Prada, puxou um cartão de visita, que ele considerou estupidamente antes de guardar: Olga Sheremoyova, Departamento de Comunicação, Michelin France.

Ligou no dia seguinte; Olga sugeriu que jantassem naquela noite mesmo.

— Não costumo jantar… — objetou ele. — Enfim, quero dizer, em restaurantes. Acho até que não conheço nenhum restaurante em Paris.

— Pois eu conheço vários — respondeu ela, com segurança. — Posso até dizer… que isso faz parte da minha profissão.

Encontraram-se no Chez Anthony et Georges, um restaurante minúsculo, com umas dez mesas, localizado na rue d'Arras. Tudo no ambiente, tanto a louça como a mobília, fora garimpado em antiquários, compondo uma mistura galante e eclética de móveis copiados do século XVIII francês, bibelôs art nouveau e louças e porcelanas inglesas. Todas as mesas estavam ocupadas por turistas, principalmente americanos e chineses — havia também uma mesa comprida com russos. Olga foi recebida como uma cliente da casa por Georges, magro, calvo e vagamente sinistro, com um ar de ex-gay devasso. Anthony, na cozinha, era *bear* sem excesso — sem dúvida apostava nisso, mas seu cardápio traía uma verdadeira obsessão por *foie gras*. Jed catalogou-os como gays semimodernos, preocupados em evitar os exageros e a falta de gosto classicamente associados à sua comunidade, mas, de toda forma, relaxando um pouco de tempos em tempos — ao ver Olga, Georges perguntou: "Pego seu casaco, minha querida?", enfatizando o *queri-*

da, num tom de pessoa íntima. Ela vestia um casaco de pele, escolha curiosa para a estação, mas embaixo Jed descobriu uma minissaia curtíssima e uma faixa de seda branca como top, enfeitadas com cristais Swarovski; estava realmente magnífica.

— Tudo certo, docinho? — Anthony, com um avental de cozinha na cintura, saracoteava-se diante da mesa. — Gosta de frango com lagostins? Recebemos lagostins do Limousin, sublimes, absolutamente sublimes. Bom dia, cavalheiro — acrescentou, dirigindo-se a Jed.

— Que tal, agrada-lhe? — perguntou Olga a Jed, depois que Anthony se afastou.

— Eu... sim. É típico. Enfim, temos a impressão de que é típico, mas não sabemos muito bem de quê. Está no guia? — Ele tinha a impressão de que era a pergunta a ser feita.

— Ainda não. Vamos acrescentar na edição do próximo ano. Saiu um artigo na *Condé Nast Traveller* e na *Elle* chinesa.

Embora no momento trabalhasse nos escritórios parisienses da Michelin, Olga era, na verdade, contratada da holding Compagnie Financière Michelin, sediada na Suíça. Numa tentativa de diversificação cheia de lógica, a firma adquirira recentemente participações significativas na rede Relais e Châteaux e principalmente no *French Touch*, que vinha ganhando força nos últimos anos — ao mesmo tempo em que mantinha, por razões deontológicas, total independência em relação às redações dos diferentes guias. A empresa não demorou a entender que os franceses já não tinham, em grande parte, tanto dinheiro para pagar férias na França, ao menos não nos hotéis indicados por essas redes. Um questionário distribuído nos guias *French Touch* no ano anterior mostrara que 75 por cento da clientela espalhava-se por três países: China, Índia e Rússia — a percentagem subia para 90 por cento no caso dos estabelecimentos "Pousadas de excelência", os mais sofisticados do leque. Olga fora contratada para reestruturar a comunicação, a fim de ajustá-la às expectativas dessa nova clientela.

O mecenato no campo da arte contemporânea não se inseria tanto assim na cultura tradicional da Michelin, ela prosseguiu. A multinacional, desde as origens sediada em Clermont-Ferrand, em cujo conselho executivo quase sempre figurara um descendente dos fundadores, tinha a reputação de uma empresa conservadora, até mesmo paternalista. Seu projeto de inaugurar em Paris um espaço Michelin dedicado à arte contemporânea sofrera para ser aprovado pelas instâncias decisórias, ainda que se traduzisse, ela estava certa disso, em um *upselling* importante na imagem da companhia da Rússia e na China.

— Estou sendo maçante? — interrompeu-se subitamente. — Desculpe, só falo de negócios, enquanto o senhor é um artista...

— De forma alguma — respondeu Jed, com sinceridade. — De forma alguma, estou fascinado. Veja, nem toquei o *foie gras*...

Estava efetivamente fascinado, mas na verdade pelos seus olhos, pelo movimento de seus lábios quando ela falava — usava um batom cor-de-rosa claro, um pouco nacarado, que combinava maravilhosamente com seus olhos.

Olharam-se, então, em silêncio durante alguns segundos, e Jed não teve mais dúvidas: o olhar que ela mergulhava no seu era efetivamente um olhar de *desejo*. E, pela sua expressão, ela soube na hora que ele sabia.

— Resumindo... — emendou Olga, um pouco encabulada — resumindo, acho inusitado um artista escolher os mapas Michelin como tema de suas obras.

— Mas, veja bem, acho esses mapas realmente bonitos.

— Dá para notar. Dá para notar pelas fotografias.

Foi muito fácil convidá-la para ir à casa dele e ver outras séries. No momento em que o táxi entrou na avenue des Gobelins, Jed sentiu-se constrangido, apesar de tudo.

— Receio que o apartamento esteja um pouco desarrumado... — disse ele.

Evidentemente, ela respondeu que aquilo não era grave, mas, ao subir a escada, o mal-estar de Jed aumentou, e, abrindo a porta, dirigiu-lhe um olhar fugaz: bem, ela havia franzido um pouco o rosto. Desarrumado era claramente um eufemismo. Ao redor da mesa dobrável sobre a qual ele instalara sua câmera Linhof, o chão estava coberto de cópias fotográficas, às vezes em várias camadas, eram provavelmente milhares. Não havia senão uma estreita passagem improvisada entre a mesa dobrável e o colchão, instalado diretamente no chão. E o apartamento estava não apenas desarrumado, como *sujo*, os lençóis quase marrons e enodoados por manchas orgânicas.

— É, é um apartamento de solteiro... — disse Olga com indiferença, em seguida entrou na sala e se agachou para examinar uma foto, a minissaia subiu um bom pedaço sobre suas coxas, suas pernas eram incrivelmente compridas e finas, como era possível ter pernas tão compridas e finas? Jed nunca tivera ereção igual, doía muito, ele tremia parado no lugar e julgava-se na iminência de desmaiar.

— Eu... — emitiu numa voz coaxante, irreconhecível.

Olga voltou-se e percebeu que era sério, reconheceu imediatamente o olhar esgazeado, em pânico, do homem que não se aguenta mais de desejo, deu alguns passos na direção dele, envolveu-o com seu corpo voluptuoso e beijou-o na boca.

IV

De toda forma, era melhor na casa dela. Claro, era uma coisa completamente diferente: um dois-quartos charmoso na rue Guynemer, de frente para o Jardin du Luxembourg. Olga fazia parte daquelas russas cativantes que, durante seus anos de formação, aprenderam a admirar certa imagem da França — galanteria, gastronomia, literatura e assim por diante — e que, mais tarde, reclamam o tempo todo que o país não corresponde às suas expectativas. Não raro ouvimos dizer que os russos promoveram a grande revolução que lhes permitiu se livrarem do comunismo com a única finalidade de consumir McDonald's e filmes do Tom Cruise; isso não deixa de ser verdade, mas, numa minoria deles, coexistia o desejo de degustar um Pouilly-Fuissé ou visitar a Sainte-Chapelle. Por seu nível de estudos e de cultura geral, Olga pertencia a essa elite. Seu pai, biólogo na Universidade de Moscou, era especialista em insetos — um lepidóptero siberiano fora inclusive batizado com seu nome. Nem ele nem sua família se beneficiaram com a grande desagregação ocorrida no momento da queda do império; tampouco afundaram na miséria, a universidade onde ele ensinava continuava a dispor de um orçamento decente e, após alguns anos instáveis, eles se estabilizaram num status razoavelmente *classe média* — mas, se podia levar uma vida de alto padrão em Paris, alugar um dois-quartos na rue Guynemer e vestir roupas de grife, Olga devia isso exclusivamente a seu salário na Michelin.

Depois que passaram a namorar, adotaram rapidamente uma rotina. Pela manhã, saíam juntos da casa dela. Enquanto ela entrava em seu Mini Park Lane para ir ao trabalho, na avenue de la Grande-Armée, ele pegava o metrô para se dirigir a seu ateliê, no boulevard de l'Hôpital. Ele voltava à noite, geralmente um pouco antes dela.

Saíam muito. Em Paris havia dois anos, Olga não tivera dificuldade alguma para criar uma densa rede de relações sociais. Sua atividade profissional levava-a a conviver com a imprensa e as mídias — mais frequentemente, verdade seja dita, com os setores pouco glamourosos das editorias turística e gastronômica. Seja como for, uma moça com sua beleza entraria em qualquer lugar, seria aceita em qualquer círculo. Era inclusive surpreendente que não tivesse um namorado oficial quando conhecera Jed; mais surpreendente ainda que tivesse investido nele. Vá lá, até que era um *rapaz bonito*, mas numa escala pequena e franzina em geral não valorizada pelas mulheres — a imagem do truculento viril que *se garante na cama* voltava com força nos últimos anos e era, a bem da verdade, muito mais que uma mudança de moda, era a volta aos *fundamentais* da natureza, da atração sexual no que ela tem de mais elementar e brutal, assim como a era das modelos anoréxicas havia simplesmente terminado, e as mulheres exageradamente fornidas não interessavam mais senão a alguns africanos e a alguns perversos; em todos os domínios o terceiro milênio em germe regredia, após diversas oscilações cuja amplitude aliás nunca fora muito grande, à adoração de um tipo simples, consolidado: a beleza manifestada em sua plenitude na mulher e na força física no homem. Essa situação não favorecia muito a Jed. Sua carreira como artista tampouco impressionava — na verdade, nem artista ele era, nunca expusera, nunca tivera um artigo descrevendo seu trabalho, explicando sua importância ao mundo, na época era praticamente desconhecido de todos. Sim, a escolha de Olga era impressionante, e Jed teria decerto se impressionado com ela se sua natureza lhe permitisse impressionar-se com esse gênero de coisas, ou mesmo notá-las.

No intervalo de poucas semanas, foi convidado para mais vernissages, *avant-premières* e coquetéis literários do que em todos os seus anos de estudos na Belas-Artes. Assimilou rapidamente o comportamento apropriado. Não precisava ser obrigatoriamente brilhante, o melhor quase sempre era não falar nada, mas era indispensável escutar seu interlocutor, escutá-lo com gravidade e empatia, às vezes reanimando a conversa com um "Sério?" destinado a denotar interesse e surpresa, ou um "Sem dúvida…" enfatizado por uma aprovação compreensiva. A baixa estatura de Jed, além disso, tornava mais fácil para ele adotar a postura de submissão em geral apreciada pelos agitadores culturais — na realidade, por qualquer um. Em suma, era um círculo de fácil acesso, como provavelmente todos os círculos, e a neutralidade cortês de Jed e seu silêncio sobre as próprias obras jogavam muito a seu favor, dando a impressão, afinal justificada, de que se tratava de um artista sério, de um artista que *trabalhava de verdade*. Pairando sobre a massa com um desinteresse polido, de certa forma Jed adotava, sem saber, a atitude *groove* que fizera o sucesso de Andy Warhol em sua época, ao mesmo tempo em que a temperava com uma pitada de seriedade — que era imediatamente interpretada como uma seriedade preocupada, uma seriedade *cidadã* — que se revelaria indispensável cinquenta anos mais tarde. Em uma noite de novembro, por ocasião de um prêmio literário qualquer, foi inclusive apresentado ao ilustre Frédéric Beigbeder, então no pináculo da glória midiática. O escritor e crítico, após ter prolongado seus beijinhos em Olga — mas de uma maneira ostentosa, tão teatral que se afigurava inocente por claríssimo indício de *intenção jocosa* —, dirigiu um olhar intrigado a Jed, antes de ser engolido por uma celebridade pornô que acabara de publicar um livro de conversas com um religioso tibetano. Balançando a cabeça mecanicamente diante das frases da ex-profissional, Beigbeder lançava olhares de esguelha para Jed, como se o intimasse a não se evaporar na multidão, cada vez mais densa à medida que desapareciam os salgadinhos. Bastante emagrecido, o autor de *Au secours pardon* exibia, na época, uma barba rala, com a intenção patente de parecer o herói de um romance russo. Por fim, a moça foi açambarcada por um sujeito alto, um pouco flácido e meio gordo, com os cabelos um pouco compridos e olhar meio inteligente, meio burro, que parecia exercer funções editoriais na Grasset, e Beigbeder conseguiu se desvencilhar. Olga estava a poucos metros, cercada pela nuvem contumaz de adoradores masculinos.

— Então, foi o senhor? — Ele terminou por perguntar a Jed, olhando-o nos olhos com uma intenção preocupante, naquele momento parecia de fato um herói de romances russos, fazendo o gênero "Rasumikhin, ex-estudante", chegava a enganar, o brilho de seu olhar provavelmente se devia antes à cocaína que ao fervor religioso, mas havia alguma diferença?, perguntou-se Jed. — Foi o senhor quem a possuiu? — indagou novamente Beigbeder, com uma intensidade crescente. Sem saber o que dizer, Jed manteve o silêncio. — Tem noção de que está com uma das cinco mulheres mais bonitas de Paris?

Seu tom voltara a ficar sério, profissional, visivelmente ele conhecia as outras quatro mulheres. Para isso, Jed tampouco encontrou resposta. O que responder, em geral, às interrogações humanas?

Beigbeder suspirou. Pareceu de repente muito cansado, e Jed achou que a conversa tornaria a ficar fácil; que poderia, como tornara-se habitual, escutar e aprovar implicitamente as concepções e peripécias desenvolvidas por seu interlocutor; mas não foi o que aconteceu. Beigbeder interessava-se por ele, queria saber mais sobre ele, aquilo já era em si extraordinário. Beigbeder era uma das celebridades mais cortejadas de Paris e os presentes começavam a se admirar, provavelmente tiravam conclusões, e voltavam seus olhares para eles. A princípio, Jed se esquivou, dizendo que fazia fotografias, mas Beigbeder quis saber mais: *que gênero* de fotografia? A resposta deixou-o pasmo: conhecia fotógrafos de publicidade, fotógrafos de moda e até alguns fotógrafos de guerra (ainda que os houvesse conhecido na atividade de *paparazzi*, que eles exerciam por fora, mais ou menos às escondidas, uma vez que em geral era considerado menos nobre, dentro da *profissão*, fotografar os seios da Pamela Anderson que os restos espalhados de um camicase libanês, as lentes utilizadas, porém, são as mesmas, e os requisitos técnicos quase similares — difícil evitar que a mão trema no momento do clique e que as aberturas máximas não aceitem senão uma luminosidade já alta, eis os problemas com os quais nos deparamos nas teleobjetivas com grande poder de ampliação), em contrapartida, pessoas que fotografavam mapas rodoviários, não, era algo inédito para ele. Confundindo-se um pouco, Jed deixou escapar que sim, em certo sentido era possível dizer que era um *artista*.

— Ha ha haaaa!… — O escritor disparou uma gargalhada exagerada, fazendo uma dezena de pessoas voltar-se, entre elas Olga. — Sim, claro, precisamos ser *artistas*! A literatura, enquanto plano, está completamente podre! Para pegar as mulheres mais bonitas, hoje, é preciso ser artista! Pois também quero ser *ar-tis-ta*!

E, de maneira inesperada, abrindo amplamente os braços, entoou, retumbante, em voz alta e quase corretamente, essa estrofe de "Le Blues du Businessman":

J´aurais voulu être un artiiiiste
Pour avoir le monde à refaire
Pour pouvoir être um anarchiiiiste
Et vivre comme un millionnaire! ...*

---

* "Eu queria ter sido um artiiiista/ Para ter que refazer o mundo/ Para poder ser um anarquiiiista/ E viver como um milionário!..." Tradução livre. (*N. do T.*)

O copo de vodca tremia em sua mão. Metade das pessoas na sala estava voltada para eles, agora. Ele abaixou os braços e acrescentou, com uma voz alucinada:

— Letra de Luc Plamondon, música de Michel Berger. — E explodiu em soluços.

— Deu tudo certo, com Frédéric... — disse-lhe Olga enquanto voltavam a pé pelo boulevard Saint-Germain.

— Sim — respondeu Jed, perplexo.

De suas leituras da adolescência, no colégio dos jesuítas, constavam aqueles romances realistas do século XIX francês, nos quais os personagens de jovens ambiciosos sobem na vida por intermédio das mulheres, mas ele estava admirado de se ver numa situação similar e, a bem da verdade, esquecera-se um pouco dos romances realistas do século XIX francês, nos últimos anos só conseguia ler Agatha Christie e, mais especificamente, entre os romances de Agatha Christie os estrelados por Hercule Poirot, o que não o ajudaria mesmo nas circunstâncias do momento.

Enfim, estava *lançado*, e foi quase sem esforço que Olga convenceu seu diretor a organizar a primeira exposição de Jed, numa sala da empresa na avenue de Breteuil. Ele visitou o espaço, amplo, mas bastante triste, com as paredes e o chão de cimento cinza; por fim, achou uma boa coisa aquele despojamento. Não sugeriu nenhuma modificação, pedindo apenas que instalassem, na entrada, um grande painel suplementar. Em contrapartida, deixou instruções bastante precisas relativas à luz e passou por lá todas as semanas para se certificar de que estavam sendo seguidas ao pé da letra.

A data do vernissage fora marcada para 28 de janeiro, muito oportunamente — permitia que os críticos retornassem de suas férias, bem como organizassem a agenda. A verba destinada ao coquetel era bem satisfatória. A primeira e real surpresa de Jed foi a assessora de imprensa: baseando-se em clichês, sempre imaginara como *aviões* as assessoras de imprensa e ficou admirado ao se ver diante de uma criaturinha sofrida, magra e quase corcunda, implausivelmente chamada Marylin e, além de tudo, com grandes probabilidades de ser neurótica — quando foram apresentados, ela não parou de retorcer de forma angustiada seus compridos cabelos negros e lisos, compondo aos poucos nós impossíveis de se desfazer e arrancando em seguida a mecha com um puxão. Seu nariz escorria constantemente, e, na sua bolsa, descomunal, que mais parecia um cesto, ela transportava umas 15 caixas de lenços descartáveis — quase seu consumo diário. Encontraram-se no escritório de Olga e foi constrangedor ver, lado a lado, aquela criatura suntuosa, de formas indefinidamente desejáveis, e aquele mísero pedacinho de mulher, com a vagina inexplorada; Jed chegou a perguntar-se fugazmente se Olga não a escolhera pela feiura, para evitar qualquer competição feminina à sua volta. É claro que não, evidente que não, ela era por demais consciente da própria beleza, e por demais objetiva também, para se sentir em situação de competição ou concorrência, desde que não se sentisse de maneira direta ameaçada em sua supremacia — e isso nunca se produzira em sua vida real, ainda que lhe pudesse acontecer, episodicamente, invejar as maçãs do rosto de Kate Moss ou a bunda de Naomi Campbel durante um desfile de moda transmitido pelo

M6. Se Olga escolhera Marylin, era porque esta se tratava de reputada e excelente assessora de imprensa, provavelmente a melhor no campo da arte contemporânea — ao menos no mercado francês.

— Me sinto muito feliz por estar participando desse projeto... — declarou Marylin, com uma voz lamurienta. — Profundamente feliz.

Olga encolhia-se para tentar ficar da altura dela, sentia-se muito embaraçada e terminou por lhes apontar uma pequena sala de reunião ao lado de seu escritório.

— Vou deixá-los trabalhar... — disse ela, saindo com certo alívio.

Marylin puxou uma grande agenda, formato A4, e duas caixas de lenços de papel antes de prosseguir:

— No início, estudei geografia. Depois enveredei para a geografia humana. E agora estou simplesmente no humano. Enfim, se é que podemos chamar isso de seres humanos — ponderou.

Para começar, ela quis saber se Jed tinha "veículos fetiches" no que se referia à imprensa escrita. Não era o caso: na realidade, Jed não se lembrava de haver comprado um jornal ou revista na vida. Gostava de televisão, principalmente pela manhã, quando era possível zapear de forma relaxante, passando dos desenhos animados às matérias sobre a bolsa de valores; às vezes, quando um assunto o interessava especialmente, conectava-se à internet; mas a imprensa escrita parecia-lhe um remanescente estranho, provavelmente condenado a curto prazo e cujo interesse, em todo caso, escapava-lhe totalmente.

— Ótimo... — comentou Marylin, reticente. — Pelo que vejo, tenho carta branca.

V

De fato, tinha carta branca, e utilizou-a da melhor maneira possível. Quando penetraram no espaço da avenue de Breteuil na noite do vernissage, Olga teve uma surpresa.

— Quanta gente... — disse finalmente, impressionada.

— É, as pessoas vieram — confirmou Marylin, com uma satisfação contida que parecia curiosamente misturada a uma espécie de ressentimento. Havia uma centena de pessoas, mas o que ela queria dizer é que havia pessoas importantes, e isso, como saber? A única pessoa que Jed conhecia de vista era Patrick Forestier, superior imediato de Olga e diretor de comunicação da Michelin France, um engenheiro vulgar que passara três horas tentando se vestir artisticamente, passando em revista todo o seu guarda-roupa antes de se decidir por um de seus ternos cinza de sempre: usado sem gravata.

A entrada estava atravessada por um grande painel, deixando passagens laterais de 2 metros, no qual Jed expusera, lado a lado, uma foto de satélite das cercanias da rotatória de Guebwiller e a ampliação de um mapa Michelin Départements da mesma região. O contraste era impressionante: enquanto a foto de satélite mostrava apenas uma mistura de verdes mais ou menos uniformes salpicada por vagas manchas azuis, o mapa articulava um fascinante emaranhado de estradas departamentais, artérias pitorescas, panoramas, florestas, lagos e desfiladeiros. Acima das duas ampliações, em maiúsculas e em negrito, figurava o título da exposição: "O MAPA É MAIS INTERESSANTE QUE O TERRITÓRIO."

Na sala propriamente dita, em grandes araras com rodinhas, Jed pendurara umas trinta ampliações fotográficas — todas extraídas dos mapas "Michelin Départements", mas escolhidas entre as mais variadas zonas geográficas, das altas montanhas no litoral bretão e das zonas agrestes da Mancha às planícies cerealíferas do Eure-et-Loir. Sempre ladeada por Olga e Jed, Marylin se deteve na entrada, considerando o enxame de jornalistas, personalidades e críticos como um predador considera uma manada de antílopes bebendo água.

— Pépita Bourguignon veio — disse ela, finalmente, com uma risadinha seca.

— Bourguignon? — inquiriu Jed.

— A crítica de arte do *Monde*.

Ele quase repetiu estupidamente: "do mundo?" antes de lembrar que se tratava de um jornal vespertino e decidiu calar-se, na medida do possível, pelo restante da noite. Depois que se separou de Marylin, sentiu-se à vontade para passear sossegadamente entre suas fotos, sem que ninguém reconhecesse nele o *artista* e sem sequer procurar escutar os comentários. Parecia-lhe, comparando a outros vernissages, que o burburinho era menos intenso; era uma atmosfera concentrada, quase intimista, muita gente olhava as obras, o que era provavelmente um bom sinal. Patrick Forestier era um dos únicos convidados a se mostrar exuberante: com uma taça de champanhe na mão, girava sobre o próprio eixo para alargar a audiência, regozijando-se estrepitosamente com o "fim do mal-entendido entre a Michelin e o mundo da arte".

Três dias mais tarde, Marylin apareceu na sala onde Jed se instalara, próximo ao escritório de Olga, para avaliar a repercussão. Tirou da bolsa uma caixa de lenços de papel e o *Le Monde* daquele dia.

— Não leu? — exclamou, com o que, vindo dela, poderia se passar por alvoroço. — Então, fiz bem em vir.

Assinado por Patrick Kéchichian, o artigo — de página inteira, com uma bela reprodução em cores de sua fotografia do mapa da Dordonha e do Lot — era ditirâmbico. Desde as primeiras linhas, comparava o ponto de vista do mapa — ou da imagem de satélite — ao ponto de vista de Deus. "Com a profunda serenidade dos grandes revolucionários", estava escrito, "o artista — um jovem na flor da idade — afasta-se, desde a peça inaugural mediante a qual nos dá acesso a seu mundo, da visão naturalista e neopagã que guia nossos contemporâneos exangues em sua busca pela imagem do Absoluto. Não sem intrépida audácia, ele adota o ponto de vista de um Deus copartícipe, ao lado do homem, na (re)construção do mundo." Em seguida, discorria longamente sobre as obras, deitando um conhecimento surpreendente da técnica fotográfica, antes de concluir: "Entre a união mística com o mundo e a teologia racional, Jed Martin fez sua opção. Talvez o primeiro na arte ocidental desde os grandes renascentistas, às seduções noturnas de uma Hildegarda de Bingen ele preferiu as construções difíceis e claras do 'boi mudo', como os colegas da universidade de Colônia tinham o costume de alcunhar o Aquinata. Embora tal escolha seja naturalmente contestável, o distanciamento que ela proporciona não o é. Eis um ano artístico que se anuncia sob os mais promissores auspícios."

— Até que o que ele diz não é idiota… — comentou Jed. Ela fitou-o com indignação.

— É fantástico esse artigo! — respondeu, com severidade. — Muito estranho, aliás, ter sido Kéchichian a escrevê-lo, em geral ele só trata de livros. Entretanto, Pépita Bourguignon estava lá… — Após alguns segundos de perplexidade, concluiu, categórica: — Enfim, prefiro uma página inteira de Kéchichian a uma notinha da Bourguignon.

— E agora, o que vai acontecer?

— Vai chover. Vai chover uma penca de artigos, e cada vez mais.

Comemoraram o acontecimento aquela noite mesmo, no Chez Anthony et Georges.

— O senhor está sendo falado — insinuou-lhe Georges enquanto ajudava Olga a tirar o casaco.

Os restaurantes apreciam celebridades, é com grande atenção que acompanham o noticiário cultural e social, pois sabem que a presença delas em seu estabelecimento é capaz de exercer um real poder de atração sobre o segmento da população deslumbrada-rica, cuja clientela eles procuram em primeiro lugar; e as celebridades, em geral, gostam dos restaurantes, é uma espécie de simbiose que se estabelece, espontaneamente, entre os restaurantes e as celebridades. Recentíssima minicelebridade, Jed assimilou com desenvoltura a atitude de desprendimento modesto que convinha a seu novo status, o que Georges, perito em celebridades intermediárias, saudou com uma piscadela de apreciador. Não havia muita gente aquela noite no restaurante, apenas um casal coreano que não demorou a sair. Olga optou por um gaspacho com rúcula e uma lagosta semicozida com seu purê de inhame, Jed por Saint-Jacques salteadas e suflê de linguado ao cominho com espuma de pera. Anthony juntou-se a eles durante a sobremesa, envergando seu avental e brandindo uma garrafa de *bas armagnac* Castarède 1905.

— Por conta da casa... — disse ele, ofegante, antes de encher suas taças. Segundo o Rothenstein et Bowles, aquela safra cativava pela amplitude, nobreza e distinção. O *finale* de ameixa seca e de *rancio* era o paradigma do conhaque sereno, persistente, deixando uma sensação de couro velho na boca. Anthony engordara um pouco desde sua última visita, o que talvez fosse inevitável, a secreção de testosterona diminui com a idade e a taxa de massa adiposa aumenta, e ele beirava a idade crítica.

Olga inalou demoradamente, deliciada, o *fumet* do conhaque, antes de molhar os lábios no néctar; adaptava-se magnificamente à França, difícil acreditar que passara a infância num conjunto habitacional na periferia de Moscou.

— Por que será que os novos cozinheiros — perguntou ela, após um primeiro gole —, quer dizer, os cozinheiros falados, são quase todos homossexuais?

— Haaa!... — Anthony estirou-se voluptuosamente em sua cadeira, deixando o olhar demorar deslumbrado, pelo restaurante. — Então, minha querida, eis o grande segredo, porque os homossexuais sempre *a-do-ra-ram* a gastronomia, desde a origem, mas ninguém falava sobre isso, absolutamente *nin-guém*. O que contribuiu muito, acho, foram as três estrelas de Frank Pichon. Um cozinheiro transexual arrancar três estrelas do Michelin é realmente um sinal forte...! — Bebeu um gole e pareceu mergulhar no passado. — E, depois, claro! — prosseguiu com uma animação extraordinária —, claro que o que desencadeou tudo, a bomba atômica, foi o *outing* de Jean-Pierre Pernaut!

— É, não resta dúvida de que o *outing* de Jean-Pierre Pernaut foi monstruoso... — concordou Georges, com má vontade. — Mas, sabe, Tony... — emendou, com tons sibilantes e provocativos —, no fundo não era a sociedade que se negava a aceitar os cozinheiros homossexuais, eram os homossexuais que se recusavam a se aceitar como cozinheiros. Veja bem, não ganhamos um único artigo na *Têtu*, nadinha, foi *Le Parisien* o primeiro a falar do restaurante. No meio gay tradicional, eles achavam que não era suficientemente glamouroso lançar-se na culinária. Para eles, era *caretice*, era *caretice*, literalmente!

Jed teve a súbita intuição de que o visível mau humor de Georges dirigia-se, também, às dobrinhas nascentes de Anthony, de que ele próprio começava a sentir saudades de um obscuro passado *couro e correntes*, pré-culinário; enfim, que era preferível mudar de assunto. Voltou, então, habilmente ao *outing* de Jean-Pierre Pernaut, assunto ób-

77

vio, inacreditável, ele mesmo ficara escandalizado como telespectador, o seu "Sim, é verdade, amo David" ao vivo, na frente das câmeras da France 2, permaneceria, a seus olhos, um dos momentos incontornáveis da televisão nos anos 2010. Um consenso estabeleceu-se rapidamente a esse respeito, e Anthony serviu uma nova rodada de *bas armagnac*.

— Eu me defino, acima de tudo, como telespectador! — proferiu Jed num arroubo irreprimível, provocando um olhar admirado de Olga.

VI

Um mês depois, Marylin entrou no escritório, com a bolsa ainda mais transbordante. Após assoar-se três vezes, colocou diante de Jed uma pasta volumosa, presa com elásticos.

— É o *clipping* — esclareceu, já que ele não reagia.

Ele considerou a pasta de papelão com um olhar vazio, sem abri-la.

— Como foi? — perguntou ele.

— Excelente. Temos todo mundo.

Sua alegria se resumia a isso. Sob sua aparência constipada, aquela mulherzinha era uma guerreira, uma especialista em *operações de guerra*: o que a fazia vibrar era deflagrar o movimento, conseguir o primeiro grande artigo; depois, quando as coisas começavam a andar sozinhas, ela recaía em sua apatia nauseosa. Falava cada vez mais baixo, e Jed mal ouviu-a quando ela acrescentou:

— A única que não fez nada foi Pépita Bourguignon.

— Bom... — concluiu ela, tristemente —, foi ótimo trabalharmos juntos.

— Não nos veremos mais?

— Se precisar de mim, sim, é claro. O senhor tem meu celular.

E despediu-se, rumo a um destino incerto — embora a impressão geral era de que voltaria imediatamente para a cama e prepararia um chá. Ao atravessar a porta, virou-se pela última vez e acrescentou com uma voz apagada:

— Acho que foi um dos maiores sucessos da minha vida.

Com efeito, a crítica era, Jed percebeu espiando o *clipping*, excepcionalmente unânimes nos elogios. Nas sociedades contemporâneas, a despeito da obsessão dos jornalistas em rastrear e detectar as modas em gestação, se possível até mesmo em criá-las, algumas delas se desenvolvem de maneira anárquica, selvagem, e prosperam antes de ganhar nome — na realidade, isso vem acontecendo cada vez mais, depois da difusão maciça da internet e da concomitante derrocada da mídia escrita. O sucesso crescente, no conjunto do território francês, dos cursos de culinária; a recente organização de torneios locais destinados a recompensar as novas criações com defumados ou queijos; o desenvolvimento generalizado, inexorável, do excursionismo; e até o *outing* de Jean-Pierre Pernaut; tudo concorria para esse novo fato sociológico: com efeito, pela primeira vez na França desde Jean-Jacques Rousseau, o campo voltara a ser *tendência*. A sociedade francesa pareceu tomar consciência disso de maneira abrupta, por intermédio de seus principais jornais e revistas, nas semanas imediatamente seguintes ao vernissage de Jed. E o mapa Michelin, objeto utilitário negligenciado por excelência, tornou-se, no lapso dessas mesmas semanas, o veículo privilegiado de iniciação ao que o *Libération* chamaria despudoramente de "magia do *terroir*".

O escritório de Patrick Forestier, cujas janelas mostravam o Arco do Triunfo, era engenhosamente modular: deslocando-se alguns elementos, era possível organizar uma conferência, uma projeção, um *brunch*, tudo num espaço, afinal, restrito, a 70 metros quadrados; um forno micro-ondas permitia requentar pratos e também era possível pernoitar. Para receber Jed, Forestier escolhera a opção "café da manhã de trabalho"; sucos de frutas, folhados e café o esperavam numa mesa de centro.

Abriu amplamente os braços para recebê-lo; seria pouco dizer que vibrava.

— Eu levava fé... Sempre levei fé! — exclamou ele, o que, segundo Olga, que se encontrara com Jed antes da reunião, era no mínimo exagerado. — Agora... precisamos transformar o experimento! — Agitou os braços em rápidos movimentos horizontais, que eram, Jed logo percebeu, uma imitação de passes de rúgbi. — Sente-se... — Acomodaram-se nos sofás que cercavam a mesa de centro. Jed se serviu de café.

— *We are a team* — acrescentou Forestier, sem real necessidade. — Nossas vendas de mapas cresceram 17 por cento nos últimos trinta dias — continuou. — Poderíamos, outros fariam isso, dar um empurrãozinho nos preços; não o faremos.

Deu-lhe tempo para admirar o desprendimento que presidia aquela decisão comercial, antes de acrescentar:

— A surpresa é que há compradores até para os mapas Michelin velhos, nós observamos leilões na internet. E, poucas semanas atrás, nos contentávamos em guilhotiná-los... — acrescentou, fúnebre. — Permitimos a dilapidação de um patrimônio cujo valor ninguém aqui suspeitava... até suas magníficas fotos. — Pareceu soçobrar numa meditação aflita sobre aquele dinheiro de volatizado de forma tão estúpida, talvez mais genericamente sobre a destruição de valor, mas se recobrou. — No que lhe diz respeito — procurou a palavra apropriada —, no que diz respeito às suas *obras*, vamos arrebentar!

Ergueu-se bruscamente do sofá e Jed teve a impressão passageira de que pularia de pés juntos sobre a mesinha e socaria o peito numa imitação de Tarzan; piscou para expulsar a visão.

— Tive uma longa conversa com Mademoiselle Sheremoyova, com quem, creio... — procurou novamente as palavras, é o inconveniente com os engenheiros, custam mais barato que os administradores quando são contratados, mas levam mais tempo para encontrar as palavras; no fim, percebeu que fugira ao assunto. — Em suma, concluímos que era impensável uma comercialização direta através das nossas redes. Não queremos, de jeito nenhum, parecer que estamos alienando sua independência artística. Acho — prosseguiu, inseguro — que é de praxe que o comércio de arte se dê por intermédio de *galerias*...

— Não tenho galerista.

— Foi o que julguei compreender. Daí eu ter pensado na seguinte configuração. Poderíamos nos encarregar da concepção de um site em que o senhor apresentaria seus trabalhos e os colocaria diretamente à venda. Naturalmente, o site seria no seu nome, a Michelin não seria mencionada em lugar nenhum. Acho melhor o senhor mesmo fiscalizar a execução das cópias. Em contrapartida, podemos perfeitamente nos encarregar da logística e da expedição.

— Aprovado.

— Perfeito, perfeito. Dessa vez, acho que estamos realmente no *win-win!* — entusiasmou-se. — Formalizei tudo em uma minuta de contrato, que naturalmente lhe darei para estudar.

Jed saiu num corredor comprido e claro; ao longe, uma sacada envidraçada dava para os arcos de La Défense, o céu exibia um azul invernal esplêndido, que parecia quase artificial; um azul de ftalocianina, pensou fugazmente Jed. Caminhava com lentidão e hesitação, como se atravessasse uma substância viscosa; sabia que acabava de se aproximar de uma nova guinada em sua vida. A porta do escritório de Olga estava aberta; ela sorriu para ele.

— É. Foi exatamente o que você tinha me dito — resumiu.

VII

Os estudos de Jed foram puramente literários e artísticos, nunca tivera oportunidade de meditar sobre o mistério capitalista por excelência: *a formação do preço*. Optara por um papel Hahnemühle Canvas Fine Art, que oferecia uma excelente saturação das cores e uma ótima durabilidade. Por outro lado, a calibragem das cores naquele papel era difícil e muito instável, o driver da impressora Epson não estava no ponto; decidiu, então, limitar-se a vinte ampliações por foto. Uma cópia saía-lhe em torno de 30 euros, decidiu oferecê-las a 200 no site.

Quando postou a primeira foto on-line, uma ampliação da região de Hazebrouck, a série se esgotou em pouco menos de três horas. Evidentemente, o preço não estava ajustado. Oscilando um pouco, no fim de algumas semanas estabilizou-se em torno de 2 mil euros, no caso de um formato 40 x 60 cm. Tudo nos conformes: conhecia seu *preço de mercado*.

A primavera se instalava na região parisiense e, sem premeditação de tipo algum, Jed rumava para uma confortável prosperidade. No mês de abril, constataram com surpresa que sua renda mensal acabava de superar a de Olga. Naquele ano, os enforcamentos do mês de maio eram excepcionais: o 1º de maio caía numa quinta-feira, o dia 8 também — em seguida, havia, como sempre, a Ascensão, e tudo terminava com o fim de semana prolongado de Pentecostes. O novo catálogo *French Touch* acabara de sair. Olga supervisionara sua redação, eventualmente corrigindo os textos sugeridos pelos hoteleiros mas principalmente escolhendo as fotos e mandando refazê-las quando as fornecidas pelo estabelecimento não lhe pareciam suficientemente sedutoras.

Anoitecia no Jardin de Luxembourg, eles estavam instalados na sacada e a temperatura era amena; os últimos gritos de crianças extinguiam-se ao longe, logo as grades seriam fechadas para a noite. Na verdade, da França Olga só conhecia Paris, pensou Jed enquanto folheava o guia *French Touch*; e ele mesmo, verdade seja dita, não mais que isso. Ao longo do livreto, a França afigurava-se um país encantado, um mosaico de *terroirs* soberbos constelados de castelos e *solares*, de uma variedade estarrecedora, e onde, em toda parte, todos *se divertiam*.

— Quer viajar no fim de semana? — sugeriu ele, largando o volume. — Para um dos hotéis descritos no seu guia...

— Sim, é uma boa ideia. — Ela refletiu por alguns segundos. — Mas incógnitos. Sem dizer que eu trabalho na Michelin.

Mesmo nessas condições, pensou Jed, podiam esperar uma acolhida privilegiada por parte dos hoteleiros; eram um jovem casal urbano rico e sem crianças, esteticamente decorativo, ainda na primeira fase do amor — e, por conseguinte, prontos para se deslumbrar com tudo, na esperança de acumular um acervo de *belas recorda-*

ções que lhes seriam úteis quando se aproximassem dos anos difíceis e que talvez lhes permitissem superar uma *crise no relacionamento* —, representavam, para qualquer profissional da hotelaria-gastronomia, o arquétipo dos clientes ideais.

— Aonde gostaria de ir primeiro?

Refletindo sobre isso, Jed percebeu que a questão estava longe de ser simples. Muitas regiões, pelo que sabia, apresentavam um interesse real. Talvez fosse verdade, pensou, talvez a França fosse um país maravilhoso — ao menos do ponto de vista de um turista.

— Vamos começar pelo Maciço Central — decidiu finalmente. — Para você, é perfeito. Pode até não ser o que há de melhor, mas acho muito francês; enfim, não lembra nada que não seja a França.

Olga folheava o guia, por sua vez, e mostrou-lhe um hotel. Jed franziu a testa.

— Os postigos são mal escolhidos... Contra um fundo de pedra cinzenta, eu teria optado por postigos marrons ou vermelhos, a rigor verdes, mas azuis, de jeito nenhum.

Ele mergulhou no texto de apresentação; sua perplexidade só fez aumentar.

— Que blá-blá-blá é esse? "No coração de um Cantal matizado de Midi, onde tradição rima com descontração e liberdade com respeito." Isso nem rima, liberdade com respeito!

Olga arrancou-lhe o volume das mãos e continuou a leitura.

— Ah, sim, entendi! "Martine e Omar fazem você descobrir a autenticidade da comida e do vinho", ela se casou com um árabe, daí o respeito.

— É capaz de valer a pena, ainda mais se for marroquino. É uma coisa, a cozinha marroquina. Talvez eles façam a fusão franco-marroquina, *pastilla ao foie gras*, esse gênero.

— Sim — disse Olga, pouco convencida. — Mas sou uma turista, quero tudo franco-francês. Uma coisa franco-marroquina ou franco-vietnamita pode funcionar para um restaurante da moda no canal Saint-Martin; nunca para um hotel sofisticado no Cantal. Acho que vou limar esse hotel do guia...

Não fez nada disso, mas aquela conversa lhe deu o que pensar, e, dias depois, ela sugeriu aos seus superiores realizar uma pesquisa estatística sobre os pratos efetivamente consumidos nos hotéis do guia. Os resultados só foram conhecidos seis meses depois, mas confirmariam com muitos números sua primeira intuição. A culinária criativa, bem como a culinária asiática, era unanimemente repudiada. A cozinha da África do Norte só era apreciada no Mediterrâneo e na Córsega. Independentemente da região, os restaurantes que se prevaleciam de uma imagem "tradicional" ou "antiga" registravam contas 63 por cento acima da média. Os embutidos de carne de porco e os queijos tinham uma saída constante, mas eram sobretudo os pratos articulados em torno de animais extravagantes, de conotação não apenas francesa como regional, a exemplo do pombo-torcaz, do escargot ou da lampreia, que alcançavam resultados excepcionais. O diretor do segmento *food luxe e intermediário*, que redigiu a sintética apresentação que acompanhava o relatório, concluía sem rodeios:

> *Provavelmente erramos ao nos concentrar no gosto de uma clientela anglo-saxã em busca de uma experiência gastronômica light, que associa sabores e segurança sanitária, preocupada com a pasteurização e o respeito à cadeia frigorífica. Essa clientela, na realidade, não existe: os turistas americanos nunca são numerosos na França e os ingleses estão em queda constante; o mundo anglo-saxão tomado em seu conjunto não representa mais de 4,3 por cento de nossa cifra de negócios. Nossos novos clientes, nosso clientes reais, procedentes de países mais jovens e rudes, com normas sanitárias recentes e de toda forma pouco aplicadas, estão, ao contrário, em busca, durante sua viagem à França, de uma experiência gastronômica vintage, até mesmo hard-core; no futuro, apenas os restaurantes em condições de se adaptar a essa nova realidade mereceriam figurar em nosso guia.*

VIII

Viveram felizes por várias semanas (não era, não podia mais ser a felicidade exacerbada e fervilhante dos jovens; durante os fins de semana não cogitavam mais *fazer a cabeça* ou *encher a cara*; já se preparavam — mas ainda estavam em idade de se divertir com isso — para aquela felicidade epicurista, sossegada, sofisticada sem esnobismo que a sociedade ocidental oferece aos representantes de suas classes médias altas em meados da vida). Acostumaram-se ao tom teatral adotado pelos garçons dos estabelecimentos cinco estrelas para anunciar a composição dos aperitivos e de outros "petiscos", bem como à maneira, elástica e declamatória, com que exclamavam "Excelente pedido, senhoras e senhores" a cada mudança de prato, e que lembrava sempre a Jed o "Boa celebração!" que lhes dirigira um jovem padre, gorducho e provavelmente socialista, enquanto Geneviève e ele, fustigados por um impulso irracional, entravam na igreja Notre-Dame-des-Champs na hora da missa matinal de domingo, logo após terem feito amor no conjugado que ela ocupava no boulevard du Montparnasse. Mais tarde, e por diversas vezes, voltara a pensar naquele padre, lembrava um pouco François Hollande fisicamente, mas, ao contrário do líder político, *tornara-se eunuco para Deus*. Muitos anos depois, quando deu início à "série das profissões simples", Jed pensou mais de uma vez em retratar um daqueles homens que, castos e devotados, e cada vez menos numerosos, sulcavam as metrópoles para levar-lhes o conforto de sua fé. Mas ele fracassara, não conseguira sequer captar o tema. Herdeiros de uma tradição espiritual milenar que ninguém mais compreendia efetivamente, outrora instalados no topo da sociedade, os padres acabaram relegados, ao termo de estudos terrivelmente longos e difíceis que pressupunham o domínio do latim, do direito canônico, da teologia racional e de outras disciplinas quase incompreensíveis, a subsistir em condições materiais miseráveis, pegando o metrô em meio aos outros homens, deslocando-se de um grupo de estudo do Evangelho para uma oficina de alfabetização, declamando a missa todas as manhãs para um rebanho escasso e envelhecido, toda alegria sensual lhes era vedada, sem esquecer os prazeres elementares da vida em família, e, a despeito de tudo, viam-se obrigados pela função a manifestar diariamente um otimismo indefectível. Quase todos os quadros de Jed Martin, observariam os historiadores da arte, representam homens ou mulheres exercendo suas profissões num espírito de *boa vontade*, mas neles o que se exprimia era uma boa vontade racional, em que a submissão aos imperativos profissionais garantia-lhes em troca, em proporções variáveis, um misto de satisfação financeira e afago ao amor-próprio. Humildes e desvalidos, desprezados por todos, submetidos a todas as mazelas da vida urbana sem ter acesso a nenhum de seus prazeres, os jovens padres urbanos constituíam, para quem não comungava sua crença, um tema desorientador e inalcançável.

O guia *French Touch*, ao contrário, sugeria uma gama de prazeres limitados, mas verificáveis. Era possível partilhar a satisfação do proprietário do La Marmotte Rieuse quando ele concluía seu texto de apresentação com essa frase serena e confiante: "Quartos espaçosos com terraço (banheiras jacuzzi), cardápios sedução, dez doces caseiros no café da manhã: somos definitivamente um *hôtel de charme*." Era possível se deixar arrebatar pela prosa poética do dono do Carpe Diem ao apresentar, nos seguintes termos, uma hospedagem em seu estabelecimento: "Um sorriso o levará do jardim (espécies mediterrânicas) à sua suíte, um local que despertará todos os seus sentidos. Basta, então, fechar os olhos para gravar na memória os aromas do paraíso, a água do repuxo rumorejando na sauna de mármore branco, para não deixar filtrar senão uma evidência: 'Aqui, a vida é bela.'" No cenário grandioso do castelo de Bourbon-Busset, cujos descendentes perpetuavam com elegância a arte de receber, era possível admirar relíquias emocionantes (provavelmente para a família de Bourbon-Busset) da época das cruzadas; alguns quartos eram equipados com colchões d'água. Essa justaposição de elementos *vieille France* ou *terroir* e de equipamentos hedonistas contemporâneos produzia, às vezes, um efeito estranho, beirando o mau gosto; mas talvez fosse essa mistura implausível, pensou Jed, que a clientela da rede procurava, ou ao menos o *segmento-alvo*. De toda forma, as promessas factuais dos textos de apresentação eram cumpridas. O parque do Château des

Gorges du Haut-Cézallier supostamente abrigava corças, veados e um burrinho; de fato havia um burrinho. Passeando pelos jardins de L'Auberge Verticale, devia-se supostamente avistar Miguel Santamayor, cozinheiro intuitivo que operava uma "síntese fora das normas da tradição e do futurismo"; via-se, na verdade um sujeito com vaga aparência de guru agitar-se nas cozinhas e, no final de sua "sinfonia dos legumes e das estações", vir pessoalmente oferecer-lhe um de seus *havanas de paixão*.

Passaram o último fim de semana, o de Pentecostes, no castelo do Vault-de-Lugny, *um ninho indescritível*, cujos quartos suntuosos davam para um parque de 40 hectares, projeto original atribuído a Le Nôtre. A cozinha, segundo o guia, "sublimava uma tradição de infinita riqueza"; lá, estava-se na presença de "um dos mais belos condensados da França". Foi ali, na segunda-feira de Pentecostes, durante o café da manhã, que Olga comunicou a Jed que voltaria para a Rússia no fim do mês. Naquele instante, ela provava um doce de morangos silvestres, e pássaros indiferentes a todo o drama humano chilreavam no parque originalmente desenhado por Le Nôtre. Uma família de chineses, a alguns metros de distância, empanturrava-se com waffles e salsichas. As salsichas no café da manhã foram introduzidas no castelo do Vault-de-Lugny para satisfazer aos desejos de uma clientela anglo-saxã tradicionalista, apegada a um *breakfast* proteico e gorduroso, e foram colocadas em debate durante uma breve mas decisiva reunião da empresa; os gostos ainda incertos, desastradamente formulados mas aparentemente se inclinando pelas salsichas, dessa nova clientela chinesa resultaram na manutenção dessa linha de abastecimento. Outros *hôtels de charme* do Bourguignon, nesses mesmos anos, chegaram a uma conclusão idêntica, e foi assim que as Saucisses et Salaisons Martenot, instaladas na região desde 1927, escaparam à bancarrota e à seção "Social" do jornal da FR3.

Olga, entretanto, moça de todo modo *alheia às proteínas*, preferia o doce de morangos silvestres e começava a ficar realmente nervosa porque percebia que sua vida estaria em jogo naquele momento, em poucos minutos, e estava difícil cercar os homens nos dias de hoje, no início as minissaias ainda funcionavam um pouco, mas depois eles iam ficando cada vez mais arredios. A Michelin ambicionava em definitivo reforçar sua presença na Rússia, aquele país era um dos seus eixos de desenvolvimento prioritários e o salário de Olga seria simplesmente triplicado, ela teria umas cinquenta pessoas sob suas ordens, era uma transferência que ela não podia recusar em hipótese alguma, aos olhos da direção geral uma recusa teria sido não apenas incompreensível, como criminosa, um executivo de certo nível tem obrigações não apenas para com a empresa, mas também para consigo mesmo, deve amar e cuidar de sua carreira como Cristo faz com a Igreja, ou a esposa com o esposo, deve dedicar às exigências da carreira ao menos um mínimo de atenção, sem o que mostra a seus superiores consternados que jamais será digno de alçar-se acima de uma posição subalterna.

Jed mantinha um silêncio obstinado, girando a colher no ovo quente e olhando para Olga de baixo para cima, como uma criança admoestada.

— Você pode ir à Rússia... — disse ela. — Pode ir quando quiser.

Ela era jovem ou, mais exatamente, *ainda era jovem*, ainda acreditava que a vida oferecia possibilidades variadas, que, ao longo do tempo, uma relação humana era capaz de conhecer evoluções sucessivas e contraditórias.

Uma lufada de vento agitava as cortinas dos janelões que davam para o parque. O chilreio dos passarinhos intensificou-se bruscamente, depois se calou. A mesa de chineses desaparecera como se por encanto, desmaterializando-se. Jed continuava em silêncio; então descansou a colher.

— Você demora para responder... — disse ela. — Francesinho... — acrescentou, numa censura meiga. — Francesinho indeciso...

IX

No domingo 28 de junho, no meio da tarde, Jed acompanhou Olga ao aeroporto de Roissy. Era triste, alguma coisa dentro dele percebia que estavam vivendo um momento profundamente triste. O tempo, aberto e ameno, não estimulava a eclosão de sentimentos apropriados. Ele poderia ter interrompido o processo de separação, se lançado a seus pés, suplicado que não embarcasse naquele avião; provavelmente teria sido escutado. Mas o que fazer em seguida? Procurar um novo apartamento (o contrato da rue Guynemer expirava no fim do mês)? Cancelar a mudança programada para o dia seguinte? Era possível, as dificuldades técnicas não eram ciclópicas.

Jed não era jovem — a bem da verdade, nunca fora —, mas era um ser humano relativamente inexperiente. Em matéria de seres humanos, conhecia apenas o pai, ainda assim, pouco. Aquele convívio não podia incitá-lo a um grande otimismo em matéria de relacionamentos. Pelo que pudera observar, a existência dos homens se organizava em torno do *trabalho*, que ocupava a maior parte da vida e era realizado em organizações de dimensão variável. No fim dos anos de trabalho, inaugurava-se um período mais curto, marcado pelo desenvolvimento de diferentes patologias. Alguns seres humanos, durante o período de maior atividade de suas vidas, tentavam, além disso, associar-se em microgrupos, designados como *famílias*, tendo como finalidade a reprodução da espécie; mas essas tentativas, na maioria das vezes, duravam pouco, por motivos ligados à "natureza dos tempos", ruminava ele, vagamente, dividindo um espresso com a namorada (encontravam-se sozinhos no balcão do bar Segafredo, e, de modo geral, o movimento no aeroporto estava fraco, o burburinho das inevitáveis conversas acolchoado por um silêncio que parecia consubstancial ao lugar, como em certas clínicas particulares). Aquilo não passava de uma ilusão, o dispositivo geral de transporte dos seres humanos, que naqueles dias desempenhava papel tão importante na consumação dos destinos individuais, fazia simplesmente uma ligeira pausa antes de operar no limite de sua capacidade, por ocasião do período das primeiras grandes debandadas. Por outro lado, era tentador ver nesse fato uma homenagem, uma discreta homenagem da maquinaria social a seu amor tão abruptamente interrompido.

Jed não teve nenhuma reação quando Olga, depois de um último beijo, encaminhou-se para o setor de controle dos passaportes, e foi somente ao regressar para casa, no boulevard de l'Hôpital, que compreendeu que acabava, quase à revelia, de transpor uma nova etapa no desenrolar de sua vida. Pelo menos compreendeu que tudo o que constituía, não muitos dias atrás, seu mundo se lhe afigurava, de uma hora para outra, completamente vazio. Mapas rodoviários e cópias fotográficas se espalhavam sobre o assoalho às centenas, e aquilo tudo não fazia mais qualquer sentido. Com resignação, saiu novamente, comprou dois rolos de sacos de "entulho" no hipermercado Casino do boulevard Vincent-Auriol, voltou para casa e começou a enchê-los. O papel é pesado, pensou, precisaria de muitas viagens para descer os sacos. Eram meses, anos de trabalho que estava destruindo; não hesitou, porém, um segundo. Muitos anos mais tarde, quando ficou famoso — e, verdade seja dita, famosíssimo —, Jed seria perguntado, em diversas oportunidades, o que significava, na sua opinião, ser um *artista*. Não encontraria nada muito interessante ou muito original a dizer, à exceção de uma única coisa, que por conseguinte repetiria em quase todas as entrevistas: ser artista, na sua opinião, era antes de tudo ser alguém *submisso*. Submisso a mensagens misteriosas, imprevisíveis, que poderíamos, na falta de termo melhor e na ausência de toda crença religiosa, qualificar como *intuições*; mensagens que nem por isso deixavam de governar de maneira imperiosa, categórica, sem permitir qualquer possibilidade de isenção — salvo perdendo-se toda a noção de integridade e todo o autorrespeito. Essas mensagens podiam implicar a destruição de uma obra, até mesmo de um conjunto inteiro de obras, para enveredar numa direção radicalmente nova, ou até, eventualmente, sem nenhuma direção, sem dispor de qualquer projeto, sem nenhuma esperança de continuação. Era nisso, e somente nisso, que a condição de artista podia, algumas vezes, ser qualificada como *difícil*. Era nisso também, e somente nisso, que ela se diferenciava das profissões ou *atividades* às quais ele iria prestar homenagem na segunda parte de sua carreira, que lhe propiciaria renome mundial.

No dia seguinte, desceu com os primeiros sacos de entulho, depois lentamente, minuciosamente, desmontou seu laboratório fotográfico antes de guardar o fole, os despolidos, as lentes, o *digital back* e o corpo da câmera em suas valises. O tempo continuava aberto na região parisiense. No meio da tarde, ligou a televisão para acompanhar o prólogo do Tour de France, vencido por um ciclista ucraniano praticamente desconhecido. Uma vez desligado o aparelho, refletiu que talvez devesse telefonar para Patrick Forestier.

O diretor de comunicação do grupo Michelin France recebeu a notícia sem real emoção. Se Jed decidisse deixar de realizar fotos de mapas Michelin, nada poderia obrigá-lo a continuar; tinha o direito de parar quando quisesse, estava escrito com todas as letras no contrato. Na realidade, passava a impressão de estar se lixando para aquilo, e Jed ficou até surpreso quando ele lhe propôs um encontro na manhã seguinte.

Pouco após sua chegada ao escritório da avenue de la Grande-Armée, percebeu que, na verdade, Forestier queria desabafar, expor suas preocupações profissionais a um interlocutor condescendente. Com a transferência de Olga, perdera uma colaboradora inteligente, dedicada e poliglota; e, coisa quase inacreditável, até aquele momento não lhe haviam sugerido ninguém para substituí-la. Tinha sido "literalmente sacaneado pela direção-geral", foram esses seus termos amargos. Tudo bem, ela retornava para a Rússia, tudo bem, era seu país, tudo bem, aqueles russos escrotos compravam bilhões de pneus, com suas porras de estradas caindo aos pedaços e sua porra de clima idiota, nem por isso a Michelin deixava de ser uma companhia francesa, e as coisas não teriam ocorrido daquele jeito poucos anos antes. Os desejos da sucursal francesa, ainda recentemente, eram ordens, ou pelos menos eram levados em conta com uma atenção especial, mas, depois que os investidores institucionais estrangeiros adquiriram a maior parte do capital do grupo, tudo aquilo morrera. É, as coisas mudaram muito, repetiu ele com um deleite ressentido, tudo bem, os lucros da Michelin France eram agora irrisórios comparados aos obtidos na Rússia, para não falar da China, mas, se aquilo continuasse daquele jeito, caberia indagar se não seria abocanhada pela Bridgestone, ou mesmo pela Goodyear. Enfim, estou falando tudo isso cá entre nós, acrescentou com súbito temor.

Jed garantiu-lhe sua total discrição e tentou circunscrever a conversa ao seu próprio caso.

— Ah, sim, o site...

Então, Forestier pareceu se lembrar.

— Muito bem, vamos postar uma mensagem sugerindo que o senhor considera encerrada essa série de obras. As cópias existentes continuarão à venda, vê alguma objeção? — Jed não via nenhuma. — Aliás, não sobrou muita coisa, vendeu que foi uma beleza... — prosseguiu com uma voz em que renascia uma sombra de otimismo. — Continuaremos a informar em nossos comunicados que os mapas Michelin serviram como base para um trabalho artístico saudado unanimemente pela crítica, se isso não lhe cria problemas.

Aquilo também não criava nenhum problema para Jed.

Forestier era um novo homem quando o acompanhou até a porta do escritório, e foi apertando calorosamente sua mão que concluiu:

— Foi um grande prazer conhecê-lo. Foi *win-win* entre nós, *win-win* absoluto.

X

Não aconteceu nada, ou praticamente nada, ao longo de várias semanas, até que certa manhã, ao voltar das compras, Jed viu um sujeito de uns 50 anos, vestindo jeans e jaqueta de couro, esperando na entrada de seu prédio; parecia esperar fazia tempo.

— Bom dia — disse ele. — Desculpe-me abordá-lo desse jeito, mas não encontrei alternativa. Já vi o senhor passando pelo bairro várias vezes. É mesmo Jed Martin?

Jed assentiu. A voz de seu interlocutor era a de um homem instruído, habituado a falar; parecia um situacionista belga ou um intelectual proletário — apesar da camisa Arrow, suas mãos fortes e calejadas indicavam ter exercido alguma atividade com elas.

— Conheço bem seu trabalho com mapas rodoviários, acompanhei praticamente desde o início. Sou do bairro também — Estendeu-lhe a mão. — Meu nome é Franz Teller. Sou galerista.

A caminho de sua galeria, na rue de Domrémy (comprara uma loja logo antes de o bairro entrar mais ou menos na moda; tinha sido, disse, uma de suas poucas boas ideias na vida), pararam para beber alguma coisa no Chez Claude, na rue du Château-des-Rentiers, que mais tarde seria seu café predileto, fornecendo a Jed o tema do segundo quadro da "série das profissões simples". O estabelecimento se obstinava em servir taças de tinto de mesa e sanduíches de patê com picles aos últimos aposentados das "camadas populares" do XIII *arrondissement*. Morriam um por um, metodicamente, sem que fossem substituídos por novos fregueses.

— Li num artigo que após a Segunda Guerra Mundial 80 por cento dos cafés franceses fecharam — observou Franz, passando os olhos pelo estabelecimento. Silenciosamente, e não longe deles, quatro aposentados deslizavam cartas sobre o tampo de fórmica da mesa, segundo regras incompreensíveis, talvez da era pré-histórica do carteado (*belote? piquet?*). Mais adiante, uma mulher gorda e rubicunda engoliu seu *pastis* em um trago só.

— As pessoas passaram a almoçar em meia hora, e a beber cada vez menos também; e então veio o golpe de misericórdia, a proibição de fumar.

— Penso que isso vai voltar, sob formas diferentes. Tivemos um longo período histórico de aumento da produtividade, que, pelo menos no Ocidente, está chegando a seu termo.

— Realmente, você tem uma maneira estranha de ver as coisas... — disse Franz, após o considerar detidamente. — Seu trabalho com os mapas Michelin me interessou, interessou de verdade; ainda assim, não quis recrutá-lo para minha galeria. Você estava, eu diria, muito seguro de si, o que não me parecia completamente normal para alguém tão jovem. Então, quando li na internet que havia decidido interromper a série dos mapas, resolvi visitá-lo. Para propor-lhe ser um dos artistas que represento.

— Mas não faço a mínima ideia do que vou fazer. Nem sei se vou continuar na arte em geral.

— Você não está entendendo... — disse, pacientemente, Franz. — Não é uma forma específica de arte, uma maneira que me interessa, é uma personalidade, um olhar pousado sobre o gesto artístico, sobre sua situação na sociedade. Se amanhã você chegasse com uma folha de papel, arrancada de um caderno espiral, na qual tivesse escrito: "*Nem sei se vou continuar na arte em geral*", eu exporia essa folha sem hesitar. E, apesar de tudo, não sou um intelectual; mas você me interessa.

"Não, não sou um intelectual — insistiu. — Tento, na medida do possível, exibir uma aparência de intelectual dos bairros nobres, porque é algo útil no meu meio, mas não sou um, nem fiz vestibular. Comecei montando e desmontando exposições, depois comprei essa lojinha e logrei uns golpes de sorte com determinados artistas. Mas sempre fiz minhas escolhas exclusivamente pela intuição."

Em seguida visitaram a galeria, mais ampla do que Jed poderia imaginar, com pé-direito alto e paredes de cimento escoradas por vigas metálicas.

— Era uma metalúrgica — disse-lhe Franz. — Declararam falência em meados dos anos 1980, e o local permaneceu vazio por um longo tempo, até eu comprar. O trabalho de desobstrução foi grande, mas valeu a pena. É um belo espaço, a meu ver.

Jed concordou. As divisórias móveis haviam sido dispostas nas laterais, de forma que o tablado de exposição tinha sua dimensão máxima — 30 metros por 20. Achava-se naquele momento ocupado por grandes esculturas de metal escuro, cujo tratamento parecia inspirado na estatuária africana tradicional, mas cujos temas evocavam claramente a África contemporânea: todos os personagens agonizavam ou massacravam-se usando machadinhas e fuzis Kalachnikov. Essa mistura de violência das ações e congelamento na expressão dos atores produzia um efeito particularmente sinistro.

— Para a reserva técnica — prosseguiu Franz —, tenho um hangar no Eure-et-Loir. As condições higrométricas não são o fim do mundo, a segurança é inexistente, em suma, as condições de estocagem péssimas; enfim, até agora não tive problema.

Separaram-se poucos minutos depois, com Jed extremamente perturbado. Andou horas a fio por Paris antes de voltar para casa, chegando a se perder em duas ocasiões. E nas semanas seguintes foi a mesma coisa, saía, caminhava sem destino pelas ruas de uma cidade que, afinal, não conhecia direito, e de tempos em tempos parava para pedir informações numa *brasserie*, quase sempre vendo-se obrigado a recorrer a um mapa.

Numa tarde de outubro, subindo a rue des Martyrs, foi subitamente tomado por uma difusa sensação de familiaridade. Adiante, lembrava-se, havia o boulevard de Clichy, com suas sex-shops e lojas de lingerie erótica. Tanto Geneviève como Olga divertiam-se, de vez em quando, comprando trajes eróticos em sua companhia, mas geralmente eles iam à Rebecca Ribs, quase no fim da rua; não, era outra coisa.

104

Parou na esquina da avenue Trudaine, voltou seu olhar para a direita e compreendeu. Algumas dezenas de metros adiante ficava o escritório onde seu pai trabalhara nos últimos anos. Só estivera ali uma vez, pouco depois da morte da avó. O escritório havia acabado de se instalar em sua nova sede. Na esteira do contrato relativo ao centro cultural de Port-Ambonne, sentiram necessidade de um upgrade, a sede social devia ocupar agora um *imóvel particular*, de preferência num *terreno pavimentado*, a rigor numa *avenida cheia de árvores*. E a avenue Trudaine, larga, de uma calma quase provinciana, com seus renques de plátanos, combinava perfeitamente com um escritório de arquitetura de certo renome.

Jean-Pierre Martin estaria em reunião a tarde inteira, disse-lhe a recepcionista.

— Sou filho dele — insistiu mansamente Jed. Ela hesitou, depois pegou o telefone.

Seu pai irrompeu no saguão poucos minutos depois, em mangas de camisa, gravata frouxa, trazendo uma pasta fina nas mãos. Respirava ruidosamente, sob o golpe de uma emoção violenta.

— O que aconteceu? Algum acidente?

— Não, nada. Só estava passando aqui em frente.

— Estou ocupadíssimo, mas... espere. Vamos sair para tomar um café.

A empresa atravessava um período difícil, explicou a Jed. A nova sede social era onerosa, tinham perdido um contrato importante para a reforma de um resort às margens do mar Negro, e ele acabara de ter uma violenta altercação com um dos sócios. Recobrou a respiração, e foi se acalmando.

— Por que não para? — perguntou Jed. Seu pai olhou para ele sem reagir, com uma expressão de quem não entendeu. — Quer dizer, já ganhou muito dinheiro. Certamente pode se aposentar, aproveitar um pouco a vida.

Seu pai continuava a fitá-lo, como se as palavras não lhe afluíssem à mente ou ele não conseguisse dar-lhes um sentido; então, no fim de pelo menos um minuto, perguntou:

— Mas o que eu faria? — E sua voz era a de uma criança desorientada.

A primavera em Paris é geralmente um mero prolongamento do inverno — chuvosa, fria, enlameada e suja. O verão é quase sempre desagradável: a cidade fica barulhenta, poluída, e o forte calor nunca dura muito tempo, atropelado no fim de dois ou três dias por um temporal, seguido de uma queda brutal da temperatura. Só no outono Paris é uma cidade realmente agradável, oferecendo dias ensolarados e curtos, época em que o ar seco e puro proporciona uma tônica sensação de frescor. Durante todo o mês de outubro, Jed continuou seus passeios, se é possível chamar de passeio uma caminhada quase mecânica, durante a qual nenhuma impressão exterior alcançava o seu cérebro, nenhuma meditação ou projeto o arrebatava, e que não tinha outro objetivo senão levá-lo a um estado suficiente de cansaço à noite.

Uma tarde, no início de novembro, por volta das 5 da tarde, viu-se em frente ao apartamento que Olga ocupara na rue Guynemer. Aquilo precisava acontecer, pensou: traído por seus automatismos, fizera, praticamente no mesmo horário, o mesmo itinerário que fizera diariamente durante meses. Sem respirar, deu meia-volta em direção ao Jardin de Luxembourg e acomodou-se no primeiro banco que viu. Achava-se bem ao lado daquele curioso pavilhão de tijolos vermelhos, ornamentado com mosaicos, que ocupa uma das esquinas do jardim, entre a rue Guynemer e a rue d'Assas. Ao longe, o sol poente iluminava as castanheiras com uma fantástica nuance alaranjada, quente — quase um açafrão, pensou Jed, e involuntariamente a letra de "Jardin du Luxembourg" veio-lhe à mente:

Encore un jour
sans amour,
encore un jour
de ma vie.

Le Luxembourg
a vieilli.
Est-ce que c'est lui?
Est-ce que c'est moi?
Je ne sais pas.*

Como muitas russas, Olga adorava Joe Dassin, principalmente as músicas de seu último disco, sua melancolia

---

* "Mais um dia/ sem amor/ mais um dia/ da minha vida// O Luxemburgo/ envelheceu/ Será ele?/ Serei eu?/ Não sei." Tradução livre. (*N. do T.*)

resignada, lúcida. Jed estava arrepiado, sentia-se acossado por uma crise irreprimível e, quando se lembrou da letra de "Salut les amoureux", começou a chorar.

On s'est aimés comme on se quitte
tout simplement, sans penser à demain.
À demain qui vient toujours un peu trop vite,
*aux adieux qui quelquefois se passent un peu trop bien.**

No café da esquina da rue Vavin, pediu um bourbon, constatando imediatamente seu erro. Após o reconforto da ardência, foi novamente tomado pela tristeza e lágrimas escorreram pelo seu rosto. Dirigiu um olhar preocupado à sua volta, mas felizmente ninguém prestava atenção nele, todas as mesas estavam ocupadas por estudantes de direito que falavam de orgias ou de "sócios juniores", enfim, dessas coisas que interessam aos estudantes de direito, podia chorar completamente à vontade.

Do lado de fora, perdeu-se, vagou por alguns minutos num estado de semiconsciência esgazeada e viu-se em frente à Senelier Frères, na rue de la Grande-Chaumière. Na vitrine, achavam-se expostos pincéis, telas de formato padrão, pastéis e tubos de tinta. Entrou, e, sem refletir, comprou uma caixa de "tinta a óleo" básica. Retangular,

---

* "Nos amamos como rompemos/ naturalmente, sem pensar no amanhã./ No amanhã que sempre chega rápido,/ na despedida que às vezes é mais do que satisfatória." Tradução livre. (*N. do T.*)

em madeira de faia, internamente dividida em comparti-mentos, continha 12 tubos de tinta a óleo extrafina Sennelier, um sortimento de pincéis e um vidro de solvente.

Foi nessas circunstâncias que se produziu em sua vida o "retorno à pintura" que seria objeto de tantos comentários.

XI

Com o passar do tempo, Jed não permaneceria fiel à marca Sennelier, e suas telas da maturidade são quase inteiramente executadas com tinta a óleo Mussini, da Schmincke. Há exceções, e alguns verdes, em especial os tons pastel que conferem luminosidade tão mágica às florestas de pinheiros californianos, descendo em direção ao mar, em *Bill Gates e Steve Jobs discutem o futuro da informática*, são extraídos da gama de óleos Rembrandt da marca Royal Talens. E, no caso dos brancos, usaria quase sempre a Old Holland, cuja opacidade apreciava.

Os primeiros quadros de Jed Martin, apontariam mais tarde os historiadores da arte, poderiam facilmente induzir a uma pista falsa. Ao dedicar suas duas primeiras telas, *Ferdinand Desroches, açougueiro de carne equina* e depois *Claude Vorilhon, gerente de bar-tabacaria*, a profissões em baixa, Martin poderia passar uma impressão de nostalgia, poderia parecer sentir saudades de um estado anterior, real ou fantasioso, da França. Nada, e foi essa a conclusão que terminou por aflorar de todas as suas peças, era mais alheio a suas reais preocupações; e, se Martin tematizou inicialmente profissões desprestigiadas, não fora em absoluto porque quisesse incitar a um lamento por sua provável extinção, mas simplesmente porque iriam, com efeito, desaparecer em breve, e era importante fixar sua imagem na tela enquanto ainda era tempo. A partir de seu terceiro quadro da série das profissões, *Maya Dubois, atendente de assistência remota*, passaria a se dedicar a uma profissão nada desprestigiada ou *caduca*, uma profissão, ao contrário, emblemática da política de *fluxos tensos* que orientara a retomada econômica da Europa ocidental na virada do terceiro milênio.

Na primeira monografia que dedica a Martin, Wong Fu Xin desenvolve uma curiosa analogia baseada na colorimetria. As cores dos objetos do mundo podem ser representadas por meio de certo número de cores primárias; o número mínimo, para obter uma representação quase realista, é três. Porém, é perfeitamente possível elaborar um mapa colorimétrico baseado em quatro, cinco, seis cores primárias, até mais; dessa forma, o espectro da representação não se tornará senão mais vasto e sutil.

Analogamente, afirma o ensaísta chinês, as condições de produção de uma dada sociedade podem ser reconstituídas por meio de determinadas profissões-tipo, cujo número, segundo ele (é um número que ele fornece sem a mínima fundamentação), pode ser estipulado entre dez e vinte. Na parte quantitativamente mais significativa da série das "profissões", a qual os historiadores da arte resolveram intitular "série das profissões simples", Jed Martin não representou menos de 42 profissões-tipo, oferecendo assim, ao estudo das condições produtivas da sociedade de sua época, um espectro de análise particularmente extenso e rico. Os vinte e dois quadros seguintes, tendo como eixo confrontos e encontros, classicamente designados como a "série das composições empresariais", visavam, por sua vez, apresentar uma imagem relacional e dialética do funcionamento da economia em seu conjunto.

Jed levou um pouco mais de sete anos na execução dos quadros da "série das profissões simples". Ao longo de todos aqueles anos, não viu muita gente, não viveu nenhum relacionamento novo — fosse sentimental ou simplesmente amistoso. Teve momentos de felicidade sensorial: uma orgia de massas italianas, resultado de uma incursão ao hipermercado Casino do boulevard Vincent-Auriol; uma ou outra noite com uma garota de programa libanesa, cujas habilidades sexuais justificavam amplamente as críticas ditirâmbicas que ela recebia no site Niamodel. com. "Layla, eu te amo, você é o sol dos meus dias no escritório, minha estrelinha oriental", escreviam os ignóbeis cinquentões, enquanto Layla sonhava com homens musculosos, viris, pobres e fortes, e assim é a vida, grosso modo, tal como ela se apresenta. Corriqueiramente apontado como um sujeito "um pouco excêntrico mas educado, totalmente inofensivo", Jed beneficiava-se, com Layla, daquela espécie de *exceção de extraterritorialidade* desde sempre concedida *pelas mulheres* aos artistas. Talvez haja um pouco de Layla, mas, com mais certeza, de Geneviève, sua ex-namorada malgaxe, numa de suas telas mais tocantes, *Aimée, garota de programa*, tratada numa paleta excepcionalmente quente, à base de terra queimada, açafrão e amarelo de nápoles. Nos antípodas da representação à la Toulouse-Lautrec de uma prostituta maquiada, clorótica e enfermiça, Jed Martin pintou uma jovem radiante, ao mesmo tempo sensual e inteligente, num apartamento moderno inundado de luz. No vão da janela, de costas para um logradouro público que era possível identificar como sendo a square des Batignolles, vestindo simplesmente uma minissaia justa e branca, Aimée acaba de vestir um minúsculo top laranja, que esconde apenas parcialmente seus magníficos seios.

Único quadro erótico de Martin, é igualmente o primeiro em que foi possível identificar ressonâncias claramente autobiográficas. O segundo, *O arquiteto Jean-Pierre Martin deixando a direção de sua empresa*, foi pintado dois anos mais tarde, e marca o início de um autêntico período de frenesi criativo, que duraria um ano e meio e terminaria com *Bill Gates e Steve Jobs discutem o futuro da informática*, subintitulado "A conversa de Palo Alto", que muitos consideram sua obra-prima. É estarrecedor pensar que os 22 quadros da "série das composições empresariais", muitas vezes complexos e de grandes dimensões, foram executados em menos de 18 meses. É igualmente surpreendente que Jed Martin tenha empacado numa tela, *Damien Hirst e Jeff Koons dividem entre si o mercado de arte*, que, sob muitos aspectos, poderia ter feito *pendant* com sua composição Jobs-Gates. Analisando esse fracasso, Wong Fu Xin vê nele a razão de sua volta, um ano mais tarde, à "série das profissões simples", com seu 65º e último quadro. Nesse ponto, a clarividência da tese do ensaísta chinês acaba convencendo: desejoso de fornecer uma visão exaustiva do setor produtivo da sociedade de sua época, Jed Martin devia necessariamente, mais cedo ou mais tarde, representar um artista.

SEGUNDA PARTE

I

Em 25 de dezembro, Jed acordou sobressaltado por volta das 8 da manhã: amanhecia na place des Alpes. Encontrou um esfregão na cozinha, limpou seu vômito, depois contemplou os detritos pegajosos de *Damien Hirst e Jeff Koons dividem entre si o mercado de arte*. Franz tinha razão, estava na hora de organizar uma exposição, ele girava em círculos nos últimos meses, e aquilo começava a influenciar seu humor. É até possível trabalhar sozinho anos a fio, é, inclusive, a única maneira de trabalhar, verdade seja dita; mas acaba chegando um momento em que sentimos necessidade de mostrar nosso trabalho ao mundo, menos para colher sua opinião do que para nos certificar da existência desse trabalho, e mesmo de nossa própria existência, no seio de uma espécie social de individualidade que não passa de uma ficção passageira.

Pensando novamente nas exortações de Franz, redigiu um novo e-mail a Houellebecq e depois fez um café. Minutos mais tarde, releu-se, enojado: "Nesse período de festas, que suponho que o senhor passe com sua família…" O que lhe dera para escrever aquelas parvoíces? Era notório que Houellebecq era um solitário com fortes tendências misantrópicas, que mal dirigia a palavra ao próprio cachorro. "Sei que é muito solicitado, é, portanto,

117

pedindo que aceite minhas desculpas que me permito insistir mais uma vez sobre a importância, tanto para mim como para meu galerista, de sua participação no catálogo de minha futura exposição." Sim, estava melhor, uma pitada de adulação nunca é demais. "Anexas encaminho algumas fotografias de meus quadros mais recentes, e coloco-me à sua disposição para mostrar-lhe meu trabalho de maneira mais completa, onde e quando desejar. Creio que mora na Irlanda; posso perfeitamente dar um pulo aí se lhe for mais cômodo." Bom, vai desse jeito, pensou, e clicou em *Enviar*.

A esplanada do centro comercial Olympiades estava deserta naquela manhã de dezembro, e os prédios, quadrangulares e altos, pareciam geleiras mortas. Enquanto entrava na fria sombra projetada pela torre Ômega, Jed pensou novamente em Frédéric Beigbeder. Ele era amigo íntimo de Houellebecq, pelo menos carregava essa reputação; talvez pudesse fazer a intermediação. Mas ele tinha apenas um número antigo de celular, e, além disso, Beigbeder possivelmente não o atenderia no dia de Natal.

Atendeu, não obstante.

— Estou com minha filha — disse ele, num tom furibundo. — Mas vou deixá-la na casa da mãe daqui a pouco — acrescentou, para amenizar a objeção.

— Tenho um favor a lhe pedir.

— Ha ha ha! — Beigbeder gargalhou com uma alegria forçada. — Sabia que você é um sujeito formidável? Você passa dez anos sem me ligar. E agora me telefona no dia de Natal para pedir um favor. Você deve ser um gênio. Só um gênio para ser tão egocêntrico, à beira do autismo... Tudo bem, às 7 horas no Flore — concluiu, de maneira inesperada, o autor de *Un roman français*.

Jed chegou cinco minutos atrasado e percebeu imediatamente o escritor sentado numa mesa ao fundo. Ao seu redor, formando uma espécie de perímetro de segurança com um raio de 2 metros, as mesas estavam desocupadas. Provincianos que entravam no café, e mesmo alguns turistas, cutucavam-se e apontavam para ele, fascinados. Às vezes, um amigo, invadindo o perímetro, beijava-o antes de sair. O estabelecimento, seguramente, deixava de lucrar (da mesma forma, corre que o ilustre Philippe Sollers, quando vivo, dispunha de uma mesa reservada no Closerie des Lilas, que não podia ser ocupada por mais ninguém, ele decidisse ou não almoçar ali). Essa ínfima perda de receita era amplamente compensada pela atração turística que representava, para o café, a presença assídua, palpável, do autor de *99 francs* — presença que se coadunava perfeitamente, além disso, com a vocação histórica do estabelecimento. Por sua posição corajosa em favor da legalização das drogas e da criação de um estatuto da prostituição de ambos os sexos e pelas ideias mais convencionais sobre os imigrantes ilegais e as condições de vida dos presidiários, Frédéric Beigbeder se tonara, pouco a pouco, uma espécie de Sartre dos anos 2010, para surpresa geral e um pouco para sua própria, uma vez que seu passado o predispunha antes a desempenhar o papel de um Jean-Edern Hallier, até mesmo de um Gonzague Saint-Bris. Companheiro de estrada do Novo Partido Anticapitalista, de Olivier Besancenot, cujas inclinações antissemitas ele apontara recentemente numa entrevista ao *Spiegel*, Beigbeder conseguira esquecer as origens — metade burguesa, metade aristocrática — de sua família, e até mesmo a presença de seu irmão no seio das instâncias dirigentes do patronato francês. A verdade é que o próprio Sartre estava longe de haver nascido numa família de miseráveis.

Sentado diante de uma *mauresque*, o autor considerava, com melancolia, um porta-comprimidos de metal, quase vazio, não contendo senão um vago resíduo de cocaína. Percebendo Jed, fez-lhe sinal para que sentasse à sua mesa. Um garçom se aproximou solicitamente para anotar o pedido.

— É, não sei. Um Viandox? Isso ainda existe?

— Um Viandox... — repetiu, pensativamente, Beigbeder. — Você é realmente um sujeito gozado...

— Fiquei surpreso por se lembrar de mim.

— Claro que sim... — respondeu o escritor num tom curiosamente triste. — Claro que lembro...

Jed expôs seu caso. Ao ouvir o nome Houellebecq, percebeu, Beigbeder reagiu com um leve tremor.

— Não quero o número do telefone dele — acrescentou Jed rapidamente —, mas apenas que você ligue para ele e fale do meu pedido.

O garçom trouxe o Viandox. Beigbeder calava-se, refletia.

— Tudo bem — disse, finalmente. — Tudo bem, vou ligar. Com ele, nunca sabemos como vai reagir; mas, nesse caso, é possível que isso também lhe seja vantajoso.

— Acha que aceitará?

— Não faço ideia.

— O que poderia decidi-lo, na sua opinião?

— Bem... Talvez eu o surpreenda, porque ele não tem em absoluto essa reputação: o dinheiro. Em princípio, ele não dá bola para dinheiro, vive de vento, mas o divórcio depenou-o completamente. Além disso, ele tinha comprado apartamentos à beira-mar na Espanha, que serão expropriados sem indenização, em virtude de uma lei de proteção do litoral com efeito retroativo; coisa de maluco. Para falar a verdade, acho que ele está um pouco desprevenido no momento, inacreditável, não acha, depois de tudo o que ganhou? Então, é isso: se lhe oferecer um bom dinheiro, acho que tem chance.

Calou-se, terminou sua *mauresque* em um gole, pediu outra, considerou Jed com um misto de reprovação e melancolia.

— A propósito... — disse, finalmente. — Olga. Ela o amava.

Jed se afundou ligeiramente na cadeira.

— Quer dizer... — prosseguiu Beigbeder.— Amava *de verdade*.

Calou-se, considerou-o, balançando a cabeça com incredulidade.

— E você permitiu que ela voltasse para a Rússia... E nunca lhe deu notícias... O amor... O amor é *raro*. Não sabia disso? Nunca lhe disseram isso? Estou tocando no assunto, quando evidentemente isso não me diz respeito — prosseguiu —, porque em breve ela estará de volta à França. Ainda tenho amigos na televisão e sei que a Michelin vai criar um canal novo na TNT, Michelin TV, centrado em gastronomia, culinária regional, bens culturais, paisagens francesas etc. É Olga quem vai dirigi-lo. Bom, no papel, o diretor-geral será Jean-Pierre Pernaut, mas, na prática, é ela a mandachuva da programação. É isso... — concluiu num tom que indicava claramente que a conversa terminara. — Você veio me pedir um pequeno favor e lhe prestei um grande.

Dirigiu um olhar cáustico para Jed, que se levantava para ir embora.

— A menos que dê valor apenas ao que é mais importante, sua exposição... — Balançou a cabeça novamente, e resmungando, com uma voz quase inaudível, acrescentou com nojo: — Artistas escrotos...

II

O Sushi Warehouse, do terminal de Roissy 2E, oferecia um leque excepcional de águas minerais norueguesas. Jed optou pela Husqvarna, mais precisamente uma água do centro da Noruega, que borbulhava com discrição. Era puríssima — embora, na realidade, não mais que as similares. Todas aquelas águas minerais se distinguiam apenas por uma efervescência e uma textura na boca ligeiramente diferentes; nenhuma delas era minimamente salgada ou ferruginosa; a afinidade entre as águas minerais norueguesas parecia residir na moderação. Hedonistas sutis, esses noruegueses, refletiu Jed, pagando sua Husqvarna; era esplêndido, pensou também, que pudessem existir tantas formas diferentes de pureza.

O teto de nuvens não demorou a chegar e, junto com ele, o nada que caracteriza uma viagem aérea acima do teto. No meio do voo, percebeu fugazmente a superfície gigante e enrugada do mar, como a pele de um velho em fase terminal.

O aeroporto de Shannon, em contrapartida, encantou Jed por suas formas retangulares e precisas, bem como pelas espantosas dimensões dos corredores — girando em rotação lenta, ele só era usado pelas companhias *low cost* e para o transporte de tropas do exército americano, mas fora visivelmente planejado para um tráfego cinco vezes superior. Com sua estrutura de colunas metálicas e seu carpete fino, datava provavelmente do início dos anos 1960, ou mesmo do final dos anos 1950. Melhor ainda que Orly, evocava o período de entusiasmo tecnológico do qual o transporte aéreo era uma das realizações mais inovadoras e prestigiosas. A partir do início dos anos 1970, com os primeiros atentados palestinos — posteriormente substituídos, de maneira mais espetacular e profissional, pelos da al Qaeda —, a viagem aérea se tornara uma experiência infantilizante e claustrofóbica, que se desejava terminar o mais rápido possível. Mas na época, pensou Jed enquanto aguardava sua mala no imenso saguão de desembarque — os carrinhos de bagagem, metálicos, quadrados e agressivos, também eram provavelmente antigos, —, naquela prodigiosa época dos "milagres econômicos", a viagem aérea, símbolo da aventura tecnológica moderna, era algo completamente diferente. Ainda limitada aos engenheiros e *executivos*, aos construtores do mundo de amanhã, estava fadada, ninguém duvidava disso, no contexto de uma social-democracia triunfante, a se tornar cada vez mais acessível às camadas populares à medida que se desenvolvessem seu *poder de compra* e seu *tempo livre* (o que, aliás, terminara por acontecer, mas após um desvio pelo ultraliberalismo simbolizado adequadamente pelas companhias *low cost* e ao preço de uma perda total do prestígio anteriormente associado ao transporte aéreo).

Alguns minutos mais tarde, Jed teve sua hipótese sobre a idade do aeroporto confirmada. O longo corredor de saída era decorado com fotografias de personalidades eminentes que honraram o aeroporto com sua presença — basicamente presidentes dos Estados Unidos e papas. João Paulo II, Jimmy Carter, João XXIII, George Bush I e II, Paulo VI, Ronald Reagan... não faltava ninguém na lista. Ao chegar à extremidade do corredor, Jed ficou admirado ao constatar que a primeira daquelas visitas ilustres não fora imortalizada por meio de uma fotografia, mas simplesmente por um *quadro*.

De pé sobre o macadame, John Fitzgerald Kennedy distanciara-se do primeiro grupo dos oficiais — entre os quais se notava a presença de dois eclesiásticos; em segundo plano, homens de gabardine, decerto pertencentes aos serviços de segurança americanos. Com o braço lançado para a frente e para cima — apontado para a multidão espremida atrás dos cordões, como era previsível —, Kennedy sorria com aquele entusiasmo e otimismo cretinos tão difíceis de serem imitados pelos não americanos. Seu rosto, dito isso, parecia alterado com botox. Recuando alguns passos, Jed examinou atentamente o conjunto das representações de personalidades eminentes. Bill Clinton estava tão gordinho e liso quanto seu mais ilustre predecessor; não havia como negar, os presidentes democratas americanos pareciam todos lúbricos adeptos do botox.

Quanto voltou ao retrato de Kennedy, contudo, Jed se viu compelido a uma conclusão de outra ordem. Não existia botox na época, e o controle das bolsas de gordura e das rugas, hoje obtido com injeções transcutâneas, era então operado pelo pincel complacente do artista. Assim, no finalzinho dos anos 1950 e até no início dos anos 1960, ainda era concebível atribuir a artistas da pintura a tarefa de ilustrar e exaltar os momentos marcantes de um reinado — pelo menos, aos mais medíocres. Indubitavelmente, lidava-se com um amador, bastava comparar o tratamento do céu ao que teriam feito Turner ou Constable, e até os aquarelistas ingleses de segunda se sairiam melhor. Nem por isso deixava de haver naquele quadro uma espécie de verdade humana e simbólica, a respeito de John Fitzgerald Kennedy, não alcançada por nenhuma das fotografias da galeria — nem mesmo pela de João Paulo II, apesar de em grande forma, clicado na passarela do avião no momento em que abria amplamente os braços para saudar uma das últimas populações católicas europeias.

O hotel Oakwood Arms, por sua vez, tinha a decoração inspirada nos tempos pioneiros da aviação comercial: anúncios de época da Air France ou da Lufthansa, fotografias em preto e branco de Douglas DC-8 e Caravelle rasgando a atmosfera límpida, comandantes de bordo em uniformes de gala posando orgulhosamente em seu *cockpit*. A cidade de Shannon, Jed consultara na internet, devia seu nascimento ao aeroporto. Fora construída nos anos 1960, numa zona onde jamais houvera povoado ou aldeia. A arquitetura irlandesa, pelo que lhe fora dado ver, não possuía nenhuma característica específica; era uma mistura de casinhas de tijolos vermelhos, similares às que se encontram nos subúrbios ingleses, e vastos bangalôs brancos, cercados por um espaço asfaltado e margeados por gramados, à maneira americana.

De certa forma, julgava-se no dever de deixar uma mensagem na secretária eletrônica de Houellebecq. Até aquele momento só haviam se comunicado por e-mails e, no fim, por SMS; mas ele atendeu após alguns toques.

"O senhor encontrará a casa com facilidade, é o gramado mais malconservado das cercanias", dissera-lhe Houellebecq. "E talvez de toda a Irlanda", acrescentara. Naquele momento, Jed acreditara ser um exagero, mas a vegetação atingia, com efeito, alturas inauditas. Jed percorreu uma trilha de pedras justapostas, que serpenteava uma dezena de metros por entre as touceiras de cardos e espinheiros, até o platô asfaltado em que se achava estacionado um SUV Lexus RX350. Como era previsível, Houellebecq escolhera a opção bangalô: era um casarão branco e novo, com telhado de ardósia — enfim, uma casa completamente banal, salvo pelo estado infame do gramado.

Tocou a campainha, esperou uns trinta segundos e o autor de *As partículas elementares* veio abrir-lhe a porta, de polainas e vestindo calças de veludo cotelê e um confortável paletó caseiro de lã crua. Estudou Jed longa e pensativamente antes de voltar o olhar para o gramado, numa meditação taciturna que parecia ser rotineira.

— Não sei usar o cortador de grama — concluiu. — Tenho medo de decepar os dedos com as lâminas, parece que acontece muito. Eu poderia comprar um carneiro, mas não os aprecio. Não existe bicho mais estúpido que o carneiro.

Jed seguiu-o pelos cômodos de lajotas, sem mobília, com algumas caixas de papelão de mudança espalhadas aqui e ali. As paredes eram revestidas por um papel de parede liso, branco acetinado; uma leve película de poeira cobria o chão. A casa, bastante ampla, devia ter pelo menos cinco quartos; não fazia muito calor, 16 graus, não mais que isso; Jed teve a intuição de que todos os quartos, à exceção daquele em que Houellebecq dormia, estavam vazios.

— Acaba de se instalar aqui?

— Sim. Quer dizer, faz três anos.

Chegaram por fim a um aposento um pouco mais acolhedor, uma espécie de pequena estufa quadrangular, com as paredes envidraçadas em três lados, o que os ingleses chamam um *conservatory*. A mobília consistia em um sofá, uma mesa de centro e poltrona; um tapete oriental barato decorava o chão. Jed trouxera dois portfólios formato A3; o primeiro compreendia cerca de quarenta fotografias que faziam um retrospecto de sua carreira — basicamente extraídas de sua série "ferramentas" e de sua fase "mapas rodoviários". O segundo portfólio continha 64 fotos formando a íntegra de sua produção pictórica, desde *Ferdinand Desroches, açougueiro de carne equina* até *Bill Gates e Steve Jobs discutem o futuro da informática.*

— Gosta de embutidos? — perguntou o escritor.

— Sim… Digamos que não tenho nada contra.

— Vou fazer um café.

Levantou-se impetuosamente e voltou dez minutos depois com duas xícaras e uma cafeteira italiana.

— Não tenho leite nem açúcar — comunicou.

— Não tem importância. Não uso.

O café estava bom. O silêncio se estendeu, absoluto, durante dois ou três minutos.

— Eu gostava muito de embutidos — disse, finalmente, Houellebecq —, mas decidi me abster. Note bem, não acho que deveria ser permitido ao homem matar porcos. Falei mal dos carneiros e reitero minha opinião. A própria vaca, e nesse ponto discordo do meu amigo Benoît Duteurtre, parece-me superestimada. Mas o porco é um animal admirável, inteligente, sensível, capaz de uma afeição sincera e exclusiva pelo dono. E sua inteligência realmente surpreende, ninguém sabe direito até onde vão seus limites. Sabia que conseguiram ensiná-los a efetuar as operações simples? Quero dizer, ao menos a soma, e acho que a subtração em alguns espécimes superdotados. O homem está no direito de sacrificar um animal capaz de aprender até as bases da aritmética? Sinceramente, acho que não.

Sem esperar resposta, mergulhou no exame do primeiro portfólio de Jed. Após observar rapidamente as fotos de rebites e parafusos, deteve-se, durante um tempo que pareceu infinito a Jed, nas representações de mapas rodoviários; de vez em quando, de maneira imprevisível, virava uma página. Jed deu uma espiada discreta em seu relógio de pulso: passara-se um pouco mais de uma hora desde que chegara. O silêncio era completo; subitamente, ao longe, ressoou o ronronar cavernoso de um compressor de geladeira.

— São trabalhos antigos — aventurou-se, finalmente, Jed. — Trouxe apenas para situar minha obra.

A exposição... diz respeito unicamente ao conteúdo da segunda pasta.

Houellebecq ergueu um olhar vazio para ele, parecia esquecido do que Jed fazia em sua casa, a razão de sua presença; contudo, obedientemente, abriu a segunda pasta. Passou-se outra meia hora antes que ele a fechasse, com um gesto seco, antes de acender um cigarro. Jed, então, observou que ele não fumara durante todo o tempo que percorrera suas fotografias.

— Vou aceitar — disse ele. — Veja, é uma coisa que nunca fiz, mas sabia que aconteceria em um ou outro momento de minha vida. Muitos escritores, se observar com cuidado, escreveram sobre pintores, e isso há séculos. É curioso. Fico a me perguntar depois de ver seu trabalho: por que abandonar a fotografia? Por que voltar à pintura?

Jed refletiu por um longo tempo antes de responder.

— Não sei direito — confessou, finalmente. — Mas me parece que o problema das artes plásticas — prosseguiu com hesitação — é a abundância dos temas. Por exemplo, eu poderia perfeitamente considerar esse radiador um tema pictórico válido.

Houellebecq se voltou com vivacidade, deitando um olhar suspicaz sobre o radiador, como se esse fosse se esbaldar de alegria diante da ideia de ser pintado; nada disso aconteceu.

— Não sei se o senhor conseguiria, no plano literário, fazer alguma coisa com o radiador — insistiu Jed. — Quero dizer, sim, temos Robbe-Grillet, ele teria simplesmente descrito o radiador... Mas não sei, não acho isso muito interessante.

Jed titubeava, tinha consciência de que se mostrava confuso e talvez desastrado, Houellebecq gostava ou não de Robbe-Grillet?, não fazia ideia, mas o que mais se perguntava, com uma espécie de angústia, era por que bifurcara para a pintura, que ainda lhe colocava, muitos anos depois, problemas técnicos insuperáveis, ao passo que dominava perfeitamente os princípios e a parafernália da fotografia.

— Vamos esquecer Robbe-Grillet — decidiu seu interlocutor, para seu grande alívio. — Se, eventualmente, pudéssemos fazer alguma coisa com esse radiador... Por exemplo, creio ter lido na internet que seu pai era arquiteto...

— Exatamente; representei-o num dos meus quadros, no dia em que ele deixou a direção de sua empresa.

— Pessoas físicas raramente compram esse tipo de radiador. Em geral, os clientes são empreiteiras, como a que seu pai dirigia, e elas compram radiadores às dezenas, quem sabe às centenas de exemplares. Seria fácil imaginar um thriller com uma importante negociação envolvendo milhares de radiadores, para equipar, por exemplo, todas as salas de aula de um país, propinas, intervenções políticas, a administradora supersexy de uma firma de radiadores romenos. Nesse contexto, poderia muito bem haver uma extensa descrição, ao longo de várias páginas, desse radiador e de modelos concorrentes.

Falava rápido agora, acendia um cigarro atrás do outro, dava a impressão de fumar para se acalmar, para diminuir o ritmo de funcionamento de seu cérebro. Jed pensou fugazmente que, considerando as atividades do escritório, seu pai era mesmo um potencial comprador de radiadores a granel; provavelmente o fizera.

— Esses radiadores são fabricados em ferro fundido — prosseguiu Houellebecq com animação —, provavelmente em ferro cinzento, com alta taxa de carbono, cuja periculosidade foi diversas vezes assinalada em perícias técnicas. Podemos considerar escandaloso o fato de esta casa, que é recente, ter sido equipada com radiadores antigos, radiadores de certa forma baratos, e, em caso de acidente, por exemplo uma explosão dos radiadores, eu possivelmente poderia interpelar os construtores. Suponho que, num caso desse gênero, a responsabilidade de seu pai seria aventada?

— Sem dúvida alguma.

— Eis um tema magnífico, interessantíssimo eu diria, um *autêntico drama humano*! — exclamou o autor de *Plataforma*. — A priori, o ferro fundido tem um ladinho século XIX, aristocracia operária dos altos-fornos, algo completamente ultrapassado, em suma, e, não obstante, ainda se fabrica ferro fundido, não na França, obviamente, mas em países como Polônia ou Malásia. Poderíamos muito bem, hoje, retraçar num romance o percurso do minério de ferro, a fundição redutora do ferro e do carvão metalúrgico, a usinagem da matéria-prima, a comercialização, por fim; isso poderia estar na abertura do livro, como uma genealogia do radiador.

— Bom, mas me parece que faltam personagens...

— Sim, é verdade. Ainda que meu verdadeiro tema fosse os processos industriais, sem personagens eu nada poderia fazer.

— Penso ser esta a diferença capital. Enquanto me limitei a representar objetos, a fotografia me convinha plenamente. Porém, quando decidi tomar seres humanos como tema, senti que precisava recorrer à pintura; eu não saberia lhe dizer exatamente por quê. Inversamente, não vejo mais nenhum interesse nas naturezas-mortas; depois da invenção da fotografia, acho uma coisa sem o menor sentido. Enfim, é um ponto de vista pessoal... — concluiu, num tom de desculpas.

Anoitecia. Pela janela voltada para o sul, distinguiam-se pastos descendo em direção ao estuário do Shannon; ao longe, um banco de bruma pairava sobre as águas, refratando debilmente os raios do sol poente.

— Por exemplo, essa paisagem — prosseguiu Jed. — Bom, claro que sei que houve belas aquarelas impressionistas no século XIX; no entanto, se eu tivesse que representar essa paisagem hoje, eu simplesmente capturaria uma imagem. Se, em contrapartida, houvesse um ser humano no cenário, ainda que um camponês consertando suas cercas no fim do mundo, então eu me sentiria tentado a recorrer à pintura. Sei que isso pode parecer absurdo; alguns lhe dirão que o tema não tem a mínima importância, que, inclusive, é ridículo fazer o tratamento depender do tema em questão, que a única coisa que conta é a maneira como o quadro ou a fotografia se decompõe em figuras, linhas e cores.

— Sim, o ponto de vista formalista... isso existe entre os escritores também; parece-me inclusive mais difundido em literatura do que nas artes plásticas.

Houellebecq calou-se, abaixou a cabeça e reergueu o olhar para Jed; pareceu subitamente invadido por pensamentos sumamente tristes. Levantou-se e saiu em direção à cozinha; voltou alguns minutos mais tarde, trazendo uma garrafa de vinho tinto argentino e duas taças.

— Jantaremos juntos, se quiser. O restaurante do Oakwood Arms não é mau. Há pratos tradicionais irlandeses: salmão defumado, *irish stew*, coisas bem insossas e primárias, na verdade; mas tem kebab e *tanduri* também, o cozinheiro deles é paquistanês.

— Não são nem 6 horas — espantou-se Jed.

— É, acho que abre às 6h30. Come-se cedo, deve saber, neste país; mas nunca suficientemente cedo para mim. Minha preferência, agora, é o fim do mês de dezembro; anoitece às 4 horas. Posso, então, vestir meu pijama, tomar meus soníferos e ir para a cama com uma garrafa de vinho e um livro. É assim que vivo, há anos. O sol nasce às 9; bom, é tempo de tomar banho, café, é quase meio-dia, não me restam senão quatro horas do dia para encarar, quase sempre consigo isso sem muito estrago. Mas na primavera é insuportável, os poentes são intermináveis e magníficos, é como a porra de uma ópera, uma sucessão ininterrupta de novas cores, novos fulgores, uma vez experimentei não arredar o pé daqui durante a primavera inteira e achei que morreria, todas as tardes eu ficava à beira do suicídio, com aquela noite que não vinha nunca. Depois disso, vou para a Tailândia no início de abril, e lá permaneço até o fim de agosto, começo do dia 6 horas fim do dia 6 horas, é mais simples, equatorial, administrativo, faz um calor de matar, mas o ar-condicionado funciona bem, é a baixa temporada turística, os bordéis funcionam a meia-bomba, mas ainda assim ficam abertos, e isso calha bem para mim, me convém, os programas continuam excelentes ou ótimos.

— Agora tenho a impressão de que o senhor desempenha um pouco seu próprio papel...

— Sim, é verdade — concordou Houellebecq com uma espontaneidade surpreendente —, são coisas que já não me interessam tanto. De qualquer forma, vou parar em breve, vou retornar ao Loiret; passei a infância no Loiret, eu fazia cabanas na floresta, acho que posso encontrar uma atividade desse gênero. Caçar castores, quem sabe...

Ele acelerou o seu Lexus, dirigia com sutileza, com visível prazer.

— Pelo menos elas chupam sem camisinha, o que é ótimo — balbuciou, ainda nebulosamente, como se fosse recordação de um sonho defunto, o autor das *Partículas elementares*, antes de parar o carro no estacionamento do hotel; em seguida, adentraram no restaurante, amplo e iluminado. Como entrada, Houellebecq pediu um coquetel de camarão, Jed optou pelo salmão defumado. O garçom polonês pousou uma garrafa de chablis morno diante deles.

— Eles não conseguem — gemeu o romancista. — Não conseguem servir o vinho branco na temperatura.

— Tem interesse por vinhos?

— Isso me dá respeito; soa francês. E, depois, convém nos interessarmos por alguma coisa na vida, acho que isso ajuda.

— Estou um pouco surpreso... — confessou Jed. — Eu esperava encontrar alguma coisa no senhor, enfim, digamos, mais difícil. O senhor tem fama de ser muito depressivo. Eu achava que bebia muito mais, por exemplo...

— Sim... — O romancista estudava novamente a carta de vinhos com atenção. — Se optar pelo pernil de cordeiro, teremos que escolher outra coisa depois; talvez outro, um argentino? Ora, foram os jornalistas que me pespegaram a fama de beberrão; o curioso é que nenhum deles nunca se tocou que, se eu bebia tanto na presença deles, era unicamente para conseguir suportá-los. Como aguentar uma conversa com um pulha como Jean-Paul Marsouin sem estar calibrado? Como encontrar alguém que trabalha para *Marianne* ou *Le Parisien Libéré* sem ser tomado pela vontade de encher a cara imediatamente? De toda forma, a imprensa é de uma estupidez e um conformismo insuportáveis, não acha? —insistiu.

— Não sei, para falar a verdade, não a leio.

— Nunca abriu um jornal?

— Sim, provavelmente... — respondeu Jed, com boa vontade, mas na realidade não tinha nenhuma lembrança disso; conseguia visualizar pilhas de *Figaro Magazine* dispostas sobre uma mesa de centro, na sala de espera de seu dentista; mas fazia muito tempo que seus problemas dentais estavam resolvidos. Em todo caso, nunca *sentira necessidade* de comprar um jornal. Em Paris, a atmosfera é saturada de informação e, querendo ou não, tomamos conhecimento das manchetes nas bancas de jornais, ouvimos as conversas na fila do supermercado. Quando viajara ao Creuse para o enterro da avó, dera-se conta de que a densidade atmosférica de informação diminuía perceptivelmente conforme a capital se afastava; e, de modo mais geral, que as coisas humanas perdiam sua importância, gradativamente tudo sumia, afora as plantas.

— Vou escrever o catálogo de sua exposição — prosseguiu Houellebecq. — Mas tem certeza de que é uma boa ideia para o senhor? Sou realmente detestado pela mídia francesa, imagine, a um ponto inacreditável; não se passa uma semana sem que eu seja vituperado por essa ou aquela publicação.

— Sei disso, pesquisei na internet antes de vir.

— Associando-se a mim, não tem medo de se queimar?

— Conversei com meu galerista; ele acha que isso não tem nenhuma importância. Não visamos o mercado francês, no caso dessa exposição. Além disso, nesse momento quase não há compradores franceses para a arte contemporânea.

— Quem está comprando?

— Os americanos. É a novidade de uns dois ou três anos para cá, os americanos estão voltando a comprar, e os ingleses também, um pouquinho. Mas quem predomina são os chineses e os russos.

Houellebecq fitou-o como se pesasse os prós e os contras.

— Logo, se são os chineses e os russos que contam, talvez tenha razão — concluiu. — Desculpe — acrescentou, levantando-se abruptamente —, preciso de um cigarro, não consigo pensar sem tabaco.

Andou até o estacionamento e voltou cinco minutos depois, quando o garçom trazia os pratos. Atacou seu cordeiro Biryani com animação, mas olhou com desconfiança para o prato de Jed.

— Tenho certeza de que botaram molho de hortelã no seu pernil... — comentou. — Nesse aspecto, não podemos fazer nada, é a influência inglesa. Entretanto, os ingleses também colonizaram o Paquistão. Mas aqui é pior, eles se misturaram aos autóctones. — O cigarro visivelmente lhe fizera bem. — Essa exposição é muito importante para o senhor, certo? — prosseguiu.

— Importantíssima. Tenho a impressão de que, depois que comecei minha série das profissões, ninguém compreende mais aonde quero chegar. Alegando que faço pintura sobre tela, ou mesmo essa forma particularmente datada que é a pintura a óleo, sempre me classificam numa espécie de movimento que preconiza o retorno à pintura, quando na verdade não conheço essas pessoas, não sinto a menor afinidade com elas.

— Está acontecendo um retorno à pintura, neste momento?

— Mais ou menos; enfim, é uma das tendências. Retorno à pintura, ou à escultura, enfim, retorno ao objeto. Mas, na minha opinião, é basicamente por causas comerciais. Um objeto é mais fácil de estocar e de vender do que uma instalação, ou do que uma performance. Para falar a verdade, nunca fiz performances, mas tenho a impressão de ter algo em comum com esse tipo de coisa. Quadro após quadro, vou tentando construir um espaço artificial, simbólico, em que eu possa representar situações que tenham um sentido para o conjunto.

— É um pouco o que o teatro procura fazer também. Com a diferença de que o senhor não é obcecado pelo corpo... A propósito, declaro que é algo tranquilizador...

— Não; aliás, isso está entrando um pouco também, essa obsessão pelo corpo. Enfim, no teatro ainda não, mas nas artes visuais, sim. O que faço, em todo caso, situa-se inteiramente no social.

— Bom, percebo... Já sei mais ou menos o que posso fazer. Para quando precisa do texto?

— A inauguração da exposição está programada para maio, mas precisaríamos do texto do catálogo até o fim de março. Dou-lhe dois meses.

— Não é muito.

— Não precisa ser muito extenso. Cinco ou dez páginas, estará ótimo. Se quiser fazer mais, pode fazer, é claro.

— Vou tentar... Enfim, a culpa é minha, eu deveria ter respondido a seus e-mails antes.

— Quanto à remuneração, repito, pensamos em 10 mil euros. Franz, meu galerista, falou que, em vez disso, eu poderia propor um quadro, mas acho um pouco constrangedor, seria uma situação delicada para o senhor recusar. Portanto, a priori, vamos dizer 10 mil euros, mas, se preferir um quadro, não há problema.

— Um quadro... — disse, sonhadoramente, Houellebecq. — Em todo caso, parede é o que não falta para pendurá-lo. É a única coisa que tenho de verdade na vida: paredes.

III

Ao meio-dia, Jed precisou liberar o quarto no hotel; seu voo para Paris partia apenas às 7h10. Embora fosse domingo, o centro comercial ao lado do hotel estava aberto; comprou uma garrafa de uísque local, a mulher no caixa se chamava Magda e perguntou se ele tinha o cartão de fidelidade Dunnes Store. Circulou por alguns minutos pelos corredores imaculados, cruzando com grupos de jovens que saíam de uma lanchonete para uma lan house. Após tomar um suco de laranja-kiwi-morango no Ronnies Rocket, Jed estimou já saber o suficiente sobre o Skycourt Shopping Center e pediu um táxi para o aeroporto; passava um pouco de 1 da tarde.

O Estuary Café tinha as mesmas características de sobriedade e de amplitude que notara no restante do edifício: as mesas retangulares, em madeira escura, eram bastante espaçosas, bem mais do que num restaurante de luxo atual e decerto concebidas para seis pessoas sentadas confortavelmente. Jed lembrou então que os anos 1950 coincidiam com um *baby boom*.

Pediu uma salada Coleslaw light e um frango Korma, acomodou-se numa das mesas, acompanhando a refeição com pequenos goles de uísque enquanto estudava a programação dos voos no saguão de embarque do aeroporto de Shannon. Não havia voos para nenhuma capital da Europa ocidental, exceto para Paris e Londres, respectivamente pela Air France e pela British Airways. Em contrapartida, não eram menos de seis os voos com destino à Espanha e às Canárias: Alicante, Gérone, Fuerteventura, Málaga, Reus e Tenerife. Todos esses voos eram operados pela Ryanair. A companhia *low cost* cobria também seis cidades da Polônia: Cracóvia, Gdansk, Katowice, Lodz, Varsóvia e Wroclaw. No jantar da véspera, Houellebecq lhe dissera que havia uma profusão de imigrantes poloneses na Irlanda, era um país que eles escolhiam preferencialmente a qualquer outro, sem dúvida por causa de sua reputação, bem ou mal claramente forjada, de santuário do catolicismo. Assim, o liberalismo redesenhava a geografia do mundo em função das expectativas da clientela, não importando se esta se deslocava para se dedicar ao turismo ou para ganhar a vida. À superfície plana, isométrica do mapa-múndi sucedia uma topografia anômala, onde Shannon estava mais próxima de Katowice que de Bruxelas, de Fuerteventura que de Madri. No caso da França, os dois aeroportos escolhidos pela Ryanair eram Beauvais e Carcassonne. Tratava-se de duas destinações particularmente turísticas? Ou se tornaram turísticas pelo simples fato de a Ryanair as ter escolhido? Meditando sobre o poder e a topologia do mundo, Jed acabou cochilando.

Estava no meio de um espaço branco, aparentemente ilimitado. Não se distinguia a linha do horizonte, o piso branco fosco confundia-se, bem ao longe, com um céu uniformemente branco. Na superfície do solo, viam-se, irregularmente dispostos, espalhados aqui e ali, blocos de texto com letras pretas formando ligeiros relevos; cada um dos blocos podia comportar umas cinquenta palavras. Jed compreendeu, então, que se encontrava dentro de um livro e se perguntou se aquele livro contava a história de sua vida. Debruçando-se sobre os blocos que encontrava pelo caminho, a princípio teve a impressão de que sim: reconhecia nomes como Olga, Geneviève; mas nenhuma informação precisa podia ser extraída dali, a maioria das palavras estava apagada ou furiosamente riscada, ilegível, surgindo novos nomes, que não lhe evocavam absolutamente nada. Impossível, igualmente, definir qualquer dimensão temporal: progredindo em linha reta, encontrou por diversas vezes o nome de Geneviève, reaparecendo após o de Olga — ao passo que tinha certeza, certeza absoluta, de que nunca teria oportunidade de rever Geneviève, embora Olga talvez ainda fizesse parte de seu futuro.

Foi despertado pelos alto-falantes anunciando o embarque para Paris. Assim que chegou ao boulevard de l'Hôpital, telefonou para Houellebecq — que, mais uma vez, atendeu quase imediatamente.

— Pronto — disse Jed —, refleti. Em vez de lhe dar um quadro, gostaria de fazer seu retrato e depois presenteá-lo com ele.

Esperou; na outra ponta da linha, Houellebecq mantinha o silêncio. Jed piscou; a iluminação do ateliê era agressiva. No centro da sala, o chão ainda estava atravancado pelos retalhos do que sobrara de *Damien Hirst e Jeff*

Koons dividem entre si o mercado de arte. Como o silêncio se prolongava, Jed acrescentou:

— Isso não anularia sua remuneração; viria além dos 10 mil euros. Quero muito fazer seu retrato. Nunca representei um escritor, sinto que devo fazê-lo.

Houellebecq se mantinha calado, e Jed começou a se preocupar; então, finalmente, após pelo menos três minutos de silêncio, com uma voz terrivelmente empastada pelo álcool, ele respondeu:

— Não sei. Não me sinto capaz de posar por horas a fio.

— Ah, mas isso não tem importância! Hoje em dia não existem mais sessões de pose, ninguém mais aceita, as pessoas são todas assoberbadas ou imaginam ou fingem sê-lo, não faço ideia, mas não conheço absolutamente ninguém que aceite permanecer imóvel durante uma hora. Não, se eu fizer seu retrato, dou um pulo aí e bato umas fotos. Muitas fotos: fotos gerais, mas também do lugar onde trabalha, de seus instrumentos de trabalho. Ah, e fotos de detalhes de suas mãos, da textura de sua pele. Depois me viro com tudo isso.

— Bom... — respondeu o escritor sem entusiasmo. — Pode ser.

— Tem um dia, uma semana especial em que estará livre?

— Não exatamente. Não faço nada a maior parte do tempo. Telefone quando estiver pensando em vir. Boa noite.

Na manhã seguinte, na primeira hora, Jed ligou para Franz, que reagiu com entusiasmo, sugerindo-lhe que passasse de imediato na galeria. Rejubilava-se, esfregava literalmente as mãos, Jed raramente o vira tão excitado.

— Agora pisamos em terreno firme... E garanto que isso vai causar impacto. Já podemos até escolher a assessora de imprensa. Eu havia pensado em Marylin Prigent.

— Marylin?

— Conhece?

— Conheço, foi ela quem cuidou da minha primeira exposição, lembro-me perfeitamente dela.

Curiosamente, Marylin estava melhor mais velha. Emagrecera um pouco, cortara o cabelo bem curtinho — com cabelos foscos e espetados como os seus, era a única coisa a fazer, disse ela, terminara resignando-se a seguir os conselhos das revistas femininas —, vestia calças compridas e uma jaqueta de couro bem justas, uma dentro da outra, e seu visual era o de uma falsa lésbica intelectual capaz eventualmente de seduzir rapazes de temperamento mais para o passivo. Na realidade, lembrava um pouco Christine Angot — mais simpática, apesar de tudo. E, por fim, o mais importante: conseguira se livrar daquela fungação renitente que lhe era peculiar.

— Foram anos — disse ela. — Passei férias me submetendo a tratamentos em todas as estâncias termais imagináveis, mas finalmente descobri um método. Uma vez por semana, faço inalações com enxofre, e funciona; enfim, não voltou até o momento.

Sua própria voz estava mais alta, mais clara, e agora ela falava de sua vida sexual com uma sem-cerimônia que estarreceu Jed. Quando Franz a elogiou pelo bronzeado, ela respondeu que passara as férias de inverno na Jamaica.

— Trepei adoidado — acrescentou —, porra, os caras são geniais.

Ele abaixou as sobrancelhas, surpreso, mas, desconversando, ela tirara da bolsa — agora uma bolsa elegante, da grife Hermès, em couro bege — um grosso caderno azul com espiral.

— Bem, isso foi uma coisa que não mudou — disse a Jed, sorrindo. — Continuo sem agenda eletrônica... Mas não pense que não me modernizei. — Puxou um pen drive do bolso interno da jaqueta. — Aqui tenho todos os artigos, escaneados, de sua exposição Michelin. Vai nos ajudar muito.

Franz balançou a cabeça, dirigindo-lhe um olhar impressionado, incrédulo.

Ela se jogou para trás no assento e se alongou.

— Tentei acompanhar um pouco o que você fazia... — disse a Jed. Passara a tratá-lo como você, outra novidade. — Acho que fez muito bem em não expor antes, a maioria dos críticos não perceberia sua guinada; — não estou nem falando de Pépita Bourguignon, de qualquer forma ela nunca entendeu nada do seu trabalho.

Acendeu uma cigarrilha — outra novidade — antes de prosseguir:

— Como você não expôs, eles não precisaram se pronunciar. Se tiverem que fazer uma boa crítica agora, não terão a impressão de se desdizer. Mas, é verdade, nesse ponto concordo com você, precisamos desde já colocar o foco nas revistas anglo-saxãs, e é nisso que o nome de

Houellebecq pode nos ajudar. Que tiragem planejou para o catálogo?

— Quinhentos exemplares — disse Franz.

— Não é suficiente; faça mil. Preciso de trezentos só para a divulgação na imprensa. E autorizaremos a reprodução de excertos, mesmo bastante extensos, um pouco por toda parte; teremos que ver com Houellebecq ou Samuelson, o agente dele, para que não criem dificuldades. Franz me contou o lance do retrato de Houellebecq. É realmente uma bela ideia. Além do mais, no momento da exposição será sua obra mais recente; isso é excelente, estou convencida de que vai gerar um grande impacto extra no negócio.

— Essa moça é determinada... — observou Franz depois que ela se foi. — Eu a conhecia de nome, mas nunca tinha trabalhado com ela.

— Ela mudou muito — disse Jed. — Quer dizer, no plano pessoal. Profissionalmente, em contrapartida, nem um pingo. Seja como for, é impressionante como as pessoas dividem suas vidas em duas partes incomunicáveis, que não interagem absolutamente uma com a outra. Acho espantoso como fazem isso tão bem.

— É verdade, você se dedicou de corpo e alma ao trabalho... à profissão das pessoas — prosseguiu Franz, após se instalarem no Chez Claude. — Muito mais do que qualquer outro artista que eu conheça.

— O que define um homem? Qual é a pergunta que fazemos em primeiro lugar a um homem, quando desejamos saber quem ele é? Em certas sociedades, perguntam-lhe primeiro se é casado, se tem filhos; nas nossas sociedades, a primeira pergunta é sobre a profissão. É o lugar no processo de produção, e não seu status como reprodutor, que define primordialmente o homem ocidental.

Franz esvaziou em pequenos goles, pensativamente, sua taça de vinho.

— Espero que Houellebecq faça um bom texto — disse, finalmente. — É uma grande tacada que estamos arriscando, você sabe. É muito difícil fazer com que aceitem uma trajetória artística tão radical quanto a sua. E não apenas isso, acho que é nas artes plásticas que temos mais chances. Na literatura, na música, é simplesmente impossível se desviar do curso, o linchamento é certo. Por outro lado, se você faz sempre a mesma coisa, é acusado de se repetir e de estar decadente, mas, se muda, é acusado de atirar para tudo que é lado. Sei que, no seu caso, há um sentido em voltar tanto à pintura quanto à representação de seres humanos. Eu seria incapaz de dizer qual, e provavelmente você também; mas sei que não é gratuito. Mas isso é mera intuição, e não basta para gerar matérias na imprensa, temos que produzir um discurso teórico qualquer. E isso, não sou capaz de fazer; nem você.

Nos dias seguintes, tentaram definir um percurso, uma ordem de apresentação das peças, decidindo-se finalmente pela simples ordem cronológica. O último quadro, então, seria *Bill Gates e Steve Jobs discutem o futuro da informática*, com um espaço reservado para o retrato de Houellebecq, a ser executado. No final de semana, Jed tentou falar com o escritor, mas dessa vez ele não atendeu, e não tinha secretária eletrônica. Após algumas incertas em horários variados, enviou-lhe um e-mail; depois, um segundo, e um terceiro, alguns dias mais tarde, sempre sem resposta.

No fim de duas semanas, Jed começou a se preocupar de verdade, e multiplicou as mensagens de celular e os e-mails. Houellebecq terminou por retornar a ligação. Sua voz estava átona, quase morta.

— Sinto muito — disse —, estou passando por alguns problemas pessoais. Enfim, pode vir fazer as fotos.

IV

O voo que partia de Beauvais à 1h25 da tarde, com chegada a Shannon no dia seguinte, estava em oferta por 4,99 euros, no site Ryanair.com, e Jed pensou, primeiro, que se tratava de um erro. Avançando até a janela de reservas, constatou que havia despesas, taxas complementares; o preço final subia para 28,01 euros, o que continuava módico.

Uma linha fazia o percurso entre a porta Maillot e o aeroporto de Beauvais. Ao entrar no ônibus, observou que havia sobretudo jovens, provavelmente estudantes, saindo ou chegando de férias — era fevereiro. Aposentados também, e algumas mulheres árabes, acompanhadas de crianças. Na realidade, tinha um pouco de tudo, exceto membros ativos, produtivos, da sociedade. Ao mesmo tempo, constatou que se sentia à vontade naquele veículo, que lhe dava a sensação de sair de férias — enquanto da última vez, no voo da Air France, tivera a impressão de *viajar a trabalho*.

Deixando para trás os subúrbios desfavorecidos ou residenciais que se estendem ao norte de Paris, o ônibus avançou rapidamente, através dos campos de trigo e de beterrabas, por uma autoestrada quase deserta. Corvos solitários, enormes, atravessavam a atmosfera cinzenta.

Ninguém falava à sua volta, até as crianças estavam calmas, e, pouco a pouco, Jed se sentiu invadido por uma espécie de paz.

Fazia dez anos, pensou; dez anos durante os quais trabalhara de maneira obscura, demasiado solitária, em suma. Trabalhando por conta própria, sem jamais mostrar seus quadros a alguém — à exceção de Franz, que, por sua vez, promovia, ele sabia, discretas apresentações privadas, sem jamais lhe prestar contas dos resultados —, não comparecendo a nenhum vernissage, a nenhum debate e a quase nenhuma exposição, Jed escorregara pouco a pouco, ao longo dos últimos anos, para fora do status de artista profissional. Imperceptivelmente, aos olhos do mundo e em certa medida até aos seus próprios olhos, transformara-se num *pintor de domingo*. Aquela exposição iria jogá-lo bruscamente de novo no meio, no circuito, e ele se perguntou se era mesmo o que queria. Provavelmente tanto quanto queremos, à primeira vista, mergulhar no mar frio e agitado da costa bretã — a despeito de saber que, após nadar poucos metros, acharemos delicioso e revigorante o frescor das ondas.

À espera do embarque nos bancos do pequeno aeroporto, Jed abriu o manual de instruções da câmera fotográfica que comprara na véspera, na Fnac. A Nikon D3x, que ele tinha o hábito de usar para as fotos preparatórias de seus retratos, pareceu-lhe exageradamente imponente, profissional. Houellebecq tinha a reputação de alimentar um ódio empedernido pelos fotógrafos; estimara que uma câmera mais lúdica, mais familiar, seria mais apropriada.

De cara, a Samsung parabenizava-o, não sem certa ênfase, por ter escolhido o modelo ZRT-AV2. Nem a Sony nem a Nikon teriam pensado em parabenizá-lo: eram empresas demasiado arrogantes, bitoladas em seu profissionalismo, a menos que se tratasse da arrogância típica dos japoneses; seja como for, aquelas prósperas companhias japonesas eram intragáveis. Em seus manuais, por sua vez, os alemães procuravam estimular a ficção de uma escolha pensada, fiel, e ler o manual de instruções de um Mercedes continuava a ser um prazer real; porém, no aspecto da relação custo-benefício, a ficção encantada, a social-democracia dos gremlins, perdera-se por completo. Os suíços resistiam, bem como sua política de preços radicais, capaz de seduzir alguns. Em determinadas circunstâncias, Jed cogitara comprar um produto suíço, quase sempre uma câmera Alpa, e, em outra ocasião, um relógio de pulso; a diferença de preço, de um para cinco comparado a um produto normal, desanimara-o rapidamente. Com certeza, a melhor maneira de um consumidor *divertir-se* naqueles anos 2010 era se voltar para um produto coreano: nos automóveis, Kia e Hyundai; nos eletrônicos, LG e Samsung.

O modelo Samsung ZRT-AV2 aliava, segundo a introdução do manual, as inovações tecnológicas mais engenhosas — como, por exemplo, a detecção automática de sorrisos — à lendária facilidade de manuseio que definiu a reputação da marca.

Após aquele trecho lírico, o restante era mais prático, e Jed folheou rapidamente, procurando apenas marcar as informações essenciais. Era visível que um otimismo ponderado, amplo e federativo presidira a concepção do produto. Frequente nos objetos tecnológicos modernos, essa tendência não era, porém, uma fatalidade. Em vez, por exemplo, dos programas "FOGOS DE ARTIFÍCIO", "PRAIA", "BEBÊ1" e "BEBÊ2" oferecidos pela câmera em modo de cena, poderíamos perfeitamente encontrar "ENTERRO", "DIA DE CHUVA", "VELHO1" e "VELHO2".

Por que "BEBÊ1" e "BEBÊ2"?, interrogou-se Jed. Reportando-se à página 37 do manual, compreendeu que aquela função permitia ajustar as datas de nascimento de dois bebês diferentes, a fim de integrar suas idades nos parâmetros eletrônicos acoplados às fotos. Outras informações eram fornecidas à página 38: aqueles programas, afirmava o manual, foram concebidos para restituir a pele "saudável e viçosa" dos bebês. Na realidade, os pais provavelmente se decepcionariam se porventura, em suas fotografias de aniversário, BEBÊ1 e BEBÊ2 aparecessem com o rosto enrugado, amarelecido; mas Jed não conhecia bebês pessoalmente; não teria mais oportunidade para usar o programa "ANIMAL DE ESTIMAÇÃO" e tampouco o programa "FESTA"; enfim, aquela câmera não era feita para ele.

Uma chuvinha persistente caía sobre Shannon, e o taxista era um imbecil mal-intencionado. "*Gone for holidays?*", indagou, como se gozasse antecipadamente com seu desapontamento. "*No, working*", respondeu Jed, que não queria dar-lhe essa alegria, mas o sujeito, visivelmente, não acreditou. "*What kind of job you're doing?*", insistiu, subentendendo claramente pela entonação que julgava improvável que o encarregassem de qualquer trabalho que fosse. "*Photography*", responde Jed. O sujeito fungou, rendendo-se.

Tamborilou durante ao menos dois minutos na porta, fustigado pela chuva, antes que Houellebecq viesse abri-la. O autor de *As partículas elementares* vestia um pijama cinza listrado que o deixava parecido com um presidiário de novela de tevê; seus cabelos estavam desgrenhados e sujos; seu rosto, vermelho, quase um pimentão; e ele fedia um pouco. A incapacidade de cuidar da própria higiene é um dos sintomas mais claros da instalação de um estado depressivo, lembrou-se Jed.

— Desculpe invadir sua casa, sei que isso não pega muito bem, mas estou impaciente por trabalhar no seu retrato... — disse, e Houellebecq produziu um sorriso que esperava ser *desconcertante*. "*Sorriso desconcertante*" é uma expressão que ainda encontramos em certos romances, devendo, portanto, corresponder a uma realidade qualquer. Mas Jed não se sentia, para azar seu, suficientemente ingênuo para ser *desconcertado* por um sorriso; e, desconfiava, tampouco Houellebecq. Enquanto isso o autor de *Sens du combat* recuou 1 metro, justo o suficiente para que ele pudesse se proteger da chuva, sem, porém, dar-lhe realmente acesso ao interior.

— Trouxe uma garrafa de vinho. Uma boa garrafa...! — exclamou Jed, com um entusiasmo um tanto artificial, um pouco como oferecemos balas às crianças, enquanto a retirava de sua bolsa de viagem. Era um Château Ausone 1986, que, em todo caso, custara-lhe 400 euros: uma dúzia de voos Paris-Shannon pela Ryanair.

— Uma garrafa só? — perguntou o autor de *Em busca da felicidade*, espichando o pescoço para o rótulo. Fedia um pouco, embora menos que um cadáver; as coisas poderiam ser piores, afinal. Então, sem uma palavra, deu-lhe as costas, após ter se apossado da garrafa; Jed interpretou a atitude como um convite.

Ao que se lembrava, da última vez o cômodo principal, o *living*, estava vazio; agora, contava com uma cama e um televisor.

— É — disse Houellebecq —, depois da sua vinda, me dei conta de que o senhor era o primeiro visitante a voltar a esta casa, e que provavelmente seria o último. Então, disse comigo, para que manter uma sala de visitas de fachada? Por que simplesmente não instalar meu quarto no cômodo principal? Afinal, passo a maior parte dos meus dias deitado; quase sempre como na cama, vendo desenhos na Fox TV; não é como se eu organizasse *jantares*.

Pedaços de torrada e fiapos de mortadela se espalhavam efetivamente pelos lençóis, manchados de vinho e queimados em vários pontos.

— Enfim, vamos para a cozinha... — sugeriu o autor de *Renascença*.

— Vim para fazer as fotos.

— Sua câmera fotográfica não funciona em cozinhas?

— Reincidi... Reincidi nos embutidos — prosseguiu, sombriamente, Houellebecq. Com efeito, a mesa estava apinhada de embalagens de linguiça, mortadela, patê de campanha. Estendeu um saca-rolhas a Jed e, tão logo a garrafa foi aberta, esvaziou uma primeira taça de um trago, sem inalar o *bouquet* do vinho, sem sequer entregar-se a um simulacro de degustação. Jed fez uma dúzia de closes, tentando variar os ângulos.

— Eu gostaria muito de ter umas fotos suas no seu escritório... onde o senhor trabalha.

O escritor emitiu um resmungo pouco entusiasta, mas se levantou e precedeu-o num corredor. As caixas de mudança empilhadas ao longo das paredes pareciam continuar fechadas. Ele criara barriga desde a última vez, mas seu pescoço e seus braços continuavam descarnados; parecia uma velha tartaruga doente.

O escritório era um aposento amplo e retangular, com as paredes despojadas, praticamente vazio, à exceção de três mesas de jardim, de plástico verde-garrafa, alinhadas na parede. Sobre a mesa central achavam-se um iMac 24 polegadas e uma impressora a laser Samsung; folhas de papel, impressas ou manuscritas, cobriam as outras mesas. O único luxo era uma poltrona giratória de encosto alto, equipada com rodinhas, em couro preto.

Jed tirou algumas fotos do conjunto do aposento. Vendo-o aproximar-se das mesas, Houellebecq teve um sobressalto nervoso.

— Não se preocupe, não vou olhar seus manuscritos, sei que detesta isso. Ainda assim... — Refletiu por um instante. — Gostaria de ver o aspecto de suas anotações, de suas emendas.

— Prefiro que não.

— Não vou olhar o conteúdo, imagine. É só para fazer uma ideia da geometria do conjunto, prometo que, no quadro, ninguém reconhecerá as palavras.

Ressabiado, Houellebecq puxou algumas folhas. Havia muito poucas rasuras, mas incontáveis asteriscos ao longo do texto, dos quais saíam setas que conduziam a outros blocos de texto, uns na margem, outros em folhas avulsas. No interior desses blocos toscamente retangulares, novos asteriscos remetiam a novos blocos, formando como que uma arborescência. A letra era deitada, quase ilegível. Houellebecq não desgrudou os olhos de Jed durante todo o tempo em que ele fotografava e suspirou, com visível alívio, quando ele se afastou da mesa. Ao deixar o cômodo, fechou ciosamente a porta atrás de si.

— Não é o texto sobre o senhor, ainda não o comecei — disse ele , retornando à cozinha. — É um prefácio para uma reedição de Jean-Louis Curtis para a Omnibus, que preciso entregar. Aceita uma taça de vinho? — Falava com um entusiasmo exagerado agora, sem dúvida para fazer esquecer a frieza inicial da acolhida. O Château Ausone estava quase no fim. Com um gesto largo, ele abriu um armário, revelando umas quarenta garrafas.

— Argentina ou Chile?

— Chile, para variar.

— Jean-Louis Curtis está completamente esquecido nos dias de hoje. Escreveu uns quinze romances, contos, uma antologia de pastiches extraordinária... *La France m'épuise* contém, na minha opinião, os pastiches mais bem-sucedidos da literatura francesa; suas imitações de Saint-Simon e Chateaubriand são perfeitas; sai-se muito bem igualmente com Stendhal e Balzac. E, a despeito disso, não sobrou nada hoje, ninguém mais o lê. O que é injusto, era inclusive um bom autor, num gênero um tanto conservador, um tanto clássico, mas procurava fazer honestamente seu trabalho. Acho *La Quarantaine* um livro muito bem realizado. Há uma nostalgia autêntica, uma sensação de perda na passagem da França tradicional para o mundo moderno, é totalmente possível reviver esse momento ao lê-lo; raramente ele é caricato, salvo, às vezes, em determinados personagens de padres esquerdistas. E, depois, *Un jeune couple* é um livro bastante surpreendente. Abordando exatamente o mesmo tema de Georges Perec em *As coisas*, consegue não ser ridículo na comparação, o que já não é pouca coisa. Evidentemente não tem o virtuosismo de Perec, mas quem teve, no seu século? Também podemos nos admirar ao vê-lo assumir a causa dos jovens, das tribos de hippies que, parece, atravessavam a Europa na época, mochila nas costas, repudiando a "sociedade de consumo", como se dizia então; seu repúdio à sociedade de consumo é, no entanto, tão veemente quando o deles, além de repousar em bases infinitamente mais sólidas, como não se cansou de mostrar. Inversamente, Georges Perec aceita a sociedade de consumo, considera-a, pertinentemente, como o único horizonte possível, suas considerações sobre a felicidade de Orly são, a meu ver, plenamente convincentes. No fundo, foi por um equívoco completo que catalogaram Jean-Louis Curtis como *reacionário*; é apenas um bom autor um pouco triste, convencido de que a humanidade não pode mudar, nem para melhor nem para pior. Um apaixonado pela Itália, com plena consciência da crueldade do olhar latino sobre o mundo. Enfim, não sei por que estou lhe contando isso, você está se lixando para Jean-Louis Curtis, está errado, aliás, isso deveria interessá-lo, também sinto no senhor uma nostalgia do mundo moderno, da época em que a França era um país industrial, estou enganado? — Tirou da geladeira linguiça, salame, pão preto.

— É verdade — respondeu Jed, após um longo tempo de reflexão. — Sempre gostei dos produtos industriais. Nunca teria pensado em fotografar, por exemplo, um salame. — Estendeu a mão para a mesa, desculpou-se imediatamente. — Quero dizer, está ótimo, não é isso, mas para comer... Para fotografar, não. Há irregularidades de origem orgânica, essas varizes de gordura diferentes de uma fatia para a outra. É um tanto... desanimador.

Houellebecq balançou a cabeça, abrindo os braços como se entrasse num transe tântrico — estava, mais provavelmente, bêbado, e tentava se manter em equilíbrio no banquinho alto da cozinha sobre o qual se encarapitara. Quando retomou a palavra, sua voz era doce, profunda, cheia de uma emoção ingênua.

— Na minha vida de consumidor — falou —, conheci três produtos perfeitos: os sapatos Paraboot Marche, a dupla laptop-impressora Canon Libris, a parca Camel Legend. Amei esses produtos, com paixão, teria passado minha vida diante deles, recomprando regularmente, à medida do desgaste natural, produtos idênticos. Uma relação perfeita e fiel se estabelecera, transformando-me num consumidor feliz. Eu não era feliz em nada, sob qualquer ponto de vista, na vida, mas ao menos tinha isso: podia, a intervalos regulares, comprar um par dos meus sapatos prediletos. É pouco, mas é muito, sobretudo quando se tem uma vida íntima para lá de indigente. Pois bem, essa alegria, essa alegria simples me foi confiscada. Meus produtos favoritos, depois de anos, sumiram das prateleiras, pura e simplesmente pararam de fabricálos; e, no caso da minha pobre parca Camel Legend, sem dúvida a mais bela parca jamais fabricada, viveu apenas uma estação... — Começou a chorar, lentamente, gotas graúdas, e serviu-se outra taça de vinho. — É brutal, cá entre nós, é terrivelmente brutal. Enquanto as espécies animais mais insignificantes levam milhares, às vezes milhões de anos para desaparecer, os produtos manufaturados são extintos da superfície do globo em questão de dias, jamais recebem uma segunda chance, só lhes resta sofrer, impotentes, o ultimato irresponsável e fascista dos responsáveis pelas linhas de produtos que sabem naturalmente, melhor que qualquer um, o que o consumidor quer, que pretendem captar uma *expectativa por novidade* no consumidor, que não fazem, na realidade, mais que transformar sua vida numa busca esfalfante e desesperada, num eterno périplo através de produtos sucateados perpetuamente modificados.

— Entendo o que quer dizer — interveio Jed —, sei de muita gente que ficou arrasada quando suspenderam a fabricação da Rolleiflex com dupla objetiva. Mas então, talvez... Talvez o melhor seja reservar sua confiança e seu amor para os produtos caros, que se beneficiam de um status mítico. Não consigo imaginar, por exemplo, a Rolex interrompendo a produção do Oyster Perpetual Day-Date.

— O senhor é jovem... Muito jovem... A Rolex fará como as outras. — Pegou três rodelas de salaminho, acomodou-as sobre um pedaço de pão, engoliu tudo junto e serviu-se outra taça de vinho. — O senhor me dizia que acabou de comprar uma câmera nova... Mostre-me o prospecto.

Percorreu durante dois minutos o manual da Samsung ZRT-AV2, balançando a cabeça como se cada uma das linhas confirmasse suas sombrias previsões.

— Exatamente... — disse, por fim, devolvendo-lhe o papel. — É um belo produto, um produto moderno; pode gostar dele. Mas deve saber que dentro de um, dois anos no máximo, ele será substituído por um novo produto, com características supostamente aprimoradas. Nós também somos produtos... — prosseguiu —, produtos culturais. Também alcançaremos a obsolescência. O funcionamento do dispositivo é idêntico, com a ressalva de que, em geral, não há melhoria técnica ou funcional evidente; subsiste apenas a exigência da novidade em estado puro. Mas são bagatelas, bagatelas... — emendou prontamente.

Pôs-se a cortar um segundo salame, depois, com a faca na mão, interrompeu-se para entoar numa voz poderosa: "Amar, rir e cantar..." Com um gesto largo, esbarrou na garrafa de vinho, que se espatifou no ladrilho.

— Vou limpar — interveio Jed, levantando-se de um pulo.

— Não, deixe, não é grave.

— É sim, há cacos de vidro, poderíamos nos cortar. Tem um pano de chão? — Olhou à sua volta, Houellebecq balançava a cabeça sem responder. Num canto, percebeu uma vassourinha e uma pá de plástico.

— Vou abrir outra garrafa — declarou o escritor. Levantou-se e atravessou a cozinha em zigue-zague por entre os cacos de vidro, que Jed recolhia da melhor forma que podia.

— Já bebemos muito... Da minha parte, já fiz todas as fotos.

— Vamos, o senhor não vai embora agora! Mal começamos a nos divertir! "Amar, rir e cantar...!" — entoou novamente, antes de descer goela abaixo uma taça de vinho chileno. — Fulcro ranzinza! Biltro! Biltro! — acrescentou, com convicção. De uns tempos para cá, o ilustre escritor contraíra a mania de empregar palavras insólitas, às vezes caducas ou claramente impróprias, quando não eram neologismos infantis tipo capitão Haddock. Seus raros amigos remanescentes, bem como seus editores, toleravam-lhe essa fraqueza, como toleramos quase tudo num velho decadente e cansado.

— É pretensiosa essa ideia sua de fazer meu retrato, realmente pretensiosa...

— Sério? — admirou-se Jed. Acabou de recolher os cacos de vidro, enfiou tudo num saco de lixo especial para entulho (Houellebecq, aparentemente, não possuía outros), sentou-se novamente à mesa e pegou uma fatia de salame.

— Sabe... — prosseguiu ele, sem se abalar —, tenho realmente a intenção de fazer esse quadro. Nos últimos dez anos, tentei representar pessoas pertencentes a todas as camadas da sociedade, do açougueiro de carne de cavalo ao presidente de uma multinacional. Meu único fracasso foi quando tentei representar um artista, mais precisamente Jeff Koons, não sei por quê. Quer dizer, também fracassei com um padre, não soube como abordar o tema, mas no caso de Jeff Koons foi pior, comecei o quadro e fui obrigado a destruí-lo. Não quero ficar nesse fracasso; e, com o senhor, acho que terei êxito. Há alguma coisa no seu olhar, não sei dizer o quê, mas acho que posso transcrevê-lo...

A palavra *paixão* passou como um raio pela cabeça de Jed, e, subitamente, viu-se dez anos antes, por ocasião de seu último fim de semana com Olga. Tinha sido na varanda do castelo de Vault-de-Lugny, no domingo de Pentecostes. A varanda sobranceava o imenso parque, cujas árvores eram agitadas por uma leve brisa. Anoitecia, a temperatura estava idealmente amena, Olga parecia mergulhada na contemplação de sua lagosta prensada, não falava nada havia pelo menos um minuto quando levantou a cabeça, fitou-o nos olhos e lhe perguntou:

— Por acaso você sabe por que agrada às mulheres?

Ele resmungou uma resposta indistinta.

— Porque você agrada às mulheres — insistiu Olga —, suponho que teve oportunidade de notar isso. Tudo bem, você é bonitinho, não é isso, a beleza é quase um detalhe. Não, é outra coisa...

— Fale.

— É muito simples: é porque você tem um olhar intenso. Um olhar apaixonado. E é isso, acima de tudo, que as mulheres procuram. Quando conseguem ler uma energia, uma paixão no olhar de um homem, sentem-se atraídas.

Deixando-o meditar essa conclusão, ela deu um gole no Meursault e provou a entrada.

— Claro — complementou um pouco mais tarde, com uma leve tristeza —, quando essa paixão não se dirige a elas, mas a uma obra artística, elas são incapazes de perceber... quer dizer, no início.

Dez anos mais tarde, considerando Houellebecq, Jed compreendia que no seu olhar, no dele também, havia mesmo algo de alucinado. Possivelmente despertara paixões amorosas, talvez violentas. Sim, por tudo o que sabia sobre as mulheres, não era implausível que uma ou outra pudesse ter se apaixonado por aquele destroço torturado que agora mal equilibrava a cabeça, devorando fatias de patê de campanha, visivelmente alheio a tudo o que pudesse evocar uma relação amorosa, e, possivelmente, toda e qualquer relação humana.

— É verdade, não sinto senão um débil sentimento de solidariedade para com a espécie humana... — disse Houellebecq, como se tivesse adivinhado seus pensamentos. — Eu diria que minha sensação de pertencimento diminui um pouco todos os dias. Por outro lado, gosto muito de seus últimos quadros, apesar de representarem seres humanos. Eles têm alguma coisa... generalizante, eu diria, que vai além do episódico. Enfim, não quero me antecipar ao meu texto, senão não escrevo nada. Na verdade, será que o atrapalho muito se não terminar no fim de março? Não estou realmente em grande forma no momento.

— Não vejo problema. Adiaremos a exposição; esperaremos o tempo que for preciso. O senhor se tornou importante para mim e, além disso, tudo aconteceu muito rápido, nunca um ser humano produziu tal efeito sobre

mim! — exclamou Jed, com uma animação extraordinária. — O que é curioso, fique sabendo... — prosseguiu,
mais serenamente. — De um retratista se espera que en-
fatize a singularidade do modelo, o que faz dele um ser
humano único. E é o que faço, em certo sentido, mas, de
outro ponto de vista, tenho a impressão de que as pessoas
se parecem muito mais do que se diz por aí, sobretudo
quando faço as junções, os maxilares, tenho a impressão
de repetir os motivos de um quebra-cabeça. Sei claramente que os seres humanos são o assunto do romance, da
great occidental novel, um dos grandes temas da pintura
também, mas não posso evitar de pensar que as pessoas
são muito menos diferentes entre si do que acreditamos
em geral. Que há complicações demais na sociedade, dis-
tinções demais, categorias...

— Sim, é um pouco *bizantino* — concordou, com boa
vontade, o autor de *Plataforma*. — Mas o senhor não me
passa a impressão de ser um retratista de verdade. O retrato de Dora Maar por Picasso, que interesse tem isso?
Seja como for, Picasso é feio, pinta um mundo horrivel-
mente deformado porque sua alma é horrível, isso é tudo
o que podemos encontrar para dizer de Picasso, não há
nenhuma razão para continuar a promover a exibição de
suas telas, ele nada tem para contribuir, nele não existe
luz, não existe inovação na organização das cores ou das
formas, em suma, não há em Picasso absolutamente nada
que mereça ser assinalado, apenas uma grande burrice e
uma garatuja priápica capaz de seduzir sexagenários donos de polpudas contas bancárias. No caso do retrato de
Ducon, pertencente à Guilda dos Pintores, por Van Dick,

164

a coisa muda de figura: porque não é Ducon que interessa a Van Dick, é a Guilda dos Pintores. Enfim, é o que compreendo nos seus quadros, mas talvez eu me engane por completo, de toda forma, se meu texto não lhe agradar, tudo que tem a fazer é jogá-lo na cesta de lixo. Desculpe, estou ficando agressivo, são as micoses. — Sob o olhar pasmo de Jed, começou a coçar os pés, furiosamente, até que gotas de sangue começassem a aflorar. — Tenho micoses, infecções bacterianas, um eczema atópico generalizado, é uma verdadeira infecção, estou apodrecendo e ninguém dá a mínima, ninguém pode fazer nada por mim, fui vergonhosamente abandonado pela medicina, o que me resta fazer? Me coçar, coçar sem parar, minha vida agora é isso: uma interminável sessão de coceira...

Soergueu-se, então, um pouco aliviado, antes de acrescentar:

— Estou um pouco cansado, acho que vou descansar.

— Claro! — Jed pôs-se imediatamente de pé. — Já lhe sou muito grato por ter me concedido esse tempo todo — concluiu, com a sensação de haver se saído bem.

Houellebecq acompanhou-o até a porta. No último instante, imediatamente antes de Jed se embrenhar na noite, ele lhe disse:

— Veja bem, percebo o que está fazendo, conheço as consequências. O senhor é um bom artista, podemos dizer, sem entrar em maiores detalhes. O resultado é que fui fotografado milhares de vezes, mas, se houver um retrato meu, um que seja, que venha a perdurar nos séculos vindouros, será o seu quadro.

Abriu subitamente um sorriso juvenil e, dessa vez, realmente *desconcertante*.

— Como vê, levo a pintura a sério — disse, fechando a porta em seguida.

V

Jed tropeçou num carrinho, reequilibrou-se por um triz no portal de detecção de objetos metálicos e recuou para reocupar seu lugar na fila. Afora ele, não havia senão famílias, cada uma com duas ou três crianças. À sua frente, um lourinho de cerca de 4 anos gemia, reclamando não se sabia muito bem por quê, e atirou-se bruscamente no chão, berrando e tremendo de fúria; sua mãe trocou um olhar esgotado com o marido, que tentou reerguer o indócil pestinha. É impossível escrever um romance, dissera-lhe Houellebecq na véspera, pela mesma razão que é impossível viver: em razão das inépcias acumuladas. E todas as teorias da liberdade, de Gide a Sartre, não passam de moralismos concebidos por solteirões irresponsáveis. Como eu, acrescentara, atacando sua terceira garrafa de vinho chileno.

Não havia lugares marcados no avião, na hora do embarque tentou se juntar a um grupo de adolescentes, mas foi abordado ao pé da escada metálica — sua bagagem de mão era volumosa, foi obrigado a entregá-la à equipe de bordo — e se viu próximo ao corredor central, espremido entre uma garotinha de 5 anos que se agitava no assento, pedindo balas incessantemente, e uma mulher obesa, com cabelos sem vida, segurando no colo um bebê que se pôs a chorar logo após a decolagem; meia hora mais tarde, foi preciso trocar sua fralda.

Na saída do aeroporto de Beauvais-Tillé, parou, apoio sua bolsa de viagem e respirou lentamente para se recuperar. As famílias sobrecarregadas de carrinhos e crianças se enfiavam no ônibus com destino à porta Maillot. Ao lado, havia um micro-ônibus branco, com amplas superfícies envidraçadas, exibindo a sigla dos Transportes Urbanos de Beauvais. Jed aproximou-se e se informou: era a linha para Beauvais, disse-lhe o motorista; a corrida saía por 2 euros. Pegou um tíquete; era o único passageiro.

— Deixo-o na estação? — perguntou o motorista um pouco mais tarde.

— Não, no centro.

O funcionário dirigiu-lhe um olhar surpreso; o turismo de Beauvais, aparentemente, não parecia de fato se beneficiar das melhorias realizadas no aeroporto. Um esforço fora feito, porém, para criar ruas para pedestres no centro, com a instalação de placas com informações históricas e culturais. Os primeiros vestígios da presença humana no sítio do Beauvais datavam de 65 mil anos antes de nossa era. Acampamento fortificado pelos romanos, a cidade passou a se chamar Caesoromagus, depois Bellovacum, antes de ser destruída, em 275, pelas invasões bárbaras.

Situada numa encruzilhada de rotas comerciais, cercada por plantações de trigo de excelente qualidade, Beauvais conheceu, a partir do século XI, uma prosperidade considerável, e um artesanato têxtil se desenvolveu ali —

os tecidos de Beauvais eram exportados até para Bizâncio. Em 1225, o bispo-conde Milon de Nanteuil lançou o projeto da catedral de São Pedro (três estrelas Michelin, *vale a viagem*), que, inacabada, nem por disso deixa de possuir as abóbadas góticas mais altas da Europa. O declínio de Beauvais, acompanhando o da indústria têxtil, teria início no final do século XII; na verdade, não cessara desde então, e Jed encontrou sem dificuldade um quarto no hotel Kyriad. Julgou, inclusive, ser o único hóspede, até a hora do jantar. Enquanto fisgava sua blanquete de vitela — prato do dia —, viu entrar um japonês sozinho, na casa dos 30 anos, que lançava olhares assustados à sua volta e que se instalou na mesa ao lado.

A sugestão da blanquete de vitela mergulhou o japonês na angústia; ele se decidiu por uma *entrecôte*, que viu chegar alguns minutos mais tarde e na qual tocou tristemente, indeciso, com a ponta do garfo. Jed desconfiou que ele tentaria puxar conversa; foi o que ele fez, em inglês, após ter beliscado algumas batatas fritas. O pobre homem era funcionário da Komatsu, uma fábrica de máquinas-ferramentas que conseguira emplacar um de seus autômatos têxteis de última geração junto à última empresa do setor em atividade no departamento. A programação da máquina emperrara, ele viera para tentar consertá-la. Para um deslocamento daquele tipo, lamentou-se, sua firma costumava designar três ou quatro técnicos, enfim, dois, no mínimo dos mínimos; mas as restrições orçamentárias andavam terríveis, e ele se encontrava sozinho, em Beauvais, face a um cliente furioso e uma máquina com a programação destrambelhada.

Achava-se, com efeito, numa situação espinhosa, concordou Jed. Mas não podia, ao menos, ser assessorado por telefone? *"Time difference"*, disse tristemente o japonês. Talvez, lá pela 1 da manhã, conseguisse falar com alguém no Japão, quando os escritórios abrissem, mas, enquanto isso, estaria sozinho, e sequer havia canais a cabo japoneses disponíveis no seu quarto. Considerou por um instante sua faca na carne, como se pretendesse improvisar um *seppuku*, decidindo-se, por fim, por cortar a *entrecôte*.

No quarto, enquanto assistia a *Thalassa*, sem som, Jed abriu o celular. Franz lhe deixara três mensagens. Atendeu ao primeiro toque.

— Então, como foi?

— Tudo bem. Quero dizer, quase. Só que acho que ele vai atrasar um pouco o texto.

— Ah, não, impossível. Preciso dele até o fim de março, senão não posso imprimir o catálogo.

— Falei para ele — Jed hesitou, foi em frente. — Falei que não tinha problema; que levasse o tempo necessário.

Franz emitiu uma espécie de borborigmo incrédulo, depois se calou antes de retomar a palavra com uma voz tensa, no limite da explosão.

— Escute, precisamos nos encontrar para conversar. Pode passar na galeria agora?

— Não, agora estou em Beauvais.

— Em *Beauvais*? Mas o que está fuçando em *Beauvais*?

— Estou dando uma espairecida. É bom espairecer em Beauvais.

Havia um trem às 8h47 da manhã, e o trajeto até a Gare du Nord levava um pouco mais de uma hora. Às 11 horas, Jed estava na galeria, encarando um Franz desanimado.

— Você não é meu único artista, sabe disso — disse ele, num tom de censura. — Se a exposição não puder ser em maio, serei obrigado a transferi-la para dezembro.

A chegada de Marylin, dez minutos depois, devolveu-lhe um pouco do bom humor.

— Oh, para mim dezembro se encaixa como uma luva — anunciou de cara, antes de emendar com uma jovialidade carnívora: — Isso vai me dar tempo para trabalhar as revistas inglesas; com as revistas inglesas, é bom agir com grande antecedência.

— Bom, então dezembro — resignou-se Franz, cabisbaixo e vencido.

— Sou eu… — começou Jed, erguendo ligeiramente as mãos antes de se interromper. Ia dizer "sou eu o artista", ou uma frase do gênero, com uma ênfase um pouco ridícula, mas voltou atrás e acrescentou simplesmente: — Preciso de tempo para fazer o retrato de Houellebecq também. Quero que seja um bom quadro. Quero que seja meu melhor quadro.

VI

Em *Michel Houellebecq, escritor*, aponta a maioria dos historiadores da arte, Jed Martin rompe com a prática de fundos realistas que caracterizara sua obra ao longo de toda a fase das "profissões". Rompe com dificuldade, e sentimos que essa ruptura lhe custa grandes esforços e que, na medida do possível e por diferentes artifícios, ele procura manter a ilusão de um fundo realista mínimo. No quadro, Houellebecq está em pé, diante de uma mesa tomada por folhas escritas ou começadas. Atrás dele, a uma distância que podemos estimar em 5 metros, a parede branca se encontra inteiramente forrada por folhas manuscritas e justapostas sem qualquer interstício. Ironicamente, apontam os historiadores da arte, na obra em questão Jed Martin parece atribuir enorme importância ao texto, concentrando-se no texto dissociado de todas as referências reais. Ora, todos os historiadores da literatura confirmam que, se Houellebecq gostava, durante o período em que trabalhava, de espetar diversos documentos na parede de seu quarto, tratava-se quase sempre de fotografias, representando os lugares onde ele situava as cenas de seus romances; raramente cenas escritas ou esboçadas. Em todo caso, ao representá-lo em meio a um universo de papel, Jed Martin provavelmente não desejou tomar uma posição sobre a questão do realismo na literatura; tampouco procurou aproximar Houellebecq de uma posição formalista, que este, de qualquer forma, repudiara explicitamente. De maneira mais simples, sem dúvida, foi arrebatado pelo puro fascínio plástico diante da imagem daqueles blocos de texto ramificados, conectados, engendrando-se uns aos outros como um gigantesco pólipo.

Poucas pessoas, de toda forma, no momento da apresentação do quadro, prestaram atenção ao fundo, ofuscado pela incrível expressividade do personagem principal. Captado no instante em que acaba de detectar uma correção a ser efetuada numa das folhas dispostas sobre a escrivaninha à sua frente, o autor parece em estado de transe, possuído por uma fúria que alguns não hesitaram em qualificar de demoníaca; sua mão, empunhando a caneta corretora, traçada com uma ligeira indefinição de movimento, lança-se sobre a folha "com a rapidez de uma cobra lançando-se para dar o bote na presa", como escreve, de maneira imagética, Wong Fu Xin, que nesse caso procede possivelmente a uma distorção irônica dos clichês de exuberância metafórica tradicionalmente associados aos autores do Extremo Oriente (embora Wong Fu Xin se pretendesse poeta acima de tudo, seus poemas quase não são mais lidos, tampouco acessíveis com facilidade, ao passo que seus ensaios sobre a obra de Martin permanecem referência incontornável no meio da história da arte). A luz, bem mais contrastada que nos quadros anteriores de Martin, deixa na sombra grande parte do corpo do escritor, concentrando-se unicamente na parte superior do rosto e nas mãos, com os dedos em gancho, compridos, descarnados como as garras de uma ave de rapina. A expressão do olhar pareceu, na época, tão estranha que não podia, estimaram os críticos, ser aproximada de nenhuma tradição pictórica existente, cabendo antes avizinhá-la de certas imagens de arquivos etnológicos, registradas por ocasião de cerimônias vodus.

Jed telefonou para Franz no dia 25 de outubro para lhe comunicar que o quadro estava terminado. Fazia alguns meses que não se viam muito; ao contrário do que costumava fazer, não telefonou para lhe mostrar esboços preparatórios nem croquis. Franz, por sua vez, estava atarefado com outras exposições, bem-sucedidas por sinal, sua galeria ganhara visibilidade nos últimos anos, sua cotação subia paulatinamente — sem que isso ainda se traduzisse em vendas substanciais.

Franz chegou em torno das 6 horas da tarde. A tela estava no centro do ateliê, esticada sobre um chassi padrão de 116 centímetros por 89, bem iluminada por spots de halógenas. Franz sentou-se numa cadeira dobrável de pano, bem em frente à tela, e a considerou durante uns dez minutos sem dizer uma palavra.

— Bem — deixou escapar, finalmente. — Às vezes você é chato, mas é um bom artista. Admito que valeu a pena esperar. É um bom quadro; um excelente quadro, até. Tem certeza de que quer lhe dar de presente?

— Prometi.

— E o texto, chega em breve?

— Antes do fim do mês.

— Mas vocês estão ou não em contato?

— Na realidade, não. Ele apenas me enviou um e-mail em agosto para informar que estava retornando à França, que conseguira reaver sua casa de infância no Loiret. Mas esclarecia que isso não alterava nada, que eu teria o texto no fim de outubro. Confio nele.

VII

Com efeito, na manhã de 31 de outubro, Jed recebeu um e-mail acompanhado de um texto sem título, com cerca de cinquenta laudas, que encaminhou imediatamente para Marylin e Franz, não sem preocupação: ele não teria se alongado demais? Marylin tranquilizou-o imediatamente: ao contrário, disse-lhe, era sempre preferível "ter material".

Embora hoje seja considerado principalmente uma curiosidade histórica, esse texto de Houellebecq — primeiro de tal importância dedicado à obra de Martin — não deixa de conter certas intuições interessantes. Esquecendo um pouco as variações de temas e técnicas, ele sustenta, pela primeira vez, a unidade do trabalho do artista e descobre uma profunda lógica no fato de, após dedicar seus anos de formação a rastrear a essência dos produtos manufaturados do mundo, ele se interessar, na segunda parte de sua vida, por seus produtores.

O olhar com que Jed Martin vê a sociedade de seu tempo, aponta Houellebecq, é muito mais o de um etnólogo que o de um comentador político. Martin, insiste, nada tem de um artista engajado, e, ainda que *A entrada das ações Beate Uhse na Bolsa*, uma de suas raras cenas de multidão, possa evocar o período expressionista, estamos muito longe do tratamento ferino, cáustico, de um

George Grosz ou de um Otto Dix. Seus *traders*, de jogging e agasalho, aclamando com uma indiferença estudada a grande indústria do pornô alemão, são herdeiros diretos dos burgueses de fraque que se esbarram interminavelmente nas recepções de *Mabuse* dirigidas por Fritz Lang; são tratados com o mesmo distanciamento, a mesma frieza objetiva. Em seus títulos, como na pintura em si, Martin é simples e direto: descreve o mundo, não se autorizando, senão raramente, qualquer notação poética, um subtítulo à guisa de comentário. Não obstante, é o que faz numa de suas obras mais bem-sucedidas, *Bill Gates e Steve Jobs discutem o futuro da informática*, que decidiu subintitular "A conversa de Palo Alto".

Afundado numa cadeira de vime, Bill Gates abria largamente os braços, sorrindo para seu interlocutor. Vestia calças de brim, uma camisa de mangas curtas cáqui, os pés sem meias em sandálias de dedo. Não era mais o Bill Gates de terno azul-marinho da época em que a Microsoft consolidava sua dominação mundial e quando ele mesmo, destronando o sultão de Brunei, subia ao pódio de maior fortuna do planeta. Ainda não era o Bill Gates preocupado, atormentado, visitando órfãos no Sri Lanka ou conclamando a comunidade internacional à vigilância diante do recrudescimento da varíola nos países do oeste africano. Era um Bill Gates intermediário, descontraído, visivelmente satisfeito por ter abandonado seu posto de *chairman* do primeiro fabricante mundial de computadores, um Bill Gates de férias, digamos. Apenas os óculos, com a armação metálica e as lentes grossas, evocavam seu passado de nerd.

À sua frente, Steve Jobs, mesmo sentado com as pernas em xis sobre o sofá de couro branco, parecia paradoxalmente a encarnação da austeridade e do *Sorge* tradicionalmente associados ao capitalismo protestante. Não havia nada de californiano na maneira como sua mão direita englobava o maxilar, como se para ajudá-lo numa reflexão difícil, nem no olhar carregado de incerteza que dirigia a seu interlocutor; e nem mesmo a camisa havaiana com que Martin o papagaiara conseguia dissipar a impressão de tristeza geral produzida por sua postura ligeiramente curvada e pela expressão de desassossego que se lia em seus traços.

O encontro, manifestamente, dera-se na casa de Jobs. Mistura de móveis brancos com design despojado e reposteiros étnicos de cores vistosas: tudo no aposento evocava o universo estético do fundador da Apple, nos antípodas da orgia de gadgets high-tech, no limiar da ficção científica, que caracterizava a lenda a respeito da casa que o fundador da Microsoft mandara construir nos arredores de Seattle. Entre os dois homens, um tabuleiro de xadrez com peças artesanais estava disposto sobre uma mesa de centro; acabavam de interromper a partida, numa posição bastante desfavorável para as pretas — isto é, para Jobs.

Em algumas páginas de sua autobiografia, *A estrada do futuro*, Bill Gates às vezes deixa transparecer o que poderíamos considerar de um cinismo completo — em especial na passagem em que admite com a maior desfaçatez que não é obrigatoriamente vantajoso, para uma empresa, oferecer os produtos mais inovadores. Quase sempre é preferível observar o que as empresas concorrentes estão aprontando (e faz, então, uma clara referência, sem citá-lo, a seu concorrente da Apple), deixar que lancem seus produtos, enfrentem as dificuldades inerentes a toda inovação, arquem com a derrota de certa forma, e depois, numa segunda fase, asfixiar o mercado, oferecendo a preço de banana imitações dos produtos da concorrência. Esse cinismo indisfarçável não é, porém, aponta Houellebecq em seu texto, a verdade profunda de Gates; essa se exprime, antes, nas passagens surpreendentes, e quase comoventes, em que ele reafirma sua fé no capitalismo, na misteriosa "mão invisível"; sua convicção absoluta, inabalável, de que, sejam quais forem as vicissitudes e contraprovas manifestas, o mercado tem sempre razão no fim das contas, o bem do mercado se identifica sempre com o bem geral. É aí que Bill Gates avulta, em sua verdade profunda, como uma criatura de fé, e foi essa fé, essa candura do capitalista sincero, que Jed Martin soube forjar ao representá-lo com os braços amplamente abertos, simpático e afável, os óculos refletindo os últimos raios do poente sobre o oceano Pacífico. Jobs, ao contrário, emagrecido pela doença, o semblante preocupado, erodido por uma barba rala, desconfortavelmente apoiado na mão direita, lembra um evangelista ambulante no momento em que, fazendo suas pregações talvez pela décima vez perante uma audiência rarefeita e indiferente, é subitamente invadido pela dúvida.

Por outro lado, era Jobs, imóvel, debilitado, em posição de desvantagem, que dava a impressão de mandar no jogo; eis, aponta Houellebecq em seu texto, o profundo paradoxo dessa tela. Seu olhar continuava a refletir a mesma chama, que não apenas era a dos pregadores e dos profetas, como também a dos inventores tão frequentemente descritos por Júlio Verne. Examinando com mais vagar a posição das peças de Martin, percebia-se que ele não estava necessariamente vencido, que Jobs podia, aceitando o sacrifício da rainha, concluir em três lances com o audaz mate do bispo-cavalo. De maneira análoga, transmitia a impressão de ser capaz, pela intuição fulgurante de um novo produto, de impor bruscamente novas normas ao mercado. Pela sacada envidraçada atrás dos dois homens, descortinava-se uma paisagem de gramados, num verde-esmeralda quase surreal, descendo suavemente até uma série de penhascos, onde se juntavam a uma floresta de coníferas. Além, o oceano Pacífico desenrolava suas ondas douradas, intermináveis. Garotinhas, ao longe no gramado, começavam uma partida de frisbee. Caía a noite, magnífica, em meio à explosão de um sol poente que Martin pretendera quase implausível em sua magnificência alaranjada, sobre o norte da Califórnia, e a noite caía na parte mais avançada do mundo; isso também, a tristeza indefinida das despedidas, era possível ler no olhar de Jobs.

Dois adeptos convictos da economia de mercado; ao mesmo tempo, dois enérgicos militantes do Partido Democrata, e não obstante duas facetas opostas do capitalismo, tão diferentes entre si quanto um banqueiro de Balzac e um engenheiro de Verne. "A conversa de Palo Alto", destacava Houellebecq ao concluir, era um subtítulo demasiado modesto; *Uma breve história do capitalismo*, eis como Jed poderia ter intitulado seu quadro; pois era, de fato, o que ele era.

VIII

Após algumas idas e vindas, o vernissage foi marcado para 11 de dezembro, uma quarta-feira — dia ideal, segundo Marylin. Impressos com urgência numa gráfica italiana, os catálogos chegaram em cima da hora. Eram itens elegantes, até mesmo luxuosos — não deviam regatear nesse ponto, decidira Marylin, a quem Franz era cada vez mais submisso; era curioso, ele a seguia em toda parte, de sala em sala, como um gatinho, quando ela dava seus telefonemas.

Após montarem uma pilha de catálogos na entrada e verificarem a disposição do conjunto das telas, não tinham o que fazer até a abertura, programada para as 7 horas da noite, e o galerista começou a dar sinais palpáveis de nervosismo; vestia um curioso avental bordado de camponesa eslovaca sobre os jeans Diesel pretos. Marylin, totalmente cool, checava alguns detalhes ao celular, andando de um quadro a outro, Franz em seus calcanhares. *It's a game, it's a million dollar game.*

Lá pelas 6h30 da noite, Jed se cansou das evoluções dos dois parceiros, e avisou que ia dar uma volta.

— Só uma voltinha, uma saída na rua, não se preocupem, andar, faz bem.

A observação atestava um otimismo exagerado, deuse conta assim que botou os pés no boulevard Vincent-Auriol. Carros passavam a toda, respingando nele, fazia frio e chovia a cântaros, tudo o que é possível imaginar acontecia no boulevard Vincent-Auriol naquele fim de tarde. Um hipermercado Casino e um posto Shell permaneciam os únicos centros de energia perceptíveis, as únicas propostas sociais capazes de gerar desejo, felicidade, alegria. Jed já conhecia aqueles espaços vitais: tinha sido freguês assíduo do hipermercado Casino anos a fio, antes de mudar para o Franprix do boulevard de l'Hôpital. Quanto ao posto Shell, conhecia-o igualmente bem: salvara-o em muitos domingos, com suas Pringles e garrafas de Hépar, mas naquela noite nem pensar, obviamente um coquetel estava nos planos, haviam contratado um bufê.

Ainda assim, junto com dezenas de outros fregueses, penetrou no hipermercado, constatando imediatamente diversas melhorias. Junto à seção livraria, uma prateleira exibia agora um significativo leque de jornais e revistas. A oferta de massas frescas italianas ganhara maior relevância, realmente nada era capaz de deter a progressão das massas frescas italianas; e, o principal, as alternativas da praça de alimentação da loja viram-se incrementadas com um magnífico Salad Bar, com serviço de bufê, tinindo de novo, que alinhava uma quinzena de pratos, alguns dos quais pareciam deliciosos. Eis que lhe deu vontade de voltar; uma vontade *capeta* de voltar, teria dito Houellebecq, cuja ausência lamentou súbita e sentidamente, na entrada do Salad Bar, onde algumas mulheres de idade mediana conjeturavam, dubitativas, o valor calórico das composições sugeridas. Sabia que o escritor partilhava sua inclinação pelo grande varejo, o varejo *de verdade*, ele gostava de dizer, e que, como ele, ansiava, num futuro mais ou menos utópico e remoto, pela fusão das diferentes cadeias de lojas num hipermercado total, que cobriria o conjunto das necessidades humanas. Como teria sido agradável visitarem juntos aquele hipermercado Casino repaginado, cutucarem-se, apontando-se reciprocamente a criação de segmentos produtos inéditos ou um novo rótulo nutricional particularmente exaustivo e claro...!

Estaria alimentando um *sentimento de amizade* por Houellebecq? A palavra era descabida e, de toda forma, Jed não se julgava em condições de experimentar um sentimento dessa ordem: atravessara a adolescência, a mocidade, sem escravizar-se a amizades muito fortes, ao passo que essas fases da vida são consideradas especialmente propícias à sua eclosão; era pouco verossímil que desse para ter amigos agora, *tardiamente*. Contudo, enfim, apreciara aquele encontro e, sobretudo, gostara muito de seu texto, julgava-o inclusive com um poder de intuição surpreendente, descontando-se a evidente falta de cultura pictórica do autor. Naturalmente, convidara-o para o vernissage; Houellebecq respondera que "tentaria dar uma passada", o que significava que as chances de vê-lo eram praticamente nulas. Quando se falaram ao telefone, ele estava agitadíssimo com a mudança para a nova casa: dois meses antes, quando regressara, em uma espécie de peregrinação sentimental, à aldeia onde passara a infância, coincidiu de a casa em que ele crescera estar à venda. Ele julgara aquilo "absolutamente miraculoso", um sinal do destino, e a comprara na mesma hora, sem sequer discutir o preço, trouxera suas coisas — cuja maior parte não saíra dos caixotes de origem —, agora cuidava da mobília. Para resumir, foi seu único assunto, o quadro de Jed parecia ser a última de suas preocupações; seja como for, Jed prometera levá-lo para ele, uma vez passados o vernissage e os primeiros dias da exposição, quando alguns jornalistas retardatários às vezes davam o ar da graça.

Por volta das 7h20 da noite, quando retornou à galeria, Jed percebeu, pelas sacadas envidraçadas, umas cinquenta pessoas circulando pelos corredores entre as telas. Os convidados haviam chegado na hora, era sem dúvida um bom sinal. Marylin viu-o de longe, acenou-lhe em sinal de vitória.

— Veio todo mundo... — disse ela quando ele a encontrou. — Todo mundo...

Com efeito, a poucos metros, ele percebeu Franz numa conversa com François Pinault, flanqueado por uma jovem deslumbrante, provavelmente de origem iraniana, que o assessorava na direção de sua fundação artística. Seu galerista parecia sofrer, agitava os braços de maneira desordenada, e Jed sentiu-se tentado a ir em seu socorro, até lembrar o que sabia desde sempre e que dias antes Marylin lhe repetira com todas as letras: ele nunca era melhor do que em silêncio.

— Ainda não terminou — prosseguiu a assessora de imprensa. — Está vendo aquele sujeito de cinza, do outro lado?

Apontava para um homem jovem, de uns 30 anos, rosto inteligente, extremamente bem-vestido, terno, gravata e camisa formando um delicado espectro de tons cinza-claro. Detivera-se em frente a *O jornalista Jean-Pierre Pernaut comanda uma reunião de pauta*, um quadro relativamente antigo de Jed, o primeiro em que representara seu tema na companhia de colegas de trabalho. Fora, lembrava-se, um quadro particularmente difícil de executar, a expressão dos colaboradores de Jean-Pierre Pernaut ouvindo as diretrizes de seu líder carismático num curioso misto de veneração e aversão não havia sido fácil de reproduzir, levara quase seis meses naquilo. Mas o quadro libertara-o, foi logo a seguir que ele encetou *O arquiteto Jean-Pierre Martin deixando a direção de sua empresa* e, na realidade, todas as suas grandes composições que tinham como âmbito o mundo do trabalho.

— Esse cara é o comprador do Roman Abramovitch na Europa — esclareceu Marylin. — Eu o tinha visto em Londres e Berlim, mas nunca em Paris; nunca numa galeria de arte contemporânea, em todo caso. Isso é ótimo no caso de instaurar-se uma situação de concorrência potencial logo na noite do vernissage — prosseguiu ela.— É um mundinho, eles se conhecem, vão começar a especular, a imaginar preços. O que pressupõe, evidentemente, pelo menos duas pessoas. E aqui... — Ela abriu um sorriso encantador, travesso, que a deixava parecida com uma moça completamente diferente, e que surpreendeu Jed. — Aqui, temos três... Está vendo aquele cara, em frente ao quadro Bugatti? — Apontava para um velho com o rosto esgotado e ligeiramente inchado, de bigodinho grisalho, vestindo um terno preto mal cortado. — É Carlos Slim Helú. Mexicano, de origem libanesa. Não inspira confiança, sei disso, mas ganhou uma fortuna nas telecomunicações: pelas estimativas, é a terceira ou quarta fortuna mundial. E é colecionador...

O que Marylin designava pelo nome *quadro Bugatti* era, na realidade, *O engenheiro Ferdinand Piëch visitando a fábrica de Molsheim*, onde de fato era produzido o Bugatti Veyron 16.4, o carro mais veloz — e mais caro — do mundo. Equipado com um motor de 16 cilindros em W e com uma potência de 1001 cavalos, complementado por quatro turbopropulsores, acelerava de 0 a 100 quilômetros por hora em 2,5 segundos e atingia uma velocidade máxima de 407 quilômetros por hora. Nenhum pneumático disponível no mercado era capaz de resistir a tal aceleração, e a Michelin tivera que desenvolver borrachas específicas para o bólido.

Slim Helú permaneceu em frente ao quadro durante pelo menos cinco minutos, quase sem se mexer, afastando-se e aproximando-se alguns centímetros. Escolhera, observou Jed, a distância visual ideal para aquele formato de tela; era visivelmente um autêntico colecionador.

Em seguida, o bilionário mexicano virou-se e dirigiu-se à saída; não cumprimentara nem falara com ninguém. Quando passou, François Pinault dirigiu-lhe um olhar incisivo; diante daquele rival, com efeito, o homem de negócios bretão não passava de um pé de chinelo. Sem devolver-lhe o olhar, Slim Helú instalou-se no banco traseiro de uma limusine Mercedes preta estacionada em frente à galeria.

Foi a vez de o emissário de Roman Abramovitch se aproximar do quadro Bugatti. Era efetivamente uma obra curiosa. Semanas antes de iniciá-la, Jed comprara no mercado das pulgas de Montreuil, por um preço irrisório — preço de papel velho, não mais que isso —, caixas de papelão contendo antigos números da *Pékin-Information* e de *La Chine en construction*, e o tratamento tinha alguma coisa de vasto e arejado que o aproximava do realismo socialista à moda chinesa. A formação em amplo V do pequeno grupo de engenheiros e mecânicos que acompanhava Ferdinand Piëch em sua visita à fábrica lembrava muito, observaria mais tarde um historiador da arte particularmente pugnaz e bem-documentado, a do grupo de engenheiros agrônomos e camponeses de classe média-pobre que acompanha o presidente Mao Tsé-tung numa aquarela reproduzida no número 122 de *La Chine em construction* e intitulada *Avante pelos arrozais irrigados da província de Hun Nan!* Aliás, fora a única vez, tal como apontado havia muito tempo por outros historiadores da arte, que Jed se aventurara na técnica da aquarela. O engenheiro Ferdinand Piëch, 2 metros à frente do grupo, parecia mais flutuar que andar, como se em levitação alguns centímetros acima do chão de epóxi claro. Três estações de trabalho em alumínio acolhiam chassis de Bugatti Veyron em diferentes estágios de fabricação; no segundo plano, as paredes, inteiramente envidraçadas, davam para o panorama dos Vosges. Por uma curiosa coincidência, observava Houellebecq em seu texto de catálogo, aquela aldeia de Molsheim e as paisagens vosgianas que a cercavam já estavam no centro das fotografias, dos mapas Michelin e por satélite, que Jed escolhera, dez anos antes, para abrir sua primeira exposição individual.

Essa simples observação, em que Houellebecq, espírito racional, até mesmo empedernido, não via certamente mais que a descrição de um fato interessante mas episódico, levaria Patrick Kéchichian à redação de um artigo inflamado, mais místico do que nunca: após ter mostrado um Deus copartícipe, ao lado do homem, na criação do mundo, escrevia ele, o artista, consumando seu movimento em direção à encarnação, mostrava-nos agora Deus descido entre os homens. Longe da harmonia das esferas celestes, Deus viera agora "sujar as mãos de graxa", a fim de que se rendesse homenagem, mediante sua plena presença, à dignidade sacerdotal do trabalho humano. Ele próprio homem verdadeiro e Deus verdadeiro, oferecia à humanidade laboriosa a dádiva sacrifical de seu amor ardente. Na atitude do mecânico à esquerda, deixando seu posto de trabalho para seguir o engenheiro Ferdinand Piëch, como não reconhecer, insistia, a atitude de Pedro abandonando suas redes em resposta ao convite de Cristo: "Vindes após mim e vos farei pescadores de homens"? E até na ausência do Bugatti Veyron 16.4 em seu último estágio de fabricação ele discernia uma referência à nova Jerusalém.

O artigo foi recusado pelo *Le Monde*, com Pépita Bourguignon, chefe da editoria, ameaçando demitir-se caso publicassem aquela "água com açúcar carola"; mas ele saiu na *Art Press* no mês seguinte.

— Na fase atual, de qualquer forma, estamos nos lixando para a imprensa. É agora que começa o jogo de verdade — resumiu Marylin no fim da noite, enquanto Jed preocupava-se com a repetida ausência de Pépita Bourguignon.

Por volta das 10 horas, depois que os últimos convidados saíram e enquanto os funcionários do bufê dobravam as toalhas, Franz afundou numa cadeira de plástico mole perto da entrada da galeria.

— Porra, estou acabado... — disse ele. — Completamente acabado.

Dera tudo de si, retraçando incansavelmente, para todos a quem pudesse interessar, o percurso artístico de Jed ou o histórico de sua galeria, falara a noite inteira sem parar; Jed, por sua vez, contentara-se em balançar a cabeça de vez em quando.

— Poderia pegar uma cerveja para mim, por favor? No frigobar da copa.

Jed voltou com um pack de Stella Artois. Franz entornou uma garrafa, antes de retomar a palavra.

— Bem, só nos resta esperar as ofertas... — resumiu. — Faremos um balanço dentro de uma semana.

IX

Quando Jed saiu no adro de Notre-Dame de la Gare, um chuvisco glacial começou a cair bruscamente, como se fosse uma advertência, parando com a mesma brusquidão, ao cabo de alguns segundos. Ele subiu os poucos degraus que conduziam à entrada. As portas da igreja estavam escancaradas como sempre, os dois batentes; a nave parecia deserta. Ele hesitou, voltou-se. A rue Jeanne-d'Arc descia até o boulevard Vincent-Auriol, que passava por baixo do metrô de superfície; ao longe, avistava-se o domo do Panthéon. O céu estava cinza-escuro e fosco. No fundo, ele não tinha muita coisa a dizer a Deus; não naquele momento.

A place Nationale estava deserta, e as árvores sem folhas revelavam as estruturas retangulares e acopladas da faculdade de Tolbiac. Jed virou na rue du Château-des-Rentiers. Estava adiantado, mas Franz já havia chegado e estava sentado diante de uma taça *ballon* de vinho tinto de mesa, que visivelmente não era a primeira. Enrubescido, hirsuto, dava a impressão de estar há semanas sem dormir.

— Bem — começou, tão logo Jed se instalou. — Tenho ofertas para quase todos os quadros, agora. Fiz os lances subirem, talvez possa fazer com que subam mais um pouco, enfim, no momento o preço médio se encontra estabilizado em torno de 500 mil euros.

— Perdão?

— Você ouviu direito: 500 mil euros.

Franz retorcia nervosamente as mechas de seus cabelos brancos desalinhados; era a primeira vez que Jed percebia aquele tique. Esvaziou a taça, pediu outra logo em seguida.

— Se eu vender agora — prosseguiu —, embolsaremos 30 milhões de euros, aproximadamente.

O silêncio tornou a reinar no café. Perto deles, um velho magricela, num sobretudo cinza, cochilava diante de sua cerveja Picon. A seus pés, um terrier branco e ruivo, obeso, cochilava como o dono. A chuva voltou imperceptivelmente.

— E então? — perguntou Franz, ao fim de um minuto. — O que faço? Vendo agora?

— Você é quem sabe.

— Como eu é quem sei, merda! Você se dá conta da grana que isso representa? — quase gritava, e o velho ao lado acordou sobressaltado; o cão levantou-se com dificuldade, rosnou na direção deles. — Quinze milhões de euros... Quinze milhões de euros para cada um... — prosseguiu Franz mais lentamente, mas com a voz embargada. — E tenho a impressão de que isso não fede nem cheira para você...

— Sim, sim, desculpe — respondeu rapidamente Jed. — Digamos que estou sob o impacto do choque — acrescentou, um pouco mais tarde.

Franz considerou-o com um misto de desconfiança e náusea.

— Então, OK. — disse por fim — Não sou Larry Gagosian, não tenho nervos para esse tipo de coisa. Venderei imediatamente.

— Você está coberto de razão — disse Jed, um bom minuto mais tarde.

O silêncio se instalara de novo, perturbado unicamente pelos roncos do terrier, que se deitara novamente, resserenado, aos pés do dono.

— Na sua opinião... — retomou Franz. — Na sua opinião, qual foi o quadro que recebeu a melhor oferta?

Jed refletiu por um instante.

— Talvez Bill Gates e Steve Jobs... — terminou por arriscar.

— Na mosca. Alcançou 1,5 milhão de euros. De um corretor americano, que parece operar em nome do próprio Jobs...

"Faz tempo... — prosseguiu Franz com uma voz tensa, no limite da exasperação —, faz tempo que o mercado de arte é dominado pelos homens de negócios mais ricos do planeta. E hoje, pela primeira vez, eles têm a oportunidade, ao mesmo tempo em que compram o top da vanguarda no domínio estético, de comprar um quadro que os representa. Nem lhe conto o número de propostas que recebi, da parte de homens de negócios ou de industriais que gostariam que você fizesse seus retratos. Voltamos ao tempo da pintura da corte do Antigo Regime... Enfim, o que quero dizer é que há uma pressão, uma grande pres-

193

são em cima de você neste momento. Continua no propósito de oferecer o seu quadro a Houellebecq?"

— Evidentemente. Prometi.

— Como quiser. É um belo presente. Um presente de 750 mil euros... Veja bem, ele merece. Seu texto desempenhou um papel importante. Insistindo no lado sistemático, teórico, de seu percurso, permitiu evitar que você fosse assimilado aos novos figurativos, a todos esses medíocres... Naturalmente, não deixei os quadros no meu entreposto do Eure-et-Loire, aluguei cofres num banco. Vou lhe dar um papel para que possa buscar o retrato de Houellebecq quando desejar.

— Recebi uma visita também — prosseguiu Franz após uma nova pausa. — Uma jovem russa, suponho que já saiba de quem se trata.

Puxou um cartão de visita, estendeu-o a Jed.

— Uma moça muito bonita...

A luz começava a declinar. Jed guardou o cartão de visita num bolso interno de sua jaqueta, enfiando-o pela metade.

— Espere... — interrompeu-o Franz. — Antes que vá, eu gostaria apenas de ter certeza de que entende exatamente a situação. Recebi uns cinquenta telefonemas de homens que estão entre as maiores fortunas mundiais. Houve quem mandasse um assessor ligar, mas a maioria ligou pessoalmente. Todos gostariam que você fizesse seu retrato. Todos lhe oferecem 1 milhão de euros, no mínimo.

Jed terminou de vestir a jaqueta e sacou a carteira para pagar.

— Você é meu convidado... — disse Franz, com uma expressão irônica. — Não responda, não vale a pena, sei exatamente o que vai dizer. Vai pedir para refletir; e dentro de poucos dias vai me ligar para dizer que recusa. E depois vai parar. Começo a conhecê-lo, você sempre foi assim, desde a época dos mapas Michelin: você trabalha, persevera no seu canto anos a fio, e, então, quando seu trabalho é exposto, quando você obtém o reconhecimento, desiste.

— Com pequenas diferenças. No caso, eu estava num beco sem saída quando desisti de *Damien Hirst e Jeff Koons dividem entre si o mercado de arte.*

— Sim, eu sei; foi inclusive o que me estimulou a organizar a exposição. Estou satisfeito, aliás, que não tenha terminado esse quadro. Isso não significa que eu não gostasse da ideia, o projeto tinha pertinência histórica, era um depoimento bastante correto sobre a situação da arte num dado momento. Houve, com efeito, uma espécie de divisão: de um lado, a diversão, o sexo, o kitsch, a inocência; do outro, o trash, a morte, o cinismo. Na sua posição, contudo, isso teria sido forçosamente interpretado como a obra de uma artista de segundo plano, com inveja do sucesso de colegas mais ricos; de qualquer forma, estamos num ponto em que o sucesso em termos de mercado justifica e avaliza qualquer coisa, substitui todas as teorias, ninguém é capaz de enxergar mais longe, absolutamente ninguém. Agora, esse quadro, você podia dar o braço a torcer, você se transformou no artista francês mais bem pago da atualidade; mas sei que não vai pintá-lo, vai passar a outra coisa. Talvez pare com os retratos, ou pare com a pintura figurativa em geral; ou pare pura e simplesmente com a pintura, talvez volte à fotografia, não faço a menor ideia.

Jed manteve o silêncio. Na mesa ao lado, o velho saiu de seu torpor, levantou-se e alcançou a porta; o cão seguiu-o com dificuldade, o corpanzil requebrando sobre suas pernas curtas.

— Em todo caso — disse Franz —, quero que saiba que continuo seu galerista. Aconteça o que acontecer.

Jed aquiesceu. O dono saiu da copa, acendeu a ribalta de néons acima do balcão e balançou a cabeça na direção de Jed; Jed balançou a sua, por sua vez. Eram fregueses assíduos, até mesmo velhos fregueses agora, mas nenhuma familiaridade real se estabelecera entre eles. O dono do estabelecimento sequer lembrava que, dez anos antes, autorizara Jed a tirar algumas fotografias dele e de seu café, as quais serviriam de base para a realização de *Claude Vorilhon, gerente de bar-tabacaria*, segundo quadro da série das profissões simples — pelo qual um especulador americano acabava de oferecer a soma de 350 mil euros. Sempre os considerara fregueses atípicos, nem da mesma idade nem do mesmo meio a que estava habituado; em suma, eles não faziam parte de seu público-alvo.

Jed levantou-se, perguntava-se quando voltaria a estar com Franz, ao mesmo tempo tomou súbita consciência de que agora era um homem rico, e, imediatamente antes de dirigir-se à porta, Franz lhe perguntou:

— O que vai fazer no Natal?

— Nada. Vou estar com meu pai, como sempre.

X

Como sempre, mas nem tanto, pensou Jed, subindo em direção à place Jeanne-d'Arc. Seu pai parecera-lhe completamente abatido ao telefone e a princípio sugerira cancelar a ceia anual.

— Não quero ser um fardo para ninguém...

Seu câncer de reto piorara subitamente, agora sofria *perdas de substância*, anunciara com um deleite masoquista, e teriam que lhe implantar um ânus artificial. Por insistência de Jed, aceitara um encontro, com a condição de que fosse na casa do filho.

— Não aguento mais a cara dos seres humanos...

Ao chegar ao adro de Notre-Dame de la Gare, hesitou antes de entrar. À primeira vista, a igreja pareceu-lhe deserta, porém, avançando até o altar, percebeu uma jovem negra, de 18 anos no máximo, ajoelhada numa estala, as mãos juntas, em frente a uma estátua da Virgem; formava palavras em voz baixa. Concentrada em sua prece, não prestava a mínima atenção nele. Sua bunda, arrebitada pela genuflexão, estava precisamente modelada pelo fino tecido branco de suas calças, observou Jed, um pouco a contragosto. Teria pecados a serem perdoados? Pais doentes? Ambos, provavelmente. Sua fé parecia grande. Devia ser muito prático, de toda forma, aquela crença em

Deus: quando não se podia fazer mais nada pelos outros — e amiúde era esse o caso na vida, no fundo era quase sempre o caso, e particularmente no que concernia ao câncer de seu pai —, subsistia o recurso de *orar por eles*.

Saiu, incomodado. Anoitecia na rue Jeanne-d'Arc, as lanternas vermelhas dos carros se afastavam em câmera lenta na direção do boulevard Vincent-Auriol. Ao longe, o domo do Panthéon achava-se banhado numa inexplicável luz esverdeada, como se, de certa forma, aliens esféricos lançassem um ataque maciço sobre a região parisiense. Sem dúvida havia pessoas morrendo, naquele exato minuto, aqui e ali na cidade.

No dia seguinte, porém, à mesma hora, viu-se acendendo velas decorativas e arrumando *coquilles de saumon* sobre a mesa dobrável, enquanto a sombra se estendia sobre a place des Alpes. Seu pai prometera chegar às 6 horas da tarde.

Tocou a campainha na porta do prédio às 6h01. Jed abriu pelo interfone, e seu pai respirou lentamente, profundamente, reiteradas vezes, durante o trajeto do elevador.

Tocou de leve nas faces ásperas do pai, que se plantara, imóvel, no centro da sala.

— Sente-se, sente-se... — disse.

Obedecendo sem piscar, seu pai sentou-se na beirada de uma cadeira e lançou olhares tímidos à sua volta. Ele nunca veio, compreendeu subitamente Jed, nunca veio ao meu apartamento. Também foi preciso lhe dizer para tirar o casaco. Seu pai procurava sorrir, tentando mostrar-se um homem que aguenta valentemente uma amputação. Jed quis abrir o champanhe, suas mãos tremiam um pouco, quase deixou cair a garrafa de vinho branco que acabava de tirar do congelador; suava. Seu pai continuava a sorrir, um sorriso quase hirto. Ali estava um homem que havia dirigido com dinamismo, e às vezes com pulso firme, uma empresa com uns cinquenta funcionários, que tivera de despedir, contratar; que negociara contratos envolvendo dezenas, às vezes centenas de milhões de euros. Mas as cercanias da morte trazem humildade, e o que ele parecia querer, aquela noite, era que tudo transcorresse da melhor maneira possível e, principalmente, não incomodar, era essa, aparentemente, sua única ambição atual na Terra. Jed conseguiu abrir o champanhe, relaxou um pouco.

— Ouvi falar do seu sucesso... — disse o pai, erguendo a taça. — Vamos beber ao seu sucesso.

Era um caminho, pensou imediatamente Jed, uma abertura para uma conversa possível, e começou a falar de seus quadros, do trabalho que empreendera nos últimos dez anos, de sua vontade de descrever, por meio da pintura, as diversas engrenagens que contribuem para o funcionamento de uma sociedade. Falou com desenvoltura, durante quase uma hora, reabastecendo-se regularmente de champanhe, depois de vinho, enquanto comiam os pratos comprados de véspera no *traiteur*, e o que ele dizia agora, deu-se conta, com espanto, no dia seguinte, nunca dissera a ninguém. Seu pai o escutava com atenção, de vez em quando fazia uma pergunta, tinha a expressão admirada e curiosa de uma criança pequena; em suma, tudo correu às mil maravilhas até o queijo, quando a inspiração de Jed começou a secar, e quando seu pai, como se sob efeito da gravidade, recaiu numa prostração dolorosa. Na hora do jantar, porém, mostrou-se revigorado, e foi sem tristeza real, na verdade balançando a cabeça com incredulidade, que deixou escapar a meia-voz:

— Porra... Um ânus artificial... Sabe — disse com uma voz que traía uma ligeira ebriedade —, num certo sentido fico contente que sua mãe não esteja mais aqui. Ela, que era tão sofisticada, tão elegante... Não teria suportado a decadência física.

Jed congelou. Pronto, ruminou. Pronto, *aqui vamos nós*; depois de anos, ele vai falar. Mas seu pai havia surpreendido sua mudança de expressão.

— Jed, não será esta noite que vai saber por que sua mãe se suicidou! — Falou alto e pausado, quase com raiva. — Não farei tal revelação porque não faço a mínima ideia!

Acalmou-se quase imediatamente, retraiu-se. Jed transpirava. Talvez estivesse muito quente, era quase impossível ajustar a calefação, ele sempre tivera medo de que voltasse a dar problema, agora que tinha dinheiro, se mudaria, com certeza, é o que as pessoas fazem quando têm dinheiro, tentam melhorar seu status de vida, mas mudar para onde? Não tinha nenhum desejo imobiliário especial. Ficaria, talvez fizesse obras, certamente trocaria o boiler. Levantou-se, tentou, na medida do possível, manipular os comandos do aparelho. Seu pai balançava a cabeça, pronunciava palavras em voz baixa. Jed voltou para junto dele. Era o momento de pegar suas mãos, tocar-lhe no ombro ou qualquer outra coisa, mas como agir? Nunca fizera isso.

— Um ânus artificial… — murmurou novamente, com uma voz sonhadora. — Sei que ela não estava satisfeita com a nossa vida — continuou. — Mas o que é uma razão suficiente para morrer? Eu tampouco estava satisfeito com a minha, confesso que esperava outra coisa da minha carreira de arquiteto além de construir resorts abjetos para turistas anêmicos, sob o controle de marqueteiros visceralmente desonestos e de uma vulgaridade quase infinita; mas, enfim, era o trabalho, a rotina… Acho que ela não amava a vida, ponto final. O que mais me chocou foi o que contou a vizinha, que esbarrara com ela um pouco antes. Ela acabara de fazer compras, sem dúvida acabara de adquirir o veneno; nunca se soube como, aliás. O que essa mulher me disse é que ela parecia feliz, por incrível que pareça, entusiasmada e feliz. Tinha exatamente, ela me disse, a expressão de alguém que se prepara para sair de férias. Era cianureto, deve ter morrido quase instantaneamente; tenho certeza absoluta de que não sofreu.

Depois se calou, e o silêncio se estendeu. Jed acabou perdendo ligeiramente a consciência. Teve a visão de pastagens imensas, cujo capim era agitado por uma brisa, a luz era a de uma eterna primavera. Despertou bruscamente, seu pai continuava a balançar a cabeça e a resmungar, prosseguindo um debate interior penoso. Jed hesitou, planejara uma sobremesa: tinha profiteroles de chocolate na geladeira. Devia tirá-los? Ou, ao contrário, esperar para saber mais sobre o suicídio da mãe? Da sua mãe, na realidade, quase não tinha lembrança. Aquilo era muito importante para seu pai, provavelmente. Decidiu assim mesmo esperar um pouco para os profiteroles.

— Não conheci nenhuma outra mulher... — disse seu pai, com uma voz átona. — Absolutamente nenhuma. Nem sequer tive desejo.

Começou então a resmungar e a balançar a cabeça. Jed decidiu, finalmente, buscar os profiteroles. Seu pai considerou-os com estupefação, como um objeto inteiramente inédito, para o qual nada, em sua vida anterior, o tivesse preparado. Pegou um, girou-o entre os dedos, considerando-o com o mesmo interesse que teria dedicado a um cocô de cachorro; mas terminou por levá-lo à boca.

Seguiram-se dois ou três minutos de mudo frenesi, enquanto agarravam os profiteroles um por um, furiosamente, sem uma palavra, na caixa de papelão decorada fornecida pelo doceiro, e os ingeriam num piscar de olhos. Depois as coisas se acalmaram e Jed lhe ofereceu café. Seu pai aceitou na hora.

— Me deu vontade de fumar um cigarro... — disse ele. — Tem um?

— Não fumo. — Jed se levantou em um pulo. — Mas posso dar uma saída. Conheço uma tabacaria na Place d'Italie que abre até tarde. E depois... — consultou o relógio no pulso com incredulidade —, são 8 horas ainda.

— Acha que estão abertos mesmo na noite de Natal?

— Posso tentar.

Vestiu o sobretudo. Ao sair, foi esbofeteado por uma violenta borrasca; flocos de neve turbilhonavam na atmosfera glacial, devia estar fazendo 10 graus abaixo de zero. Na Place d'Italie, o bar-tabacaria estava prestes a fechar. O dono voltou resmungando para trás do balcão.

— O que vai ser?

— Cigarros.

— Qual a marca?

— Não sei. Cigarros bons.

O sujeito dirigiu-lhe um olhar esgotado.

— Dunhill! Dunhill e Gitanes! E um isqueiro...!

Seu pai não se mexera, ainda encolhido na cadeira, não reagiu nem ao ouvir a porta se abrir. Ainda assim, puxou um Gitane do maço, considerando-o com curiosidade antes de acendê-lo.

— Faz vinte anos que não fumo... — observou. — Mas, agora, que importância isso tem? — Deu uma tragada, depois duas. — É forte... É bom. Na minha juventude, todo mundo fumava Gitanes. Nas reuniões de trabalho, nas conversas nos cafés, fumava-se o tempo todo. Curioso como as coisas mudam...

Deu um gole no conhaque que o filho colocara à sua frente, calou-se novamente. Em meio ao silêncio, Jed percebeu os assobios do vento, cada vez mais veementes. Espiou pela janela: os flocos de neve turbilhonavam, bastante densos, estava virando uma verdadeira tempestade.

— Acho que sempre quis ser arquiteto... — continuou seu pai. — Quando eu era pequeno, me interessava pelos animais, como todas as crianças provavelmente, e quando me perguntavam eu respondia que queria ser veterinário mais tarde, mas no fundo acho que já me sentia atraído pela arquitetura. Aos 10 anos, lembro que tentei construir um ninho para as andorinhas que passavam o verão na garagem. Encontrei numa enciclopédia indicações sobre a maneira como as andorinhas constroem seus ninhos, com terra e saliva, passei semanas naquilo...

Sua voz tremia ligeiramente, voltou a se interromper, Jed olhou para ele com preocupação; engoliu de um trago um grande gole de conhaque antes de prosseguir.

— Mas elas nunca quiseram usar o meu ninho. Nunca. Chegaram a desistir de fazer ninho na garagem...

De repente o velho começou a chorar, as lágrimas escorriam ao longo de sua face e era horrível.

— Papai... — disse Jed, completamente desamparado —, papai...

Ele parecia não conseguir parar de soluçar.

— As andorinhas nunca adotam ninhos construídos pela mão do homem — afirmou, peremptoriamente —, isso é impossível. Basta um homem tocar no ninho que elas o abandonam para construir um novo.

— Como sabe isso?

— Li há alguns anos num livro sobre comportamento animal, estava me documentando para um quadro.

Mentira, não lera nada daquilo, mas seu pai pareceu instantaneamente aliviado e logo se acalmou. E dizer, pensou Jed, que ele carregava aquele peso no coração havia mais de sessenta anos! Que provavelmente o acompanhara ao longo de toda a sua carreira de arquiteto...!

— Depois do vestibular, matriculei-me na Belas-Artes de Paris. Isso preocupava um pouco minha mãe, ela teria preferido que eu cursasse uma escola de engenharia, mas tive todo o apoio do seu avô. Acho que ele tinha ambições artísticas, como fotógrafo, mas nunca teve a chance de registrar outra coisa senão casamentos e comunhões…

Jed nunca vira o pai preocupado com outra coisa a não ser com problemas técnicos e, no fim, cada vez mais com problemas financeiros; a ideia de que ele também cursara Belas-Artes, de que a arquitetura pertencia às disciplinas artísticas, era surpreendente e desconfortável.

— É, eu também queria ser um *artista*… — prosseguiu ele com acrimônia, quase com maldade. — Mas não consegui. Na minha juventude, a corrente dominante era o funcionalismo, a bem da verdade ela já dominava fazia várias décadas, nada acontecera na arquitetura desde Le Corbusier e Van der Rohe. Todas as novas cidades, todos os conjuntos habitacionais construídos nos subúrbios nos anos 1950 e 1960 foram marcados por sua influência. Eu e alguns outros, na Belas-Artes, tínhamos a ambição de fazer outra coisa. Não era o primado da função que rejeitávamos efetivamente, nem a noção de "máquina de morar", o que questionávamos era o que estava por trás do fato de alguém morar em determinado lugar. Como os marxistas, como os liberais, Le Corbusier era um produtivista. O que ele imaginava para o homem eram prédios de escritórios, quadrados, utilitários, sem decoração de tipo algum; e prédios residenciais praticamente idênticos, com algumas funções suplementares: creche, ginásio, piscina; entre ambos, acessos rápidos. Em sua célula de habitação, o homem deve beneficiar-se de ar puro e luz, isso era muito importante para ele, entre as estruturas de trabalho e as estruturas de habitação, o espaço livre era reservado à natureza selvagem: florestas, rios; imagino que, na cabeça dele, as famílias humanas deviam poder passear por ali aos domingos, de toda forma ele desejava preservar aquele espaço, era uma espécie de *ecologista avant la lettre*, para ele a humanidade devia limitar-se a módulos de habitação circunscritos ao ambiente da natureza, os quais, porém, não deviam, em hipótese alguma, modificá-la. Parece pavorosamente primitivo quando pensamos nisso, é uma regressão aterradora com relação a qualquer paisagem rural: mistura sutil, complexa, evolutiva de pastagens, plantações, florestas, aldeias. É a visão de um espírito brutal, totalitário. Le Corbusier parecia-nos um espírito totalitário e brutal, impelido por uma forte propensão à feiura; mas foi sua visão que prevaleceu ao longo de todo o século XX. Éramos mais influenciados por Charles Fourier... — Diante da expressão de surpresa do filho, ele sorriu. — Apreciávamos, sobretudo, as teorias sexuais de Fourier, e é verdade que são para lá de cômicas. É difícil ler Fourier no nível do texto, com suas histórias sobre turbilhões, faquires e fadas do exército do Reno, incrível, aliás, que tenha tido discípulos, pessoas que o levassem a sério, que pretendessem realmente construir um novo modelo de sociedade baseado em seus livros. Já se tentarmos ver nele um pensador, é incompreensível, porque não compreendemos absolutamente nada de seu pensamento, mas no fundo Fourier não é um pensador, é um *guru*, o primeiro de sua espécie, e, como no caso de todos os gurus, seu sucesso adveio não da adesão intelectual a uma teoria mas, ao contrário, da incompreensão geral, associada a um inalterável otimismo, em particular no plano sexual, as pessoas têm uma carência inacredi-

206

tável de otimismo sexual. Contudo, o verdadeiro tema de Fourier, o que o interessa em primeiro lugar, não é o sexo, mas a organização da produção. A grande questão que ele se coloca é: por que o homem trabalha? O que o faz ocupar determinado lugar na organização social, aceitar ficar ali e executar sua tarefa? A essa pergunta, os liberais respondiam que era pura e simplesmente o chamariz do lucro; nós achávamos que era uma resposta insuficiente. Quanto aos marxistas, não respondiam nada, sequer se interessavam por isso, o que, aliás, fez com que o comunismo fracassasse: suprimida a espora financeira, as pessoas pararam de trabalhar, sabotaram sua tarefa, o absenteísmo cresceu em proporções nunca vistas; o comunismo nunca foi capaz de assegurar a produção e a distribuição dos bens mais elementares. Fourier conhecera o Antigo Regime e estava consciente de que, muito antes do surgimento do capitalismo, empreendiam-se pesquisas científicas e progressos técnicos, e que há quem trabalhe duro, às vezes muito duro, sem ser impelido pelo chamariz do lucro, mas por alguma coisa, aos olhos do homem moderno, muito mais vaga: o amor a Deus, no caso dos monges, ou, mais prosaicamente, as honrarias do cargo.

O pai de Jed calou-se, percebeu que o filho passara a escutá-lo atentamente.

— Sim — comentou —, sem dúvida há uma relação com o que você tentou fazer em seus quadros. Fourrier é prolixo demais, impossível lê-lo na íntegra; apesar de tudo, ainda assim, é possível aproveitar alguma coisa. Pelo menos era o que achávamos na época...

Calou-se, pareceu mergulhar novamente nas recordações. As borrascas haviam se acalmado, dando lugar a uma noite estrelada e silenciosa; uma grossa camada de neve cobria os telhados.

— Eu era jovem... — disse, finalmente, com uma espécie de incredulidade moderada. — Talvez você não perceba inteiramente, porque nasceu numa família já rica. Mas eu era jovem, me preparava para ser arquiteto e estava em Paris; tudo me parecia possível. E eu não era o único. Paris era alegre na época, achávamos que podíamos reconstruir o mundo. Foi aí que conheci sua mãe, ela estudava no Conservatório, tocava violino. Éramos uma espécie de grupo de artistas, de verdade. Enfim, não fizemos senão escrever quatro ou cinco artigos numa revista de arquitetura, que assinamos coletivamente. Eram textos políticos, a maioria. Neles, defendíamos a ideia de que uma sociedade complexa, ramificada, com níveis de organização múltiplos, como a sugerida por Fourier, ia de par com uma arquitetura complexa, ramificada, múltipla, reservando-se um espaço para a criatividade individual. Também atacávamos violentamente Van de Rohe, que produzia estruturas vazias, modulares, as mesmas que viriam a servir de modelo para os *open space* das empresas; e, sobretudo, Le Corbusier, que não parava de construir espaços concentracionários, divididos em células idênticas, boas apenas, escrevíamos nós, para uma prisão-modelo. Aqueles artigos tiveram certa repercussão, acho que Deleuze atentou para eles; mas tive que trabalhar, os outros também, entramos em grandes escritórios de arquitetura, e, de uma hora para a outra, a vida ficou menos divertida. Minha situação financeira melhorou num piscar de olhos, havia muito trabalho na época, a França se reconstruía velozmente. Comprei a casa de Le Raincy, achava uma boa ideia, na época era uma cidade simpática. Além disso eu a comprei por um preço excelente, foi um cliente que me colocou no negócio, um corretor de imóveis. O proprietário era um velho, visivelmente um intelectual, sempre de terno de três peças cinza e flor na lapela, a cada vez que eu o encontrava era uma flor diferente. Parecia sair da belle époque, dos anos 1930 no máximo, eu não conseguia, de jeito nenhum, associá-lo ao ambiente que o cercava. Era possível imaginar esbarrar com ele, não sei, no cais Voltaire... Enfim, com certeza não em Le Raincy. Era um ex-professor universitário, especializado em esoterismo e história das religiões, lembro-me que era bastante versado na cabala e na gnose, mas se interessava por isso de uma maneira muito peculiar; por exemplo, sentia apenas desprezo por René Guénon. "Esse imbecil do Guénon", era como falava dele, acho que tinha escrito várias resenhas virulentas a respeito de seus livros. Nunca se casara, enfim, *vivera para sua obra*, como se diz. Li um extenso artigo que ele havia escrito para uma revista de ciências humanas, desenvolvendo considerações bastante curiosas sobre o Destino, sobre a possibilidade de criar uma nova religião baseada no princípio de sincronicidade. Sua biblioteca sozinha valia o preço da casa, acho

— continha mais de 5 mil volumes, em francês, inglês e alemão. Foi lá que descobri as obras de William Morris.

Interrompeu-se, observando a mudança de expressão no rosto de Jed.

— Conhece William Morris?

— Não, papai. Mas vivi nessa casa também, lembro-me da biblioteca... — Suspirou, hesitou. — Não entendo por que esperou todos esses anos para me falar tudo isso.

— É porque acho que vou morrer em breve — disse simplesmente seu pai. — Quer dizer, não imediatamente, não depois de amanhã, mas não me resta muito tempo, é evidente... — Olhou à sua volta, sorriu quase com alegria. — Posso tomar mais um conhaque?

Jed serviu-o prestamente. Ele acendeu um Gitane, aspirou a fumaça com prazer.

— E então sua mãe ficou grávida de você. O final da gravidez foi complicado, foi preciso uma cesariana. O médico declarou que ela não poderia mais ter filhos; como se não bastasse, ela ficou com cicatrizes bem feias. Era duro para ela; era uma bela mulher, você sabe... Não éramos infelizes juntos, nunca houve uma briga séria entre nós, mas a verdade é que eu não falava muito com ela. Tem o violino também, acho que ela não deveria ter parado. Lembro-me de uma noite, na Porte de Bagnolet, eu voltava do trabalho no meu Mercedes, já eram 9 horas mas ainda havia engarrafamentos, não sei o que provocou aquilo, talvez as torres Mercuriales, porque eu trabalhava num projeto bem próximo, que julgava sem interesse e feio, mas me vi no carro, em meio às agulhas de acesso rápido, diante daqueles prédios sórdidos, e de repente disse comigo mesmo que não podia continuar. Eu tinha quase 40 anos, minha vida profissional era um sucesso, mas eu não podia continuar. Em poucos minutos decidi fundar minha própria empresa, tentar fazer arquitetura como a entendia. Sabia que seria difícil, mas não queria morrer sem ter ao menos tentado. Convoquei os veteranos com quem eu convivia na Belas-Artes, mas estavam todos estabelecidos na vida: igualmente bem-sucedidos, não demonstravam muita vontade de correr riscos. Então, arrisquei sozinho. Refiz contato com Bernard Lamarche-Vadel, tínhamos nos conhecido alguns anos antes e simpatizado, ele me apresentou o pessoal da figuração livre: Combas, Di Rosa... Não sei se já lhe falei de William Morris...

— Sim, papai, falou há cinco minutos.

— Ah é? — interrompeu-se, e uma expressão desorientada aflorou em seu semblante. — Vou experimentar um Dunhill. — Deu algumas tragadas. — É bom também; diferente dos Gitanes, mas é bom. Não entendo por que todo mundo desistiu de fumar, de uma tacada só.

Calou-se, saboreou o cigarro até o fim. Jed esperava. Bem ao longe, do lado de fora, uma buzina solitária tentava interpretar *"Il est né, le divin enfant"*, errava notas, repetia; depois o silêncio voltou, não houve buzinaço. Nos telhados de Paris, a camada de neve engrossara e se estabilizara; havia algo de definitivo naquele silêncio, ruminou Jed.

— William Morris era próximo dos pré-rafaelitas — continuou seu pai —, de Gabriel Dante Rossetti, no início, e de Burne-Jones até o fim. A ideia fundamental dos pré-rafaelitas era que a arte começara a degenerar logo após a

Idade Média, que no início do Renascimento ela se isolara de toda espiritualidade, de toda autenticidade, para se tornar uma atividade puramente industrial e comercial, e que, na realidade, os supostos *grandes mestres* do Renascimento: seja Botticelli, Rembrandt ou Leonardo da Vinci, agiam pura e simplesmente como executivos de firmas comerciais; exatamente como Jeff Koons ou Damien Hirst hoje, os supostos *grandes mestres* do Renascimento dirigiam com mão de ferro ateliês com cinquenta, até cem auxiliares, que produziam a toque de caixa quadros, esculturas e afrescos. Eles, por sua vez, limitavam-se a dar a orientação geral e assinar a obra acabada, dedicando-se principalmente às relações públicas com os mecenas do momento: príncipes ou papas. Para os pré-rafaelitas, como para William Morris, a distinção entre arte e artesanato, entre concepção e execução, devia ser abolida: todo homem, em sua escala, podia ser produtor de beleza, fosse na realização de um quadro, de uma roupa ou de um móvel; e todo homem, igualmente, tinha direito, em sua vida cotidiana, de estar rodeado por belos objetos. Aliava essa convicção a uma militância socialista que o levou, cada vez mais, a se engajar nos movimentos de emancipação do proletariado; queria simplesmente pôr fim ao sistema de produção industrial.

"O que é curioso é que Gropius, quando criou a Bauhaus, seguia exatamente a mesma linha, talvez um pouco menos política, com maiores preocupações espirituais, embora também tenha sido socialista, na realidade. No *Manifesto da Bauhaus*, de 1919, ele declarou ter superado a oposição entre arte e artesanato e proclamou o direito de todos à beleza: exatamente o programa de William Morris. Porém, gradativamente, conforme a Bauhaus foi se aproximando da indústria, ele foi se tornando cada vez mais funcionalista e produtivista; Kandinsky e Klee viram-se marginalizados no seio do corpo docente, e, quando o instituto foi fechado por Goering, ele de toda forma já estava a serviço da produção capitalista.

"Nós mesmos não éramos propriamente politizados, mas o pensamento de William Morris serviu para nos libertar da proibição imposta por Le Corbusier a toda forma de ornamentação. Lembro que, no início, Combas era bastante reservado; os pintores pré-rafaelitas não era realmente seu universo; mas ele viria a concordar que os motivos de papel de parede desenhados por William Morris eram belíssimos, e, quando compreendeu efetivamente o que estava em jogo, virou um autêntico entusiasta. Nada lhe teria dado mais prazer do que desenhar padrões para forros de móveis, papéis de paredes ou cornijas externas, repetidos em um grupo inteiro de prédios. Em todo caso, o pessoal da figuração livre era muito solitário na época, a corrente minimalista continuava dominante, e o grafite ainda não existia; pelo menos não se falava nele. Então, nos preparamos para todos os projetos razoavelmente interessantes que eram objeto de concursos, e aguardamos..."

Seu pai se calou novamente, como se levitando em meio às recordações, depois retraiu-se, pareceu mirrar, diminuir, e Jed então tomou consciência do ardor, do entusiasmo com que ele falara durante aqueles últimos minutos. Nunca o ouvira falar daquele jeito, desde que era criança

— e nunca mais, pensou imediatamente — o ouviria falar assim, ele acabara de reviver, pela última vez, a esperança e o fracasso que formavam a história de sua vida. É pouca coisa em geral uma vida humana, resumindo-se a um número restrito de acontecimentos, e dessa vez Jed compreendera definitivamente a amargura e os anos perdidos, o câncer e o estresse, o suicídio de sua mãe também.

— Os funcionalistas predominavam em todos os júris... — concluiu seu pai, com doçura. — Dei com a cara na parede; todos nós demos com a cara na parede. Combas e Di Rosa não desistiram imediatamente, me telefonaram durante anos para saber se alguma coisa estava se desbloqueando... Depois, vendo que nada acontecia, concentraram-se no ofício de pintor. Quanto a mim, acabei obrigado a aceitar uma encomenda normal. A primeira foi Port-Ambarès, e depois a coisa se acumulou, sobretudo com a invenção dos resorts. Guardei meus projetos em caixas de papelão, continuam num armário do meu escritório, em Le Raincy, pode ir lá ver...

Conteve-se para não acrescentar "quando eu morrer", mas Jed compreendeu perfeitamente.

— Está ficando tarde — disse, levantando-se de sua cadeira.

Jed consultou seu relógio: 4 horas da manhã. Seu pai foi até o banheiro, voltando, em seguida, para vestir o casaco. Durante os dois ou três minutos que durou a operação, Jed teve a impressão fugaz, intermitente, de que acabavam de encetar uma nova etapa em suas relações, ou, ao contrário, de que nunca mais se veriam. Como seu pai se plantara diante dele, numa atitude de quem espera, ele disse:

— Vou chamar um táxi.

XI

Quando acordou, na manhã de 25 de dezembro, Paris estava coberta pela neve; no boulevard Vincent-Auriol, passou por um mendigo com uma espessa barba hirsuta e a pele quase marrom de sujeira. Deixou 2 euros em sua cumbuca, depois, retrocedendo, acrescentou uma cédula de 10 euros; o sujeito emitiu um rosnado de surpresa. Jed agora era um homem rico, e os arcos metálicos do metrô de superfície davam para uma paisagem edulcorada e letal. A neve derreteria ao longo do dia, tudo aquilo se transformaria em lama, em água suja; depois a vida recomeçaria, num ritmo preguiçoso. Entre esses dois momentos fortes, de alta intensidade relacional e comercial, que são os festejos do Natal e do Réveillon, escoa-se uma semana interminável, que, na verdade, não passa de um vasto tempo morto — o movimento renasce apenas, mas então fulgurante e explosivo, no início da noite do dia 31.

De volta ao apartamento, estudou o cartão de visita de Olga: Michelin TV, avenue Pierre Ier de Serbie, Diretora de Programas. Também fora bem-sucedida no plano profissional, sem procurar isso com especial sofreguidão; mas não se casara, e esse pensamento incomodou-o. Sem pensar muito no assunto, sempre imaginara, durante todos aqueles anos, que ela encontrara o amor, ou ao menos uma vida de casada, em algum lugar na Rússia.

Ligou no fim da manhã seguinte, presumindo que estivessem todos de férias, mas não foi o caso: após cinco minutos de espera, uma secretária estressada respondeu-lhe que Olga estava em reunião e que lhe daria o recado.

À medida que os minutos se passavam, esperando imóvel junto ao telefone, seu nervosismo ia aumentando. O retrato de Houellebecq encarava-o, pousado sobre o cavalete; fora retirá-lo no banco justamente naquela manhã. O olhar do escritor, de uma intensidade perturbadora, aumentava seu mal-estar. Levantou-se, virou a tela para o lado do chassi. Setecentos e cinquenta mil euros..., disse consigo, aquilo não fazia nenhum sentido. Picasso tampouco fazia qualquer sentido; menos ainda, provavelmente, se fosse possível estabelecer uma gradação do nonsense.

No momento em que se deslocava para a cozinha, o telefone tocou. Correu para atender. A voz de Olga não mudara. A voz das pessoas nunca muda, tampouco a expressão do olhar. Em meio à decadência física generalizada a que se resume a velhice, a voz e o olhar constituem o testemunho dolorosamente irrecusável da persistência do caráter, das aspirações, dos desejos, de tudo o que constitui uma personalidade humana.

— Passou na galeria? — perguntou, buscando começar a conversa em *terreno neutro*, e logo se espantou que, a seus próprios olhos, sua obra pictórica houvesse se transformado em *terreno neutro*.

— Passei, e gostei muito. É... original. Não se parece com nada que eu tenha visto antes. Mas eu sempre soube que você tinha talento.

Seguiu-se um longo silêncio.

— Francesinho... — disse Olga. Seu tom de ironia mal dissimulava uma emoção real, e Jed sentiu-se novamente incomodado, à beira das lágrimas. — *Successful* francesinho...

— Poderíamos nos encontrar — respondeu rapidamente Jed. Alguém precisava falar primeiro; pronto, foi ele.

— Estou ocupadíssima esta semana.

— Ah, é? Como estão as coisas?

— Lançaremos nosso programa no dia 2 de janeiro. Há vários ajustes a serem feitos. — Refletiu por alguns instantes. — A emissora programou um Réveillon, no dia 31. Posso convidá-lo. — Ela se calou novamente, por alguns segundos. — Eu adoraria que viesse...

À noite, recebeu um e-mail, no qual ela lhe passava todos os detalhes. A festa era na casa de Jean-Pierre Pernaut — ele morava em Neuilly, no boulevard des Sablons. O tema era, de maneira pouco surpreendente, "as regiões da França".

Jed julgava saber tudo acerca de Jean-Pierre Pernaut; seu verbete na Wikipédia, porém, reservou-lhe algumas surpresas. Soube, por exemplo, que o popular apresentador era autor de uma importante obra escrita. Ao lado de *La France des saveurs*, *La France en fêtes* e *Au cœur de nos régions*, encontravam-se *Les magnifiques métiers de l'artisanat*, em dois tomos. Tudo publicado pelas Éditions Michel Lafon.

Admirou-se igualmente com o tom elogioso, quase ditirâmbico do verbete. Em sua lembrança, Jean-Pierre Pernaut chegara a ser objeto de algumas críticas; tudo aquilo parecia varrido. O rasgo de gênio de Jean-Pierre Pernaut, destacava de saída o redator, fora compreender que, depois dos anos de "grana e hipocrisia" da década de 1980, o público tinha sede de ecologia, de autenticidade, de valores concretos. Embora Martin Bouygues, pela responsabilidade, fizesse jus ao crédito, o jornal da 1 hora da tarde da TF1 carregava, de ponta a ponta, a marca de sua personalidade visionária. Partindo da atualidade imediata — violenta, rápida, frenética, demente —, Jean-Pierre Pernaut realizava diariamente a tarefa messiânica que consistia em guiar o telespectador, aterrorizado e estressado, pelas regiões idílicas de um campo preservado, onde o homem vivia em sintonia com a natureza, harmonizando-se com o ritmo das estações. Mais que um jornal televisionado, o 13 horas da TF1 assumia, assim, o aspecto de uma procissão, que se concluía em salmo. O autor do verbete — mesmo se confessando, a título pessoal, católico — não dissimulava, contudo, que a *Weltanschauung* de Jean-Pierre Pernaut, se, por um lado, adequava-se perfeitamente à França rural e "primogênita da Igreja", teria igualmente casado muito bem com um panteísmo, ou mesmo com uma sabedoria epicurista.

No dia seguinte, na livraria France Loisirs do centro comercial Italie 2, Jed comprou o primeiro tomo dos *Magnifiques métiers de l'artisanat*. A subdivisão da obra era simples, baseando-se nos materiais trabalhados: argila, pedra, metal, madeira... Sua leitura (bastante ágil, era quase exclusivamente composto por fotografias) de fato não passava uma impressão de saudosismo. Pela maneira de datar sistematicamente o surgimento dos diferentes artesanatos descritos, os progressos importantes ocorridos em sua prática, Jean-Pierre Pernaut parecia arvorar-se menos em apologista do imobilismo do que de um *progresso lento*. Talvez houvesse, pensou Jed, pontos de convergência entre o pensamento de Jean-Pierre Pernaut e o de William Morris — raízes socialistas à parte, naturalmente. Embora visto pela maioria dos telespectadores como um simpatizante da direita, Jean-Pierre Pernaut sempre se mostrara, no comando diário de seu jornal, de uma extrema prudência deontológica. Evitara, inclusive, ser associado à aventura Chasse, Pêche, Nature, Traditions, movimento fundado em 1989 — justamente um ano antes que ele assumisse o comando do 13 horas da TF1. Operara-se uma guinada naquele finzinho dos anos 1980, ruminou Jed; uma guinada histórica importante, passada despercebida naquele momento, como quase sempre acontece. Lembrava-se igualmente de "La force tranquille", slogan inventado por Jacques Séguéla que permitira, contrariando todas as expectativas, a reeleição de François Mitterrand em 1988. Revia os cartazes representando a velha múmia pétainista contra um fundo de campanários e aldeias. Tinha 13 anos na época, e era a primeira vez na vida que prestava atenção a um slogan político, a uma campanha presidencial.

Embora constituísse o elemento mais significativo e duradouro dessa ampla guinada ideológica, Jean-Pierre Pernaut sempre se negara a investir sua imensa notoriedade numa tentativa de carreira ou engajamento político; preferira, até o fim, permanecer no campo dos *entertainers*. Ao contrário de Noël Mamère, sequer deixara crescer o bigode. E ainda que possivelmente partilhasse o conjunto dos valores de Jean Saint-Josse, primeiro presidente do Chasse, Pêche, Nature, Traditions, sempre se negara a apoiá-lo politicamente. Tampouco o fizera por Frédéric Nihous, seu sucessor.

Nascido em 1967 em Valenciennes, Frédéric Nihous ganhara seu primeiro fuzil do pai quando terminara o ginásio, aos 14 anos. Detentor de um mestrado em Direito Econômico Internacional e Comunitário, bem como de um mestrado em Defesa Nacional e Segurança Europeia, ensinara Direito Administrativo na faculdade de Cambrai; além disso, era presidente da Associação dos Caçadores de Pombos e Aves Migratórias do Norte. Em 1988, tirou primeiro lugar num torneio de pesca organizado no Hérault, ao pescar uma carpa de 7,256 quilos. Vinte anos depois, provocaria a queda do movimento que ele próprio encabeçava, cometendo o erro de firmar uma aliança com Philippe de Villiers — o que os caçadores do sudoeste, tradicionalmente anticlericais e de tendência mais para radical ou socialista, nunca viriam a perdoar.

Em 30 de dezembro, no meio da tarde, Jed telefonou para Houellebecq. O escritor estava em plena forma; acabava de rachar lenha durante uma hora, contou. Rachar lenha? Sim, agora dispunha de uma lareira em sua casa do Loiret. Além disso, tinha um cachorro — um vira-lata de 2 anos, que adotara no depósito da Sociedade Protetora dos Animais de Montargis, no dia de Natal.

— Vai fazer alguma coisa no Réveillon? — sondou Jed.

— Não, nada de especial; ando relendo Tocqueville. Sabe, no interior, a gente deita cedo, ainda mais no inverno.

Por um instante, Jed teve a ideia de convidá-lo, mas a tempo deu-se conta de que não podia convidar alguém para uma festa se não a organizasse; de qualquer forma, o escritor certamente teria recusado.

— Vou levar seu retrato, como prometi. Nos primeiros dias de janeiro.

— Meu retrato, sim… Com prazer, com prazer.

Parecia não dar a mínima para aquilo. Conversaram ainda agradavelmente durante alguns minutos. Havia na voz do autor de *As partículas elementares* algo que Jed nunca havia conhecido nele, que não esperava em absoluto encontrar ali, porque, na realidade, fazia anos que não encontrava aquilo em ninguém: ele parecia feliz.

XII

Camponeses da Vendeia armados com forcados montavam guarda em ambos os lados do pórtico que dava acesso à mansão de Jean-Pierre Pernaut. Jed estendeu a um deles o e-mail de convite que imprimira e chegou a um grande pátio quadrado, de paralelepípedo, todo iluminado por archotes. Uns dez convidados se dirigiam às duas grandes portas, amplamente abertas, que levavam aos salões de festa. Com suas calças de veludo e sua jaqueta C&A em Sympatex, sentia-se pavorosamente *underdressed*: as mulheres trajavam longos; os homens, em sua maioria, smokings. Dois metros à sua frente, reconheceu Julien Lepers, acompanhado por uma negra magnífica, uma cabeça mais alta que ele; ela usava um longo de um branco cintilante, com apliques dourados, decotado nas costas até quase a altura das nádegas; a luz dos archotes tremeluzia nas costas nuas. O apresentador, vestindo um smoking comum, o mesmo que usava nas noites de seus "programas especiais", seu smoking de trabalho de certa forma, parecia mergulhado numa conversa difícil com um homem baixo e sanguíneo, semblante carrancudo, que dava a impressão de exercer responsabilidades institucionais. Jed passou por eles, e, ao adentrar o primeiro salão, foi recebido pelo lamento lancinante de uma dezena de tocadores bretões de *biniou*, que acabavam de se lançar numa canção céltica torturada, interminável, de uma duração quase dolorosa. Passou ao largo, entrou no segundo salão, aceitou um Knacki aromatizado com emmenthal e uma taça de Gewurztraminer, "colheita tardia", oferecidos por duas garçonetes alsacianas de touca e um avental branco e vermelho amarrado na cintura, que circulavam com bandejas por entre os convidados; eram tão parecidas que poderiam ser gêmeas.

O espaço da festa compreendia quatro grandes salões enfileirados, com um pé-direito de pelo menos 8 metros. Jed nunca vira aposentos tão amplos; não sabia sequer que pudessem existir aposentos daquele tamanho. Provavelmente, não eram, no entanto, grande coisa, pensou, num lampejo de lucidez, comparados às casas daqueles que hoje compravam seus quadros. Devia haver entre duzentos e trezentos convidados, o alarido das conversas cobria pouco a pouco o berro dos *binious*, teve a impressão de que ia desmaiar e se apoiou no estande dos produtos do Auvergne, aceitando uma brochete Jésus-Laguiole e uma taça de saint-pourçain. O aroma forte e terroso do queijo levantou um pouco seu moral, terminou a taça de saint-pourçain num gole, pediu outra e voltou a caminhar em meio à multidão. Começava a sentir muito calor, deveria ter deixado o casaco no vestiário, seu paletó era de fato um acinte ao *dress code*, censurou-se novamente, todos os homens estavam a rigor, absolutamente todos, repetiu consigo, desesperado, e justamente naquele instante viu-se diante de Pierre Bellemare, vestindo calças de tergal azul-petróleo e uma camisa branca com peitilho e manchas de gordura espalhadas, as calças presas por suspensórios largos nas cores da bandeira americana. Jed estendeu calorosamente a mão ao rei francês das telecompras, que, surpreso, apertou a sua, e seguiu adiante, um pouco resserenado.

Levou mais de vinte minutos para encontrar Olga. Em pé num vão de porta semidissimulado por um reposteiro, estava mergulhada numa conversa de natureza visivelmente profissional com Jean-Pierre Pernaut. Era sobretudo ele quem falava, ritmando as frases com movimentos determinados da mão direita; ela balançava a cabeça de tempos em tempos, concentrada e atenta, formulando pouquíssimas objeções ou observações. Jed imobilizou-se a alguns metros de distância. Duas faixas creme amarradas atrás do pescoço, com pequenos cristais incrustados, cobriam seus seios e juntavam-se na altura do umbigo, fixadas por um broche representando um sol metálico prateado, para, então, prenderem-se numa saia curta e justa, igualmente salpicada de cristais, que deixava à mostra a presilha de uma liga branca. Suas meias, também brancas, eram extremamente finas. O envelhecimento, em particular o envelhecimento aparente, não é em absoluto um processo contínuo, podemos, antes, caracterizar a vida como uma série de patamares, separados por quedas bruscas. Quando encontramos alguém que perdemos de vista há anos, às vezes temos a impressão de que a pessoa deu uma *envelhecida*; outras vezes, ao contrário, temos a impressão de que não mudou. Impressão falaciosa — a degradação, secreta, primeiro desbrava um caminho no interior do organismo para depois irromper às escâncaras. Naqueles dez anos, Olga mantivera-se num patamar radioso de sua beleza — sem porém que isso bastasse para fazê-la feliz. Ele tampouco, supunha, mudara muito ao longo daqueles dez anos, *produzira uma obra*, como se diz, sem encontrar nem almejar a felicidade.

Jean-Pierre Pernaut calou-se, deu um gole no beaumes-de-venise, o olhar de Olga afastou-se alguns graus e ela o viu, subitamente, imóvel em meio à profusão de convidados. Alguns segundos podem bastar, quando não para decidir uma vida, pelo menos para revelar a natureza de sua orientação principal. Ela colocou levemente a mão no antebraço do apresentador, pronunciou uma palavra de desculpas e, alguns pulinhos depois, estava diante de Jed, beijando-o na boca. Em seguida, tomou distância, segurando-o pelas mãos, e permaneceram silenciosos por alguns segundos.

Condescendente em sua casaca Arthur van Aschendonk, Jean-Pierre viu-os voltar em sua direção. Abrindo um amplo sorriso, dava, naquele minuto, a impressão de conhecer a vida, até mesmo de simpatizar com ela. Olga fez as apresentações.

— Eu o conheço! — exclamou o apresentador, sorrindo ainda mais. — Siga-me!

Atravessando rapidamente o último salão, resvalando na passagem no braço de Patrick Le Lay (que tentara, sem sucesso, comprar uma participação no capital da rede), ele os precedeu numa galeria larga, com as paredes altas e abobadadas, em calcário maciço. Mais que um palacete, a mansão de Jean-Pierre Pernaut evocava uma abadia romana, com seus corredores e criptas. Pararam em frente a uma porta grossa, forrada em couro marrom.

— Meu gabinete... — disse o apresentador.

Parou no umbral, deixando-os descobrirem o aposento. Uma fileira de estantes em acaju continha, principalmente, guias turísticos — todas as tendências misturadas, o *Guide du Routard* ombreando com o *Guide Bleu*, o *Petit Futé* com o *Lonely Planet*. Nos mostruários estavam expostos os livros de Jean-Pierre Pernaut, de *Les magnifiques métiers de l'artisanat* a *La France des saveurs*. Uma vitrine encerrava os cinco Sept d'Or que ele recebera ao longo da carreira, bem como troféus esportivos de origem desconhecida. Poltronas de couro profundas cercavam uma escrivaninha de cedro. Atrás do móvel, discretamente iluminada por uma série de halógenas, Jed reconheceu imediatamente uma das fotografias de sua fase Michelin. Curiosamente, a escolha do apresentador não recaíra sobre uma fotografia espetacular, de pitoresco imediato, como aquelas que Jed realizara do litoral do Varois ou dos desfiladeiros do Verdon. A fotografia, centrada em Gournay-en-Bray, era chapada, sem efeito de luz nem de perspectiva; Jed lembrou-se de que a capturara exatamente na vertical. As manchas brancas, verdes e marrons distribuíam-se por ela de maneira uniforme, atravessadas pela rede simétrica das estradas departamentais. Nenhuma aglomeração se destacava com nitidez, todas pareciam praticamente da mesma importância; o conjunto transmitia uma sensação de calma, equilíbrio e quase abstração. Aquela paisagem, tomou consciência, era provavelmente a que ele sobrevoara, a baixa altitude, imediatamente após decolar de Beauvais, quando fora visitar Houellebecq na Irlanda. Na presença da realidade concreta, daquela discreta justaposição de pastos, plantações e povoados, sentira a mesma coisa: equilíbrio, uma harmonia serena.

— Soube que anda se dedicando à pintura — disse Jean-Pierre Pernaut —, e que fez um quadro em que apareço. Para ser franco, tentei inclusive comprá-lo, mas François Pinault fez um lance mais alto, não pude continuar.

— François Pinault? — Jed parecia surpreso. *O jornalista Jean-Pierre Pernaut comanda uma reunião de pauta* era um quadro discreto, de traços clássicos, que estava longe de corresponder às preferências habituais, muito mais *wild*, do especulador bretão. Decidira diversificar, sem dúvida.

— Talvez eu devesse... — retrucou Jed. — Sinto muito... Talvez eu devesse inserir uma espécie de cláusula dando preferência aos indivíduos representados.

— É o mercado... — retrucou Pernaut, com um sorriso largo, franco, sem rancor, chegando até a lhe dar um tapinha no ombro.

O apresentador precedeu-os mais uma vez no corredor abobadado, as abas de sua casaca esvoaçando preguiçosamente às suas costas. Jed deu uma espiada em seu relógio: quase meia-noite. Voltaram a atravessar as portas duplas que levavam aos salões de recepção: o barulho agora era ensurdecedor; novos convidados haviam chegado, devia haver entre quatrocentas e quinhentas pessoas. No centro de um grupinho, Patrick Le Lay, bêbado, perorava ruidosamente; havia simplesmente sequestrado uma garrafa de châteauneuf-du-pape e dava demorados goles no gargalo. Claire Chazal, visivelmente tensa, pousava a mão sobre seu braço, tentando interrompê-lo, mas o presidente da emissora visivelmente já passara e dos limites.

— TF1, somos os maiores! — esgoelava-se. — Não dou seis meses para sua emissora e para Jean-Pierre! Com a M6 foi a mesma coisa, achavam que iriam nos foder com o Loft, dobramos a aposta com o Koh Lanta e os enrabamos até o osso! Até o osso! — repetiu e atirou a garrafa para trás, sobre o ombro, a qual, raspando na cabeça de Julien Lepers, foi se espatifar aos pés de três homens de meia-idade, vestindo ternos três peças de um cinza intermediário, que o fitaram com um olhar severo.

Sem hesitar, Jean-Pierre Pernaut foi até seu ex-presidente e plantou-se diante dele.

— Você bebeu além da conta, Patrick — disse, com uma voz calma; seus músculos estufaram o tecido da casaca, seu rosto se contraiu como o de alguém pronto para a luta.

— OK, OK... — aquiesceu Le Lay, com um gesto frouxo de paz — OK, OK...

Nesse momento, uma vibrante voz de tenor, com uma potência incrível, prorrompeu no segundo salão. Outras vozes de barítono, depois de baixo, repetiram o mesmo tema, sem letra, em cânone. Muitos se voltaram naquela direção, reconhecendo um famoso conjunto polifônico da Córsega. Doze homens, de todas as idades, vestindo calças compridas, cabaias pretas e boina, executaram uma performance vocal de pouco mais de dois minutos, desafiando os limites da música, um verdadeiro grito de guerra, de surpreendente selvageria. Depois calaram-se bruscamente. Afastando ligeiramente as mãos, Jean-Pierre Pernaut posicionou-se em frente aos convidados, esperou que fizessem silêncio e proferiu, bem alto:

— Feliz ano-novo a todos!

Espocaram-se os primeiros champanhes. O apresentador dirigiu-se, então, aos três homens de terno cinza-médio e apertou a mão de cada um.

— Eles são da diretoria da Michelin... — Olga soprou para Jed antes de se aproximar do grupo. — Financeiramente, a TF1, em relação à Michelin, não pesa nada. E parece que Bouygues está de saco cheio de arcar com seus prejuízos... — Olga conseguiu acrescentar antes que Jean-Pierre Pernaut a apresentasse àqueles homens.

— Eu já esperava um pouco por esse destempero de Patrick... — dizia aos membros da diretoria. — Ele reagiu muito mal à minha saída.

— Pelo menos, isso prova que nosso projeto não deixa ninguém indiferente — respondeu o mais velho.

Nesse instante, Jed viu se aproximar um sujeito de uns 40 anos, em calças de jogging e agasalho, com um boné de rapper enfiado ao contrário na cabeça, em quem, incredulamente, reconheceu Patrick Forestier, diretor de comunicação da Michelin-France.

— Yo! — disse ele aos três diretores, antes de bater nas palmas das mãos deles.

— Yo — responderam eles, cada um à sua vez, e foi nesse momento que as coisas começaram a degringolar, com o alarido das conversas intensificando-se abruptamente, enquanto as orquestras basca e savoiarda punham-se a tocar ao mesmo tempo. Jed suava em bicas, tentou por alguns minutos seguir Olga, que ia de um convidado a outro para lhes desejar feliz ano-novo, sorridente e simpática; diante da expressão afável, mas séria, exibida pelas pessoas quando ela se aproximava, ele compreendeu que ela fazia o tour de seu staff.

Sentiu náuseas, correu até o pátio e vomitou ao pé de uma palmeira-anã. Curiosamente, a noite estava amena. Alguns convidados deixavam a festa, entre eles os três membros da diretoria da Michelin, de onde vinham? Hospedavam-se no mesmo hotel? Avançavam lepidamente, em formação triangular, passaram sem uma palavra pelos camponeses da Vendeia, cientes de representar o poder e a realidade do mundo. Seria um bom tema para um quadro, ruminou Jed, deixando discretamente a recepção enquanto atrás deles os astros da televisão francesa riam e davam gritinhos e um concurso de canções licenciosas organizava-se sob os auspícios de Julien Lepers. Enigmático em seu terno azul-noturno, Jean-Pierre Pernaut pousava um olhar impávido sobre todas as coisas, enquanto Patrick Le Lay, bêbado e acabado, tropeçava nos paralelepípedos, vociferando para os membros da diretoria da Michelin, que não se voltaram para lhe conceder um olhar. "Uma metamorfose na história da televisão ocidental europeia", assim poderia intitular-se o quadro que Jed não realizaria; vomitou de novo, ainda tinha um resquício de bile no estômago, provavelmente fora um erro misturar *punch créole* com absinto.

Patrick Le Lay, com a testa sangrando, rastejava à sua frente no calçamento, tendo agora perdido toda esperança de alcançar os membros da diretoria, que viravam a esquina da avenue Charles-de-Gaulle. A música se acalmara, dos salões de festa chegava a pulsação lenta de um *groove* saboiano. Jed ergueu os olhos para o céu, para as constelações indiferentes. Configurações espirituais de um novo tipo surgiam, algo, em todo caso, revolvia-se duradouramente na estrutura do mundo televisivo francês, foi o que Jed pôde deduzir das conversas dos convidados, que, tendo recolhido seus casacos, encaminhavamse a passos lentos em direção às portas da rua. Captou, na passagem, as palavras "sangue novo" e "prova de fogo", compreendeu que muitas conversas giravam em torno de Olga, que era uma novidade no panorama da televisão francesa, ela "vinha do institucional", era um dos comentários mais frequentes, junto aos relativos à sua beleza. Era difícil calcular a temperatura do lado de fora, sentia alternadamente calafrios e acessos de calor. Foi tomado por um novo espasmo, aliviou-se com dificuldade na palmeira. Ao se soerguer, viu Olga, vestindo um casaco de leopardo-das-neves, observando-o com certa preocupação.

— Vamos embora.

— Vamos... para sua casa?

Sem responder, ela o pegou pelo braço e o guiou até seu carro.

— Francesinho frágil... — disse, com um sorriso, antes de arrancar.

XIII

As primeiras luzes do dia atravessavam a fresta entre as cortinas duplas e grossas, acolchoadas, com motivos escarlate e amarelos. Olga, a seu lado, respirava com regularidade, a curta camisola erguida até a cintura. Jed acariciou suavemente suas nádegas, brancas e salientes, sem despertá-la. Seu corpo quase não mudara naqueles dez anos, bem, os seios tinham caído um pouco. Aquela magnífica flor de carne começara a murchar, e a degradação, agora, não faria senão acelerar-se. Era dois anos mais velha que ele; tomou consciência de que ele completaria 40 anos no mês seguinte. Estavam mais ou menos na metade da vida; tudo passara muito rápido. Levantou-se, juntou suas roupas, espalhadas no chão. Não se lembrava de ter se despido na véspera, provavelmente fora ela quem o fizera; sua impressão era de ter apagado assim que bateu na cama. Tinham transado? Provavelmente não, e esse simples fato já era grave, porque, após tantos anos de separação, deveriam ter, deveriam ter pelo menos tentado, sua previsível ausência de ereção imediata poderia ter sido facilmente imputada à ingestão excessiva de bebidas alcoólicas, mas ela poderia ter tentado chupá-lo, ele não se lembrava de ela ter feito isso, talvez ele devesse ter pedido... Ao mesmo tempo, aquela hesitação quanto a seus direitos sexuais, quanto ao que parecia natural e normal no âmbito de sua relação, era inquietante, um provável anúncio do fim. A sexualidade é algo frágil, difícil de entrar, facílimo de sair.

Fechou atrás de si a porta do quarto, estofada e forrada em couro branco, percorreu um corredor comprido que, à direita, dava em outros quartos e num escritório e, à esquerda, em salas de visita — aposentos com cornijas Luís XVI e tacos diagonais no assoalho. Na penumbra dos espaços iluminados por grandes abajures, o apartamento pareceu-lhe imenso. Atravessou uma das salas, entreabriu uma cortina: a avenue Foch estendia-se ao infinito, insolitamente larga, coberta por uma fina camada de gelo. O único sinal de vida era o escapamento de um Jaguar XJ preto forçando o motor na contramão. Logo depois, uma mulher num vestido de festa saiu titubeando ligeiramente de um prédio e instalou-se ao lado do motorista; o carro arrancou em direção ao Arco do Triunfo. Um silêncio completo recaiu sobre a paisagem urbana. Tudo assomava à sua frente com uma nitidez incomum à medida que um sol invernal e tênue subia por entre os arranha-céus de La Défense e fazia cintilar o solo imaculado da avenida. No fim do corredor, chegou a uma ampla cozinha mobiliada com armários de alumínio escovado, que cercavam uma bancada central de granito. A geladeira estava vazia, exceto por uma caixa de chocolates Debauve et Gallais e um iogurte de laranja Leader Price aberto. Num relance panorâmico, percebeu uma máquina de café e preparou um Nespresso. Olga era carinhosa, era carinhosa e amante,

Olga o amava, repetiu consigo com uma tristeza crescente, constatando ao mesmo tempo que nada mais aconteceria entre eles, nada jamais poderia acontecer entre eles, a vida às vezes nos oferece uma chance, ele pensou, mas quando somos demasiado covardes ou indecisos para agarrá-la a vida retoma as rédeas, existe um momento para fazermos as coisas e ingressarmos numa felicidade possível, esse momento dura alguns dias, às vezes algumas semanas ou mesmo alguns meses, mas só se produz uma única vez, e, se quisermos voltar a ele mais tarde, é pura e simplesmente impossível, não há mais lugar para o entusiasmo, a crença e a fé, subsiste uma resignação doce, uma compaixão mútua e entristecida, a sensação inútil e correta de que alguma coisa poderia ter acontecido, de que simplesmente nos mostramos indignos da dádiva que nos fora prodigalizada. Preparou um segundo café, que expulsou definitivamente as brumas do sono, depois pensou em deixar um bilhete para Olga. "Precisamos refletir", escreveu, antes de riscar a fórmula e escrever: "Você merece alguém melhor do que eu." Riscou a frase novamente, escreveu, no lugar: "Meu pai está prestes a morrer", então deu-se conta de que nunca falara sobre seu pai com Olga e amassou a folha antes de jogá-la na cesta de lixo. Em breve teria a idade que seu pai tinha quando ele nasceu; para seu pai, como talvez para muitas pessoas, mas no caso de seu pai mais especificamente, ter um filho significou o fim de toda ambição artística e, mais genericamente, a aceitação da morte. Atravessou de volta o corredor até o quarto; Olga continuava a dormir serenamente, encolhida. Permaneceu durante quase minuto atento à sua respiração regular, sentindo-se incapaz de chegar a uma síntese, e subitamente voltou a pensar em Houellebecq. Um escritor deve ter algum conhecimento da vida, ou pelo menos fingir. De uma maneira ou de outra, Houellebecq fazia parte da síntese.

O dia despontara completamente, mas a avenue Foch continuava tão deserta como antes. Nunca falara com Olga a respeito do pai, nem a respeito de Olga com ele, assim como não falara deles com Houellebecq ou Franz, decerto preservara um resquício de vida social, mas esta não evocava em nada uma rede ou um tecido orgânico nem o que quer que fosse de vivo, lidava-se com um grafo elementar e mínimo, não ramificado, com galhos independentes e secos. De volta em casa, acondicionou o retrato do escritor num estojo de titânio, que prendeu nas barras do teto de seu Audi sport wagon. Na Porte d'Italie, seguiu pela autoestrada A10.

Tão logo deixou para trás os últimos subúrbios, os últimos armazéns de estocagem, percebeu que a neve resistira. A temperatura do lado de fora estava em 3ºC negativos, mas a climatização funcionava perfeitamente, uma tepidez uniforme preenchia a cabine. Os Audi caracterizam-se por um nível de acabamento particularmente sofisticado, com o qual apenas rivalizam, segundo o *Auto-Journal*, alguns Lexus, aquele automóvel era sua primeira compra depois que alcançara um novo status de riqueza, já na primeira visita à concessionária fora seduzido pelo rigor e pela precisão dos encaixes metálicos, pela batida suave das portas no momento em que as fechava, tudo isso forjado como um cofre forte. Ajustando o limitadorde velocidade, optou por uma velocidade de cruzeiro, 105 quilômetros por hora. Regulagens macias, acionadas a cada 5 quilômetros por hora, facilitavam a manipulação do dispositivo; aquele automóvel era definitivamente perfeito. Uma película de neve intocada cobria a planície; o sol resplandecia valente, quase alegremente, sobre o Beauce adormecido. Um pouco antes de chegar a Orléans, pegou a E60 na direção de Courtenay. Alguns centímetros abaixo da superfície do solo, sementes aguardavam a germinação, o despertar. Era uma viagem muito curta, pensou, precisaria de horas, dias inteiros na autoestrada, em velocidade constante, para que pudesse começar a elaborar o esboço de um pensamento claro. Obrigou-se, porém, a parar num posto de gasolina; depois, arrancando novamente, julgou conveniente ligar para Houellebecq para avisá-lo de sua chegada.

Saiu em Montargis-Ouest, parou uns 50 metros antes do pedágio, compôs o número do escritor, deixou tocar umas dez vezes antes de desligar. O sol se pusera, o céu exibia um branco leitoso acima da paisagem nevada. As guaritas esbranquiçadas do posto de pedágio complementavam aquela discreta sinfonia em tons claros. Saiu do carro e foi golpeado pelo frio, mais intenso do que na zona urbana, deambulou alguns minutos pelo acostamento. Ao ver o estojo de titânio preso no teto do carro, lembrou-se bruscamente do motivo de sua viagem e divagou que poderia ler Houellebecq agora que tudo estava terminado. Agora que o que estava terminado? Ao mesmo tempo em que se fazia a pergunta, respondeu a ela, percebendo que Franz enxergara corretamente: *Michel Houellebecq, escritor* seria seu último quadro. Sem dúvida ainda teria ideias para quadros, mas nunca mais sentiria a energia ou a motivação necessárias para lhes dar forma. É sempre possível, dissera-lhe Houellebecq ao evocar sua carreira de romancista, fazer anotações, tentar alinhar frases; mas, para nos lançarmos na escrita de um romance, temos que esperar que tudo se torne compacto, irrefutável, esperar a eclosão de um real foco de necessidade. Não cabe a nós a decisão de escrever um livro, acrescentara; um livro, segundo ele, era como um bloco de cimento pode ou não endurecer, as possibilidades de ação do autor limitam-se a estar presente, esperando, numa inércia angustiante, que o processo dispare automaticamente. Naquele momento, Jed compreendeu que a inércia, mais do que nunca, não lhe traria angústia, e a imagem de Olga voltou a flutuar na sua memória como o fantasma de uma felicidade inacabada, se pudesse teria rezado por ela. Entrou novamente no carro, avançou sem pressa em direção às guaritas, pagou com seu cartão.

Embora já fosse quase meio-dia quando chegou ao vilarejo onde Houellebecq morava, não havia ninguém nas ruas. Aliás, haveria jamais alguém, em qualquer momento, nas ruas daquele vilarejo? Era uma alternância de casas de pedras calcárias, com telhas antigas, que deviam ser típicas da região, e construções de enxaimel, caiadas de branco, que antes esperaríamos encontrar no interior normando. A igreja, com arcobotantes cobertos por trepadeiras, revelava indícios de uma reforma executada com ardor; ali, era visível, não se brincava com o patrimônio nacional. Arbustos ornamentais e gramados se espalhavam por toda parte; tabuletas de madeira incentivavam o turista a realizar um circuito-aventura nos confins do Puisaye. O centro cultural multiuso polivalente oferecia uma exposição permanente de artesanato local. Não havia mais ali, e isso fazia tempo, senão casas de campo.

A casa do escritor situava-se na orla do vilarejo; suas orientações foram excepcionalmente claras ao telefone. Havia feito um longo passeio na companhia de seu cão, dissera-lhe, um longo passeio pelo campo gelado; seria um prazer convidá-lo para almoçar.

Jed estacionou em frente ao portão de uma ampla *longère* em L, com os muros caiados. Soltou o estojo contendo o quadro, tocou a campainha. Latidos ressoaram imediatamente no interior da casa. Em segundos, a porta se abriu e um enorme cão preto e peludo precipitou-se ladrando rumo ao portão. O autor de *As partículas elementares* apareceu, por sua vez, vestindo *canadienne* e calças de veludo. Mudara, percebeu Jed de imediato. Mais em forma, mais musculoso provavelmente, caminhava com energia, com um sorriso de boas-vindas nos lábios. Ao mesmo tempo, emagrecera, o rosto estriado por finas rugas de expressão, e os cabelos, cortados bem curtos, haviam encanecido. Parecia, pensou Jed, um animal inaugurando sua pelagem de inverno.

Um grande fogo ardia na lareira da sala de estar; acomodaram-se em sofás de veludo verde-garrafa.

— Aproveitei uns moveis que deixaram... — disse Houellebecq —, comprei o resto num antiquário.

Numa mesa de centro, dispusera rodelas de salaminho e azeitonas; abriu uma garrafa de chablis. Jed retirou o retrato do estojo, apoiou-o no encosto do sofá. Houellebecq deu uma espiada meio distraída, depois passeou o olhar pela sala.

— Ficaria bem em cima da lareira, não acha? — perguntou, finalmente. Era a única coisa que parecia interessá-lo. Realmente, quem sabe, pensou Jed; no fundo o que é um quadro senão um item de mobiliário particularmente caro? Bebia de sua taça em pequenos goles.

— Quer conhecer a casa? — propôs Houellebecq.

Naturalmente, Jed aceitou. Gostara muito da casa, evocava-lhe um pouco a de seus avós; enfim, todos esses casarões tradicionais são meio parecidos. Além da sala de estar, havia uma ampla cozinha, prolongada por uma despensa — que servia igualmente de depósito de lenha e adega. À direita abriam-se as portas de dois quartos. O primeiro, desocupado e tendo no centro com uma cama de casal estreita e alta, era glacial. No segundo, havia uma cama de solteiro, uma cama de criança embutida num *cosy-corner*, e uma escrivaninha com tampa. Jed decifrou os títulos dos livros enfileirados na estante do *cosy*, perto da cabeceira da cama: Chateaubriand, Vigny, Balzac.

— Sim, é aqui que eu durmo... — confirmou Houellebecq quando voltavam para a sala de estar e se instalavam novamente diante da lareira. — Na minha velha cama de criança... Terminamos como começamos... — acrescentou com uma expressão difícil de interpretar (satisfação? resignação? amargura?) Nenhum comentário apropriado passou pela cabeça de Jed.

Ao fim da terceira taça de chablis, sentiu-se invadido por um leve torpor.

— Vamos passar à mesa... — disse o escritor. — Fiz um cozido ontem, vai estar melhor agora. Cozidos requentam muito bem.

O cachorro seguiu-os até a cozinha, enroscou-se num grande cesto de pano, suspirou de conforto. O cozido estava saboroso. Um relógio de pêndulo emitia um débil tique-taque. Pela janela, distinguiam-se pastagens cobertas pela neve, um bosquezinho de árvores escuras atravessava o horizonte.

— O senhor escolheu uma vida calma... — disse Jed.

— Estou próximo do fim; envelheço serenamente.

— Parou de escrever?

— No início de dezembro, tentei escrever um poema sobre os pássaros; mais ou menos no momento em que me convidou para sua exposição. Comprei um comedouro, coloquei pedaços de bacon para eles; já fazia frio, o inverno foi precoce. Eles vieram em bando: tentilhões, dom-fafes, pintarroxos... Apreciaram imensamente os pedaços de bacon, mas daí a escrever um poema... Acabei escrevendo sobre meu cachorro. Era o ano do P, batizei meu cachorro de Platão e consegui realizar meu poema; é um dos melhores poemas jamais escritos sobre a filosofia de Platão; e provavelmente também sobre os cães. Será uma de minhas últimas obras, talvez a última.

No mesmo instante, Platão agitou-se em seu cesto, esperneou um pouco, soltou um longo rosnado em seu sonho e voltou a dormir.

— Passarinhos não valem nada — prosseguiu Houellebecq —, manchinhas coloridas vivas que botam ovos e devoram milhares de insetos, voando pateticamente de um lado para o outro, uma vida atarefada e estúpida, toda ela dedicada à devoração dos insetos, às vezes, com um modesto banquete de larvas, e à reprodução do mesmo. Já um cão carrega em si um destino individual e uma representação do mundo, mas seu drama tem alguma coisa de indiscernível, não é nem histórico nem verdadeiramente narrativo, e creio que já desisti do *mundo como narração*, o mundo dos romances e dos filmes, o mundo da música também. Agora só me interesso pelo mundo como justaposição: o da poesia, da pintura. Aceita um pouco mais de cozido?

Jed declinou da oferta. Houellebecq pegou na geladeira um saint-nectaire e um époisses, cortou fatias de pão, abriu outra garrafa de chablis.

— Foi amável de sua parte trazer o quadro — acrescentou, após alguns segundos. — Olharei para ele algumas vezes, ele me lembrará que tive uma vida intensa, em determinados momentos.

Voltaram à sala de estar para tomar o café. Houellebecq acrescentou duas achas ao fogo e saiu para fazer alguma coisa na cozinha. Jed pôs-se então a examinar a biblioteca, admirando-se com a escassez de romances — clássicos, essencialmente. Em contrapartida, um número espantoso de livros de reformadores sociais do século XIX: os mais conhecidos, como Marx, Proudhon e Comte; mas também Fourier, Cabet, Saint-Simon, Pierre Leroux, Owen, Carlyle, bem como outros que não lhe evocavam praticamente nada. O autor retornou, trazendo uma cafeteira, macarons e uma garrafa de licor de ameixa em uma bandeja.

— Deve conhecer a afirmação de Comte — disse ele — segundo a qual a humanidade é composta mais por mortos que por vivos. Pois bem, encontro-me nesse ponto agora, estou principalmente em contato com os mortos...

Tampouco para isso Jed encontrou resposta. Uma antiga edição das *Lembranças de 1848*, de Tocqueville jazia sobre a mesa de centro.

— Um caso espantoso, Tocqueville... — prosseguiu o escritor. — *Da democracia na América* é uma obra-prima, um livro de um poder visionário inaudito, absolutamente inovador, e em todos os domínios; é com certeza o livro político mais inteligente já escrito. E, após produzir essa obra perturbadora, em vez de continuar, ele concentra todas as suas energias em ser eleito deputado por uma modesta municipalidade da Mancha, mais tarde assumindo responsabilidades nos governos da época, igualzinho a um político comum. Ainda assim, nada perdera de sua acuidade, de seu poder de observação... — Folheou o volume de *Lembranças de 1848* enquanto acariciava o dorso de Platão, escarrapachado aos seus pés. — Escute isso, quando ele fala de Lamartine! Minha nossa, coitado do Lamartine...!

Leu, com uma voz agradável e pausada:

"Não sei se conheci, neste mundo de ambições egoístas, em meio ao qual vivi, espírito menos imbuído do dever público do que ele. Neste mundo, vi uma multidão de homens perturbar o país a fim de se promover: é a perversidade corriqueira; mas ele foi o único, creio, que me pareceu sempre disposto a sacudir o mundo para se distrair."

— Tocqueville não se aguenta diante de um espécime desse tipo. Ele, por sua vez, é fundamentalmente um sujeito honesto, que tenta fazer o que lhe parece melhor para seu país. A ambição, a ganância, ele pode até compreender; mas aquele temperamento de ator, aquela mistura de irresponsabilidade, ele não engole. Ouça um pouco mais, logo adiante:

"Tampouco conheci espírito menos sincero, que tenha demonstrado desprezo mais completo pela verdade. Quando digo que a desprezava, erro, uma vez que não a honrava, em absoluto, o suficiente para dela se ocupar de um jeito ou de outro. Falando ou escrevendo, ele sai e entra aleatoriamente na verdade, preocupado apenas com o efeito que deseja produzir naquele momento…"

Esquecendo o convidado, Houellebecq continuou a ler para si mesmo, virando as páginas num júbilo crescente.

Jed esperou, bebeu de um trago só seu conhaque de pera, pigarreou. Houellebecq ergueu os olhos para ele.

— Eu vim… — disse Jed — para lhe dar o quadro, naturalmente, mas também porque espero uma mensagem de sua parte.

— Uma mensagem? — O sorriso do escritor se apagou gradualmente, uma tristeza terrosa, mineral, espalhou-se em seu semblante. — A impressão que o senhor tem... — disse ele, finalmente, com uma dicção lenta — é que a minha vida está no fim e que estou desiludido, não é isso?

— Ehh... sim, mais ou menos.

— Pois bem, o senhor tem razão, minha vida está no fim e estou desiludido. Nada do que eu esperava na minha juventude aconteceu. Houve momentos interessantes, mas sempre difíceis, sempre arrancados no limite das minhas forças, nunca nada caiu do céu para mim, e agora estou no limite e gostaria apenas que tudo terminasse sem excesso de sofrimento, sem doenças incapacitantes, sem enfermidades.

— O senhor fala igual ao meu pai... — disse Jed, baixinho.

Houellebecq sobressaltou-se ao ouvir a palavra *pai*, como se Jed tivesse pronunciado uma obscenidade, em seguida seu rosto se encheu com um sorriso distraído, cortês, mas sem calor. Jed engoliu, um atrás do outro, três macarons, depois um copo cheio de conhaque de pera, antes de prosseguir.

— Meu pai... — repetiu finalmente — me falou de William Morris. Eu queria saber se o conhece, o que pensa dele.

— William Morris... — O tom era novamente desapaixonado, objetivo. — Curioso seu pai ter lhe falado dele, quase ninguém conhece William Morris.

— No círculo de arquitetos e artistas que ele frequentava na juventude, aparentemente, sim.

Houellebecq levantou-se, vasculhou em suas estantes durante pelo menos cinco minutos e puxou um livrinho fino, com a capa machucada e amarelecida, ornamentada com um arabesco de motivos art nouveau. Sentou-se novamente, virou com precaução as páginas manchadas e rijas; manifestamente, o livro não era aberto há anos.

— Aqui está — disse por fim —, isso situa um pouco o ponto de vista dele. Foi tirado de uma conferência que ele pronunciou em Edimburgo em 1889:

> "Eis, em suma, nossa posição de artistas: somos os últimos representantes do artesanato, no qual a produção mercantil desfechou um golpe fatal."

"No fim, ele aderiu ao marxismo, mas no começo era diferente, realmente original. Ele parte do ponto de vista do artista no momento em que este produz uma obra e tenta generalizá-lo para todo o mundo da produção: industrial e agrícola. Difícil imaginar nos dias de hoje a riqueza de reflexão política daquela época. Chesterton fez uma homenagem a William Morris em *A volta de Dom Quixote*. É um romance curioso, no qual ele imagina uma revolução baseada no retorno ao artesanato e ao cristianismo medieval, alastrando-se pouco a pouco pelas ilhas Britânicas, suplantando os outros movimentos operários, socialista e marxista, e levando ao abandono do sistema de produção industrial em prol de comunidades artesanais e agrárias. Uma coisa totalmente inverossímil, tratada numa atmosfera de fantasmagoria, não muito distante dos livros com Padre Brown. Acho que, nele, Chesterton imprimiu muito de suas convicções pessoais. Mas convém dizer que William Morris, por tudo o que sabemos, era um sujeito bastante excêntrico."

Uma acha rolou na lareira, projetando uma revoada de fagulhas.

— Eu deveria ter comprado um protetor... — resmungou Houellebecq antes de bebericar seu conhaque. Jed continuava a fitá-lo, imóvel e atento, ele se achava tomado por uma tensão nervosa extraordinária, incompreensível. Houellebecq olhava-o estupefato, e, constrangido, Jed percebeu que tremores convulsivos agitavam sua mão esquerda.

— Desculpe — disse, por fim, distendendo-se bruscamente. — Estou atravessando uma fase... peculiar.

— William Morris não teve uma vida muito alegre, pelos critérios normais — emendou Houellebecq. — No entanto, todos os depoimentos o mostram alegre, otimista e dinâmico. Aos 23 anos, conheceu Jane Burden, que tinha 18 e trabalhava como modelo para pintores. Casou-se com ela dois anos depois, cogitou por sua vez lançar-se na pintura, antes de desistir, não se sentindo com talento suficiente; respeitava a pintura acima de tudo. Mandou construir uma casa de acordo com uma planta de sua lavra, em Upton, às margens do Tâmisa, e decorou-a pessoalmente para morar lá com a esposa e as duas filhinhas. Embora dotada de grande beleza, segundo todos que a conheceram, a mulher não lhe era fiel. Teve, em especial, um caso com Dante Gabriel Rossetti, líder do movimento pré-rafaelita. William Morris tinha muita admiração por ele como pintor. No fim, Rossetti foi morar com eles, suplantando-o de maneira categórica no leito conjugal. Morris, então, resolveu partir para a Islândia, aprendeu a língua, traduziu algumas sagas. Retornou anos depois e resolveu tirar satisfação; Rossetti aceitou partir, mas alguma coisa se rompera e nunca mais houve real intimidade carnal entre os cônjuges. Ele era engajado em diversos movimentos sociais, mas abandonou a Social Democratic Federation, que lhe parecia moderada demais, para criar a Socialist League, que defendia posições ostensivamente comunistas, e, até morrer, deu tudo de si pela causa comunista, com inúmeros artigos em jornais, entrevistas, reuniões...

Houellebecq calou-se, balançou a cabeça com resignação, passou carinhosamente a mão no dorso de Platão, que rosnou, satisfeito.

— Além disso — prosseguiu, com lentidão —, lutou até o fim contra o decoro vitoriano, militou a favor do amor livre... Sabe — acrescentou ainda —, sempre detestei essa ideia repugnante, mas apesar disso digna de crédito, segundo a qual a ação militante e generosa, aparentemente desinteressada, é uma compensação para problemas de ordem privada...

Jed aguardou, calado, durante pelo menos um minuto.

— Acha que ele era um utopista? — perguntou, finalmente. — Um irrealista completo?

— Em certo sentido, sim, sem sombra de dúvida. Ele queria suprimir a escola, julgando que as crianças aprenderiam melhor numa atmosfera de total liberdade; queria suprimir as prisões, julgando o remorso um castigo suficiente para o criminoso. Difícil ler todos esses absurdos sem um misto de compaixão e enjoo. Mas apesar de tudo... — Houellebecq hesitou, procurou as palavras. — Apesar de tudo, e paradoxalmente, ele conheceu certo sucesso no plano prático. Para executar suas ideias em prol de um retorno à produção artesanal, criou muito cedo uma empresa de decoração e mobiliário; nela, os operários trabalhavam muito menos do que se trabalhava nas fábricas da época, que eram, sem tirar nem pôr, verdade seja dita, prisões, contudo trabalhavam livremente, cada um sendo responsável por sua tarefa do início ao fim; o princípio essencial de William Morris era que concepção e execução nunca deviam ser separados, tal como na Idade Média. Segundo todos os testemunhos, as condições de trabalho eram idílicas: oficinas iluminadas, arejadas, à beira de um rio. Todos os lucros eram redistribuídos aos trabalhadores, exceto uma pequena parcela, destinada a financiar a propaganda socialista. Pois bem, contrariando todas as expectativas, o sucesso foi imediato, inclusive no plano comercial. Depois da marcenaria, eles se interessaram por ourivesaria, trabalho com couro, depois vitrais, tecidos, forros de mobília, sempre com o mesmo sucesso: a firma Morris & Co deu lucros constantes, ao longo de toda a sua existência. Nenhuma das cooperativas operárias que proliferaram ao longo do século XIX conseguiu o mesmo, nem os falanstérios fourieristas nem a comunidade icariana de Cabet, nenhuma delas conseguiu organizar uma produção eficaz de bens e víveres; à exceção da firma fundada por William Morris não é possível citar senão uma série de fracassos. Sem falar das sociedades comunistas, mais tarde...

Calou-se novamente. A luminosidade perdia força dentro da sala. Ele se levantou, acendeu um abajur, colocou outra acha no fogo antes de voltar a se sentar. Jed continuava a observá-lo atentamente, com as mãos no colo, em completo silêncio.

— Não sei — disse Houellebecq —, estou velho demais, não tenho mais vontade nem costume de concluir, ou então somente coisas muito simples. Temos retratos dele, o senhor sabe, desenhados por Burne-Jones, em vias de testar uma nova combinação de tinturas vegetais ou lendo para as filhas. Um sujeito atarracado, hirsuto, de rosto avermelhado e intenso, óculos pequenos e barba desgrenhada, em todos os desenhos dá uma impressão de hiperatividade permanente, de boa vontade e candura inesgotáveis. O que podemos dizer, indubitavelmente, é que o modelo de sociedade sugerido por William Morris não teria nada de utópico num mundo em que os homens fossem parecidos com William Morris.

Jed continuou a esperar, tranquilamente, enquanto anoitecia nas lavouras dos arredores.

— Agradeço-lhe — disse, por fim, levantando-se. — Desculpe ter vindo perturbá-lo em seu refúgio, mas sua opinião era importante para mim. O senhor me ajudou muito.

No vão da porta, foram golpeados pelo frio. A neve cintilava debilmente. Os galhos escuros das árvores secas se destacavam contra o céu de chumbo.

— Vai gear — disse Houellebecq —, dirija com cuidado.

Quando manobrava para sair, Jed viu que ele agitava muito lentamente a mão, na altura do ombro, em sinal de adeus. O cachorro, sentado ao seu lado, parecia balançar a cabeça como se aprovasse sua partida. Jed tinha a intenção de convidá-lo para ir à sua casa, mas teve a intuição de que aquilo não aconteceria, de que acabaria havendo imprevistos e contratempos diversos. Naquele momento, sua vida social estava definitivamente prestes a se simplificar.

Dirigiu sem pressa através das sinuosas e desertas estradas departamentais, sem passar de 30 quilômetros por hora, até alcançar a autoestrada A10. Quando entrava na alça de acesso, percebeu, abaixo dele, a comprida fila luminosa de faróis e soube que ficaria preso num engarrafamento interminável. A temperatura externa caíra para 12ºC negativos, mas a interna mantinha-se em 19ºC, a climatização funcionava perfeitamente; ele não estava nem um pouco impaciente.

Sintonizando na France-Inter, caiu num programa que dissecava a atualidade cultural da semana; os comentaristas gargalhavam ruidosamente, seus gritinhos e risadas eram de uma vulgaridade intolerável. A France-Music apresentava uma ópera italiana cujo espírito pomposo e artificial não tardou a irritá-lo; desligou o rádio. Nunca gostara de música, e estava claro que gostava menos do que nunca; perguntou-se fugazmente o que o levara a se lançar numa representação artística do mundo, ou mesmo a pensar que uma representação artística do mundo fosse possível, o mundo era tudo, exceto um tema de emoção artística, o mundo apresentava-se irrefutavelmente como um dispositivo racional, destituído tanto de magia quanto de interesse especial. Passou para a Autoestrada FM, que se limitava a fornecer informações concretas: ocorrera um acidente na altura de Fontainebleau e Nemours, as retenções provavelmente continuariam até Paris.

Era domingo, 1º de janeiro, ruminou Jed, era não apenas o término de um fim de semana como de uma série de feriados, e o início de um novo ano para todas aquelas pessoas que voltavam, lentamente, decerto xingando a morosidade do tráfego, que chegariam aos confins da periferia parisiense dentro de algumas horas e que, após uma noite abreviada, tornariam a ocupar seus postos — subalternos ou de chefia — no sistema de produção ocidental. Na altura de Melun-Sud, uma neblina esbranquiçada cobriu a atmosfera, a progressão dos carros diminuiu mais ainda, avançaram a passo de cágado durante mais de 5 quilômetros, até que o fluxo voltasse gradativamente ao normal nas imediações de Melun-Centre. A temperatura externa era de 17ºC negativos. Quanto a ele, não fazia um mês, vira-se premiado pela *lei da oferta e da procura*, a riqueza envolvera-o qual uma chuva de fagulhas, e ele, livre de todo jugo financeiro, percebeu que estava prestes a deixar aquele mundo do qual nunca fizera parte de verdade, seus contatos humanos, já pouco numerosos, iriam secar e se esgotar um por um, ele se acharia na vida como se achava agora, na cabine sofisticada e bem-acabada de seu Audi Allroad A6, sereno e sem alegria, definitivamente neutro.

TERCEIRA PARTE

I

Assim que abriu a porta do Safrane, Jasselin percebeu que viveria um dos piores momentos de sua carreira. Sentado na relva a alguns passos do cordão de isolamento, com a cabeça entre as mãos, o tenente Ferber estava prostrado numa imobilidade absoluta. Era a primeira vez que via um colega naquele estado — na polícia judiciária, eles acabavam todos por adquirir uma carapaça que lhes permitia controlar reações emocionais, caso contrário pediam demissão, e Ferber tinha mais de dez anos de profissão. Alguns metros adiante, os três homens da polícia de Montargis estavam paralisados: dois deles na relva, ajoelhados, o olhar vazio, e o terceiro — provavelmente seu superior, Jasselin julgou reconhecer as insígnias de capitão — oscilando lentamente no mesmo lugar, à beira de um desmaio. Eflúvios de mau cheiro escapavam da *longère*, propagados pela brisa que agitava sutilmente os botões-de-ouro acima do verde luminoso dos prados. Nenhum dos quatro homens reagira à chegada do carro.

Jasselin foi ao encontro de Ferber, ainda prostrado. Pele clara, olhos azuis claríssimos, cabelos pretos na altura do ombro; aos 32 anos Christian Ferber tinha o aspecto romântico de um rapaz atraente e impenetrável, sensível, bastante incomum na polícia; não obstante, era um policial competente e perseverante, cuja companhia no trabalho ele apreciava.

— Christian... — disse Jasselin em voz baixa; depois, cada vez mais alto.

Lentamente, como uma criança castigada, Ferber ergueu os olhos, dirigindo-lhe um olhar hostil e queixoso.

— Muito brabo? — perguntou em voz baixa Jasselin.

— Pior. Pior do que você pode imaginar. A pessoa que fez isso... não deveria existir. Deveria ser riscada do mapa.

— Vamos apanhá-lo, Christian. A gente sempre bota as mãos neles.

Ferber balançou a cabeça e começou a chorar. Aquilo tudo estava ficando muito incomum.

Após um tempo que lhe pareceu bastante longo, Ferber ergueu-se, ainda vacilante, e levou Jasselin até um grupo de policiais.

— Meu superior, o comissário Jasselin... — disse, com uma voz tranquila.

A essas palavras, um dos dois jovens policiais pôs-se a vomitar, demoradamente, tomava ar e voltava a vomitar na terra, sem se preocupar com ninguém, e isso tampouco era comum num policial.

— Capitão Bégaudeau — apresentou-se mecanicamente seu superior, sem interromper seu movimento oscilatório e sem sentido. Em suma, por enquanto não havia nada a esperar da polícia de Montargis.

— Eles vão sair do caso — resumiu Ferber. — Fomos nós que desencadeamos as buscas, ele tinha um encontro em Paris ao qual não compareceu, recebemos um telefonema. Como ele tinha um domicílio aqui, pedi que verificassem; e o encontraram.

— Se encontraram o corpo, podem reivindicar o caso.

— Acho que não farão isso.

— O que o faz pensar dessa forma?

— Acho que concordará comigo quando vir... o estado da vítima. — Interrompeu-se, sentiu um arrepio e uma nova crise de náusea, mas não tinha mais nada para vomitar, só um resto de bile.

Jasselin voltou seu olhar para a porta da casa, escancarada. Uma nuvem de moscas se acumulara nas proximidades, esvoaçando e zumbindo no lugar, como se esperassem sua vez. Do ponto de vista de uma mosca, um cadáver humano é carne, pura e simplesmente carne; sentiram a chegada de novos eflúvios, o mau cheiro era realmente atroz. Se precisava suportar a visão daquela cena de crime, deveria, tomava nitidamente consciência disso, adotar por alguns minutos o ponto de vista de uma mosca; a notável objetividade da mosca, *Musca domestica*. Cada fêmea de *Musca domestica* é capaz de botar até quinhentos ovos, às vezes mil ovos. Esses ovos são brancos e medem cerca de 1,2 milímetro de comprimento. No fim de um único dia, as larvas os abandonam; elas vivem e se alimentam da matéria orgânica (geralmente morta e em vias de decomposição avançada, como um cadáver, detritos ou excrementos). As larvas são brancas, com um comprimento entre 3 e 9 milímetros. São mais finas na região bucal e não possuem patas. No fim de sua terceira metamorfose, as larvas rastejam para um lugar frio e seco e se transformam em pupas, de cor avermelhada.

Na natureza, as moscas adultas vivem entre duas semanas e um mês; ou mais tempo, em condições de laboratório. Após emergirem da pupa, as moscas param de crescer. Mosquinhas não são moscas jovens, mas moscas malnutridas na fase larvar.

Aproximadamente 36 horas após sua eclosão da pupa, a fêmea torna-se receptiva à copulação. O macho monta sobre suas costas para injetar-lhe esperma. Normalmente, a fêmea só copula uma vez, estocando esperma a fim de utilizá-lo para várias eclosões de ovos. Os machos são territoriais: defendem determinado território contra a intrusão de outros machos e procuram cobrir sobre todas as fêmeas que entram nesse território.

— Como se não bastasse, a vítima era famosa... — acrescentou Ferber.

— Quem?

— Michel Houellebecq. — Diante da ausência de reação de seu superior, acrescentou: — É um escritor. Enfim, era um escritor. Era muito conhecido.

Muito bem, o escritor conhecido agora servia de base nutricional para uma miríade de larvas, pensou Jasselin num corajoso esforço de *mind control*.

— Acha que eu deveria ir até lá? — perguntou, finalmente, a seu subordinado. — Dar uma espiada lá dentro?

Ferber hesitou longamente antes de responder. Um dos deveres do responsável por uma investigação era sempre verificar, pessoalmente, a cena do crime, e Jasselin insistia muito nesse aspecto nas conferências que promovia no Instituto de Formação dos Comissários, em

Saint-Cyr-au-Mont-d'Or. Um crime, sobretudo um crime nem hediondo nem brutal, é algo muito íntimo, em que o assassino nunca deixa de exprimir algo de sua personalidade, de sua relação com a vítima. Logo, há quase sempre, na cena do crime, alguma coisa de individual e único, como se uma assinatura do criminoso; e isso é particularmente verdade, acrescentava, no caso de crimes atrozes ou rituais, aqueles cujas buscas naturalmente se concentram num psicopata.

— Eu, se fosse você, aguardaria a perícia técnica... — respondeu, finalmente, Ferber. — Eles trarão máscaras esterilizadas, assim evitará o mau cheiro.

Jasselin refletiu; a sugestão era boa.

— E eles vão chegar...

— Em duas horas.

O capitão Bégaudeau continuava no seu movimento pendular, atingira um ritmo de cruzeiro em suas oscilações e não parecia em condições de qualquer ação enérgica, precisava apenas dormir, ponto, em um leito de hospital ou em casa, mas com tranquilizantes fortes. Seus dois subordinados, ainda ajoelhados a seu lado, começavam a jogar a cabeça e a vacilar lentamente, imitando o chefe. São policiais da zona rural, pensou Jasselin, condescendente. Capacitados a reprimir um excesso de velocidade ou uma fraude irrisória com cartão de crédito.

— Se me permite... — disse a Ferber. — Vou dar uma volta na aldeia enquanto isso. Só para conhecer, me impregnar da atmosfera.

— Vá, vá... Você é o chefe... — Ferber abriu um sorriso cansado. — Eu cuido de tudo, faço a *recepção dos convidados* na sua ausência.

Sentou-se novamente na relva, fungou várias vezes e tirou do casaco um livro de bolso — era *Aurélia*, de Gérard de Nerval, observou Jasselin. Então, virou as costas e tomou o caminho da aldeia — uma aldeola, na verdade, um grupo de casas adormecidas no vazio da floresta.

II

Os comissários de polícia constituem o corpo de concepção e supervisão da Polícia Nacional, que, por sua vez, é um corpo técnico superior, com vocação interministerial, subordinada ao ministro do Interior. São encarregados da elaboração e da aplicação das doutrinas de manutenção e coordenação dos serviços, cuja responsabilidade operacional e orgânica eles assumem. Têm autoridade sobre o pessoal lotado nesses serviços. Participam da concepção, implantação e avaliação dos programas e projetos relativos à segurança e à luta contra a delinquência. Exercem as atribuições de magistrado que lhes são conferidas pela lei. São dotados de uniforme.

A remuneração, em início de carreira, é da ordem de 2.898 euros.

Jasselin caminhava lentamente, ao longo de uma estrada que conduzia a um bosque de um verde intenso, incomum, onde provavelmente proliferavam cobras e moscas — e, no pior dos casos, escorpiões e mutucas; escorpiões não eram raros no Yonne, alguns se aventurando até os limites do Loiret, lera no Info Gendarmeries antes de vir, um site excelente, que colocava on-line apenas informações cuidadosamente verificadas. Em suma, as aparências enganam, e na província podia-se esperar por tudo e, não raro, pelo pior, pensou tristemente Jasselin. A aldeia em si causara-lhe péssima impressão: as casas brancas com telhas de madeira escura, impecavelmente limpas, a igreja impiedosamente restaurada, as placas de sinalização pretensamente lúdicas, tudo dava a impressão de um cenário, de uma aldeia falsa, reconstituída por exigência de uma série de televisão. Em todo caso, não topara com nenhum morador. Num ambiente daquele tipo, podia estar certo de que ninguém teria visto ou escutado nada; a coleta de depoimentos anunciava-se como uma tarefa quase impossível.

Contudo, na falta de melhor alternativa, reconsiderou. Se eu topar com um ser humano, um só, pensou num impulso infantil, elucido o crime. Acreditou por um instante na sorte ao avistar um café, Chez Lucie, cuja porta, que dava para a rua principal, estava aberta. Apertou o passo naquela direção, mas, no momento em que se preparava para entrar, um braço (um braço feminino; a própria Lucie?) surgiu no vão da porta e fechou-a violentamente. Ouviu a chave dando duas voltas na fechadura. Poderia tê-la obrigado a reabrir o estabelecimento, exigir seu depoimento, dispunha dos poderes de polícia necessários; julgou o procedimento prematuro. De resto, seria alguém da equipe de Ferber quem se encarregaria daquilo. O próprio Ferber era excelente na coleta de informações, à primeira vista ninguém pensava estar lidando com um tira, e, mesmo depois que ele mostrava a carteira, as pessoas logo esqueciam o fato (estava mais para um psicólogo ou alguém do campo da etnologia) e se abriam para ele com uma facilidade desconcertante.

Bem ao lado do Chez Lucie, a rue Martin-Heidegger descia em direção a uma parte da aldeia que ele ainda não explorara. Percorreu-a, não sem meditar sobre o poder quase absoluto concedido aos prefeitos no que se refere à denominação das ruas de suas cidades. Na esquina do beco Leibniz, parou diante de um quadro grotesco, de cores chamativas, pintado em acrílico sobre uma placa de latão e representando um homem com cabeça de pato e um pênis descomunal, torso e pernas cobertos por uma grossa pele marrom. Uma placa informativa dizia que ele se achava em frente ao Muzé'Rétique, dedicado à arte bruta e às produções pictóricas dos pacientes do hospício de Montargis. Sua admiração pela inventividade da prefeitura só fez aumentar quando, ao chegar à place Parménide, descobriu um estacionamento reluzindo de novo, as faixas pintadas de branco, delimitando as vagas, não deviam ter mais de uma semana, e equipado com um sistema de pagamento eletrônico que aceitava cartões de crédito europeus e japoneses. Havia um único carro estacionado naquele momento, um Maserati GranTurismo verde-água; por via das dúvidas, Jasselin anotou o número da placa. Durante uma investigação, como ele não cansava de reiterar a seus alunos de Saint-Cyr-au-Mont-d'Or, é fundamental fazer anotações — nesse momento da palestra, tirava do bolso a própria caderneta, uma Rhodia modelo comum, formato 105 x 148mm. Não convinha que se passasse um dia de investigação sem ter feito ao menos uma anotação, ele insistia, ainda que o fato anotado parecesse absolutamente irrelevante. A sequência da investigação devia, quase sempre, confirmar essa irrelevância, mas isso não era o essencial; o essencial era não esmorecer, manter uma atividade intelectual mínima, pois um policial completamente inativo desanima, tornando-se, em virtude disso, incapaz de reagir quando fatos importantes começam a se manifestar.

Curiosamente, Jasselin formulava recomendações idênticas às que Houellebecq emitira a respeito de seu ofício de escritor, na única vez em que aceitou ministrar uma oficina de escrita criativa, na universidade de Louvain-la-Neuve, em abril de 2011.

Na direção sul, a aldeia terminava na rotatória Immanuel Kant, uma criação urbanística depurada, de grande sobriedade estética, um simples círculo de macadame em cinza imaculado que não levava a lugar nenhum, não dando acesso a nenhuma estrada e em cujas cercanias não fora construída nenhuma casa. Um pouco mais adiante, passava um rio indigente. O sol dardejava seus raios, cada vez mais intensos, sobre as pastagens. Margeado por choupos, o rio oferecia um espaço relativamente sombreado. Jasselin seguiu seu curso por mais uns 200 metros antes de topar com um obstáculo: um largo plano inclinado de cimento, cuja parte superior se situava no nível do leito do rio, permitia alimentar uma derivação, um fio d'água, que, no fim, revelava-se, deu-se conta após alguns metros, um charco ao comprido.

Sentou no espesso capim, às margens do charco. Naturalmente, desconhecia o fato, mas aquele lugar onde ele se achava sentado, cansado, vítima de dores lombares e de uma digestão que se tornava difícil com os anos, era exatamente o lugar que servira de palco para as brincadeiras de Houellebecq criança, brincadeiras solitárias na maior parte das vezes. Para ele, Houellebecq não passava de um *caso*, um caso que pressentia ser espinhoso. Nos assassinatos de *personalidades*, é grande a expectativa de elucidação por parte da opinião pública, sua propensão a denegrir o trabalho da polícia e a zombar de sua incompetência manifesta-se ao fim de poucos dias, a única coisa que podia acontecer de pior era ter nos braços o assassinato de uma criança ou, pior ainda, o assassinato de um *bebê*; no caso dos bebês era horrível, tinha-se que prender imediatamente o assassino antes mesmo que ele virasse a esquina, e um prazo de 48 horas já era visto como inaceitável pela opinião pública. Consultou seu relógio, fazia mais de uma hora que partira, censurou-se um instante por haver deixado Ferber sozinho. Lentilhas d'água forravam a superfície do charco, sua cor era opaca, enfermiça.

III

Quando retornou ao local do crime, a temperatura caíra ligeiramente; a quantidade de moscas também lhe pareceu menor. Deitado na relva, a jaqueta enrolada servindo de travesseiro, Ferber continuava mergulhado em *Aurélia*; agora dava a impressão de ter sido convidado para um passeio no campo. "É sólido esse rapaz…", pensou Jasselin, decerto pela vigésima vez desde que o conhecera.

— Os agentes foram embora? — Espantou-se.

— Vieram resgatá-los. Um pessoal do setor de assistência psicológica, do hospital de Montargis.

— Já?

— Já, também estranhei. O trabalho do agente policial ficou mais pesado nos últimos anos, agora eles têm tantos suicídios quanto nós; mas não há como negar que a assistência psicológica fez grandes progressos.

— Como sabe disso? Sobre as estatísticas de suicídios?

— Nunca lê o *Bulletin de Liaison des Forces de l'Ordre*?

— Não… — Sentou-se pesadamente na relva, ao lado do colega. — Não costumo ler muito.

As sombras começavam a se espichar por entre as tílias. Quando Jasselin ia recuperando a confiança, quase esquecido da materialidade do cadáver a poucos metros dali, o Peugeot Partner da perícia técnica freou, cantando pneu, rente ao cordão de isolamento. Dois homens saíram instantaneamente, num sincronismo perfeito, vestindo ridículos macacões brancos que lembravam uma equipe de descontaminação nuclear.

Jasselin detestava os peritos da Polícia Científica, seu método de trabalhar em dupla, seus carrinhos especialmente adaptados e entupidos de aparelhos caros e incompreensíveis, seu desprezo acintoso pela hierarquia da Brigada Criminal. Por outro lado, era obrigado a admitir, o pessoal da Polícia Científica nunca procurava ser admirado, empenhando-se, ao contrário, em se diferenciar o máximo possível dos policiais comuns, exercendo, em todas as circunstâncias, a arrogância insolente do técnico perante o leigo, provavelmente para justificar a inflação galopante de seu orçamento anual. O que não significa que seus métodos não houvessem progredido de maneira espetacular, agora conseguiam recolher impressões digitais ou amostras de DNA em condições impensáveis alguns anos antes, mas por que receberiam o crédito por esses progressos? Foram incapazes de inventar ou mesmo melhorar as aparelhagens que lhes permitiam obter aqueles resultados, limitavam-se a operá-las, o que não exigia nenhuma inteligência ou talento particular, apenas uma formação técnica apropriada, que teria sido mais eficaz se ministrada diretamente aos policiais de rua da Brigada Criminal, pelo menos era esta a tese defendida por Jasselin, reiteradamente e até aquele momento sem sucesso, nos relatórios anuais que encaminhava à sua chefia. Por sinal, não alimentava nenhuma esperança de ser escutado, a divisão das tarefas era antiga e estava consolidada; na realidade, fazia aquilo para acalmar seus nervos.

Ferber levantara-se, elegante e afável, para expor a situação aos dois homens. Eles balançavam a cabeça, com uma brevidade estudada, a fim de demonstrar sua impaciência e seu profissionalismo. Em dado momento, apontou para Jasselin, sem dúvida para identificá-lo como o responsável pela investigação. Eles não responderam nada, não esboçaram sequer um passo em sua direção, contentando-se em vestir suas máscaras. Jasselin nunca levara muito a sério as questões de precedência hierárquica, nunca exigira uma observância rigorosa das marcas de deferência formal que lhe deviam como comissário, mas aqueles palhaços começavam a irritá-lo. Acentuando seu andar naturalmente pesado, como o venerável chefe da tribo, andou na direção deles, respirando ruidosamente, esperou um cumprimento que não veio e comunicou, num tom sem réplica:

— Vou com os senhores.

Um deles sobressaltou-se, estavam visivelmente acostumados a cuidar de seus casinhos na maior tranquilidade, atacando a cena do crime sem deixar ninguém se aproximar do perímetro, fazendo suas absurdas anotaçõezinhas em seus palmtops. Mas o que podiam, naquela circunstância, objetar? Absolutamente nada, e um dos homens estendeu-lhe uma máscara. Ao enfiá-la, voltou a ter consciência da realidade do crime, sensação que aumentou quando se aproximou da casa. Deixou-os tomar a frente, adiantarem-se alguns passos, e observou, com uma vaga satisfação, que os dois zumbis estacaram no lugar, estupefatos, na hora de entrar. Alcançou-os, passou por eles e penetrou com desenvoltura na sala de estar, apesar de inseguro. "Sou o corpo vivo da lei", pensou. A luminosidade começava a perder intensidade. Aquelas máscaras de cirurgião eram de uma eficácia espantosa, os odores eram praticamente anulados. Às suas costas, sentiu mais que ouviu os dois peritos, que, aventurando-se, penetravam atrás dele na sala, mas pararam quase imediatamente no umbral. "Sou o corpo da lei, corpo imperfeito da lei moral", repetiu consigo, como um mantra, antes de aceitar, de assimilar plenamente o que seus olhos já tinham visto.

Um policial raciocina a partir do *corpo*, sua formação exige isso, ele é treinado a anotar e descrever a posição do corpo, os ferimentos infligidos ao corpo, o estado de conservação do corpo; especificamente naquele caso, porém, corpo, propriamente dito, não havia. Voltou-se e viu atrás dele os dois técnicos da Polícia Científica, que começavam a titubear e balançar no lugar exatamente como os policiais de Montargis. A cabeça da vítima estava intacta, decepada com precisão, pousada sobre uma das poltronas em frente à lareira; formara-se uma pequena poça de sangue sobre o veludo verde-escuro; fazendo-lhe face no sofá, a cabeça de um cachorro preto, de grande porte, também fora decepada. O resto era um massacre, uma carnificina sem sentido, retalhos, tiras de carne espalhadas por todo o chão. Em contrapartida, nem a cabeça do homem nem a do cão se achavam imobilizadas numa expressão de horror, mas de incredulidade e raiva. Em meio aos retalhos de carne humana e canina misturados, uma passagem intacta, com 50 centímetros de largura, levava até a lareira atulhada de ossadas às quais ainda aderiam resíduos de carne. Jasselin foi por ali, com precaução, cogitando que talvez tivesse sido o assassino quem criara aquela passagem, e voltou-se; de costas para a lareira, lançou um olhar panorâmico para a sala de estar, que devia medir mais ou menos 60 metros quadrados. Toda a superfície do carpete estava coalhada de coágulos de sangue, que, em certos lugares, formavam arabescos complexos. Os próprios retalhos de carne, de um vermelho que se metamorfoseava em preto aqui e ali, não pareciam distribuídos ao acaso, mas segundo padrões difíceis de decifrar; tinha a impressão de estar diante de um quebra-cabeça. Não se via nenhuma pegada, o assassino procedera com método, cortando primeiro os retalhos de carne que desejava dispor nos cantos do cômodo, recuando pouco a pouco até o centro e, ao mesmo tempo, deixando uma passagem livre para a saída. Precisaria do auxílio de fotografias para tentar reconstituir o desenho do conjunto. Jasselin olhou rapidamente para os peritos da Polícia Científica, um deles continuava a oscilar no lugar, como um alienado, o outro, num esforço para recuperar o controle, sacara uma câmera fotográfica digital de seu embornal que não parava quieta em suas mãos retesadas, mas ainda não parecia em condições de usá-la. Jasselin abriu seu celular.

— Christian? Jean-Pierre. Tenho um favor a lhe pedir.

— Estou ouvindo.

— Venha resgatar os dois caras da Polícia Científica, que já estão nocauteados; além disso, há um detalhe no que se refere às fotografias nesse caso. Eles não podem seguir a rotina, capturando apenas closes. Preciso de panorâmicas de partes da sala e, se possível, da sala inteira. Mas não podemos instruí-los no momento, temos que esperar um pouco.

— Vou providenciar... Na verdade, a equipe está chegando. Telefonaram quando saíam de Montargis, estarão aqui em dez minutos.

Desligou, pensativo; aquele rapaz continuava a surpreendê-lo. Sua equipe se apresentaria completa, poucas horas após os fatos e provavelmente a bordo de carros particulares; seu ar desligado, aéreo, era manifestamente enganoso, ele tinha autoridade sobre sua equipe, sem dúvida era o melhor chefe de divisão que tivera sob suas ordens. Dois minutos mais tarde, viu-o entrando discretamente pelo fundo da sala, dando uma batidinha no ombro dos dois peritos da Polícia Científica para acompanhá-los com cortesia até a saída. Jasselin estava no final da carreira: restava apenas um ano, que talvez ele pudesse prorrogar por mais um ou dois, no máximo quatro. Sabia implicitamente, e por ocasião das reuniões bimensais seu comandante às vezes chegava a ser explícito, que agora o que esperavam dele, no fundo, era não mais que *solucionasse* casos, mas que designasse sucessores, recrutasse os que deveriam, com sua partida, solucioná-los.

Ferber e os dois peritos saíram; ele se viu sozinho na sala. A luminosidade continuava a perder força, mas não queria acender a luz. Sentia, inexplicavelmente, que o assassinato fora cometido à luz do dia. O silêncio era quase irreal. De onde lhe vinha a sensação de que, naquele caso, havia algo que lhe concernia muito particularmente, a título pessoal? Considerou mais uma vez a complexa padronagem composta pelos retalhos de carne distribuídos pelo chão da sala. O que sentia era menos asco do que uma espécie de compaixão geral pelo planeta inteiro, pela humanidade, capaz de engendrar tantos horrores em seu seio. A bem da verdade, sentia-se um pouco admirado consigo mesmo por tolerar um espetáculo repugnante até para os peritos da Polícia Científica, acostumados ao pior. Um ano antes, percebendo que passara a se sentir mal diante das cenas de crime, fora ao centro budista de Vincennes, perguntar se era viável praticar Asubhā, a meditação sobre o cadáver. A princípio, o lama de plantão tentara dissuadi-lo: aquele tipo de meditação, estimara, era difícil, inapropriada à mentalidade ocidental. Quando Jasselin revelou sua profissão, ele voltara atrás, pedira tempo para refletir. Alguns dias mais tarde, telefonou-lhe para lhe dizer que sim, em seu caso particular a Asubhā seria, sem dúvida, apropriada. Embora não fosse praticada na Europa, onde ia de encontro às normas sanitárias, ele poderia lhe dar o endereço de um mosteiro no Sri Lanka que eventualmente recebia ocidentais. Dedicara àquilo duas semanas das férias, após (fora o mais difícil) encontrar uma companhia aérea que aceitasse transportar seu cão. Todas as manhãs, enquanto sua mulher ia à praia, ele se dirigia a um fosso no qual depositavam os mortos recentes, sem precauções contra predadores ou insetos. Pudera, assim, concentrando ao máximo suas faculdades mentais, buscando seguir os preceitos enunciados pelo Buda no sermão sobre o estabelecimento da atenção, observar atentamente o cadáver lívido, observar atentamente o cadáver supurante, observar atentamente o cadáver corroído pelos vermes. Em cada fase, devia repetir 48 vezes: "Este é o meu destino, o destino da humanidade inteira, e a ele não posso escapar."

Agora constatava que a Asubhã fora um sucesso absoluto, tanto que a teria recomendado, sem hesitar, a qualquer policial. Não se tornara budista por causa disso, e, a despeito de sua sensação instintiva de asco diante da visão de um cadáver haver se reduzido em proporções notáveis, ainda sentia ódio pelo assassino, ódio e medo, desejava ver o assassino aniquilado, erradicado da superfície da Terra. Ao passar pela porta, envolto nos raios do sol poente que iluminava as pastagens, alegrou-se com a pertinácia daquele ódio, imprescindível, julgava, para um trabalho policial eficiente. A motivação racional, da busca da verdade, em geral não bastava; naquele caso, porém, era inusitadamente forte. Sentia-se na presença de uma mente complexa, monstruosa mas racional, decerto um esquizofrênico. Tão logo chegasse a Paris, consultaria o cadastro de serial killers, e provavelmente requisitaria cadastros estrangeiros, não se lembrava de um caso como aquele ocorrido na França.

Quando saía da casa, viu Ferber passando diretrizes à sua equipe; absorto em seus pensamentos, não percebera a chegada dos carros. Havia também um sujeito alto, de terno e gravata, que ele desconhecia — provavelmente representante do procurador de Montargis. Esperou que Ferber terminasse de distribuir as tarefas para explicar novamente o que queria: fotografias panorâmicas da cena do crime, planos abrangentes.

— Estou a caminho de Paris — anunciou, em seguida. — Me acompanha, Christian?

— Sim, acho que tudo está em ordem. Fazemos uma reunião pela manhã?

— É muito cedo. Ao meio-dia, tudo bem.

Sabia que precisaria trabalhar até tarde, possivelmente até a madrugada.

IV

Anoitecia quando entraram na autoestrada A10. Ferber ajustou o limitador de velocidade para 130 quilômetros por hora, perguntou se Jasselin se incomodaria caso ele colocasse uma música; ele respondeu que não.

Talvez não exista nenhuma música que exprima tão bem quanto as últimas peças de música de câmara compostas por Franz Liszt esse sentimento fúnebre e doce do homem velho cujos amigos todos já morreram, cuja vida está praticamente acabada, que já pertence de certa forma ao passado e que sente, por sua vez, a morte se aproximar, que a vê como irmã, amiga, como a promessa de um retorno à casa natal. Em meio à "Prière aux anges gardiens", ele pôs-se a recordar novamente sua juventude, seus anos de estudante.

Bastante ironicamente, Jasselin interrompera seu curso de medicina entre o primeiro e segundo ano porque não suportava mais as dissecações, e nem mesmo a visão dos cadáveres. O direito interessara-o logo depois, e, como quase todos os colegas, almejara uma carreira de advogado, mas o divórcio de seus pais o faria mudar de opinião. Era um divórcio de idosos, ele já tinha 23 anos e era filho único. Nos divórcios entre jovens, a presença dos filhos, cuja guarda é preciso dividir e a quem amamos mais ou menos apesar de tudo, costuma atenuar a violência do confronto; mas nos divórcios entre velhos, em que subsistem exclusivamente interesses financeiros e patrimoniais, a selvageria do combate não conhece qualquer limite. Ele então pudera constatar o que é exatamente um advogado, pudera apreciar em sua justa medida esse híbrido de malandragem e preguiça a que se resume o comportamento profissional de um advogado, e muito particularmente de um advogado especializado em divórcios. O processo se arrastara por mais de dois anos, dois anos de uma luta incessante, no desfecho da qual seus pais sentiam, um pelo outro, um ódio tão violento que nunca mais puderam se ver ou se telefonar até o dia de suas mortes, e tudo aquilo para chegar a um contrato de divórcio de uma banalidade asquerosa, que qualquer cretino teria redigido em quinze minutos após uma leitura de *Divórcio para leigos*. Era surpreendente, refletia em diversas oportunidades, que esposos à beira do divórcio não chegassem mais vezes ao efetivo assassinato do cônjuge — seja diretamente, seja por intermédio de um profissional. O medo em relação à polícia, terminara por compreender, era efetivamente a verdadeira base da sociedade humana, e fora, de certa forma, com grande naturalidade que ele se inscreveu no concurso externo para comissário de polícia. Obtivera uma boa classificação e, originário de Paris, fizera seu ano de estágio no comissariado do XIII *arrondissement*. Era uma formação puxada. Nada, em todos os casos com os quais se veria confrontado em seguida, superaria em complexidade, em impenetrabilidade, os ajustes de contas no seio da máfia chinesa com os quais se confrontara no início da carreira.

Entre os alunos da escola de comissários de Saint-Cyr-au-Mont-d'Or, muitos sonhavam com uma carreira no Quai des Orfèvres, às vezes desde a infância, alguns entraram na Polícia só por isso; a concorrência era acirrada, assim, ficou um pouco surpreso quando seu pedido de transferência para a Brigada Criminal foi aceito, após cinco anos de serviço em comissariados de bairro. Acabava, então, de juntar os trapos com uma garota que ele conhecera quando ela ainda cursava economia e se encaminhava para a docência, tendo sido recentemente nomeada professora-assistente na universidade de Paris-Dauphine, mas nunca cogitou casar com ela, tampouco legalizar a união, a marca deixada pelo divórcio de seus pais permaneceria indelével.

— Deixo-o em casa? — perguntou-lhe, calmamente, Ferber. Tinham chegado à Porte d'Orléans. Ele percebeu que não haviam trocado palavra durante toda a viagem; absorto em seus pensamentos, nem sequer notara as paradas no pedágio. De toda forma, era muito cedo para se pronunciar sobre o caso; a noite lhes permitiria decantar, amortecer um pouco o choque. Mas ele não alimentava ilusões: considerando o horror do crime e, além disso, que a vítima era uma personalidade, as coisas andariam rapidamente, a pressão logo se faria sentir. A imprensa ainda não tomara conhecimento, mas a trégua duraria apenas uma noite: no fim do dia, precisaria ligar para o celular do seu comandante. E ele, provavelmente, ligaria de imediato para o chefe da Polícia.

Morava na rue Geoffroy-Saint-Hilaire, quase na esquina da Poliveau, a dois passos do Jardin des Plantes. À noite, em seus passeios noturnos, ouviam, às vezes, o barrito dos elefantes, os rugidos impressionantes das feras — leões, panteras, pumas? —, eram incapazes de diferenciá-los pelos sons. Ouviam também, sobretudo nas noites de lua cheia, o uivo conjugado dos lobos, que gerava em Michou, seu bichon bolonhês, surtos de terror atávico, irreprimível. Não tinham filhos. Poucos anos após decidirem morar juntos, quando sua vida sexual era — segundo a expressão consagrada — "plenamente satisfatória" e Hélène não tomava "nenhuma precaução especial", decidiram marcar uma consulta. Exames um pouco humilhantes, mas rápidos, mostraram que ele era *oligospermático*. O nome da doença parecia, na circunstância, deveras eufemístico: suas ejaculações, escassas, por sinal, continham não *uma quantidade insuficiente de espermatozoides*, mas *nenhum espermatozoide*. Uma oligospermia pode ter múltiplas origens: varicocele testicular, atrofia testicular, déficit hormonal, infecção crônica da próstata, gripe ou outras causas. Aliás, em geral, ela nada tem a ver com a potência viril. Alguns homens que não produzem senão pouquíssimo ou nenhum espermatozoide têm ereções *como cavalos*, ao passo que outros, praticamente impotentes, têm ejaculações tão abundantes e férteis que bastariam para repovoar a Europa ocidental; a conjunção dessas duas qualidades basta para caracterizar o ideal masculino sugerido pelas produções pornográficas. Jasselin não se encaixava nessa configuração perfeita: embora ainda conseguisse, aos 50 anos feitos, proporcionar à esposa ereções firmes e duradouras, certamente não teria condições de lhe oferecer um *esguicho de esperma*, caso ela sentisse esse desejo; suas ejaculações, quando ocorriam, não passavam de uma colherinha de café.

A oligospermia, principal causa da esterilidade masculina, é sempre difícil e quase sempre impossível de tratar. Restavam apenas duas soluções: recorrer aos espermatozoides de um doador masculino ou à adoção pura e simples. Após discutirem o assunto diversas vezes, optaram por desistir. Hélène, verdade seja dita, não fazia tanta questão assim de ter um filho e, alguns anos mais tarde, foi ela quem lhe sugeriu comprarem um cachorro. Num trecho em que se lastima pela decadência e pela baixa taxa de natalidade francesa (já atual nos anos 1930), o autor fascista Drieu la Rochelle imita, para fustigá-lo, o discurso de um casal francês decadente de sua época, algo mais ou menos como: "E, depois, Kiki, o cachorro, é mais do que suficiente para nos divertir..." Na verdade, ela era totalmente dessa opinião, terminou por confessar ao marido: um cachorro é muito divertido, até muito mais divertido do que um filho, e se ela, por um momento, desejara ter um filho, fora sobretudo por conformismo, um pouco também para agradar à mãe, mas, na realidade, não gostava de crianças, nunca gostara realmente, e ele tampouco gostava de crianças, caso se dispusesse a refletir sobre o assunto não gostava de seu egoísmo natural e sistemático, de seu desconhecimento original da lei, de sua indefectível imoralidade, que obrigava a uma educação esfalfante e quase sempre infrutífera. Não, de crianças, ao menos das crianças humanas, ele definitivamente não gostava.

Ouviu um rangido à sua direita e subitamente percebeu que estavam parados em frente à casa dele, talvez já fizesse algum tempo. A rue Poliveau estava deserta sob os postes de luz alinhados.

— Desculpe, Christian... — disse, constrangido. — Eu estava... distraído.

— Sem problema.

Ainda eram 9 horas da noite, pensou ao subir as escadas, Hélène provavelmente o esperava para jantar. Ela gostava de cozinhar, às vezes ele a acompanhava nas manhãs de domingo quando ela fazia compras no mercado Mouffetard, ficava sempre fascinado com aquele recanto de Paris, a igreja Saint-Médard assentada em sua pracinha e um galo dominando o campanário, como numa igreja do interior.

Com efeito, ao chegar ao corredor do terceiro andar, foi recebido pelo aroma característico de um coelho na mostarda e pelos latidos alegres de Michou, que reconhecera suas passadas. Girou a chave na fechadura; um velho casal, pensou, um casal tradicional, de um modelo bastante difundido nos anos 2010 entre pessoas de sua idade, mas que voltava a constituir, ao que tudo indicava, um ideal almejado, embora em geral inacessível, pelos jovens. Tinha consciência de viver numa ilhota improvável de felicidade e paz, tinha consciência de que haviam construído uma espécie de nicho sossegado, afastado do alarido do mundo, de uma doçura quase infantil, em oposição absoluta à barbárie e à violência com as quais se via confrontado diariamente no trabalho. Foram felizes juntos; ainda eram felizes juntos, e provavelmente o seriam *até que a morte os separasse*.

Pegou Michou, que pulava e latia de felicidade em suas mãos, ergueu-o até o seu rosto; o corpinho se imobilizou, congelou numa alegria extática. Se a origem dos bichons remonta à Antiguidade (foram encontradas estátuas de bichons no túmulo do faraó Ramsés II), a introdução do bichon bolonhês na corte de Francisco I deveu-se a um presente do duque de Ferrara; a remessa, acompanhada de duas miniaturas de Corrège, foi imensamente apreciada pelo soberano francês, que julgou o animal "mais amável que cem virgens" e forneceu ao duque ajuda militar decisiva para sua conquista do principado de Mântua. O bichon tornou-se, em seguida, o cão favorito de vários reis da França, entre eles Henrique II, antes de ser destronado pelo pug e pelo poodle. Ao contrário de outros cães, como o shetland ou o terrier tibetano, que apenas tardiamente alcançaram o status de *cão de companhia*, carregando nas costas um sofrido passado como *cão de trabalho*, desde a origem o bichon parece não ter outra razão de ser além de dar alegria e felicidade aos homens. Ele cumpre essa tarefa com assiduidade, é paciente com as crianças e dócil com os idosos há incontáveis gerações. Sofre imensamente quando fica sozinho, e isso deve ser levado em conta por ocasião da compra de um bichon: ele julgará toda e qualquer ausência dos donos como um abandono, e esse será seu mundo inteiro, a estrutura e a essência de seu mundo, que ruirão num piscar de olhos, ele ficará sujeito a crises de depressão severa, volta e meia se negará a comer, na realidade é bastante desaconselhável deixar um bichon sozinho, ainda que por poucas horas. A universidade francesa terminara por aceitar o fato, permitindo que Hélène levasse Michou para suas aulas, ao menos o hábito instaurou-se, na falta de autorização formal. Ele ficava calmamente em seu saco, às vezes agitava-se um pouco, pedia para sair. Hélène, então, colocava-o em cima da mesa, para a alegria dos alunos. Ele zanzava sobre a mesa por alguns minutos, dirigindo ocasionalmente olhares para sua dona, reagindo às vezes com um bocejo ou um latido breve a essa ou aquela citação de Schumpeter ou Keynes; depois, voltava para seu saco flexível. As companhias aéreas, em contrapartida, organizações intrinsecamente fascistas, recusavam-se a manifestar a mesma tolerância, e, contrafeitos, eles se viram obrigados a abandonar qualquer plano de viagem para longe. Todos os verões saíam de carro no mês de agosto, limitando-se à descoberta da França e dos países limítrofes. Com seu status tradicionalmente comparado pela jurisprudência ao do domicílio individual, o automóvel permanecia, para os proprietários de animais domésticos e os fumantes, um dos últimos espaços de liberdade, uma das últimas zonas de *autonomia temporária* oferecida aos humanos naquele início do terceiro milênio.

Não era seu primeiro bichon; tinham comprado seu antecessor e pai, Michel, pouco depois que os médicos informaram Jasselin a respeito do caráter possivelmente incurável de sua esterilidade. Foram muito felizes juntos, tão felizes que fora um verdadeiro choque para eles quando o cão pegou uma dirofilariose, aos 8 anos. A dirofilariose é uma doença parasitária; o parasita é um nematódeo que se aloja no ventrículo direito do coração e na artéria pulmonar. Os sintomas são uma maior propensão à fadiga, depois tosse e, incidentalmente, problemas cardíacos capazes de provocar síncopes. O tratamento comporta certos riscos; várias dezenas de vermes, alguns dos quais atingem 30 centímetros, coexistem às vezes dentro do coração do cão. Temeram por sua vida durante dias. O cão é uma espécie de criança definitiva, mais dócil e mais doce, uma criança que se houvesse imobilizado na idade da razão, mas, além disso, uma criança à qual sobreviveremos: aceitar amar um cão é aceitar amar uma criatura que irá, inelutavelmente, ser-lhe arrancada, e disso, curiosamente, eles nunca tiveram consciência antes da doença de Michel. No dia seguinte à sua cura, decidiram dar-lhe uma descendência. Os criadores que consultaram manifestaram certas reticências: haviam esperado muito, o cão estava um pouco velho, a qualidade de seus espermatozoides poderia estar degradada. Finalmente, um deles, situado perto de Fontainebleau, aceitou, e, da união de Michel com uma jovem fêmea chamada Lizzy Lady de Heurtebise, nasceram dois cãezinhos, um macho e uma fêmea. Como proprietários do garanhão (conforme a expressão consagrada), a tradição concedia-lhes a escolha do primeiro filhote. Escolheram o macho, que recebeu o nome de Michou. Ele não apresentava nenhuma deformidade aparente, e, ao contrário do que temiam, seu pai aceitou muito bem sua chegada, não manifestando nenhum ciúme especial.

Ao cabo de algumas semanas, todavia, constataram que os testículos de Michou ainda não haviam descido, o que começava a parecer anormal. Consultaram um veterinário, depois outro: ambos foram unânimes em incriminar a idade avançada do genitor. O segundo profissional ousou a hipótese de uma intervenção cirúrgica, antes de voltar atrás, declarando-a perigosa e quase impossível. Foi para eles um golpe terrível, muito maior do que fora a esterilidade do próprio Jasselin. Aquele pobre cãozinho não apenas não teria descendência, como não conheceria nenhuma pulsão, nenhuma satisfação sexual. Seria um cão diminuído, incapaz de transmitir vida, isolado do apelo elementar da raça, limitado no tempo — de maneira definitiva.

Progressivamente, acostumaram-se à ideia, ao mesmo tempo em que se davam conta de que a vida sexual da qual seu cãozinho fora privado não lhe faria falta alguma. O cão, afinal, não é nem hedonista nem libertino, toda espécie de refinamento erótico lhe é desconhecida, a satisfação que ele sente no momento do coito não vai além do alívio, breve e mecânico, dos instintos de vida da espécie. A vontade de potência no bichon é, em todo caso, muito fraca; mas Michou, livre das últimas amarras da propagação do genoma, parecia ainda mais submisso, mais dócil, mais alegre e mais puro do que fora seu pai. Era uma mascote absoluta, inocente e imaculada, cuja vida inteira dependia da de seus donos adorados, uma fonte de alegria contínua e infalível. Jasselin aproximava-se, então, dos 50 anos. Vendo aquela criaturinha brincar com suas pelúcias no tapete do salão, sentia-se, às vezes, à sua revelia, invadido por pensamentos sombrios. Sem dúvida influenciado pelas ideias em voga na sua geração, até aquele momento julgara a sexualidade uma força positiva, uma fonte de união que aumentava a concórdia entre os humanos pelos caminhos inocentes do prazer compartilhado. Agora, ao contrário, via nela cada vez mais frequentemente a luta, o combate brutal pela dominação, a eliminação do rival e a multiplicação fortuita dos coitos sem nenhuma razão de ser além de assegurar uma propagação máxima aos genes. Via nela a fonte de todo conflito, todo massacre, todo sofrimento. A sexualidade se lhe afigurava, cada vez mais como a manifestação mais direta e evidente do mal. E não era sua carreira na polícia que o faria mudar de opinião: os crimes que não tinham como motivação o dinheiro tinham como motivação o sexo, era um ou outro, a humanidade parecia incapaz de imaginar qualquer coisa afora isso, ao menos em matéria criminal. À primeira vista, o caso que acabava de lhes cair nas mãos parecia original, mas era o primeiro em pelo menos três anos, a uniformidade das motivações criminosas dos humanos era extenuante. Como a maioria de seus colegas, Jasselin lia poucos romances policiais; deparara-se, entretanto, no ano anterior, com um livro que não era propriamente um romance, mas as recordações de um ex-detetive particular que trabalhara em Bangkok e optara por retraçar sua carreira sob a forma de trinta contos. Em quase todos os episódios, seus clientes eram ocidentais que caíam perdidamente apaixonados por uma jovem tailandesa, desejando saber se ela lhes era fiel na sua ausência, como asseverava. E, em quase todos os casos, a moça tinha um ou vários amantes, com os quais gastava sem pudor o seu dinheiro, e não raro havia um filho oriundo de uma união precedente. Em certo sentido, era claramente um livro ruim, um romance policial ruim,

285

que seja: o autor não fazia nenhum esforço imaginativo e jamais buscava variar as motivações ou as tramas, mas era justamente essa monotonia opressiva que lhe dava um perfume único de autenticidade e realismo.

— Jean-Pierre...! — A voz de Hélène ressoou abafada, ele voltou à plena consciência e percebeu que sua mulher se achava diante dele, a 1 metro de distância, cabelos soltos, vestindo um penhoar. Ele continuava a segurar Michou entre suas mãos apertadas, os braços erguidos na altura do peito, desde um tempo difícil de estimar; o cãozinho olhava para ele com surpresa, mas sem receio.

— Tudo bem? Você parece estranho...

— Um caso maluco veio parar nas minhas mãos.

Hélène se calou, esperou a continuação. Nos 25 anos em que estavam juntos, seu marido praticamente nunca lhe falara de suas jornadas de trabalho. Confrontada todos os dias com horrores que ultrapassam os limites da sensibilidade normal, a quase totalidade dos policiais prefere, uma vez de volta aos lares, manter silêncio. A melhor profilaxia para eles consiste em espairecer, em tentar espairecer, durante as poucas horas de trégua que lhes são concedidas. Alguns se entregam à bebida e terminam seus jantares num estado de torpor etílico avançado que não lhes deixa outra alternativa senão rastejar até a cama. Outros, mais jovens, entregam-se ao prazer, e a visão dos cadáveres mutilados e torturados termina por se apagar em meio às fornicações. Quase ninguém gosta de falar, e, naquela noite também, Jasselin, após largar Michou, encaminhou-se para a mesa, sentou-se em seu lugar de costume e esperou que a mulher trouxesse o salpicão de aipo — sempre gostara muito de salpicão de aipo.

V

No dia seguinte, foi a pé para o trabalho, entrando na altura da rue des Fossés-Saint-Bernard e seguindo pelo cais. Deteve-se longamente na pont de l'Árchevêche: dali se tinha, na sua opinião, a melhor vista de Notre-Dame. Era uma bela manhã de outubro, o ar estava frio e diáfano. Parou novamente na Square Jean-XXIII, observando os turistas e os homossexuais que passeavam, na maioria casais, beijavam-se ou caminhavam de mãos dadas.

Ferber chegou ao escritório quase ao mesmo tempo que ele e o encontrou na escada, na altura do posto de controle do terceiro andar. Nunca instalariam um elevador no Quai des Orfèvres, pensou com resignação; notou que Ferber diminuía o ritmo de suas passadas, para não se distanciar dele na última parte da subida.

Lartigue foi o primeiro a juntar-se a eles no gabinete da equipe. Não parecia nada bem, seu rosto fosco e liso de meridional estava tenso, preocupado, enquanto normalmente era um sujeito jovial; Ferber encarregara-o de colher depoimentos in loco.

— Zero — anunciou de imediato. — Não tenho absolutamente nada. Ninguém viu nem ouviu nada. Ninguém sequer notou algum carro estranho na aldeia nas últimas semanas...

Messier chegou minutos depois, cumprimentou-os, deixou na sua mesa a mochila que carregava no ombro direito. Tinha apenas 23 anos; entrara na Brigada Criminal havia seis meses, era o caçula da equipe. Ferber gostava muito dele, tolerava suas roupas descontraídas, em geral moletom, suéter e jaqueta de algodão, que, aliás, não combinavam com seu rosto anguloso, austero, avaro em sorrisos; e, se às vezes lhe aconselhava revisar a concepção geral de seu vestuário, era antes como amigo. Saiu para pegar uma Coca light na máquina, antes de entregar o resultado de suas investigações. Seus traços estavam mais esgarçados que de costume, dava a impressão de não ter dormido à noite.

— Com o celular, foi tudo tranquilo — comunicou —, não tinha nem senha. Mas, também, não revelou nada de interessante. Conversas com sua editora, com o sujeito que devia ser seu fornecedor de combustível, outro que marcara de instalar uma vidraça dupla... Conversas práticas ou profissionais. O cara parecia não ter vida privada.

O espanto de Messier, de certa maneira, não fazia sentido: um levantamento de suas próprias conversas telefônicas daria resultados praticamente idênticos. Mas é verdade que ele não tinha a intenção de ser assassinado, e sempre supomos que a vítima de um crime tem alguma coisa em sua vida que o justifique e explique, que está acontecendo ou aconteceu, nem que seja num ermo recesso de sua vida, alguma coisa de interessante.

— Com o computador, foi diferente — prosseguiu. — Para começar, havia duas senhas consecutivas, e não das simples, senhas com minúsculas, caracteres e pontuações pouco difundidos... Depois, todos os arquivos estavam criptografados: um código difícil, SSL Double Layer, 128 bits. Em suma, não pude fazer nada, encaminhei-o ao setor de repressão aos crimes de informática. O cara era o quê, paranoico?

— Escritor... — assinalou Ferber. — Talvez quisesse proteger seus textos, evitar a pirataria.

— Pode ser... — Messier não parecia convencido. — Com esse nível de proteção, parece mais um sujeito que distribui vídeos de pedofilia.

— Não são ações incompatíveis — observou Jasselin, com bom-senso.

Essa simples observação, feita sem segundas intenções, tornou ainda mais pesada a atmosfera da reunião, evidenciando a deplorável incerteza reinante em torno daquele assassinato. Não tinham, haveriam de convir, absolutamente nada: nenhuma motivação clara, nenhuma testemunha, nenhuma pista. Ameaçava ser um daqueles casos difíceis, caracterizados por um inquérito vazio, que esperam, às vezes, anos até uma solução — quando a encontram — e não a devem senão a um puro acaso, um assassino reincidente preso por outro crime e que acaba, ao longo do depoimento, por confessar um assassinato suplementar.

As coisas serenaram um pouco com a chegada de Aurélie. Era uma moça bonita, de cabelos cacheados, o rosto sardento. Jasselin achava-a um pouco confusa, carente de rigor, não se podia contar 100 por cento com ela para uma tarefa que requeresse precisão; mas era dinâmica e de um bom humor inalterável, o que é valioso numa equipe. Acabava de receber as primeiras conclusões da Polícia Científica. Começou estendendo a Jasselin uma pasta grossa:

— As fotografias que você pediu...

Havia ali umas cinquenta fotos em papel acetinado, em formato A4. Cada uma representava um retângulo do piso da sala de estar onde acontecera o assassinato, com um pouco mais de 1 metro de base. As imagens estavam claras e com boa definição, sem sombras, capturadas praticamente na vertical; quase não se superpunham, o conjunto reconstituía fielmente o chão do aposento. Ela também recebera algumas conclusões preliminares sobre a arma da degola, tanto do homem como do cão, que fora, todos notaram, executada com limpeza e precisão excepcionais: quase não houve espirros de sangue, caso contrário a área inteira teria sido aspergida. O assassino procedera com um instrumento bastante singular, uma ferramenta de cortar a laser, uma espécie de fio de cortar manteiga em que a função do fio era exercida por um laser de argônio, que seccionava as carnes e, concomitantemente, cauterizava o ferimento. Esse equipamento, que custa várias dezenas de milhares de euros, só era encontrado nas alas cirúrgicas dos hospitais, onde era empregado em amputações delicadas. Aliás, considerando a precisão e o rigor das incisões, o grosso do retalhamento do corpo da vítima fora provavelmente executado com instrumentos de cirurgia profissional.

Murmúrios especulativos percorreram a sala.

— Isso nos põe na pista de um assassino pertencente ao mundo da medicina? — sugeriu Lartigue.

290

— Talvez — disse Ferber. — Seja como for, temos que verificar nos hospitais se sentiram falta de algum material desse gênero; embora, naturalmente, o assassino possa ter roubado o instrumento por alguns dias.

— Quais hospitais? — perguntou Aurélie.

— Todos os hospitais franceses, para começar. E, claro, as clínicas também. É bom verificar também com o fabricante se houve alguma venda fora da rotina, a uma pessoa física, durante os últimos anos. Suponho que não haja tanta gente assim fabricando esse tipo de material...

— Apenas um. Apenas um no mundo inteiro. É uma firma dinamarquesa.

Michel Khoury, que acabara de chegar, foi posto a par dos fatos. De origem libanesa, tinha a mesma idade de Ferber. Gordinho e vaidoso, era, fisicamente, seu oposto, mas partilhava com ele a qualidade, tão rara nos policiais, de inspirar confiança e de suscitar rapidamente, sem esforço visível, as confidências mais íntimas. Tratara, naquela manhã, de alertar e interrogar as pessoas próximas da vítima.

— Próximas é uma maneira de dizer... — esclareceu. — É possível afirmar que era muito solitário. Divorciado duas vezes, um filho a quem não via. Fazia mais de dez anos que não tinha nenhum contato com ninguém da família. Mesma coisa no que se refere a casos amorosos. Talvez venhamos a descobrir alguma coisa dissecando suas conversas telefônicas, mas, até o momento, encontrei apenas dois nomes: Teresa Cremisi, sua editora, e Frédéric Beigbeder, outro escritor. E mais: falei com Beigbeder ao telefone esta manhã, parecia destroçado, sinceramente, a meu ver, mas, seja como for, ele me disse que não se viram nos últimos dois anos. Curiosamente, ele e sua editora repetiram a mesma coisa: Houellebecq tinha muitos inimigos. Vou me encontrar com eles hoje à tarde, pode ser que surja algo.

— Muitos inimigos... — interveio, pensativamente, Jasselin. — Isso é interessante, em geral as vítimas não têm inimigos, a impressão é de que eram amadas por todos... Convém irmos ao enterro. Sei que não é praxe, mas pode dar certo. Os amigos vão ao enterro, mas, às vezes, os inimigos também, parece que sentem uma espécie de satisfação.

— Na verdade... — observou Ferber. — Sabemos como ele morreu? O que o matou, exatamente?

— Não sabemos — respondeu Aurélie. — Temos de aguardar... que façam a autopsia dos pedaços.

— A degola não pode ter sido executada com ele vivo?

— De jeito nenhum. É uma operação lenta, que pode levar até uma hora.

Aurélie sentiu um calafrio e oscilou no lugar.

Separaram-se logo depois para se ocuparem de seus afazeres. Ferber e Jasselin viram-se sozinhos no gabinete. A reunião terminava melhor do que começara: tinham, cada um de seu lado, providências a tomar; sem terem ainda uma pista efetiva, havia, pelo menos, direções de busca.

— Ainda não saiu nada na imprensa — observou Ferber. — Ninguém sabe de nada.

— Pois é — respondeu Jasselin, o olhar pousado numa balsa que descia o Sena. — Curioso, eu achava que isso aconteceria instantaneamente.

VI

Aconteceu no dia seguinte. "O escritor Michel Houellebecq barbaramente assassinado", era a manchete do *Le Parisien*, que dedicaria meia coluna — aliás, desinformada — ao fato. Os outros jornais concediam-lhe mais ou menos o mesmo espaço, sem entrar em mais detalhes, limitando-se basicamente a repetir o comunicado do procurador da República lotado em Montargis. Nenhum deles parecia ter enviado um correspondente ao local. Um pouco mais tarde vieram à tona as declarações de diversas personalidades, bem como do ministro da Cultura: todos se declaravam "aterrados" ou, no mínimo, "profundamente tristes", e homenageavam a memória "de um criador imenso, que permaneceria para sempre em nossas memórias"; em suma, o ambiente era o de uma morte de celebridade clássica, com seu frenesi consensual e suas banalidades apropriadas, e nada disso os ajudava muito.

Michel Khoury voltou decepcionado de seus encontros com Teresa Cremisi e Frédéric Beigbeder. A sinceridade do pesar de ambos, segundo ele, não deixava dúvidas. Jasselin sempre ficara pasmo com a tranquila segurança com que Khoury afirmava essas coisas, pertencentes, segundo ele, ao domínio eminentemente complexo e incerto da psicologia humana. "Ela gostava dele de verdade", afirmava, ou então: "A sinceridade do pesar de ambos não deixava dúvidas, e falava isso como se relatasse fatos experimentais, observáveis; o mais estranho era que o desenrolar do inquérito geralmente lhe dava razão. "Conheço os seres humanos", dissera-lhe uma vez, no mesmo tom com que teria dito "conheço os gatos" ou "conheço os computadores".

As duas testemunhas não tiveram, em suma, muito de útil ou novo a declarar. Houellebecq tinha muitos inimigos, repetiram-lhes, muita gente se mostrava injustamente agressiva e cruel com ele; quando pediu uma lista mais precisa, Teresa Cremisi, com um meneio impaciente dos ombros, dispôs-se a enviar-lhe um clipping da imprensa.

Quando perguntados, porém, se um daqueles inimigos poderia tê-lo assassinado, ambos responderam negativamente. Exprimindo-se com exagerada clareza, parecendo dirigir-se a um débil mental, Teresa Cremisi explicara-lhe que se tratava de inimigos *literários*, que manifestavam seu ódio em sites, em artigos de jornais ou revistas, e, no pior dos casos, em livros, mas nenhum deles seria capaz de partir para um assassinato físico. Menos, aliás, por motivos morais, prosseguiu com visível ressentimento, do que porque pura e simplesmente não teriam peito para tanto. Não, concluiu, não era (e ele teve a impressão de que ela quase dissera "infelizmente não") no meio literário que deveriam procurar o culpado.

Beigbeder dissera-lhe quase a mesma coisa. "Tenho toda a confiança na polícia do meu país...", começara por afirmar, antes de gargalhar estrepitosamente, como se acabasse de soltar uma piada impagável, mas Khoury não foi rigoroso com ele, era visível que o autor estava tenso, desorientado, completamente desestabilizado por aquela morte súbita. Em seguida, esclarecera que Houellebecq tinha como inimigos "praticamente todos os canastrões da praça parisiense". Pressionado por Khoury, citara os jornalistas do site nouvelobs.com, com a ressalva de que, embora possivelmente naquele momento estivessem se deleitando com seu óbito, nenhum deles parecia-lhe disposto a correr qualquer risco pessoal. "Consegue imaginar Didier Jacob furar um sinal vermelho? Nem de bicicleta ele ousaria", concluíra, visivelmente enojado, o autor de *Un roman français*.

Em suma, concluiu Jasselin, organizando os depoimentos numa pequena pasta amarela, uma categoria profissional como qualquer outra, com as mesmas invejas e rivalidades. Guardou a pasta no final do dossiê "Depoimentos", consciente de que ao mesmo tempo fechava a janela literária do inquérito e de que possivelmente nunca mais teria a oportunidade de estar em contato com os *círculos literários*. Também tinha consciência de que o inquérito estava longe de progredir, e sofria com isso. As conclusões da Polícia Científica acabavam de chegar: tanto o homem como o cachorro foram mortos com uma Sigsauer M-45, em ambos os casos uma única bala foi disparada, à queima-roupa, na altura do coração; a arma estava equipada com um silenciador. Foram agredidos previamente, com um objeto contundente e comprido — que podia ser um bastão de beisebol. Um crime cirúrgico, consumado sem violência inútil. A decapitação e o retalhamento dos

corpos se deram posteriormente. Eles haviam persevera-
do, montado uma rápida simulação para chegar àquelas
conclusões, em um pouco mais de sete horas. A morte
acontecera três dias antes da descoberta dos corpos; o assassinato fora perpetrado, então, num sábado, provavelmente no meio do dia.

A análise das ligações telefônicas da vítima, que a
operadora conservara, conforme a lei, por um período
de um ano, não trouxera nada de novo. Houellebecq, é
verdade, telefonara muito pouco durante esse período: 93
ligações ao todo; e nenhuma delas tinha qualquer caráter
pessoal.

VII

O enterro estava marcado para a segunda-feira seguinte. O escritor deixara indicações muito precisas nesse sentido, as quais depositara em cartório acompanhadas do dinheiro necessário para sua execução. Não desejava ser cremado, e sim, muito tradicionalmente, sepultado. "Desejo que os vermes libertem meu esqueleto", esclarecia, autorizando-se uma interferência pessoal num texto, não obstante, de feição claramente oficial: "sempre mantive excelentes relações com meu esqueleto e me apraz que ele se alforrie de sua servidão." Desejava ser enterrado muito precisamente no cemitério de Montparnasse, chegara a comprar com antecedência o jazigo, um jazigo simples, trintenário, que, por acaso, achava-se situado a alguns metros da de Emmanuel Bove.

Jasselin e Ferber eram ambos ótimos em enterros. Trajando sempre cores escuras, mais para magro, a tez naturalmente pálida, Ferber não tinha qualquer dificuldade para exibir a tristeza e a gravidade apropriadas em tais circunstâncias; quanto a Jasselin, sua aparência esgotada, resignada, de homem que conhece a vida e não alimenta muitas ilusões sobre ela, era igualmente propícia. Na verdade, já haviam comparecido a inúmeros enterros, às vezes de vítimas, em geral de colegas; alguns haviam se suicidado, outros foram mortos em serviço — e o mais impressionante era isto: geralmente havia a entrega de uma condecoração, que era espetada com gravidade no caixão, na presença de um oficial de alta patente e, com certa frequência, do ministro; enfim, eram as homenagens da República.

Encontraram-se às 10 horas no comissariado do VI *arrondissement*; das janelas das salas de espera da prefeitura, que lhes foram abertas para a ocasião, tinham uma vista excelente da place Saint-Sulpice. Chegou ao conhecimento público, e fora uma surpresa para todos, que o autor de *As partículas elementares*, que ao longo da vida ostentara um ateísmo intransigente, fizera-se muito discretamente batizar, numa igreja de Courtenay, seis meses antes. A notícia tirou as autoridades eclesiásticas de um dilema constrangedor: por causas midiáticas evidentes, elas não desejavam ser ignoradas nos enterros de personalidades; mas a escalada do ateísmo, a queda tendencial da taxa de batismo, incluindo os batismos de mera conveniência, e a perpetuação inflexível de suas regras conduziam-nas, com uma frequência cada vez maior, a esse impasse desalentador.

Avisado por e-mail, um entusiasmado cardeal arcebispo de Paris deu anuência para uma missa, a ser oficiada às 11 horas. Ele próprio participou da redação da homilia, que insistia no valor humano universal da obra do romancista e evocava apenas discretamente, à guisa de coda, seu batismo secreto numa igreja de Courtenay. A cerimônia, com a comunhão e os outros sacramentos, estava prevista para durar aproximadamente uma hora; era então por volta do meio-dia que Houellebecq seria *conduzido à sua última morada.*

Nesse aspecto também, disse-lhe Ferber, ele deixara diretrizes bastante precisas, chegando a desenhar seu monumento funerário: uma simples lápide de granito preto, no nível do solo; insistia em que ela não deveria ser alteada em hipótese alguma, nem mesmo em poucos centímetros. A lápide trazia seu nome, sem data ou qualquer outra indicação, e o desenho de uma fita de Moebius. Encomendara-a, antes de sua morte, a um marmorista parisiense e acompanhara pessoalmente sua execução.

— Resumindo — observou Jasselin —, ele não se considerava pouca merda...

— E tinha razão — respondeu Ferber, em voz baixa. — Não era um mau escritor, fique sabendo...

Jasselin logo sentiu vergonha de sua observação, formulada sem nenhum propósito. O que Houellebecq fizera para si mesmo não era nem mais nem menos que aquilo que qualquer notável do século XIX teria feito, ou qualquer fidalgote dos séculos anteriores. Na realidade, ao pensar nisso, percebia que desaprovava radicalmente a tendência modesta, moderna, que consiste em ser cremado e ter suas cinzas espalhadas na natureza, como se para mostrar que se está retornando ao seu seio, misturando-se novamente aos elementos. E até mesmo no caso de seu cachorro, morto cinco anos antes, fizera questão de enterrá-lo — depositando junto ao seu pequeno cadáver, no momento de amortalhá-lo, um brinquedo que ele apreciava em especial — e erigindo-lhe um monumento modesto, no jardim da casa de seus pais, na Bretanha, onde seu próprio pai morrera no ano anterior, e a qual ele não desejara passar adiante, cogitando lá gozarem sua aposentadoria, Hélène e ele. O homem *não* fazia parte da natureza, alçara-se acima da natureza, e o cão, desde sua domesticação, também alçara-se acima dela, eis o que no fundo pensava. E quanto mais refletia sobre aquilo, mais lhe parecia *ímpio*; embora ele não cresse em Deus, mais lhe parecia, de certa forma, *antropologicamente ímpio* dispersar as cinzas de um ser humano nas pradarias, nos rios, no mar ou, mesmo, como fizera, lembrava-se, o palhaço Alain Gillot-Pétré, na época considerado o responsável pela repaginação na apresentação televisiva do boletim meteorológico, no olho de um ciclone. Um ser humano era uma consciência, uma consciência única, individual e insubstituível, merecendo, a esse título, um monumento, uma estela, ao menos uma lápide, enfim, alguma coisa que manifestasse e levasse aos séculos futuros um testemunho de sua existência, eis o que no fundo pensava Jasselin.

— Estão chegando... — murmurou Ferber, arrancando-o de sua meditação. Com efeito, embora não passasse de 10h30 da manhã, umas trinta pessoas já se encontravam reunidas na entrada da igreja. Quem poderiam ser, afinal? Anônimos, leitores de Houellebecq com toda a probabilidade. Eventualmente, sobretudo no caso de assassinatos executados por vingança, o criminoso comparecia ao enterro da vítima. Não acreditava muito que isso pudesse acontecer naquele caso, mas, por via das dúvidas, chamara dois fotógrafos, dois homens da Polícia Científica, previamente instalados num apartamento da rue Froidevaux com vista perfeita para o cemitério de Montparnasse, equipados com câmeras e teleobjetivas.

Dez minutos mais tarde, percebeu Teresa Cremisi e Frédéric Beigbeder chegando a pé. Viram-se, beijaram-se. Ambos, pensou, exibiam uma atitude eminentemente apropriada. Com seu visual oriental, a editora poderia ter sido uma daquelas carpideiras usadas ainda recentemente em certos enterros na bacia mediterrânica, e Beigbeder parecia mergulhado em pensamentos especialmente sombrios. Na verdade, o autor de *Un roman français* tinha na época apenas 51 anos, provavelmente era um dos primeiros enterros *da sua geração* a que tinha oportunidade de assistir; e devia estar ruminando que estava longe de ser o último, que, cada vez mais, as conversas telefônicas com seus amigos não começariam mais com a frase: "O que vai fazer esta noite?", mas com "Adivinhe quem morreu…".

Discretamente, Jasselin e Ferber saíram da prefeitura e misturaram-se ao grupo. Havia agora umas cinquenta pessoas reunidas. Às 10h55, o carro funerário freou diante da igreja — uma simples caminhonete preta, de uma funerária tradicional. No momento em que os dois funcionários retiravam o caixão, um murmúrio de consternação e horror percorreu a multidão. Os peritos da Polícia Científica se deram ao extenuante trabalho de juntar os retalhos de carne espalhados na cena do crime, agrupá-los em sacos plásticos hermeticamente vedados e os expedirem, com a cabeça intacta, para Paris. Uma vez concluídos os exames, o conjunto não formava senão um montinho compacto, com um volume bastante inferior ao de um cadáver humano comum, e os funcionários da funerária julgaram adequado usar um caixão de criança, com 1,20 metro de comprimento. Essa vontade de racionalidade podia ser louvável em seu princípio, mas o efeito produzido, no momento em que os funcionários puxaram o caixão para o adro da igreja, era absolutamente deplorável. Jasselin ouviu Ferber represando um soluço de dor, e ele mesmo, por mais empedernido que fosse, sentia um aperto no coração; várias pessoas presentes não contiveram as lágrimas.

Em si, a missa foi para Jasselin, como sempre, um momento de tédio absoluto. Perdera todo contato com a fé católica desde os 10 anos e, apesar do grande número de enterros aos quais precisara comparecer, nunca conseguira reatar. Na realidade, não entendia nada daquilo, não conseguia sequer captar exatamente o que o padre queria falar; havia menções a Jerusalém que lhe pareciam descabidas, mas deviam ter um sentido simbólico, disse consigo. Por outro lado, era obrigado a admitir que o ritual lhe parecia *apropriado*, que, na circunstância, as promessas relativas a uma vida futura eram evidentemente bem-vindas. No fundo, a intervenção da Igreja era muito mais legítima no caso de enterros do que de nascimentos ou matrimônios. Ela se fazia presente em seu pleno elemento, tinha *algo a dizer* sobre a morte — sobre o amor, era mais duvidoso.

Normalmente, num enterro, os familiares mais próximos se posicionam junto ao caixão para receber os pêsames, mas não havia ninguém da família presente. Por conseguinte, uma vez oficiada a missa, os dois funcionários reapossaram-se do caixãozinho — Jasselin foi mais uma vez percorrido por um calafrio de compaixão — para recolocá-lo na caminhonete. Para sua grande surpresa, umas cinquenta pessoas, no adro, esperavam sua saída da igreja — provavelmente leitores de Houellebecq alérgicos a qualquer cerimônia religiosa.

Nada especial fora programado, nenhum bloqueio das ruas, nenhuma medida relativa ao trânsito; o carro funerário seguiu, então, diretamente para o cemitério de Montparnasse, e, pelas calçadas, uma centena de pessoas reunidas fez o mesmo trajeto, contornando o Jardin de Luxembourg pela rue Guynemer, depois pegando a Vavin, a Bréa, subindo por um instante o boulevard Raspail antes de cruzar a rue Huyghens. Jasselin e Ferber haviam se juntado ao cortejo. Havia ali pessoas de todas as idades, de todas as condições, a maioria desacompanhada, às vezes em dupla; na verdade, pessoas que nada em particular parecia reunir, nas quais não era possível descobrir nenhum traço comum, e Jasselin teve a súbita certeza de que estavam perdendo tempo, eram leitores de Houellebecq, não mais que isso, e era inverossímil que um suposto envolvido naquele assassinato se achasse entre eles. Paciência, pensou, ao menos era um passeio agradável; o tempo continuava aberto na região parisiense, o céu exibia um azul profundo, quase invernal.

Provavelmente advertidos pelo padre, os coveiros estavam à sua espera para começar a cavar. Diante do túmulo, o entusiasmo de Jasselin pelos enterros recrudesceu a ponto de ele tomar a decisão inabalável e definitiva de ser igualmente enterrado e de chamar seu advogado no dia seguinte para que aquilo fosse explicitamente consignado em seu testamento. As primeiras pás de terra caíram sobre o caixão. Uma mulher sozinha, de uns 30 anos, atirou uma rosa branca — realmente as mulheres impressionam, refletiu, elas pensam em coisas que nunca passariam pela cabeça de um homem. Numa cremação, há sempre ruídos de maquinaria, dos queimadores a gás, que fazem um estrépito horroroso, ao passo que, ali, o silêncio era quase perfeito, perturbado unicamente pelo rumor reconfortante das pás de terra esboroando-se mansamente na tampa do caixão. No centro do cemitério, o rumor da cidade era quase imperceptível. À medida que a terra ocupava a vala, o barulho foi ficando mais abafado, mais opaco; foi quando instalaram a lápide.

VIII

Ele recebeu as fotografias no dia seguinte, no meio da manhã. Os peritos da Polícia Científica podiam até irritar Jasselin com sua arrogância, mas ele era obrigado a reconhecer que geralmente apresentavam um excelente trabalho. As fotografias estavam nítidas, bem-iluminadas e com excelente resolução; apesar da distância era possível identificar o rosto de cada uma das pessoas que se deram ao trabalho de se deslocar para o enterro do escritor. As cópias estavam acompanhadas de um pen drive contendo as imagens digitalizadas. Ele encaminhou imediatamente ao setor de informática pelo malote interno, com um bilhete requerendo um cruzamento com as fotos de delinquentes fichados; dispunham agora de um software de reconhecimento facial que lhes permitiria executar a operação em poucos minutos. Não acreditava muito naquilo, mas não custava tentar.

Os resultados chegaram às suas mãos no início da noite, quando se preparava para voltar para casa; conforme o esperado, eram negativos. Em contrapartida, o setor de repressão aos crimes de informática acrescentara uma exposição sintética, de umas trinta páginas, a respeito do conteúdo do computador de Houellebecq — cujas senhas haviam finalmente conseguido hackear. Levou-a para estudar tranquilamente em casa.

Foi recebido pelos latidos de Michou, que saltitou em todas as direções durante ao menos 15 minutos, e pelo cheiro de um bacalhau à galega — Hélène tentava diversificar os sabores, passando do bourguignon ao alsaciano, da culinária provençal à do sudoeste; dominava igualmente à perfeição as culinárias italiana, turca e marroquina, e acabara de se inscrever numa oficina de introdução à culinária do Extremo Oriente, organizada pela associação de moradores do V *arrondissement*. Ele foi beijá-la; ela usava um belo vestido de seda.

— Se quiser, vai estar pronto em dez minutos... — disse ela.

Parecia relaxada, feliz, como todos os dias em que não precisava ir à faculdade — os feriados de Finados acabavam de começar. O interesse de Hélène pela economia diminuíra muito ao longo dos anos. Cada vez mais, as teorias que tentavam explicar os fenômenos econômicos, prever suas evoluções, pareciam-lhe, na prática, igualmente inconsistentes, aleatórias, sentia-se cada vez mais tentada a considerá-las puro e simples charlatanismo; era inclusive surpreendente, às vezes pensava, que outorgassem um prêmio Nobel de Economia, como se essa disciplina pudesse reivindicar a mesma seriedade metodológica, o mesmo rigor intelectual da química ou da física. Seu interesse pelo ensino também caíra muito. Os jovens, genericamente falando, não a interessavam mais tanto assim, seus alunos eram de um nível intelectual assustadoramente baixo e, às vezes, ela chegava a se perguntar o que os levara a estudar. A única resposta, na verdade ela sabia, era que desejavam ganhar dinheiro, o máximo de dinheiro possível; a despeito de alguns arroubos humanitários de fôlego curto, era a única coisa capaz de estimulá-los. Em suma, sua vida profissional limitava-se, embora ela evitasse formular isso em termos tão claros, a ensinar absurdos contraditórios a cretinos arrivistas. Planejara antecipar sua aposentadoria assim que o marido deixasse a Brigada Criminal — ele, por sua vez, não partilhava daquele estado de espírito, continuava a gostar do trabalho da mesma forma, o mal e o crime pareciam-lhe assuntos tão urgentes e essenciais quanto na época em que começara, 28 anos atrás.

Ligou a televisão, estava na hora do jornal. Michou pulou para o sofá, ao seu lado. Após a descrição de um atentado suicida particularmente mortífero de camicases palestinos em Hebron, o apresentador emendou na crise que vinha sacudindo os mercados financeiros nos últimos dias e que ameaçava, na opinião de alguns especialistas, ser ainda pior que a de 2008; de um modo geral, uma pauta bem tradicional. Preparava-se para mudar de canal quando Hélène, saindo da cozinha, veio se sentar no braço do sofá. Abandonou o controle remoto; era a praia dela, afinal, pensou, talvez ela se interessasse um pouco.

Encerrado o panorama dos principais mercados financeiros, um especialista apareceu na tela. Hélène escutou-o atentamente, com um indefinível sorriso nos lábios. Jasselin admirava seus seios pelo decote do vestido: seios siliconados, decerto; os implantes foram feitos dez anos antes, mas eram um sucesso, o cirurgião trabalhara direito. Jasselin era plenamente a favor dos seios siliconados, os quais atestavam, na mulher, uma *boa vontade erótica* que, na verdade, é a coisa mais importante do mundo no plano erótico, que às vezes prorroga em dez, até mesmo vinte anos a extinção da vida sexual do casal. E não podia esquecer os êxtases, os pequenos milagres: na piscina, na única vez em que se hospedaram num hotel-clube, na viagem que fizeram à República Dominicana (Michel, seu primeiro bichon, quase não os perdoou, e eles juraram não repetir a experiência, a menos que descobrissem um hotel-clube que aceitasse cães — mas, infelizmente, não descobriram nenhum), em suma, durante aquela viagem, deslumbrara-se admirando os seios da mulher, deitada de papo para o ar na piscina, apontando para o céu numa atrevida negação da gravidade.

Seios siliconados são ridículos quando o rosto da mulher se acha devastado pelas rugas, quando o restante de seu corpo está degradado, adiposo e flácido; mas não era o caso de Hélène, longe disso. Seu corpo permanecera magro, suas nádegas, firmes, pouco caídas, e seus cabelos castanho-avermelhados, cheios e encaracolados, ainda encachoeirando-se com graça sobre os ombros torneados. Em suma, era um mulherão; em suma, tivera sorte, muita sorte.

Naturalmente, a longo prazo todos os seios siliconados tornam-se ridículos, mas a longuíssimo prazo não se pensa mais nessas coisas, pensa-se no câncer do colo do útero, nas hemorragias da aorta e coisas parecidas.

Pensa-se também na transmissão do patrimônio, na partilha dos bens imobiliários entre os herdeiros presumidos; enfim, há outros objetos de preocupação além dos seios siliconados, mas ainda não haviam chegado a esse ponto, talvez fizessem amor aquela noite (ou melhor, no dia seguinte de manhã, ele preferia de manhã, isso o deixava de bom humor pelo resto do dia), podia-se dizer que *ainda tinham belos anos* pela frente.

O bloco sobre economia acabava de terminar, passava agora o trailer de uma comédia romântica com lançamento previsto para o dia seguinte nas telas francesas.

— Ouviu o que o cara disse, o perigo? — perguntou Hélène. — Ouviu os prognósticos? — Não, na realidade não escutara absolutamente nada, contentara-se em admirar seus seios, mas absteve-se de interrompê-la. — Daqui a uma semana, vão constatar que todos os prognósticos eram falsos. Chamarão outro especialista, talvez o mesmo, e ele fará novos prognósticos, com a mesma segurança... — Ela balançava a cabeça, desolada, quase indignada. — Com que direito uma disciplina incapaz de fazer um prognóstico verificável se arvora a ser uma *ciência*?

Jasselin não lera Popper, não tinha nenhuma resposta pertinente a lhe dar; limitou-se, então, a colocar a mão sobre sua coxa. Ela sorriu para ele e disse:

— Vai ficar pronto agorinha. — Ela voltou para o fogão, mas retornou ao assunto durante o jantar. O crime, disse ao marido, parecia-lhe um ato profundamente humano, por certo ligado às zonas mais obscuras do ser humano, mas apesar de tudo humano. A arte, para tomar outro exemplo, estava ligada a tudo: às zonas escuras, às zonas luminosas, às zonas intermediárias. A economia não estava ligada a quase nada, a não ser ao que havia de mais automático, mais previsível, mais mecânico no ser humano. Não apenas não era uma ciência, como não era uma arte; no fim das contas não era, na realidade, absolutamente nada.

Ele não concordava, e lhe disse. Por ter convivido longamente com criminosos, podia afirmar que se tratava de fato dos indivíduos mais mecânicos e previsíveis do mundo. Na quase totalidade dos casos, matavam pelo dinheiro, e exclusivamente pelo dinheiro; era, aliás, o que os tornava em geral tão fáceis de capturar. Ao contrário, praticamente ninguém, em tempo algum, trabalhara *exclusivamente* pelo dinheiro. Havia sempre outras motivações: o interesse pelo trabalho, a satisfação que dele era possível extrair, as relações de simpatia com os colegas... E quase ninguém, tampouco, tinha comportamentos de compra inteiramente racionais. Era provavelmente essa indeterminação fundamental das motivações dos produtores, bem como dos consumidores, que tornava as teorias econômicas tão aleatórias e, afinal, tão falsas. Ao passo que a investigação criminal, por sua vez, podia ser abordada como uma ciência ou, pelo menos, como uma disciplina racional. Hélène não encontrou nada para lhe responder. A existência de agentes econômicos irracionais era desde sempre a *parte obscura*, a falha secreta de todas as teorias econômicas. Ainda que tomasse um grande recuo em relação ao seu trabalho, a teoria econômica ainda representava sua contribuição às despesas da casa, seu status na universidade: lucros simbólicos, em grande parte. Jean-Pierre tinha razão: ela também estava longe de se comportar como um *agente econômico racional*. Estirou-se no sofá, espiou o cãozinho deitado de barriga para cima, em êxtase, no canto inferior esquerdo do tapete da sala.

No fim da noite, Jasselin voltou a mergulhar o relatório sobre o computador da vítima, realizado pelo setor de repressão aos crimes de informática. A primeira constatação era de que Houellebecq, a despeito do que repetira em incontáveis entrevistas, ainda escrevia; escrevia muito, inclusive. O que ele escrevia, dito isso, era bastante estranho: parecia poesia, ou manifestos políticos; enfim, Jasselin não pescava praticamente nada dos trechos reproduzidos no relatório. Precisaria mandar tudo aquilo para a editora, pensou.

O restante do computador não continha muita coisa útil. Houellebecq utilizava a função "Agenda" de seu Macintosh. O conteúdo de sua agenda estava integralmente reproduzido ali, e era patético: comportava 23 nomes ao todo, sendo 12 de operários, médicos e outros prestadores de serviços. Utilizava, da mesma forma, a função "iCal", o que não melhorava as coisas, as anotações eram em geral do tipo "sacos de lixo" ou "entrega combustível". Raramente vira alguém com uma vida tão maçante. Tampouco seu histórico da internet revelou algo de muito excitante. Não frequentava a nenhum site pedófilo, nem mesmo pornográfico; suas visitas mais ousadas concerniam aos sites de lingerie e trajes eróticos femininos, como Belle et Sexy ou Liberette.com. Assim, o pobre velhinho contentava-se em babar diante de moças em minissaias colantes ou camisolas transparentes, e Jasselin quase teve vergonha por ter lido aquela página. O crime, decididamente, não seria fácil de elucidar. São os vícios que levam os homens aos assassinatos, os vícios ou o dinheiro. Dinheiro, Houellebecq tinha, embora menos do que ele pensava, mas nada, aparentemente, fora roubado; aliás, encontraram na casa seu talão de cheques, seu cartão de crédito e uma carteira contendo várias centenas de euros. Cochilou quando tentava reler seus manifestos políticos, como se neles esperasse detectar uma explicação ou um sentido.

IX

No dia seguinte, exploraram os onze nomes de caráter pessoal da agenda. Afora Teresa Cremisi e Frédéric Beigbeder, a quem já haviam interrogado, as outras nove pessoas eram mulheres.

Se apenas os SMS do último ano foram conservados pelas operadoras, não havia limite referente aos e-mails, sobretudo no caso de o usuário preferir, como Houellebecq, salvá-los não no computador pessoal, mas num espaço de disco alugado por seu servidor; nesse caso, mesmo uma mudança de máquina permite conservar as mensagens. No servidor me.com, Houellebecq tinha uma capacidade de armazenamento pessoal de quarenta gigabytes; no ritmo de suas conversas recentes, precisaria de 7 mil anos para esgotá-la.

Reina uma tremenda confusão jurídica acerca do status dos e-mails, se são ou não comparáveis a correspondências privadas. Jasselin ordenou imediatamente que sua equipe lesse todos os e-mails de Houellebecq, porque em breve eles seguiriam para uma comissão rogatória e um juiz de instrução seria obrigatoriamente designado, e, embora os promotores e seus representantes geralmente se mostrassem conciliadores, os juízes de instrução podiam revelar-se um osso duro de roer, até mesmo no caso de uma investigação por assassinato.

Trabalhando quase vinte horas por dia — se, imediatamente antes de sua morte, Houellebecq tinha uma correspondência via internet bastante reduzida, em outros tempos ela fora muito mais copiosa, e ele chegou a receber em certos períodos, sobretudo aqueles que se seguiam ao lançamento de um livro, uma média de trinta e-mails por dia —, a equipe conseguiu identificar, na quinta-feira seguinte, as nove mulheres. A disparidade geográfica era impressionante: havia uma espanhola, uma russa, uma chinesa, uma tcheca, duas alemãs — e, vá lá, três francesas. Jasselin lembrou-se, então, de que estava lidando com um autor traduzido no mundo inteiro.

— Isso não deixa de ter um lado bom... — disse a Lartigue, que estabelecera a lista. Falou mais por falar, como alguém repetindo uma piada velha; na realidade, não chegava, de forma alguma, a invejar o escritor. Eram todas namoradas antigas, a natureza das conversas não deixava qualquer dúvida; às vezes, namoradas antiquíssimas, a relação remontava em certos casos a mais de trinta anos.

Não foi difícil ter acesso a aquelas mulheres: com todas elas, ele ainda trocava e-mails, banais e carinhosos, evocando as pequenas ou grandes misérias de suas vidas, às vezes também suas alegrias.

As três francesas aceitaram imediatamente se deslocar até o Quai des Orfèvres — uma delas, no entanto, morava em Perpignan, a segunda em Bordeaux, e a terceira em Orléans. As estrangeiras, a propósito, não se recusaram, pediam apenas um pouco mais de tempo para se organizarem.

Jasselin e Ferber receberam-nas separadamente, a fim de cotejar suas impressões, e suas impressões foram notavelmente idênticas. Todas aquelas mulheres ainda sentiam uma grande ternura por Houellebecq. "Conversávamos por e-mail com bastante frequência...", diziam elas, e Jasselin se abstinha de dizer que lera aqueles e-mails. Jamais consideraram a possibilidade de um novo encontro, mas percebia-se que, se fosse o caso, poderiam ter aceitado. Era horrível, pensou, horrível: as mulheres não esquecem seus ex, eis o que vinha à tona com evidência. A própria Hélène tivera ex-namorados, embora a tivesse conhecido jovem houvera ex-namorados; e o que aconteceria se ela viesse, novamente, a atravessar o caminho deles? Esse é o inconveniente dos inquéritos policiais, o indivíduo vê-se confrontado, à sua revelia, com questões pessoais espinhosas. Na caça ao assassino, porém, aquilo tudo não lhes servia de nada. Aquelas mulheres conheceram Houellebecq, conheceram-no muito bem até e Jasselin percebeu que não falariam mais sobre ele — esperava por isso, as mulheres são muito discretas no tocante a essas questões, mesmo quando deixam de amar, a lembrança de seu amor continua infinitamente preciosa para elas —, mas, por outro lado, fazia anos que não o viam, dezenas de anos no caso de algumas, a própria ideia de que pudessem ter pensado em assassiná-lo, ou de que conhecessem alguém suscetível de planejar assassiná-lo, era ridícula.

Um marido, um amante ciumento, após tantos anos? Não acreditava nisso por um segundo. Quando sabemos que nossa mulher teve ex, e temos o azar de sentir ciúmes, também sabemos que em nada adiantaria matá-los — que isso só faria, inclusive, reavivar a ferida. Enfim, por via das dúvidas, colocaria alguém da equipe na jogada — sem forçar, apenas em tempo parcial. Não acreditava nessa hipótese, tudo bem, mas sabia também que às vezes nos enganamos. Enfim, quando Ferber veio lhe perguntar: "Insistimos com as estrangeiras? Claro, vai custar dinheiro, teremos que mandar pessoal, mas estamos bastante inclinados a isso, afinal, é um caso de assassinato", ele, sem hesitar, respondeu que não, que não valia a pena. Estava naquele momento em sua sala e tentava combinar aleatoriamente, como fizera dezenas de vezes ao longo das duas últimas semanas, as fotografias do chão da cena do crime — coágulos vermelhos e escuros ramificados, entrelaçados — e das pessoas presentes no enterro do escritor — closes tecnicamente impecáveis de seres humanos de rosto triste.

— Parece preocupado, Jean-Pierre... — observou Ferber.

— Sim, sinto que estamos perdidos, e não sei o que fazer. Sente-se, Christian.

Ferber considerou por um instante seu superior, que continuava a misturar mecanicamente as fotos, sem examiná-las detidamente, como se fosse um baralho.

— O que procura nessas fotos, exatamente?

— Não sei. Sinto que tem alguma coisa, mas seria incapaz de dizer o quê.

— Poderíamos consultar o Lorrain.

— Ele não se aposentou?

— Mais ou menos, não entendo direito seu status; ele trabalha só algumas horas por semana. Em todo caso, não foi substituído.

Guillaume Lorrain não passava de um simples cabo da polícia, mas se beneficiava da estranha aptidão de possuir uma memória visual absoluta, fotográfica: bastava ele ver a fotografia de alguém, mesmo num jornal, para reconhecê-lo dez ou vinte anos mais tarde. Era a ele que recorriam antes do surgimento do software Visio, que permite um cruzamento de dados instantâneo com as feições de criminosos; contudo, seu dom especial não funcionava apenas com criminosos, mas com qualquer um que ele pudesse ter visto em uma fotografia em qualquer circunstância a que fosse.

Foram visitá-lo em sua sala na sexta-feira seguinte. Era um homenzinho atarracado, de cabelos grisalhos. Ponderado, sereno, dava a impressão de ter passado a vida no escritório — o que, aliás, não deixava de ser verdade: tão logo constatada sua estranha aptidão, ele fora imediatamente transferido para a Brigada Criminal, dispensado de quaisquer outras funções.

Jasselin explicou o que esperavam dele. Lorrain começou por examinar uma a uma as fotografias do dia do enterro. Às vezes, passava muito rápido por uma cópia, às vezes concentrava-se nela demorada e minuciosamente, durante quase um minuto, antes de descartá-la. Sua concentração era assustadora; como seu cérebro funcionava? Era algo estranho de assistir.

Dali a vinte minutos, pegou uma foto e começou a se balançar para a frente e para trás.

— Já vi esse sujeito... Vi esse sujeito em algum lugar... — pronunciou, com uma voz quase inaudível. Jasselin teve um sobressalto nervoso, mas preferiu não o interromper. Lorrain continuou a se balançar para trás e para a frente, durante um tempo que lhe pareceu demasiadamente longo, repetindo sem parar a meia-voz: "Já vi esse sujeito... Já vi esse sujeito...", como uma espécie de mantra pessoal, e, parando bruscamente, estendeu a Jasselin uma fotografia que mostrava um homem de uns 40 anos, com traços delicados, pele bem clara, cabelos pretos cobrindo as orelhas.

— Quem é? — perguntou Jasselin.

— Jed Martin. Do nome, tenho certeza. Onde vi a foto, não posso garantir 100 por cento, mas me parece ter sido no *Le Parisisen*, quando anunciava a abertura de uma exposição. Esse sujeito deve ser ligado ao meio artístico, de uma maneira ou de outra.

X

A morte de Houellebecq surpreendera Jed num momento em que o que ele esperava, de um dia para o outro, era uma notícia funesta relativa a seu pai. Contrariando todos os seus hábitos, este lhe telefonara no final de setembro para pedir que o filho o visitasse. Estava agora instalado numa clínica de repouso no Vésinet, adaptada a partir de um grande solar Napoleão III, muito mais chique e cara que a precedente, uma espécie de elegante morredouro high tech. Os apartamentos eram espaçosos, dotados de um quarto e uma sala, os hóspedes dispunham de um grande televisor LCD, com TV a cabo e por satélite, um aparelho de DVD e internet banda larga. Havia um parque com um pequeno lago, onde nadavam patos, e aleias bem-desenhadas, onde saltitavam corças. Eles podiam inclusive, se desejassem, cultivar uma parte do jardim que lhes era reservada, plantar legumes e flores — mas poucos faziam esse pedido. Jed pelejara, em diversas oportunidades, para meter na cabeça do pai que não valia mais a pena se entregar a economias sórdidas — para meter na cabeça dele que, agora, seu filho era *rico*. Evidentemente, o estabelecimento só recebia indivíduos pertencentes, na época ativa de suas vidas, às camadas mais altas da burguesia francesa; "presunçosos e esnobes", resumira certa vez o pai de Jed, que permanecia obscuramente orgulhoso de suas origens populares.

No início, Jed não entendeu por que seu pai o fizera vir. Após um breve passeio pelo parque — ele agora caminhava com dificuldade —, instalaram-se numa sala que pretendia imitar um clube inglês, madeiras e poltronas de couro, e onde puderam pedir um café. A bebida lhes foi trazida num bule de metal cromado, com creme e uma travessa com petit-four. A sala estava vazia, a não ser por um ancião instalado sozinho diante de uma xícara de chocolate, balançando a cabeça e parecendo prestes a desmaiar. Seus cabelos brancos eram compridos e crespos, ele vestia um terno claro com um lenço de seda amarrado no pescoço e lembrava um artista lírico em seu retorno — um cantor de opereta, por exemplo, que tivesse obtido seus maiores triunfos no festival de Lamalou-les-Bains —, enfim, era possível imaginá-lo num estabelecimento tipo "Retiro dos Artistas" mais do que numa casa como aquela, que não tinha equivalentes na França nem na Côte d'Azur, sendo necessário ir a Mônaco ou à Suíça para encontrar uma igual.

O pai de Jed considerou em silêncio, detidamente, o formoso ancião antes de se dirigir ao filho.

— Ele tem sorte... — disse, por fim. — Tem uma doença raríssima: uma deleumaiose ou coisa que o valha. Não sente dor alguma. Invariavelmente esgotado, dorme o tempo todo, mesmo na hora das refeições; quando faz um passeio, anda algumas dezenas de metros, acomoda-se num banco e dorme sentado. Dorme cada vez mais com o passar dos dias, e, no fim, não acordara mais. Tem gente que tem sorte até no fim...

Voltou-se para o filho, olhou-o nos olhos.

— Achei melhor avisá-lo, e não me imaginava falando pelo telefone. Escrevi para uma organização na Suíça. Decidi fazer uma eutanásia.

Jed não reagiu imediatamente, o que permitiu a seu pai desenvolver sua argumentação, a qual resumia-se ao fato de que estava enfastiado com a vida.

— Não está bem aqui? — perguntou finalmente o filho, com uma voz trêmula.

Sim, estava muito bem ali, não poderia estar melhor, mas o que ele precisava meter na cabeça era que o pai não podia mais estar bem *em lugar nenhum*, que não podia mais estar bem *na vida em geral* (começava a se enervar, o tom de sua voz subia, quase colérico, mas o velho cantor, ainda bem, mergulhara no torpor, estava tudo calmo na sala). Se fosse obrigado a continuar, teria de trocar seu ânus artificial; enfim, ele achava que a brincadeira começava a encher. E além disso sentia dor, não aguentava mais, sofria muito.

— Não lhe deram morfina? — espantou-se Jed.

Ah, sim, deram-lhe morfina, não havia restrições, preferiam os internos sossegados, mas aquilo era vida, estar o tempo todo sob efeito de morfina?

Na verdade, Jed achava que sim, que era inclusive uma vida particularmente invejável, sem preocupações, sem responsabilidades, sem desejos nem temores, próxima da vida das plantas, em que é possível desfrutar da carícia moderada do sol e da brisa. Desconfiava, porém, que seu pai teria dificuldade em aderir a esse ponto de vista. Era o ex-presidente de uma empresa, um homem dinâmico, essas pessoas não costumam se dar bem com drogas, refletiu.

— E, depois, no fim das contas, em que isso lhe diz respeito? — desferiu agressivamente seu pai (Jed percebeu que não escutava, já fazia algum tempo, as recriminações do velho). Hesitou, tergiversou antes de responder que sim, que, apesar de tudo, em certo sentido, tinha impressão de que aquilo lhe dizia respeito.

— Já não é muito legal ser filho de uma suicida — acrescentou.

Seu pai acusou o golpe, ensimesmando-se antes de responder com veemência:

— Isso não tem nada a ver!

Ter dois pais suicidas, prosseguiu Jed, ignorando a interrupção, obrigatoriamente me deixaria numa posição vacilante, desconfortável: a de alguém cujos laços com a vida carecem de solidez, de certa forma. Falou longamente, com uma desenvoltura que retrospectivamente o surpreendera, porque, afinal, ele mesmo não sentia pela vida senão um amor hesitante, passava antes por alguém reservado e triste. Mas compreendera imediatamente que a única forma de influenciar o pai era recorrer a seu senso de dever — seu pai sempre fora um homem do dever, no fundo apenas o trabalho e o dever contaram efetivamente em sua vida. "Destruir em sua própria pessoa a questão da moralidade é expulsar do mundo, na medida em que ele depende de você, a moralidade", repetia consigo mecanicamente, sem realmente compreender a frase, seduzido por sua elegância plástica, ao mesmo tempo em que alinhava argumentos de alcance geral: a regressão civilizacional representada pelo recurso generalizado à eutanásia, a hipocrisia e o caráter no fundo claramente *mal-intencionado* de seus adeptos mais ilustres, a superioridade moral dos tratamentos paliativos etc.

Quando deixou a clínica, por volta das 5 horas da tarde, o sol descera e irradiava magníficos reflexos dourados. Pardais saltitavam na relva cintilante por causa da geada. Nuvens oscilando entre o púrpura e o escarlate e ganhavam formas desarticuladas, estranhas, na direção do poente. Impossível, naquela noite, negar certa beleza ao mundo. Seu pai era sensível a tais coisas? Nunca manifestara o menor interesse pela natureza, mas talvez, envelhecendo, quem sabe? Ele mesmo, ao visitar Houellebecq, percebera que começara a apreciar o campo — ao qual, até aquele momento, sempre fora indiferente. Apertou desajeitadamente o ombro do pai antes de pousar um beijo em sua face áspera — nesse momento preciso, teve a impressão de dobrar o velho, mas, na mesma noite, e ainda mais nos dias que se seguiram, foi tomado pela dúvida. Não adiantaria nada telefonar para o pai, tampouco visitá-lo novamente — ao contrário, corria o risco de irritá-lo. Imaginava-o imóvel na corda bamba, sem saber para que lado cair. Era a última decisão importante que lhe cabia tomar na vida e Jed voltava a recear que, como fazia antes quando encontrava um problema no canteiro de obras, ele optasse por *agir energicamente*.

Nos dias seguintes, sua preocupação só fez aumentar; agora a todo instante esperava receber uma ligação da diretora do estabelecimento: "Seu pai viajou para Zurique hoje, às 10 horas da manhã. Deixou uma carta para o senhor." Assim, quando uma mulher, ao telefone, comunicou-lhe a morte de Houellebecq, ele não compreendeu imediatamente e julgou tratar-se de um engano. (Marylin não se identificara, e ele não reconhecera sua voz. Ela não sabia nada além do que fora publicado nos jornais, mas julgara por bem lhe telefonar porque presumira — com toda razão, aliás — que ele não havia lido os jornais.) E mesmo após ter desligado, ele continuou a acreditar, por algum tempo, num engano, porque, para ele, sua relação com Houellebecq estava apenas no início, não tirava da cabeça a ideia de que estavam fadados a se rever, reiteradamente, e talvez a se tornar amigos, se é que esse termo se adequava a pessoas como eles. Verdade que não se viam desde que lhe entregara seu quadro, no início de janeiro, e já estavam no final de novembro. Verdade também que não fora o primeiro a ligar, nem a tomar a iniciativa de um encontro, mas era, de toda forma, um homem vinte anos mais velho que ele, e, para Jed, o único privilégio da idade, o único e triste privilégio da idade, era conquistar o direito de ser *deixado em paz*, e durante seus encontros precedentes parecera-lhe que Houellebecq desejava acima de tudo que o *deixassem em paz*, nem por isso desistira de esperar um telefonema dele, pois, mesmo depois de seu último encontro, sentia que ainda tinha várias coisas a lhe dizer e a ouvir dele como resposta. De resto, não fizera quase nada desde o início do ano; desencavara a câmera fotográfica, sem por isso guardar seus pincéis ou suas telas; enfim, vivia um grande momento de incerteza. Não tinha sequer se mudado, coisa simples de se fazer.

Um pouco cansado no dia do enterro, não entendera quase nada da missa. A dor era invocada, mas também a esperança e a ressurreição; enfim, a mensagem transmitida era confusa. Em contrapartida, nas aleias precisas, quadricularmente geométricas e com seu cascalho uniforme, do cemitério de Montparnasse, as coisas se definiram em sua cristalina clareza: a relação com Houellebecq terminara, *por motivos de força maior*. E as pessoas reunidas à sua volta, dentre as quais não conhecia ninguém, pareciam comungar da mesma certeza. E, voltando a pensar naquele momento, compreendeu de súbito, com uma certeza plena, que, inelutavelmente, seu pai persistiria em seu projeto letal, que, cedo ou tarde, receberia aquele telefonema da diretora e que as coisas acabariam assim, sem conclusão ou explicação, que a última palavra jamais seria pronunciada, que restariam apenas arrependimento e cansaço.

Restava-lhe, porém, outra coisa a viver, e, alguns dias mais tarde, um sujeito chamado Ferber lhe telefonou. Sua voz era suave e agradável, o oposto do que ele imaginava de um policial. Avisou-o de que não seria ele, mas seu superior, o comissário Jasselin, quem o receberia no Quai des Orfèvres.

XI

O comissário Jasselin estava "em reunião", disseram-lhe quando chegou. Aguardou numa pequena sala de espera, com cadeiras de plástico verde, folheando um antigo número da *Forces de Police* antes de ter a ideia de olhar pela janela: a vista para a pont Neuf e o cais de Conti, e mais adiante a pont des Arts, era soberba. Na luz invernal, o Sena parecia congelado, sua superfície exibia um tom cinza fosco. O domo do instituto era de fato bonito, Jed foi obrigado a admitir um pouco a contragosto. Evidentemente, construir um prédio redondo era injustificável sob todos os aspectos; no plano racional, era simplesmente espaço perdido. A modernidade talvez fosse um erro, pensou pela primeira vez na vida. Questão puramente retórica, por sinal: já fazia tempo que a modernidade terminara na Europa.

Jasselin apareceu, arrancando-o de suas reflexões. Parecia tenso, até mesmo nervoso. Na verdade, sua manhã fora marcada por uma nova decepção: o cotejo do modus operandi do assassino com os cadastros de serial killers não dera literalmente em nada. Em nenhum lugar na Europa, nos Estados Unidos ou no Japão haviam topado com um assassino que recortasse suas vítimas em tiras antes de distribuí-las pela sala, aquilo era absolutamente sem precedentes. "Ao menos uma vez, a França está na frente...", declarara Lartigue numa tentativa lamentavelmente malograda de desanuviar a atmosfera.

— Desculpe — disse ele —, meu gabinete está ocupado no momento. Aceita um café? Não está mau, acabamos de receber uma máquina nova.

Voltou dois minutos depois, com dois copinhos contendo um café de fato excelente. É inimaginável um trabalho policial sério, afirmou a Jed, sem uma cafeteira decente. Pediu, então, que ele discorresse sobre seus laços com a vítima. Jed fez o histórico de suas relações: o projeto da exposição, o texto do catálogo, o retrato que pintara do escritor... À medida que o tempo passava, notava que seu interlocutor se angustiava e quase afundava em sua cadeira de plástico.

— Entendo... Em suma, o senhor não era especialmente um amigo íntimo... — concluiu o comissário.

Exato, não era bem assim, concordou Jed, mas, de qualquer forma, sua impressão era de que Houellebecq não tivera o que podemos chamar de íntimos, pelo menos na última parte de sua vida.

— Sei, sei... — Jasselin parecia completamente desanimado. — Não sei o que me fez ter esperança... Acho que o incomodei por nada. Bem, em todo caso, vamos ao meu gabinete tomar seu depoimento por escrito.

O tampo de sua mesa de trabalho estava quase inteiramente coberto por fotografias da cena do crime, que ele havia, possivelmente pela quinquagésima vez, analisado em vão durante boa parte da manhã. Jed aproximou-se com curiosidade e pegou uma das fotografias. Jasselin conteve um gesto surpreso.

— Desculpe... — disse Jed, embaraçado. — Suponho que não tenho o direito de olhá-las.

— Sim, a princípio estão protegidas pelo sigilo do inquérito. Mas continue, por favor: quem sabe não lhe evocar alguma coisa...

Jed examinou diversas ampliações, que, para Jasselin, eram praticamente idênticas: sangue pisado, lacerações, um quebra-cabeça informe.

— É curioso... — disse, finalmente. — Eu diria um Pollock, mas um Pollock que tivesse trabalhado quase monocromaticamente. Chegou a fazê-lo, aliás, mas não com frequência.

— Pollock, quem é esse cara? Desculpe minha falta de cultura.

— Jackson Pollock foi um pintor americano do pósguerra. Um expressionista abstrato, um dos líderes do movimento, inclusive. Era muito influenciado pelo xamanismo. Morreu em 1956.

Jasselin considerou-o atentamente, com súbito interesse.

— E o que são essas fotos? — perguntou Jed. — Quero dizer: o que isso representa, na realidade?

A reação de Jed surpreendeu Jasselin pela intensidade. Mal teve tempo de puxar uma poltrona, na qual ele despencou, trêmulo, sacudido por espasmos.

— Não se mexa... O senhor precisa beber alguma coisa — disse ele. Precipitou-se para o gabinete da equipe de Ferber e voltou num piscar de olhos, com uma garrafa de Lagavulin e um copo. Impossível imaginar um trabalho de polícia sério sem um estoque de álcool de boa qualidade, era essa sua convicção, mas, dessa vez, absteve-se de proclamá-la. Jed bebeu um copo inteiro, em grandes goles, até seus tremores se acalmarem. Jasselin obrigou-se a esperar, refreando sua ansiedade.

— Sei que é horrível... — terminou por dizer. — É um dos crimes mais horríveis que passaram pelas nossas mãos. O senhor acha... — continuou, prudentemente —, o senhor acha que o assassino pode ter sido influenciado por Jackson Pollock?

Jed calou-se por alguns segundos, balançando a cabeça incredulamente, antes de responder:

— Não sei... Lembra a obra dele, é verdade. Não foram poucos os artistas que utilizaram seus corpos no final do século XX, e alguns adeptos da body art se apresentaram como continuadores de Pollock, realmente. Mas o corpo dos outros... Apenas os acionistas vienenses transpuseram essa barreira, nos anos 1960, mas foi uma coisa muito datada, não tem mais nenhuma influência nos dias de hoje.

— Sei muito bem que pode parecer absurdo... — insistiu Jasselin. — Mas na atual conjuntura... Bem, eu não deveria lhe contar, mas a investigação empacou completamente, já faz dois meses que descobrimos o cadáver e ainda não saímos da estaca zero.

— Onde foi que aconteceu?

— Na casa dele, no Loiret.

— Ah, sim, eu deveria ter reconhecido o carpete.

— Foi à casa dele? No Loiret?

Dessa vez, Jasselin não conseguiu conter o alvoroço.

Era a primeira pessoa que interrogavam que conhecia o lugar onde Houellebecq morava. Nem mesmo sua editora estivera lá: quando se encontravam, era sempre em Paris.

— Sim, uma vez — respondeu calmamente Jed. — Para entregar o quadro.

Jasselin saiu do gabinete e chamou Ferber. No corredor, resumiu o que acabava de saber.

— Interessante — disse, pensativamente, Ferber. — Realmente interessante. Supera tudo o que obtivemos desde o início, me parece.

— Como é possível alguém ir tão longe? — replicou Jasselin.

Improvisaram uma reunião na sala dele: estavam presentes Aurélie, Lartigue e Michel Khoury. Messier não comparecera, retido por uma investigação que parecia apaixoná-lo — um adolescente psicótico, uma espécie de *otaku*, que aparentemente pesquisara na internet o modus operandi de seus assassinatos (começam a se desinteressar pelo caso, pensou tristemente Jasselin, começam a se resignar com a eventualidade de um fracasso...) As sugestões espocaram sem parar, em todas as direções — nenhum deles conhecia nada dos círculos artísticos —, mas foi Ferber quem teve a ideia decisiva:

— Acho que poderíamos voltar com ele ao Loiret. Ao local do crime. Pode ser que ele enxergue alguma coisa que nos tenha escapado.

Jasselin consultou seu relógio: eram duas e meia, o horário do almoço passara fazia tempo — mas, sobretudo, fazia quase três horas que a testemunha esperava, sozinha, no seu gabinete.

Quando ele entrou na sala, Jed dirigiu-lhe uma espiada distraída. Não parecia nada entediado: instalado atrás da mesa do comissário, examinava atentamente as fotos.

— Sabe... — disse, finalmente. — Isso não passa de uma imitação barata de Pollock. Veem-se as formas, as texturas, mas o conjunto é disposto mecanicamente, não há nenhuma força, nenhum elo vital.

Jasselin hesitou, não convinha irritá-lo.

— Essa mesa é minha... — terminou por dizer, incapaz de encontrar uma forma melhor.

— Ah, me desculpe! — Jed levantou-se em um pulo, cedendo-lhe o lugar, mas nem por isso sinceramente constrangido.

Jasselin, então, expôs-lhe sua ideia.

— Não vejo problemas — respondeu Jed sem titubear. Combinaram partir no dia seguinte; Jasselin usaria seu carro particular. Ao marcarem o encontro, constataram morar a poucas centenas de metros um do outro.

"Sujeito esquisito...", pensou Jasselin depois que Jed saiu; e, como diversas vezes no passado, imaginou todas as pessoas que, sem razão especial, convivem no miolo da mesma cidade, sem interesse ou preocupação comuns, percorrendo trajetórias divergentes e disjuntas, às vezes reunidas (cada vez mais raramente) pelo sexo ou (cada vez mais assiduamente) pelo crime. Porém, pela primeira vez, esse pensamento — que no início de sua carreira como policial o fascinara tanto que lhe despertava a vontade de sondar, de saber mais, de ir ao fundo das relações humanas — nada fazia senão provocar-lhe um fastio obscuro.

XII

Embora ignorasse tudo a respeito de sua vida, Jed ficou um pouco surpreso ao ver Jasselin chegar ao volante de um Mercedes Classe A. O Mercedes Classe A é o carro ideal para um velho casal sem filhos, residente em zona urbana ou periurbana, que, no entanto, não regateia quando se trata de fazer um programinha num *hôtel de charme*; mas pode convir igualmente a um jovem casal de temperamento conservador — será quase sempre, então, seu primeiro Mercedes. Modelo mais barato da fábrica estrelada, é um veículo discretamente *defasado*; o Mercedes sedã Classe C e o Mercedes sedã Classe E são mais paradigmáticos. O Mercedes, em geral, é o carro de quem não se interessa tanto por carros, que privilegia a segurança e o conforto em detrimento das *sensações de pilotagem* — e também daqueles, naturalmente, que possuem recursos para tanto. Transcorridos mais de cinquenta anos — a despeito da impressionante agressividade comercial da Toyota e da pugnacidade da Audi —, a burguesia mundial continuava, como um todo, fiel ao Mercedes.

O tráfego fluía bem na autoestrada do Sul, e nenhum dos dois falava. Melhor *quebrar o gelo*, ruminou Jasselin após meia hora, é importante deixar a testemunha à vontade, era o que repetia incansavelmente em suas palestras em Saint-Cyr-au-Mont-d'Or. Jed estava completamente ausente, absorto em seus pensamentos — a menos, o que seria mais trivial, que estivesse dormindo. Aquele sujeito o intrigava, e o impressionava um pouco. Tinha de admitir, sua carreira de policial não lhe permitira detectar, na pessoa dos *criminosos*, senão criaturas simplistas e más, incapazes de qualquer pensamento original e, a rigor, de todo e qualquer pensamento, animais degenerados que teria sido preferível, tanto em seu próprio interesse quanto pelo bem de outros e de qualquer possibilidade de comunidade humana, abater no momento da captura, ao menos era esta a sua — cada vez mais arraigada — opinião. Enfim, aquilo não era problema dele, era problema dos *juízes*. Seu trabalho específico era perseguir a caça, depois trazê-la e depositá-la aos pés dos juízes, e, mais genericamente, do *povo francês* (eles operavam em seu nome, pelo menos era a fórmula consagrada). No âmbito de uma caçada, a caça depositada aos pés do caçador achava-se, na maioria das vezes, morta — sua vida terminara durante a captura, com a explosão de uma bala disparada num local apropriado pondo fim às suas funções vitais: ocasionalmente os dentes dos cães terminavam o trabalho. No âmbito de um inquérito policial, o culpado depositado aos pés do juiz estava, na prática, vivo — o que permitia à França manter uma boa classificação nos relatórios sobre direitos humanos publicados periodicamente pela Anistia Internacional. Cabia, então, ao juiz — subordinado ao *povo francês*, que ele, em geral, representava, e ao qual deveria se subordinar, mais precisamente, no caso dos crimes graves entregues a um *júri popular*, o que quase sempre acontecia nos casos que caíam nas mãos de Jasselin — estatuir sobre sua sorte. Diversas convenções internacionais proibiam (mesmo nos casos em que o *povo francês* se pronunciasse majoritariamente nessa direção) a condenação à morte.

Passado o pedágio de Saint-Arnoult-en-Yvelines, ele sugeriu a Jed que parassem para tomar um café. O posto da autoestrada produziu uma impressão ambígua em Jasselin. Em certos aspectos, evocava nitidamente a região parisiense: o leque de revistas e jornais nacionais era bastante amplo — porém se reduziria rapidamente à medida que se embrenhassem nos ermos da província — e as principais lembranças oferecidas aos motoristas eram Torres Eiffel e Sacré Cœur declinadas sob diferentes formas. Por outro lado, era difícil acreditar que estavam no *subúrbio*: a passagem pela barreira do pedágio, assim como o limite da última zona da Carte Orange, marcava simbolicamente o fim da periferia e o início das *regiões*; aliás, os primeiros *produtos regionais* (mel do Gâtinais, patês de coelho) começavam a aparecer. Em suma, aquele posto da autoestrada não decidia seu lado, e Jasselin não gostava muito disso. Ainda assim, pegou um brownie de chocolate para acompanhar o café e escolheram um lugar numa das cem mesas livres.

Urgia entrar no assunto; Jasselin pigarreou várias vezes.

— Sabe... — atacou, finalmente. — Agradeço por ter aceitado me acompanhar. O senhor não tinha nenhuma obrigação.

— Acho normal ajudar a polícia — respondeu Jed, com seriedade.

— Muito bem... — Jasselin sorriu, sem conseguir provocar reação análoga em seu interlocutor. — Alegrome com isso, naturalmente, mas nem todos os nossos concidadãos pensam como o senhor...

— Acredito no mal — continuou Jed, no mesmo tom. — Acredito na culpa e no castigo.

Jasselin ficou boquiaberto; estava longe de pensar que a conversa tomaria aquele rumo.

— Acredita na exemplaridade das penas? — sugeriu, instigando-o.

Uma garçonete idosa, que passava um esfregão entre as mesas, aproximou-se deles, dirigindo-lhes olhares antipáticos. Parecia não apenas esgotada e sem vida, como cheia de animosidade a respeito do mundo em geral, torcia o esfregão no balde exatamente como se para ela o mundo se resumisse àquilo, uma superfície duvidosa coberta por imundícies de todo tipo.

— Não faço ideia — respondeu Jed após um tempo. — Para falar a verdade, nunca me fiz a pergunta. As penas me parecem justas porque são normais e necessárias, porque é normal o culpado sofrer um castigo, para que o equilíbrio seja restabelecido. Por quê? Não acredita nisso? — prosseguiu com um pouco de agressividade, percebendo que seu interlocutor conservava o silêncio. — Mas é a sua profissão...

Jasselin retomou o controle da situação para lhe explicar que não, aquilo era função dos *juízes*, auxiliados por um *júri*. Esse sujeito daria um jurado impiedoso, especulou. Existe a *separação dos poderes*, insistiu, é uma das bases de nossa Constituição. Jed balançou fugazmente a cabeça, para mostrar que compreendera. Contudo, aquilo lhe parecia uma sutileza. Jasselin considerou encetar uma discussão sobre a pena de morte, à toa, um pouco pelo prazer da conversa, depois desistiu; inegavelmente, era difícil enquadrar aquele sujeito. Calaram-se por um tempo.

— Fiz questão de acompanhá-lo — continuou Jed — por outros motivos também, mais pessoais. Quero que o assassino de Houellebecq seja encontrado e receba seu castigo. É muito importante para mim.

— Entretanto, vocês não eram especialmente próximos...

Jed emitiu uma espécie de rosnado doloroso, e Jasselin percebeu que, sem querer, tocara num ponto sensível. Um homem quase obeso, vestindo um terno cinza fosco, passou a poucos metros deles, com um prato de batatas fritas nas mãos. Parecia um burocrata; parecia no fim das forças. Antes de sentar, colocou uma das mãos no peito e permaneceu imóvel por alguns instantes, como se na expectativa de um mal-estar cardíaco iminente.

— O mundo é medíocre — Jed terminou por dizer.
— E quem cometeu esse assassinato aumentou a mediocridade do mundo.

XIII

Na chegada a Souppes (era o nome da aldeia onde o escritor vivera seus últimos dias), fizeram, quase simultaneamente, a reflexão de que nada mudara. Aliás, não havia nenhuma razão para algo mudar: a aldeia permanecia congelada em sua perfeição rural com vocação turística, permaneceria assim pelos séculos dos séculos, com a discreta anexação de alguns itens de conforto, como acesso à internet e estacionamentos; mas só permaneceria assim se uma espécie inteligente estivesse ali para preservá-la, para protegê-la da agressão dos elementos, da voracidade destrutiva das plantas.

A aldeia continuava igualmente deserta, pacífica e como que estruturalmente deserta; era exatamente assim que ficaria o mundo, pensou Jed, após a explosão de uma bomba de nêutrons intergaláctica. Os aliens poderiam invadir as ruas tranquilas e reformadas do lugarejo e se regozijar com sua beleza equilibrada. Caso se tratasse de aliens dotados de uma sensibilidade estética ainda que rudimentar, compreenderiam rapidamente a necessidade de manutenção e procederiam às reformas necessárias; esta era uma hipótese ao mesmo tempo tranquilizadora e plausível.

Jasselin estacionou lentamente seu Mercedes em frente à *longère*. Jed saiu e, fustigado pelo frio, recordou-se subitamente de sua primeira visita, o cachorro pulando e cabriolando para recebê-lo, imaginou a cabeça do cachorro decapitado, a cabeça de seu dono igualmente decapitado, tomou consciência do horror do crime e por um breve instante lamentou ter vindo, mas reconsiderou, queria ser útil, a vida inteira quisera ser útil e, agora que era rico, a vontade só fizera aumentar. Ali, tinha a oportunidade de ser útil em alguma coisa, isso era inegável, podia, além de ajudar na captura e eliminação de um assassino, igualmente ajudar aquele velho policial desanimado e taciturno ao seu lado, com o semblante um pouco preocupado, enquanto ele permanecia na luz invernal, imóvel, tentando controlar a respiração.

Haviam realizado um trabalho notável na limpeza do local do crime, pensou Jasselin ao entrar no living, e imaginou os colegas recolhendo, um a um, os fragmentos de carne espalhados. Não havia sequer vestígios de sangue no carpete, apenas, aqui e ali, algumas manchas claras e raspadas. Afora isso, tudo continuava igual na casa, ele reconhecia perfeitamente a disposição dos móveis. Sentou-se num sofá, compelindo-se a não olhar para Jed. Convinha deixar a testemunha tranquila, respeitar sua espontaneidade, não represar as emoções e intuições que dela pudessem advir, convinha colocar-se inteiramente ao seu dispor, para que ela se colocasse, por sua vez, ao nosso.

Na verdade, Jed fora em direção a um quarto, preparando-se para visitar a casa toda. Jasselin arrependeu-se por não ter trazido Ferber: ele tinha sensibilidade, era *um policial dotado de sensibilidade*, teria sabido como se comportar com um artista — ao passo que Jasselin não passava de um policial comum, de idade, apaixonadamente afeiçoado à esposa envelhecida e a um cãozinho impotente.

Jed continuou a ir e vir entre os cômodos, voltando regularmente ao living, mergulhando na contemplação da biblioteca, cujo conteúdo o espantava e impressionava ainda mais do que na primeira visita. Em seguida, postou-se diante de Jasselin, que tomou um susto, levantando-se sobressaltado.

A atitude de Jed não tinha, no entanto, nada de inquietante; ele se mantinha de pé, as mãos cruzadas nas costas, como um aluno pronto para recitar a lição.

— Está faltando meu quadro — disse, finalmente.

— Seu quadro? Que quadro? — perguntou, de modo febril, Jasselin, tomando ao mesmo tempo consciência de que deveria saber, de que normalmente deveria saber, que não estava mais absolutamente no controle da situação. Era percorrido por calafrios; talvez incubasse uma gripe ou algo pior.

— O quadro em que o retratei. Que lhe dei de presente. Não está mais aqui.

Jasselin levou um tempo para processar a informação, as engrenagens do seu cérebro funcionavam em câmera lenta e ele se sentia cada vez pior, extenuado, aquele caso estava acabando com ele e Jasselin precisou de um tempo incrível para fazer a pergunta essencial, a única cabível:

— Valia dinheiro?

— Sim, e não era pouco — respondeu Jed.

— Quanto?

Jed refletiu por uns segundos antes de responder:

— Neste momento, minha cotação anda um pouco em alta, mas não muito acelerada. Na minha opinião, 900 mil euros.

— O quê...? O senhor disse o quê...? — Havia quase berrado.

— Novecentos mil euros.

Jasselin desmoronou novamente no sofá e permaneceu imóvel, prostrado, resmungando vez por outra palavras incompreensíveis.

— Ajudei-o? — perguntou Jed, hesitante.

— O caso está solucionado. — Sua voz traía desânimo, uma tristeza assustadora. — Houve assassinatos por 50 mil, 10 mil, até por mil euros. Logo, por 900 mil euros...

Retornaram a Paris pouco depois. Jasselin pediu que Jed dirigisse. Não se sentia muito bem. Pararam no mesmo posto da autoestrada. Sem razão aparente, um cordão branco e vermelho isolava várias mesas — talvez o burocrata obeso houvesse acabado por sucumbir a uma crise cardíaca. Jed tomou outro café; Jasselin queria álcool, mas eles não vendiam. Terminou por desencavar uma garrafa de vinho tinto na loja de conveniência, no setor dos produtos regionais, mas eles não tinham saca-rolhas. Foi até o banheiro, fechou-se numa cabine; com um golpe seco, quebrou o gargalo da garrafa na beirada do vaso sanitário, depois voltou à cafeteria, com a garrafa quebrada na mão; um pouco de vinho respingara em sua camisa. Tudo isso levara tempo, Jed se levantara, divagara diante das saladas; optou finalmente por um duo cheddar-peru e um Sprite. Jasselin serviu-se um primeiro copo de vinho, que engoliu de um trago; um pouco revigorado, terminava, mais lentamente, o segundo.

— O senhor me abriu o apetite... — disse.

Saiu para comprar um wrap de *saveurs de Provence*, serviu-se um terceiro copo de vinho. No mesmo instante, um grupo de pré-adolescentes espanhóis, após desembarcar de um ônibus, invadiu na cafeteria, falando aos berros; as meninas estavam superexcitadas, davam gritinhos, suas taxas de hormônio deviam estar incrivelmente altas. O grupo se achava provavelmente em viagem escolar, deviam ter visitado o museu do Louvre, o Beaubourg, esse tipo de coisa. Jasselin sentiu um calafrio ao pensar que, naquele momento, poderia ser pai de um pré-adolescente similar.

— O senhor diz que o caso está solucionado — observou Jed. — Mas não descobriu o assassino...

Ele, então, explicou-lhe que o roubo de objetos de arte era um domínio muito específico, da alçada de um órgão especializado, o Escritório Central de Combate ao Tráfico de Objetos de Arte e Bens Culturais. Naturalmente, eles continuariam encarregados do inquérito, tratava-se, afinal de contas, de um homicídio, mas agora era do Escritório Central que convinha esperar avanços significativos. Pouquíssimas pessoas sabiam onde encontrar obras pertencentes a um colecionador privado, e menos ainda tinham recursos para adquirir um quadro de 1 milhão de euros; um universo de 10 mil indivíduos talvez, em escala mundial.

— Suponho que possa fornecer uma descrição precisa do quadro.

— Naturalmente. Tenho todas as fotos que quiser.

Seu quadro seria imediatamente cadastrado no TREIMA, o cadastro dos objetos de arte roubados, cuja consulta era obrigatória para todas as transações que ultrapassassem 50 mil euros; e as penas em caso de desrespeito a essa obrigação eram pesadas, esclareceu, a revenda de objetos de arte roubados se tornara cada vez mais difícil. Disfarçar aquele roubo de crime ritual fora uma ideia engenhosa, aliás, e, sem a intervenção de Jed, eles continuariam empacados. Mas agora as coisas tomariam outro rumo. Cedo ou tarde, o quadro reapareceria no mercado e eles não teriam qualquer dificuldade para rastrear a quadrilha.

— Entretanto, não parece muito satisfeito… — observou Jed.

— É verdade — concordou Jasselin, terminando a garrafa. — No início, esse caso apresentava-se sob uma luz especialmente atroz, mas original. Podíamos estar lidando com um crime passional, com uma crise de loucura religiosa, com várias coisas.

Era muito deprimente, no fim, topar novamente com a motivação criminosa mais difundida e universal: o dinheiro. No ano seguinte, completaria trinta anos de carreira na polícia. Quantas vezes, em sua carreira, estivera às voltas com um crime não motivado pelo dinheiro? Podia contar nos dedos da mão. Em certo sentido, era reconfortante, provava que o mal absoluto era raro no ser humano. Mas aquela noite, sem saber por quê, achava o fato singularmente triste.

XIV

Seu boiler terminara por sobreviver a Houellebecq, pensou Jed ao chegar em casa, observando o aparelho que o recebia roncando dissimuladamente, como um animal manhoso.

Também sobrevivera a seu pai, pôde concluir dias depois. Era 17 de dezembro, faltava uma semana para o Natal, ele continuava sem notícias do velho e decidiu telefonar para a diretora da clínica de repouso. Foi informado de que seu pai havia partido para Zurique uma semana antes, sem fornecer uma data precisa de retorno. Sua voz não traía uma inquietude especial, e Jed subitamente tomou consciência de que Zurique não era apenas a base de operações de uma associação que executava eutanásias em idosos, como local de moradia de pessoas ricas, até mesmo riquíssimas, dentre as mais ricas do mundo. Muitos internos deviam ter familiares ou amigos residentes em Zurique, uma viagem de um deles a Zurique só podia lhes parecer perfeitamente normal. Desligou, desanimado, e reservou uma passagem na Swiss Airlines para o dia seguinte.

Aguardando seu voo no imenso, sinistro e intrinsecamente letal salão de embarque do aeroporto de Roissy 2, perguntou-se repentinamente o que iria fazer em Zurique. Seu pai estava morto, era óbvio, há dias, suas cinzas já deviam estar boiando nas águas do lago de Zurique. Pesquisando na internet, soubera que a Dignitas (era o nome da empresa de eutanásia) era alvo de um processo por parte de um grupo ambientalista local. Não, em absoluto, em função de suas atividades, ao contrário, os ecologistas em questão apreciavam a existência da Dignitas e declaravam-se inclusive *inteiramente solidários a sua luta*; mas a quantidade de cinzas e ossadas humanas que eles despejavam nas águas do lago era, segundo alguns, excessiva, apresentando o inconveniente de estimular uma espécie de carpa brasileira, recém-chegada à Europa, em detrimento do *omble chevalier* e, mais genericamente, dos peixes locais.

Jed poderia ter optado por um dos palácios instalados às margens do lago, o Widder ou o Baur au Lac, mas sentiu que lhe seria difícil tolerar um luxo excessivo. Refugiou-se num hotel próximo ao aeroporto, vasto e funcional, situado na comuna de Glattbrugg. A propósito, era igualmente caríssimo e parecia bastante confortável, mas por acaso havia hotéis baratos na Suíça? Hotéis desconfortáveis?

Chegou às 10 horas da noite; o frio era glacial, mas seu quarto era confortável e acolhedor, apesar da sinistra fachada do estabelecimento. O restaurante do hotel acabava de fechar; estudou, por um tempo, o cardápio do *room service* antes de se dar conta de que estava sem fome, sentindo-se, inclusive, incapaz de comer o que quer que fosse. Cogitou, por um momento, ver um filme pornô, mas dormiu antes de conseguir entender o funcionamento do pay per view.

No dia seguinte, ao despertar, tudo ao seu redor achava-se imerso numa névoa branca. Os aviões não poderiam decolar, informou-lhe o recepcionista, o aeroporto estava paralisado. Foi ao bufê do café da manhã, mas só conseguiu engolir um café e metade de um pão de leite. Após estudar seu mapa durante certo tempo — era complexo, a associação também ficava num subúrbio de Zurique mas num subúrbio diferente —, desistiu e resolveu pegar um táxi. O taxista conhecia bem a Ifangstrasse; Jed esquecera-se de anotar o número, mas o motorista assegurou tratar-se de uma rua curta. Ficava nas imediações da estação ferroviária de Schwerzenbach, disse-lhe, e ele acompanhava a ferrovia. Jed sentiu-se envergonhado ao pensar que o taxista provavelmente o considerava um *candidato ao suicídio*. Entretanto, o homem — um cinquentão atarracado, que falava inglês com um sotaque suíço-alemão de matar — dirigia-lhe de tempos em tempos pelo retrovisor olhares devassos e cúmplices, que não combinavam muito bem com a ideia de uma *morte digna*. Só veio a compreender quando o táxi parou, no início da Ifangstrasse, em frente a um casarão enorme, neobabilônico, cuja entrada era decorada com afrescos eróticos para lá de kitsch, com um tapete vermelho roto e palmeiras em vasos, e que visivelmente se tratava de um bordel. Jed se sentiu profundamente tranquilizado ao ser associado à ideia de um bordel em vez de a de um estabelecimento especializado em eutanásia; pagou, deixando uma generosa gorjeta, e esperou o motorista fazer meia-volta para seguir adiante pela rua. A associação Dignitas gabava-se, em períodos de pico, de satisfazer à demanda de cem clientes por dia. Embora seus horários de funcionamento fossem mais elásticos — a Dignitas ficava aberta basicamente no horário comercial, com um plantão noturno até 21 horas na quarta-feira — e os esforços consideráveis — de um gosto duvidoso, decerto, mas consideráveis — empenhados na decoração do bordel, não era, de forma alguma, correto afirmar que o Babylon FKK Relax-Oase pudesse desfrutar de demanda comparável. A Dignitas, ao contrário — Jed percebeu ao chegar em frente à casa, 50 metros adiante —, tinha sua sede num prédio de concreto branco, de irreprochável banalidade, com muito de Le Corbusier em sua estrutura viga-coluna, que liberava a fachada, e na ausência de arabescos decorativos, em suma, um prédio idêntico aos milhares de prédios de concreto branco que compunham os subúrbios semirresidenciais em todos os cantos da superfície do globo. Subsistia uma única diferença, a qualidade do concreto, e quanto a isso dava para ficar sossegado, o concreto suíço é incomparavelmente superior ao concreto polonês, indonésio ou malgaxe. Nenhuma irregularidade, nenhuma fissura vinha macular a fachada, e isso provavelmente mais de vinte anos após sua edificação. Tinha certeza de que seu pai fizera aquela observação poucas horas antes de morrer.

Quando se preparava para tocar a campainha, dois homens vestindo jaquetas e calças de brim saíram, carregando um caixão de madeira clara — um modelo leve e de segunda, certamente em compensado, verdade seja dita —, que depositaram numa van Peugeot estacionada em frente ao prédio. Sem prestar atenção em Jed, retornaram imediatamente, deixando as portas da van abertas, e voltaram a sair um minuto depois, carregando um segundo caixão, idêntico ao precedente, que também acondicionaram dentro do utilitário. Travaram a maçaneta da porta para facilitar o trabalho. Estava comprovado: nem de longe o Babylon FKK Relax-Oase era tão concorrido. O valor comercial do sofrimento e da morte superara o do prazer e do sexo, pensou Jed, e era provavelmente por essa mesma razão que Damien Hirst havia, alguns anos antes, desbancado Jeff Koons de seu primeiro lugar mundial no mercado de arte. Verdade que fracassara no quadro que devia reproduzir esse acontecimento, sequer conseguira terminá-lo, mas o quadro permanecia imaginável, um outro qualquer poderia tê-lo realizado — para isso, teria sido preciso, decerto, um pintor melhor. Ao passo que pintura alguma parecia-lhe capaz de exprimir claramente a diferença de dinamismo econômico entre aquelas duas empresas, situadas a algumas dezenas de metros, na mesma calçada de uma rua banal e tristonha que margeava uma via férrea no subúrbio leste de Zurique.

Enquanto isso, um terceiro caixão fora introduzido na caminhonete. Sem esperar pelo seguinte, Jed entrou no prédio e subiu alguns degraus até um hall, para o qual davam três portas. Empurrou a porta da direita, onde estava indicado Wartesaal, e via-se numa sala de espera com as paredes creme e um mobiliário de plástico insosso — que lembrava um pouco, com efeito, a sala onde mofara no Quai des Orfèvres, salvo que, dessa vez, não tinha uma *vista indevassável da pont des Arts*, com as janelas mostrando um mero subúrbio residencial anônimo. Os alto-falantes, fixados no alto das paredes, propagavam uma música com um clima inegavelmente triste, mas à qual era possível associar o qualificativo *digna* — provavelmente Barber.

As cinco pessoas ali reunidas eram, sem sombra de dúvida, *postulantes ao suicídio*, mas seria difícil defini-las mais extensamente. Até mesmo sua idade era indiscernível, poderiam estar entre 50 e 70 anos — não muito idosos, portanto; seu pai, ao chegar, fora provavelmente o decano de sua turma. Um dos homens, com bigode branco e pele avermelhada, era visivelmente inglês; os demais, mesmo em termos de nacionalidade, eram difíceis de situar. Um homem magro, visual latino, pele de um amarelo amarronzado e faces terrivelmente cavadas — o único, na realidade, que dava a impressão de sofrer de uma doença grave —, lia com ardor (levantara brevemente a cabeça quando Jed entrou, voltando a mergulhar de imediato em sua leitura) um álbum de aventuras de Spirou, em edição espanhola; devia ser de um país sul-americano qualquer.

Jed hesitou, acabou interpelando uma mulher de uns 60 anos, que parecia uma dona de casa do Allgäu alpino e dava a impressão de possuir habilidades extraordinárias em matéria de pontos de tricô. Foi informado de que, realmente, havia uma recepção, tinha que sair de novo, era a porta da esquerda no hall.

Não havia placa alguma; Jed empurrou a porta da esquerda. Uma garota meramente decorativa (eles certamente tinham outras muito melhores no Babylon FKK Relax-Oase, pensou) esperava atrás do balcão, preenchendo laboriosamente uma grade de palavras cruzadas. Jed expôs-lhe seu pedido, que pareceu chocá-la: as pessoas da família não vinham depois do óbito, respondeu-lhe. Às vezes antes, nunca depois. "*Sometimes before... Never after...*", repetiu várias vezes em seguida, mastigando penosamente as palavras. Aquela retardada começava a irritá-lo, ele subiu o tom, repetindo que não pudera vir antes e que fazia questão absoluta de falar com alguém da administração, que tinha o direito de consultar o dossiê de seu pai. A palavra *direito* pareceu impressioná-la; com visível má vontade, tirou o telefone do gancho. Passados alguns minutos, uma mulher de uns 40 anos, vestindo um tailleur claro, entrou na sala. Havia consultado o dossiê; efetivamente, seu pai apresentara-se na manhã de segunda-feira, 10 de dezembro; a operação desenrolara-se "dentro de toda a normalidade", acrescentou.

Ele, possivelmente, chegara no domingo à noite, dia 9, pensou Jed. Onde passara sua última noite? Proporcionara-se o Baur au Lac? Esperava que sim, sem acreditar muito. Em todo caso, era certo que havia *fechado sua conta ao partir* e que não deixara *nada pendente*.

Ele voltou a insistir, fez-se súplice. Estava viajando no momento em que acontecera, fingiu, não pudera comparecer, agora queria saber mais, desejava conhecer todos os detalhes acerca dos últimos instantes do pai. A mulher, visivelmente irritada, acabou cedendo, convidando-o a acompanhá-la. Ele seguiu-a por um comprido corredor escuro, atulhado de arquivos metálicos, e entrou em seu gabinete, claro e funcional, que dava para uma espécie de parque público.

— Aqui está o dossiê do seu pai... — disse ela, estendendo-lhe uma pasta fina. A palavra *dossiê* parecia um pouco exagerada; era uma folha, frente e verso, redigida em suíço-alemão.

— É incompreensível para mim... Eu teria que mandar traduzir.

— Mas o que deseja, exatamente? — Sua calma fissurava-se a cada minuto. — Estou dizendo que seguimos todas as normas!

— Houve um exame médico, suponho...

— Naturalmente.

Segundo o que Jed pudera ler nas reportagens, o exame médico se limitava a uma verificação da pressão e a algumas perguntas vagas, uma *entrevista de motivação*, de certa forma, com a única diferença de que todos se saíam bem e o assunto se encerrava sistematicamente em menos de dez minutos.

— Nós agimos em perfeita conformidade com a lei suíça — disse a mulher, cada vez mais glacial.

— O que foi feito do corpo?

— Bem, como a imensa maioria de nossos clientes, seu pai havia optado pela modalidade cremação. Agimos, então, conforme seus desejos; depois espalhamos as cinzas na natureza.

Não restava dúvida, pensou Jed; seu pai, naquele momento, alimentava as carpas brasileiras do Zürichesee.

A mulher pegou de volta o dossiê, considerando visivelmente que a conversa se encerrara, e se levantou para guardá-lo no arquivo. Jed também se levantou, aproximou-se dela e esbofeteou-a violentamente. Ela emitiu uma espécie de gemido muito abafado, mas não teve tempo de esboçar uma reação. Ele emendou com um violento uppercut no queixo, seguido por uma série de jabs rápidos. Enquanto ela bambeava, sem sair do lugar, tentando recuperar a respiração, ele recuou para tomar impulso e, reunindo todas as suas forças, desferiu-lhe um chute na altura do plexo solar. Dessa vez ela desmoronou, batendo violentamente ao cair numa quina metálica da mesa; o estalo foi instantâneo. A coluna vertebral fora atingida, pensou Jed. Debruçou-se sobre ela: estava grogue, respirava com dificuldade, mas respirava.

Ele se dirigiu rapidamente à saída, receando de certa forma que alguém desse o alarme, mas a recepcionista mal ergueu os olhos de suas palavras cruzadas. De fato, a luta desenrolara-se silenciosamente. A estação ficava a apenas 200 metros. No momento em que a adentrava, um trem parou numa das plataformas. Ele embarcou sem comprar passagem, não foi fiscalizado e desceu na estação central de Zurique.

Ao chegar ao hotel, percebeu que aquela cena de violência deixara-o em forma. Era a primeira vez na vida que fazia uso de violência física contra alguém, e aquilo lhe dera fome. Jantou com apetite, uma raclette de carne defumada e presunto cru, acompanhada por um excelente tinto do Valais.

Na manhã seguinte, o sol voltara a Zurique e uma fina camada de neve recobria o chão. Dirigiu-se ao aeroporto, preparado para ser detido no controle de passaportes, mas isso não aconteceu. E, nos dias seguintes, não teve notícias. Era curioso não darem queixa; provavelmente não desejavam chamar atenção para suas atividades, claro que não. Talvez houvesse alguma verdade, pensou, nas acusações postadas na internet sobre o enriquecimento pessoal dos membros da associação. Cobravam, em média, 5 mil euros por uma eutanásia, enquanto uma dose letal de pentobarbital sódico custava 20 euros e uma cremação de segunda qualidade, sem dúvida não mais que isso. Num mercado em plena expansão, no qual a Suíça estava em situação de quase monopólio, deviam, com efeito, *encher o rabo de dinheiro*.

Sua excitação diminuiu bruscamente, dando lugar a uma onda de tristeza profunda, que ele sabia ser definitiva. Três dias após sua chegada, pela primeira vez na vida, passou sozinho a noite de Natal. O mesmo aconteceu na noite de Ano-Novo. E, nos dias que se seguiram, também ficou sozinho.

EPÍLOGO

Alguns meses mais tarde, Jasselin requereu sua aposentadoria. Era, é bem verdade, a data de praxe, mas, até aquele dia, sempre achara que pediria uma prorrogação de pelo menos um ou dois anos. O caso Houellebecq abalara-o seriamente, a confiança que depositava em si mesmo, em sua capacidade de exercer seu ofício, como que se erodira. Ninguém o recriminara, ao contrário, recebera *in extremis* a patente de comissário-chefe; não ocuparia o cargo, mas a aposentadoria seria ligeiramente maior. Uma festa de despedida estava programada, uma festa inclusive de grande envergadura, todo o pessoal da Brigada Criminal estava convidado, e o chefe de polícia faria um discurso. Em suma, ele *partia com honras*, queriam visivelmente que soubesse que havia sido, considerando o conjunto de sua carreira, um bom policial. E era verdade, achava que tinha sido, durante a maior parte do tempo, um policial honrado, um policial obstinado em todo caso, e a obstinação talvez seja, afinal, a única qualidade humana importante não apenas na profissão de policial mas em muitas profissões, pelo menos em todas aquelas ligadas à noção de *verdade*.

Alguns dias antes de sua partida definitiva, convidou Ferber para almoçar num pequeno restaurante da place Dauphine. Era uma segunda-feira, 30 de abril, muita gente havia emendado o feriado, Paris estava bastante calma e no restaurante não havia senão alguns casais de turistas. A primavera dava o ar da graça, os brotos haviam desabrochado, partículas de poeira e pólen dançavam na luz. Instalaram-se numa mesa na varanda e pediram dois pastis antes do almoço.

— Sabe — disse ele, enquanto o garçom colocava os copos à sua frente —, admito que só fiz merda nesse caso, do início ao fim. Se o sujeito não tivesse notado a falta do quadro, ainda estaríamos encrencados.

— Não seja tão exigente com você mesmo, não esqueça que foi sua a ideia de levá-lo até lá.

— Não, Christian... — respondeu mansamente Jasselin. — Você esqueceu, mas a ideia foi sua. —Prosseguiu pouco depois: — Estou muito velho... Estou simplesmente muito velho para essa profissão. O cérebro engessa, como todo o resto, com os anos; mais rápido que todo o resto, até, me parece. O homem não foi originalmente construído para viver 80 ou 100 anos, no máximo 35 ou 40 anos, como nos tempos pré-históricos. Então, há órgãos que aguentam o tranco, notavelmente, inclusive e outros que se estuporam lentamente... lentamente ou num piscar de olhos.

— O que pretende fazer? — perguntou Ferber, tentando mudar de assunto. — Vai ficar em Paris?

— Não, vou me instalar na Bretanha. Na casa onde meus pais moravam antes de virem para Paris.

Na verdade, teria de proceder a diversas reformas antes de cogitar nessa mudança. Assustava, divagou Jasselin, pensar que todas aquelas pessoas pertencentes a um passado recente, até mesmo bem recente — seus próprios pais —, viveram grande parte de suas vidas em condições de conforto que hoje parecem inaceitáveis: sem banheira, sem chuveiro, sem um sistema de calefação minimamente eficaz. Além do mais, Hélène precisava terminar seu ano universitário; tudo indicava que aquela mudança só poderia ser realizada no fim do verão. Ele não gostava nada de reparos domésticos, disse a Ferber, mas de jardinagem, sim, prometia-se verdadeiras alegrias no cultivo de uma horta.

— E, depois — disse, esboçando sorriso —, vou ler romances policiais. Nunca li muito durante meus anos de atividade, vou tentar me dedicar. Mas não sinto vontade de ler os americanos, e tenho a impressão de que é o que predomina. Não teria algum francês para recomendar?

— Jonquet — respondeu Ferber, sem hesitar. — Thierry Jonquet. Na França, é o melhor, na minha opinião.

Jasselin anotou o nome em sua caderneta no momento em que o garçom lhe trazia seu linguado *meunière*. O restaurante era bom, eles falavam pouco, mas Jasselin se sentia feliz por estar com Ferber uma última vez e lhe era grato por não pronunciar banalidades sobre a possibilidade de se reverem, de manterem o contato. Ele partiria para se instalar na província e Ferber permaneceria em Paris, seria um bom policial, um excelente policial, seria provavelmente nomeado capitão até o fim do ano, comandante um pouco mais tarde e, em seguida, comissário; mas decerto nunca mais voltariam a se encontrar.

Demoravam-se no restaurante; todos os turistas haviam saído. Jasselin terminou sua sobremesa — uma charlotte com marrom-glacê. Um raio de sol, atravessando os plátanos, iluminou o lugar esplendidamente.

— Christian... — disse ele, após alguma hesitação, e, para a própria surpresa, percebeu que sua voz tremia um pouco. — Eu queria que você me prometesse uma coisa: não abandone o caso Houellebecq. Sei que isso não depende mais efetivamente de nós, mas eu gostaria que você consultasse de vez em quando o pessoal do Escritório Central de Combate ao Tráfico de Objetos de Arte e Bens Culturais e me avisasse quando eles concluírem o caso.

Ferber assentiu com a cabeça, prometendo.

À medida que os meses se passavam, sem nenhum sinal do quadro nas redes usuais, ficava cada vez mais claro que o assassino não era um ladrão profissional, mas um colecionador, que agira por conta própria e não tinha a intenção de se desfazer do objeto. Era o pior dos cenários possíveis, e Ferber orientou suas investigações para os hospitais, estendendo-as às clínicas particulares — pelo menos aquelas que aceitavam responder-lhes; a utilização de material cirúrgico especializado continuava sendo a única pista real.

O caso foi elucidado três anos depois, e por sorte. Patrulhando na autoestrada A8 na direção Nice-Marselha, um grupo de policiais tentou interceptar um Porsche 911 Carrera a 210 quilômetros por hora. O motorista fugiu, sendo detido apenas na altura de Fréjus. Verificou-se se tratar de um carro roubado, o homem achava-se em estado de embriaguez e era *bastante conhecido dos serviços policiais*. Patrick Le Braouzec tinha várias condenações por delitos banais e relativamente menores — proxenetismo, lesões corporais —, mas um rumor persistente atribuía-lhe a estranha especialidade de *tráfico de insetos*. Existem mais de um milhão de espécies de insetos, e outras são descobertas todos os anos, especialmente nas zonas equatoriais. Alguns colecionadores abastados se dispõem a pagar altas somas, até mesmo altíssimas, por um belo exemplar de uma espécie rara — naturalizada ou, preferencialmente, viva. A captura e, a fortiori, a exportação desses animais são objeto de normas rigorosíssimas, as quais Le Braouzec conseguira contornar até aquele momento — nunca fora flagrado e justificava suas assíduas viagens a Nova Guiné, Sumatra ou Guiana alegando sua paixão pela selva e pela vida selvagem. Na verdade, o homem tinha um temperamento aventureiro e realmente arriscava a própria pele ao se embrenhar sozinho, sem guia, às vezes por várias semanas, em algumas das selvas mais perigosas do planeta, levando consigo um mínimo de víveres, uma faca de combate e pastilhas para purificação de água.

Na oportunidade, descobriram no porta-malas do carro uma maleta rígida, forrada em couro flexível e dotada de vários furos com a finalidade de arejar; as perfurações eram quase invisíveis e, à primeira vista, o objeto podia perfeitamente passar pela pasta de um executivo comum. No interior, separados por divisórias de acrílico, havia cerca de cinquenta insetos, entre os quais os policiais reconheceram imediatamente uma lacraia, uma tarântula e um tesourinha gigante; os outros só foram identificados dias mais tarde pelo Museu de História Natural de Nice. Encaminharam a descrição a um especialista — único especialista francês, verdade seja dita, nesse tipo de delinquência —, que fez um cálculo rápido: a preço de mercado, o lote poderia ser negociado por aproximadamente 100 mil euros.

Le Braouzec admitiu os fatos sem dificuldade. Tinha uma pendência com um de seus clientes — um cirurgião de Cannes —, relativa ao pagamento de uma remessa anterior. Aceitara receber em espécimes extras. A discussão se acirrara, ele agredira o homem, que caíra para trás, batendo a cabeça no mármore de uma mesa de centro. Le Braouzec achava que ele havia morrido. "Foi um acidente", defendeu-se, "eu não tinha absolutamente a intenção de matá-lo." Afobara-se e, em vez de chamar um táxi para voltar, como fizera na ida, roubara o carro da vítima. Assim, sua carreira de delinquente terminava como sempre se desenrolara, na burrice e na violência.

A polícia judiciária de Nice se deslocou até a mansão de Adolphe Petissaud, o clínico canadense. Ele morava na avenue de la Californie, nas encostas de Cannes, e detinha 80 por cento das ações de sua própria clínica, especializada em cirurgia plástica e reconstrução masculina. Morava sozinho. Visivelmente era um homem de posses, o gramado e a piscina estavam impecavelmente conservados e podia haver ali uns dez cômodos.

Os do térreo e do primeiro andar não lhes ensinaram nada novo. Achavam-se às voltas com o estilo de vida tradicional e previsível de um grande burguês hedonista e não muito refinado, que agora jazia no tapete da sala, com o crânio arrebentado numa poça de sangue. Le Braouzec provavelmente dissera a verdade: tratava-se, estupidamente, de uma discussão de negócios que descambara, nenhuma premeditação lhe poderia ser imputada. Fosse como fosse, era quase certo pegar ao menos dez anos.

O subsolo, em contrapartida, lhes reservaria uma verdadeira surpresa. Eram, quase todos, policiais calejados e experientes, a região de Nice há muito é conhecida por seus altos índices de criminalidade, sem falar na escalada da violência com o surgimento da máfia russa, mas nem o comandante Bardèche, que liderava a equipe, nem qualquer de seus homens jamais vira coisa parecida.

As quatro paredes do aposento, com 20 metros por 10, eram quase inteiramente tomadas por armários envidraçados, com 2 metros de altura. Dispostas ordenadamente em suas prateleiras, iluminadas por spots, alinhavam-se monstruosas quimeras humanas. Viam-se membros sexuais enxertados em torsos e braços minúsculos de fetos prolongando narizes e formando uma espécie de trombas. Outras composições eram amálgamas de membros humanos acoplados, emaranhados, suturados, cingindo cabeças esgarçadas. Tudo aquilo era conservado por meios que lhes eram desconhecidos, e o resultado era de um realismo insuportável: os rostos rasgados e em sua maioria enucleados se achavam imobilizados em atrozes esgares de dor, coroas de sangue pisado aureolavam as amputações. Petissaud era um perverso grave, que exercia sua perversão num nível incomum, devia haver cúmplices naquilo, tráfico de cadáveres e provavelmente também de fetos, aquela seria uma longa investigação, pensou Bardèche, ao mesmo tempo em que um de seus assistentes, um jovem cabo que acabara de ingressar na equipe, desmaiava e caía lentamente, com graça, como uma flor ceifada no chão, alguns metros à sua frente.

Ocorreu-lhe igualmente que aquela era uma excelente notícia para Le Braouzec: um bom advogado não teria dificuldade alguma em explorar os fatos, em descrever o caráter monstruoso da vítima, o que certamente teria influência na decisão do júri.

O centro da sala era ocupado por uma mesa de luz, com pelo menos 5 metros por 10. Em seu bojo, separadas por divisórias transparentes, agitavam-se centenas de insetos agrupados por espécie. Esbarrando acidentalmente num comando instalado na beirada da mesa, um dos policiais acionou a abertura de uma divisória: uma dezena de tarântulas precipitou-se, agitando-se sobre suas patas felpudas, para o compartimento vizinho, tratando imediatamente de destroçar os insetos que o ocupavam — robustas e rutilantes centopeias. Pronto, eis com o que o doutor Petissaud ocupava suas noites, em vez de se distrair, como a maioria dos colegas, em banais orgias com prostitutas eslavas. Tomava-se por Deus, pura e simplesmente, e agia com suas populações de insetos como Deus com as populações humanas.

As coisas provavelmente teriam parado naquele ponto se não fosse a intervenção de Le Guern, um jovem capitão bretão, recém-transferido para Nice, cujo recrutamento deu grandes alegrias a Bardèche. Antes de entrar para a polícia, Le Guern estudara na Belas-Artes de Rennes por dois anos, e, num carvão de pequenas dimensões pendurado na parede, numa das raras frestas entre as vitrines, ele reconheceu um croqui de Francis Bacon. Na realidade, quatro obras de arte foram encontradas no porão, dispostas de forma quase milimétrica nos quatro cantos do cômodo. Além do croqui de Bacon, havia duas plastinações de von Hagnes — em suma, duas realizações assaz repugnantes. Por fim, uma tela na qual Le Guern julgou reconhecer a última obra de Jed Martin, *Michel Houellebecq, escritor*.

De volta ao comissariado, Bardèche consultou imediatamente o cadastro do TREIMA: Le Guern acertara em cheio, em todos os pontos. A princípio, as duas plastinações foram adquiridas de maneira absolutamente legal; o croqui de Bacon, em contrapartida, fora roubado, cerca de dez anos antes, de um museu de Chicago. Os autores do roubo haviam sido capturados alguns anos antes, despertando a atenção pela recusa sistemática em delatar seus compradores, coisa raríssima no meio. Era um desenho de formato modesto, adquirido numa época em que a cotação de Bacon estava em ligeira queda, e Petissaud sem dúvida havia oferecido a metade do preço de mercado, era a percentagem de praxe; para um homem com seu nível de renda, era uma despesa significativa mas plausível. Bardèche, em contrapartida, ficou estupefato com as cotações alcançadas pelas obras de Jed Martin. Nem pela metade do preço havia hipótese de o cirurgião possuir recursos para comprar tela de tal envergadura.

Telefonou imediatamente para o Escritório Central de Combate ao Tráfico de Objetos de Arte e Bens Culturais, onde seu telefonema causou um grande alvoroço; tratava-se, pura e simplesmente, do caso mais bombástico que eles tiveram em mãos nos últimos cinco anos. À medida que a cotação de Jed Martin subia numa escala vertiginosa, aumentava a expectativa pela iminente aparição da tela no mercado; mas isso não acontecia, o que os deixava cada vez mais perplexos.

Outro ponto a favor de Le Braouzec, pensou Bardèche: ele fugiu com uma maleta de insetos avaliada em 100 mil euros e um Porsche, que não valia muito mais que isso, deixando para trás uma tela avaliada em 12 milhões de euros. Eis o que denotava afobamento, improvisação, o crime intempestivo; ele não teria dificuldade alguma para encontrar um bom advogado, ainda que o aventureiro possivelmente ignorasse o valor do que tivera ao alcance das mãos.

Quinze minutos depois, o próprio diretor do Escritório Central telefonou-lhe a fim de parabenizá-lo efusivamente e lhe passar o contato — número do escritório e do celular — do comandante Ferber, encarregado do inquérito na Brigada Criminal.

Ele ligou imediatamente para o colega. Eram pouco mais das 9 da noite, mas ele ainda estava no escritório, preparando-se para sair. Ferber também pareceu profundamente aliviado com a notícia; começava a pensar que nunca conseguiriam, um caso não elucidado é como uma velha ferida, disse ele, num tom meio brincalhão, que nunca mais nos dá sossego; enfim, supunha que Bardèche deveria saber.

Sim, Bardèche sabia; antes de desligar, prometeu encaminhar-lhe no dia seguinte um relatório sucinto.

No dia seguinte, no final da manhã, Ferber recebeu um e-mail que sintetizava suas descobertas. A clínica do doutor Petissaud era uma das que haviam respondido ao questionário, ele não demorou a constatar; admitiam possuir a ferramenta de cortar a laser, mas afirmaram que o aparelho permanecia em sua sede. Encontrou a carta: estava assinada pelo próprio Petissaud. Eles deveriam ter desconfiado, pensou fugazmente, de uma clínica especializada em cirurgia plástica reconstrutora que possuía um aparelho destinado a amputações, mas, é bem verdade, nada no contrato social da clínica indicava sua especialidade e eles haviam recebido centenas de respostas. Não, concluiu, não havia qualquer censura grave a se fazer com relação àquele caso. Antes de ligar para Jasselin, na casa dele na Bretanha, deteve-se por alguns instantes na fisionomia dos dois assassinos. Le Braouzec era o típico grosseirão básico, sem escrúpulos e também sem verdadeira crueldade. Era um criminoso comum, um criminoso igual aos criminosos com os quais esbarramos todos os dias. Petissaud era mais surpreendente: de uma beleza notável, bronzeado de uma maneira que parecia indelével, sorria para a lente, exibindo uma segurança sem complexos. Na realidade, seu aspecto era exatamente o mesmo que associamos a um cirurgião plástico de Cannes residente à avenue de la Californie. Bardèche tinha razão: era o tipo de cara que volta e meia caía nas malhas da Brigada de Costumes; nunca nos da Brigada Criminal. A humanidade, às vezes, é estranha, pensou ao digitar o número, mas infelizmente era quase sempre no gênero *estranho e repugnante*, raramente no gênero *estranho e admirável*. Sentia-se, contudo, em paz, sereno, e sabia que Jasselin se sentiria muito mais e que era somente agora que ele iria poder realmente *gozar sua aposentadoria*. Ainda que de maneira indireta e anormal, o culpado fora castigado; o equilíbrio fora restabelecido. O corte podia cicatrizar.

As disposições testamentárias de Houellebecq eram claras: no caso de ele morrer antes, o quadro deveria voltar para Jed Martin. Ferber não teve dificuldade em falar com Jed ao telefone: ele estava em casa; não, não atrapalhava. Na realidade, sim, um pouco, estava assistindo a uma antologia dos DukeTales no Disney Channel, mas se absteve de esclarecê-lo.

O quadro que esteve envolvido em dois assassinatos chegou à casa de Jed sem precauções especiais, numa caminhonete comum da polícia. Ele o instalou sobre seu cavalete, no centro da sala, antes de voltar às suas ocupações, que eram no momento bastante pacatas: limpava suas lentes extras e arrumava algumas coisas. Seu cérebro funcionava devagar, quase parando, e foi apenas no fim de alguns dias que tomou consciência de que o quadro o *incomodava*, que não se sentia à vontade na sua presença. Não era apenas a fragrância de sangue que parecia pairar à sua volta, como acontece com certas joias célebres e genericamente com objetos deflagradores das paixões humanas; era sobretudo o olhar de Houellebecq, cuja expressividade fulgurante parecia-lhe incongruente, anômala, agora que o escritor estava morto e que ele vira as pás de terra se esboroarem uma a uma sobre seu caixão, no meio do cemitério de Montparnasse. Apesar de não conseguir mais suportá-la, era incontestavelmente uma boa tela, a sensação de vida transmitida pelo escritor era estarrecedora, teria sido estúpido bancar o modesto. Daí a valer 12 milhões de euros era outra história, sobre a qual sempre se recusara a se pronunciar, deixando escapar apenas uma vez, para um jornalista particularmente insistente: "Não devemos procurar sentido no que não tem nenhum", indo assim, sem ter plenamente consciência disso, ao encontro da conclusão do *Tractatus* de Wittgenstein: "Sobre aquilo de que não posso falar, tenho a obrigação de me calar."

Telefonou, naquela noite mesmo, para Franz, a fim de lhe expor os acontecimentos e sua intenção de colocar *Michel Houellebecq, escritor* no mercado.

Ao entrar no Chez Claude, na rue du Château-des-Rentiers, teve a sensação, nítida e indiscutível, de que era a última vez que frequentava o estabelecimento; soube igualmente que era seu último encontro com Franz. Este, compenetrado, estava sentado em seu lugar de sempre diante de uma taça de vinho; envelhecera um pouco, como se grandes preocupações se houvessem abatido sobre ele. Decerto ganhara muito dinheiro, mas devia achar que, se houvesse esperado alguns anos, poderia ter faturado dez vezes mais; e sem dúvida também realizara *investimentos*, fonte infalível de aporrinhações. Mais genericamente, parecia aceitar muito mal seu novo status de riqueza, como costuma acontecer com pessoas oriundas de um ambiente pobre: a fortuna só faz a felicidade dos que sempre conheceram certa abastança, desde a infância preparados para aquilo; quando se abate sobre alguém que conheceu um início difícil, a primeira sensação que o invade, que ele às vezes consegue temporariamente combater, antes que no fim volte a dominá-lo por inteiro, é basicamente o *medo*. Jed, por sua vez, nascido num meio abastado e tendo conhecido o sucesso muito cedo, aceitava sem problemas o fato de ter um saldo positivo de 14 milhões de euros em sua conta corrente. Não era sequer muito assediado por seu banqueiro. Depois da última crise financeira, bem pior que a de 2008, que acarretara a falência do Crédit Suisse e do Royal Bank of Scotland, sem falar em vários outros estabelecimentos menos relevantes, os banqueiros faziam o gênero *low-profile*, é o mínimo que se pode dizer. Claro, reservavam para o momento oportuno o discurso que sua formação os condicionara a empregar, mas, quando alguém dava a entender que não estava interessado em qualquer produto financeiro, eles desistiam imediatamente; emitiam um suspiro resignado, guardavam calmamente o pequeno portfólio que haviam preparado e quase se desculpavam; apenas um último resquício de orgulho profissional os impedia de oferecer uma caderneta de poupança remunerada a uma taxa de 0,45 por cento. De maneira mais genérica, vivia-se um período ideologicamente estranho, em que todos na Europa ocidental pareciam persuadidos de que o capitalismo estava condenado, inclusive a curto prazo, e que vivia seus derradeiros anos, sem que os partidos radicais de esquerda, no entanto, conseguissem seduzir alguém além de sua clientela habitual de masoquistas ressentidos. Um véu de cinzas parecia embotar os espíritos.

Conversaram um pouco sobre a situação do mercado de arte, que andava completamente desregulado. Vários experts apostaram que, ao recente período de frenesi especulativo, sucederia um período de bonança, em que o mercado cresceria lentamente, regularmente, num ritmo normal; alguns chegaram a prever que a arte se tornaria uma *reserva de valor*; estavam enganados. "Não existe mais reserva de valor" era o título de um recente editorial do *Financial Times*, e a especulação no domínio da arte se tornara ainda mais intensa, mais desorganizada e mais frenética, cotações faziam-se e desfaziam-se num relâmpago, e a tabela *ArtPrice* passou a ser divulgada semanalmente.

Tomaram outra taça de vinho, depois uma terceira.

— Posso encontrar um comprador… — Franz deixou finalmente escapar. — Claro, vai levar certo tempo. No nível de preço que você alcançou, não há tanta gente…

Mas Jed não estava com pressa. A conversa entre eles perdeu força antes de se extinguir completamente. Olharam-se, um pouco desolados.

— Passamos por umas boas… juntos — tentou dizer Jed, num último esforço, mas sua voz sumiu antes do fim da frase. No momento em que se levantava para ir embora, Franz interpelou-o:

— Você notou… Não perguntei o que anda fazendo.

— Notei.

Na realidade, girava em círculos, é o mínimo se podia dizer. Estava tão à toa que, nas últimas semanas, dera para falar com o boiler. E o mais preocupante — tomara consciência na antevéspera — era que agora esperava uma resposta do boiler. Diga-se a seu favor que o aparelho produzia ruídos cada vez mais variados: gemidos, roncos, estalidos, silvos de tonalidade e volume variados; quase dava para acreditar que num futuro próximo viesse a alcançar a linguagem articulada. Era, em suma, seu mais antigo companheiro.

Seis meses depois, Jed decidiu se mudar para a velha casa de seus avós, no Creuse. Ao fazê-lo, tinha a penosa consciência de trilhar o caminho percorrido por Houellebecq alguns anos antes. Repetia consigo, para se persuadir, que havia diferenças significativas. Em primeiro lugar, Houellebecq se mudara para o Loiret após deixar a Irlanda; a verdadeira ruptura, no caso dele, produzira-se antes, quando trocara Paris, centro sociológico de sua atividade de escritor e, ao menos se supunha, de suas amizades, pela Irlanda. A ruptura consumada por Jed, ao deixar o centro sociológico de sua atividade como artista, era da mesma ordem. A bem da verdade, na prática já a empreendera, de certa forma. Nos primeiros meses após sua promoção a celebridade internacional, aceitara participar de bienais, comparecer a vernissages, dar incontáveis entrevistas — chegando certa vez a pronunciar uma conferência, da qual, aliás, não guardava nenhuma lembrança. Depois, diminuíra, deixara de responder aos convites e aos e-mails e, em pouco menos de dois anos, recaíra naquela solidão aflitiva, mas a seus olhos indispensável e rica, um pouco como o nada "prenhe de infinitas possibilidades" do pensamento budista. Com a ressalva de que, por ora, o nada engendrava apenas o nada, e essa era a razão principal de sua mudança, a esperança de recuperar aquela força estranha que no passado o impelira a acrescentar novos objetos, adjetivados como *artísticos*, aos inumeráveis objetos naturais ou artificiais já presentes no mundo. Não era, como para Houellebecq, a fim de partir em busca de um hipotético estado de infância. Aliás, *não* passara sua infância no Creuse, apenas algumas férias de verão das quais não guardava nenhuma lembrança precisa, a não ser a de uma felicidade indefinida e brutal.

Antes de deixar a região parisiense, tinha uma última tarefa a cumprir, árida, a qual adiara o máximo possível. Meses antes, firmara um acordo de venda, cujo objeto era a casa de Le Raincy, com Alain Sémoun, um sujeito que desejava instalar uma empresa no local. Ele fizera fortuna graças a um site que permitia baixar para o telefone celular mensagens gravadas em secretárias eletrônicas e fundos de tela. A coisa nem parecia uma atividade, era, na verdade, simplória, mas o site se tornara, em poucos anos, líder mundial. Fechara contratos de exclusividade com diversas celebridades, e, mediante uma módica soma, era possível, entrando no seu site, personalizar seu aparelho com a imagem e a voz de Paris Hilton, Deborah Channel, Dimitri Medvedev, Puff Puff Daddy e muitos outros. Ele pretendia utilizar a casa como sede social — achava a biblioteca "classuda" — e construir oficinas modernas no parque. Segundo ele, Le Raincy abrigava uma "energia de loucura", que ele se sentia capaz de canalizar; era uma maneira de ver as coisas. Jed desconfiava que ele exagerava um pouco seu interesse pelas *periferias difíceis*, mas era um cara que teria exagerado até na compra de um fardo de água mineral Volvic. Tinha, em todo caso, uma conversa formidável e sugara o máximo de todas as subvenções locais ou nacionais disponíveis; chegara ao ponto de quase enganar Jed quanto ao preço da transação, mas este se tocara, e o outro terminara por oferecer um preço razoável. Evidentemente, Jed não precisava daquele dinheiro, mas teria julgado indigno da memória de seu pai vender por uma pechincha o lugar onde ele tentara viver, onde tentara, ainda que por poucos anos, construir uma *vida em família*.

Um vento forte soprava do leste quando ele embicou na saída para Le Raincy. Fazia dez anos que não ia lá. O portão rangia um pouco, mas se abriu sem dificuldade. Os galhos dos choupos e faias se agitavam contra o cinza escuro do céu. Ainda era possível discernir o traçado de um caminho por entre as touceiras de capim, urtigas e silvas. Pensou, com um vago horror, que fora ali que vivera seus primeiros anos, seus primeiros meses até, e sentiu como se as cápsulas do tempo se fechassem sobre ele com um barulho seco; ainda era jovem, pensou, ainda não vivera senão a primeira metade de sua decadência.

As janelas fechadas, com persianas brancas, não mostravam nenhum vestígio de arrombamento, e a tranca blindada da porta principal funcionou sem dificuldade; era espantoso. Sem dúvida espalhara-se o boato, nos conjuntos habitacionais adjacentes, de que não havia nada para roubar naquela casa, de que ela não valia sequer uma tentativa de assalto. O que era exato, não havia nada — nada de negociável. Nenhuma aparelhagem eletrônica recente; apenas móveis maciços, sem estilo. As raras joias de sua mãe, seu pai levara consigo — para a casa de repouso de Boulogne, depois para a do Vésinet. O cofre fora entregue a Jed pouco depois de sua morte; ele guardara-o imediatamente no compartimento superior de um armário, mesmo sabendo que o melhor seria depositá-lo no banco, caso contrário cedo ou tarde toparia de novo com aquilo, o que o conduziria inevitavelmente a pensamentos tristes, porque, se a vida de seu pai não era alegre, o que dizer da vida de sua mãe?

Reconheceu sem dificuldade a disposição dos móveis, a configuração dos cômodos. Aquela unidade funcional de habitação humana, capaz de hospedar folgadamente dez pessoas, alojara apenas três na época de seu maior esplendor — depois duas, depois uma e, no fim, mais ninguém. Interrogou-se por instantes a respeito do boiler. Jamais, durante sua infância e mesmo sua adolescência, ouvira falar em problemas de boiler; e, por ocasião das breves temporadas que, rapaz, passara na casa do pai, tampouco aquilo fora um problema. Talvez seu pai tivesse adquirido um boiler excepcional, um boiler "com pés de aço, cujos membros são sólidos como as colunas do templo de Jerusalém", tal como se exprime o livro sagrado para qualificar a parteira.

Fora num daqueles profundos sofás, obviamente de couro, protegido do calor das tardes de verão pelas janelas com vidros-catedral, que lera as aventuras de Spirou e Fantasio e os poemas de Alfred de Musset. Compreendeu, então, que precisaria agir rapidamente e foi até o gabinete de seu pai.

Encontrou sem dificuldade as pastas com desenhos tão logo abriu o primeiro armário. Havia umas trinta, de 50 centímetros por 80, encapadas naquela espécie de papel com tristes motivos pretos e verdes que forrava sistematicamente as pastas de desenhos no século anterior. Estavam amarradas com fitas pretas puídas, prestes a arrebentar, e abarrotadas com centenas de folhas formato A2; aquilo devia representar anos de trabalho. Colocou quatro pastas embaixo do braço, desceu novamente, abriu o porta-malas do Audi.

No momento em que efetuava a terceira viagem, notou um negro alto espiando do outro lado da rua e falando ao celular. Era um brutamontes assustador, cabeça raspada; embora devesse medir mais de 1,90m e pesar uns 100 quilos, seus traços eram juvenis, não parecia ter mais de 16 anos. Jed supôs que Alain Sémoun protegia seu investimento, por um momento cogitou abordá-lo, mas desistiu, esperando que a descrição feita pelo negro permitisse a seu interlocutor identificá-lo. Provavelmente era esse o caso, visto que o sujeito nada fez para detê-lo, limitando-se a vigiá-lo até que ele terminasse seu carregamento.

Ainda vagou por alguns minutos no andar de cima, sem sentir nada específico, sem sequer se lembrar do quer que fosse, embora ciente de que nunca mais voltaria àquela casa, que de resto mudaria drasticamente, o grosseirão certamente *derrubaria paredes*, pintaria tudo de branco, mas, ainda assim, nada conseguia se imprimir em seu espírito; caminhava no limbo de uma tristeza indefinida e pegajosa. Ao sair, fechou cuidadosamente o portão. O negro fora embora. O ventou parou bruscamente, os galhos dos choupos se imobilizaram e houve um momento de silêncio total. Fez a manobra, pegou a rue de l'Égalité, encontrou sem dificuldade o acesso à autoestrada.

Jed não estava acostumado às elevações, planos e cortes com que os arquitetos determinam as especificações dos prédios em vias de serem concebidos, por isso a primeira representação artística que descobriu, no final da primeira pasta de desenhos, causou-lhe um choque. Aquilo não evocava em nada um prédio residencial, mas uma espécie de rede neuronal em que as células habitáveis eram separadas por longas passagens em curva, cobertas ou ao ar livre, que se ramificavam em formato de estrela. As células eram de dimensões bastante variáveis e de formas antes circulares ou ovais — o que surpreendeu Jed; teria imaginado o pai mais aferrado à linha reta. Outro aspecto impressionante era a total ausência de janelas; os telhados, em contrapartida, eram transparentes. Assim, ao chegarem às suas casas, os moradores do condomínio não teriam mais nenhum contato visual com o mundo exterior — à exceção do céu.

A segunda pasta de desenhos era dedicada a detalhes do interior das habitações. O que impressionava, em primeiro lugar, era a ausência quase total de móveis — tornada possível pela utilização sistemática de pequenas diferenças de nível na altura do solo. Assim, as camas se embutiam em escavações retangulares, com uma profundidade de 40 centímetros, descia-se à cama em vez de nela subir. Da mesma forma, as banheiras eram grandes tanques redondos, cuja beirada se situava no nível do chão. Jed se perguntou que materiais seu pai tivera a intenção de utilizar; provavelmente matérias plásticas, concluiu, sem dúvida poliestirenos, que podiam, por termoformagem, modelar-se praticamente a partir de qualquer esquema.

Por volta das 9 horas da noite, requentou uma lasanha no micro-ondas. Comeu-a lentamente, acompanhada de uma garrafa de vinho tinto. Perguntava-se se o pai chegara a acreditar que aqueles projetos pudessem captar um financiamento, conhecer uma realização qualquer. No início, sim, certamente, e esse simples pensamento já era aflitivo, de tal forma parecia evidente a posteriori que ele não possuía nenhuma chance. Em todo caso, não aparentava jamais ter chegado ao estágio de maquete.

Terminou a garrafa de vinho antes de voltar a mergulhar nos projetos do pai, sentindo que o exercício seria cada vez mais deprimente. Na realidade, decerto à medida que os fracassos se sucediam, o arquiteto Jean-Pierre Martin entregara-se a uma fuga para a frente no imaginário, multiplicando os níveis, as ramificações, os desafios à gravidade, imaginando, alheio a qualquer preocupação com exequibilidade ou verba, cidadelas cristalinas e improváveis.

Já eram 7 horas da manhã quando Jed abordou o conteúdo da última pasta. O dia amanhecia, ainda indeciso, sobre a place des Alpes; o céu augurava-se cinzento, fechado, provavelmente até o fim da tarde. Nenhum dos últimos desenhos realizados pelo pai evocava um prédio habitável, ao menos por humanos. Escadas em espiral subiam vertiginosamente até os céus, encontrando-se com passarelas tênues, translúcidas, que uniam prédios irregulares, lanceolados, de uma alvura ofuscante, cujas formas lembravam as de certos cirros. No fundo, pensou tristemente Jed, fechando a pasta, seu pai nunca deixara de querer construir casas para andorinhas.

Jed não alimentava ilusões a respeito da acolhida que lhe seria dispensada pelos moradores da aldeia de seus avós. Pudera constatar o fato quando percorria a *França profunda* com Olga, muitos anos antes: afora certas zonas bastante turísticas, como o interior provençal ou a Dordonha, os moradores das zonas rurais são, em geral, inospitaleiros, agressivos e estúpidos. Para evitar agressões gratuitas e, mais genericamente, aborrecimentos durante uma viagem, era preferível, sob todos os pontos de vista, evitar *sair das sendas percorridas*. E essa hostilidade, apenas latente com os visitantes de passagem, transformava-se em ódio puro e simples a partir do momento em que estes compravam um imóvel. Se indagássemos quando um forasteiro poderia ser aceito numa zona rural francesa, a resposta seria: *nunca*. Não manifestavam nisso, aliás, nenhum racismo, tampouco qualquer tipo de xenofobia. Para eles, um parisiense era quase tão estrangeiro quanto um alemão do norte ou um senegalês; e, dos estrangeiros, eles definitivamente não gostavam.

Uma mensagem lacônica de Franz dizia-lhe que *Michel Houellebecq, escritor* acabava de se vendido — para uma operadora hindu de telefonia móvel. Isso significava que 6 milhões de euros suplementares foram adicionados à sua conta bancária. Evidentemente, a riqueza dos estrangeiros — que pagavam pela aquisição de uma propriedade somas que eles mesmos nunca sonhariam reunir — era um dos motivos principais do ressentimento dos autóctones. No caso de Jed, o fato de ser um *artista* não fazia senão agravar sua situação: sua riqueza fora adquirida, aos olhos de um lavrador do Creuse, por meios duvidosos, às raias do golpe. Por outro lado, ele não comprara sua propriedade, a *herdara* — e havia quem se recordasse dos verões que passou na casa da avó. Já era, então, uma criança selvagem, pouco sociável; e ele nada fez, quando chegou, para se fazer estimar — muito pelo contrário.

Nos fundos, a casa de seus avós dava para um imenso jardim, de quase um hectare. Na época em que eles moravam lá, era inteiramente cultivado como horta — pouco a pouco, à medida que as forças de sua avó, então viúva, declinavam e que ela se aproximava de uma espera a princípio resignada, depois impaciente, pela morte, as extensões plantadas se reduziram, cada vez mais canteiros de legumes eram abandonados, entregues às ervas daninhas. A parte de trás, não cercada, dava diretamente no bosque de Grandmont — Jed se lembrou de que, uma vez, uma corça perseguida por caçadores encontrara refúgio no jardim. Algumas semanas após sua chegada, soube que um terreno de 50 hectares, adjacente ao seu, praticamente coberto por matas, estava à venda; comprou-o sem titubear.

Rapidamente, correu o boato de que um parisiense meio lunático comprava sem discutir preço, e, no final do ano, Jed via-se proprietário de uma superfície ininterrupta de 700 hectares. Desnivelado e até mesmo acidentado em certos locais, seu domínio era quase todo percorrido por faias, castanheiras e carvalhos; um tanque de 50 metros de diâmetro se estendia em seu centro. Deixou passar a época do frio intenso e mandou erguer uma cerca de treliça metálica, com 3 metros de altura, que o fechava inteiramente. No alto da cerca corria um fio elétrico alimentado por um gerador de baixa tensão. A amperagem fornecida era insuficiente para ser letal, mas desencorajava qualquer um que pretendesse escalar a cerca — era a mesma, na verdade, utilizada nas cercas elétricas para dissuadir os rebanhos de vacas de fugir do pasto. Encontrava-se, nesse aspecto, absolutamente dentro dos limites da legalidade, como declarou aos policiais que vieram visitá-lo, em duas oportunidades, preocupados com as modificações introduzidas na fisionomia do cantão. O prefeito se deslocou igualmente, advertindo-o de que, ao negar o direito de passagem aos caçadores que havia gerações perseguiam corças e javalis naquelas florestas, despertaria inimizades consideráveis. Jed escutou-o com atenção, concordou que, até certo ponto, era uma pena, mas argumentou novamente que estava dentro dos estritos limites da legalidade. Logo após a conversa, ligou para uma empresa de engenharia civil, a fim de construir uma estrada que atravessasse de ponta a ponta seu domínio, terminando num portão radioguiado direto na D50. Daquele ponto, eram apenas 3 quilômetros até a entrada da autoestrada A20. Adquiriu o hábito de fazer suas compras no Carrefour de Limoges, onde praticamente tinha a certeza de não encontrar ninguém da aldeia. Ia geralmente às terças de manhã, assim que o mercado abria, tendo observado que a afluência era mais fraca naquele momento. Havia ocasiões em que tinha o hipermercado exclusivo para ele — o que lhe parecia ser uma excelente aproximação da felicidade.

A empresa de engenharia civil também instalou, contornando a casa, um piso de macadame cinza, com uma largura de 10 metros. Na casa em si, não fez nenhuma alteração.

Todas essas reformas lhe custaram um pouco mais de 8 milhões de euros. Fez os cálculos e concluiu que lhe restava, amplamente, com que viver até o fim de seus dias — mesmo supondo uma grande longevidade. Sua principal despesa, muito maior que qualquer outra, seria o imposto sobre a fortuna. Imposto de renda, não teria. Não tinha renda alguma e não lhe passava pela cabeça voltar a produzir obras de artes destinadas à comercialização.

Passaram-se os anos, como se costuma dizer.

Certa manhã, escutando rádio casualmente — não fazia isso havia pelo menos três anos — Jed soube da morte de Frédéric Beigbeder, aos 71 anos. Expirara em sua residência na costa basca, cercado, segundo a estação, "pela afeição dos amigos". Jed não teve dificuldade em acreditar. Com efeito, havia em Beigbeder, na medida em que se lembrava, alguma coisa capaz de suscitar afeição e, para começar, a existência de "amigos", algo que não existia em Houellebecq, e tampouco nele: algo próximo de uma espécie de familiaridade com a vida.

Foi dessa maneira indireta, de certa forma por comparação, que tomou consciência de que ele mesmo acabara de completar 60 anos. Era surpreendente: não tinha consciência de ter envelhecido tanto. É nas relações com o outro, e por seu intermédio, que tomamos consciência de nosso próprio envelhecimento; nós mesmos sempre tendemos a nos ver sob as luzes da eternidade. Claro, seus cabelos haviam encanecido, seu rosto estava carcomido pelas rugas; mas tudo se dera imperceptivelmente, sem que nada viesse confrontá-lo diretamente com as imagens de sua mocidade. Jed, então, ficou impressionado com o paradoxo: ele, que realizara ao longo de sua vida de artista milhares de fotos, não possuía uma única de si próprio. Nunca, tampouco, sonhara realizar um autorretrato, nunca se considerara, por pouco que fosse, um tema artístico aceitável.

Fazia mais de dez anos que o portão sul de sua propriedade, o que dava para a aldeia, não era acionado; abriu, contudo, sem dificuldade, e Jed orgulhou-se mais uma vez por haver escolhido a empresa lionesa recomendada por um ex-colega de seu pai.

Não se lembrava senão vagamente de Châtelus-le-Marcheix; na sua memória era um lugarejo decrépito e comum da França rural, nada além disso. No entanto, assim que deu seus primeiros passos pelas ruas do lugar, foi tomado pela estupefação. Em primeiro lugar, a aldeia crescera muito, tinha pelo menos duas, talvez três vezes mais casas. E eram elegantes, floridas, construídas num respeito maníaco pelo hábitat tradicional do Limousin. Ao longo de toda a rua principal, espalhavam-se bancadas em frente às lojas de produtos regionais e de artesanato artístico; em 100 metros, contou três cafés que ofereciam conexão à internet a preços módicos. A sensação era de estar em Koh Phi Phi ou Saint-Paul-de-Vence, bem mais a que numa aldeia rural do Creuse.

Um pouco atordoado, deteve-se na praça principal e reconheceu o café defronte à igreja. Na realidade, reconhecera as *instalações* do café. O interior, com suas luminárias art nouveau, suas mesas de madeira escura com pés de ferro fundido, seus bancos de couro, pretendia manifestamente evocar a atmosfera de um café parisiense da belle époque. Todas as mesas, porém, estavam equipadas com um terminal para laptop com tela de 21 polegadas, tomadas elétricas nos padrões europeu e americano, prospecto indicando os procedimentos de conexão à rede Creuse-Sat — o conselho geral financiara o lançamento de um satélite geoestacionário a fim de melhorar a velocidade de conexão no departamento, soube Jed pela leitura do prospecto. Pediu um Menetou-Salon *rosé*, que bebeu pensativamente, refletindo sobre aquelas transformações. Àquela hora matinal, o café era pouco frequentado. Uma família de chineses terminava seu *breakfast limousin*, oferecido a 23 euros por pessoa, constatou Jed consultando o cardápio. Mais perto dele, um barbudo forte, cabelos presos num rabo de cavalo, consultava distraidamente seus e-mails; dirigiu um olhar intrigado para Jed, franziu o cenho, hesitou em puxar conversa; depois, voltou a mergulhar em seu computador. Jed terminou sua taça de vinho, saiu e permaneceu alguns minutos pensativo ao volante de seu SUV Audi elétrico — mudara três vezes de carro ao longo dos vinte últimos anos, mas permanecera fiel à marca em cujo volante conhecera suas primeiras alegrias automobilísticas.

Durante as semanas que se seguiram, explorou calmamente, em pequenas etapas, sem deixar efetivamente o Limousin — exceto por uma breve visita à Dordonha, outra ainda mais breve às colinas do Rodez —, aquele país, a França, que era indiscutivelmente o seu. Conectou-se à internet várias vezes, teve algumas conversas com hoteleiros, donos de restaurantes, com outros prestadores de serviço (um mecânico do Périgueux, uma garota de programa de Limoges), e tudo corroborou sua primeira e fulgurante impressão ao atravessar a aldeia de Châtelus-le-Marcheix; sim, o país mudara, mudara profundamente. Os tradicionais moradores das zonas rurais haviam praticamente desaparecido. Novos forasteiros, vindos de zonas urbanas, substituíram os primeiros, imbuídos de um empreendedorismo ardoroso e, às vezes, de convicções ecológicas moderadas, comercializáveis. A ideia era repovoar o *hinterland* — e essa tentativa, após diversas outras experiências infrutíferas, agora fundamentada num conhecimento preciso das leis do mercado e em sua aceitação lúcida, revelara-se um grande sucesso.

A primeira pergunta que Jed se fez — manifestando, nesse aspecto, um típico egocentrismo de artista — foi se a sua "série das profissões simples", cerca de vinte anos após a concepção, ainda fazia sentido. Na realidade, não plenamente. *Maya Dubois, atendente de assistência remota* não tinha mais razão de ser: a assistência remota era agora 100 por cento externa — essencialmente na Indonésia e no Brasil. Em contrapartida, *Aimée, garota de programa* conservava toda a sua atualidade. A prostituição chegara a conhecer, no plano econômico, uma tremenda prosperidade, resultado da persistência, em especial nos países da América do Sul e na Rússia, de uma imagem idealizada da *parisiense*, bem como da incansável atividade das imigrantes do oeste africano. A França, pela primeira vez desde os anos 1900 ou 1910, voltara a ser um destino privilegiado do *turismo sexual*. Além disso, novas profissões haviam surgido — ou melhor, profissões antigas voltaram à moda, como a metalurgia artística, o trabalho com cobre; assistiu-se ao ressurgimento das hortas em charcos. Em Jabreilles-les-Bordes, uma aldeia a 5 quilômetros da residência de Jed, reinstalara-se um ferrador de cavalos — o Creuse, com sua rede de trilhas bem conservadas, suas florestas e suas clareiras, prestava-se admiravelmente aos passeios equestres.

Mais genericamente, a França, no plano econômico, comportava-se bem. Transformada num país sobretudo agrícola e turístico, mostrara uma robustez notável durante as diferentes crises que se sucederam, praticamente sem interrupção, ao longo dos últimos vinte anos. Essas crises mostraram-se de uma violência crescente, de uma imprevisibilidade cômica — cômica pelo menos do ponto de vista de um Deus zombeteiro, que teria se divertido à larga com as convulsões financeiras, que mergulhavam subitamente na opulência, depois na escassez, entidades do porte da Indonésia, Rússia ou Brasil: populações de centenas de milhões de homens. Tendo para vender apenas *hôtels de charme*, perfumes e patês— a chamada *art de vivre* —, a França resistira sem dificuldade a tais vicissitudes. De um ano para o outro, a nacionalidade dos clientes mudava, e ponto final.

De volta a Châtelus-le-Marcheix, Jed adquiriu o hábito de fazer um passeio diário, no final da manhã, pelas ruas da aldeia. Em geral, tomava um aperitivo no café da praça (que, curiosamente, mantivera seu antigo nome, Bar des Sports) antes de voltar para almoçar em casa. Rapidamente, percebeu que diversos novos forasteiros pareciam conhecê-lo — ou ao menos ter ouvido falar nele —, considerando-o sem particular animosidade. Na realidade, os novos moradores das zonas rurais tinham muito pouco em comum com seus predecessores. Não fora a fatalidade que os lançara na cestaria artesanal, na revitalização de uma pousada rural ou na fabricação de queijos, mas um projeto empreendedor, uma escolha econômica calculada, racional. Instruídos, tolerantes, afáveis, conviviam sem maiores dificuldades com os forasteiros presentes em sua região — aliás, tinham interesse neles, uma vez que constituíam o grosso de sua clientela. Com efeito, a maioria das casas, cujos proprietários do norte da Europa não tinham mais recursos para mantê-las, tinha sido comprada. Os chineses formavam uma comunidade retraída, mas na verdade não mais, e a rigor até menos, que os ingleses anteriormente — pelo menos não impunham o uso de seu idioma. Manifestavam um respeito excessivo, quase veneração, pelos *costumes locais* — que os recém-chegados a princípio mal conheciam, mas se empenhavam, por uma espécie de mimetismo adaptativo, a reproduzir; assistia-se assim, a um retorno cada vez mais explícito das receitas, das danças e até dos vestuários regionais. Dito isso, com certeza eram os russos que formavam a clientela mais apreciada. Nunca discutiriam o preço de um aperitivo ou do aluguel de um 4x4. Gastavam com munificência, perdulariamente, fiéis a uma economia do *potlatch* que atravessara, sem dificuldade, os sucessivos regimes políticos.

Essa nova geração se mostrava mais conservadora, mais respeitosa pelo dinheiro e pelas hierarquias sociais estabelecidas do que todas aquelas que a precederam. De maneira mais surpreendente, dessa vez a taxa de natalidade subira efetivamente na França, mesmo sem levar em conta os números da imigração, que, em todo caso, caíram a zero após o desaparecimento dos últimos empregos industriais e da redução drástica das medidas de proteção social ocorrida no início dos anos 2020. Preferindo os novos países industrializados, os migrantes africanos se expunham agora a uma viagem de fato perigosa. Ao atravessarem o oceano Índico e o mar da China, seus barcos eram frequentemente atacados por piratas, que lhes confiscavam as últimas economias, quando pura e simplesmente não os atiravam ao mar.

Certa manhã, enquanto degustava em pequenos goles uma taça de chablis, Jed foi abordado pelo barbudo com rabo de cavalo — um dos primeiros moradores da aldeia em quem reparara. Sem conhecer precisamente seu trabalho, ele o identificara como um *artista*. Ele mesmo pintava "um pouco", confessou, convidando-o para ver suas obras.

Ex-mecânico numa oficina de Courbevoie, tomara capital emprestado para se instalar na aldeia, onde montara uma empresa de aluguel de patins quad — fugazmente, Jed voltou a pensar no croata da avenue Stephen-Pichon e em seus jet-skis. No fundo, sua paixão eram as Harley-Davidson, e, durante 15 minutos, Jed foi obrigado a padecer a descrição da máquina que reinava em sua garagem e de como ele a customizara ano após ano. Os quads, dito isto, eram, segundo ele, "um lance maneiro", que proporcionavam "programas legais". E, no quesito manutenção, observou com bom senso, dava de toda forma menos trabalho que um cavalo; enfim, os negócios corriam bem, não tinha do que se queixar.

Seus quadros, manifestamente inspirados na *heroic fantasy*, representavam, em sua maior parte, um guerreiro barbudo, com rabo de cavalo, cavalgando um impressionante puro-sangue mecânico, visivelmente uma reinterpretação *space opera* de sua Harley. Às vezes, ele combatia tribos de zumbis gosmentos, às vezes exércitos de robôs militares. Outras telas, reproduzindo o *repouso do guerreiro*, desvelavam um imaginário erótico tipicamente masculino, baseado em meretrizes insaciáveis, com lábios sôfregos, deslocando-se geralmente em duplas. Em suma, tratava-se de autoficções, de autorretratos imaginários; desafortunadamente, sua técnica pictórica deficiente não lhe permitia alcançar o nível de hiper-realismo e refinamento tradicionalmente requeridos pela *heroic fantasy*. Para resumir, Jed raramente vira algo tão feio. Procurou um comentário apropriado durante mais de uma hora, enquanto o sujeito não parava de puxar telas de suas pastas, terminando por gaguejar que se tratava de uma obra "de grande força visionária". Acrescentou, imediatamente, que não mantivera contatos nos círculos artísticos. O que, aliás, era a pura verdade.

As condições em que Jed executou sua obra durante os últimos trinta anos de sua vida permaneceriam totalmente desconhecidas se ele não tivesse, meses antes de morrer, aceitado dar uma entrevista a uma jovem jornalista da *Art Press*. Embora a entrevista ocupasse pouco mais de quarenta páginas da revista, nela ele fala — quase exclusivamente — sobre os procedimentos técnicos empregados na fabricação daqueles estranhos videogramas, hoje no acervo do Moma da Filadélfia, que não lembram em nada sua obra anterior, nem, aliás, qualquer coisa de conhecida, e que trinta anos depois continuam a suscitar um misto de apreensão e mal-estar nos visitantes.

Sobre o sentido dessa obra, que lhe tomara toda a última parte da vida, ele se nega a fazer qualquer comentário. "Quero explicar o mundo… Quero simplesmente *explicar o mundo…*", repete ao longo de uma página à jovem jornalista, que treme ante o desafio, revelando-se incapaz de represar aquela loquacidade senil, e talvez fosse melhor assim, a loquacidade de Jed Martin desdobra-se, senil e livre, essencialmente concentrada nas questões de diafragma, amplitude de foco e compatibilidade entre softwares. Uma entrevista notável, em que a jornalista "ofuscava-se por trás de seu assunto", como secamente comentou o *Le Monde*, que morria de inveja por ter perdido aquela matéria exclusiva, que valeu à jovem, meses mais tarde, sua promoção à redatora-chefe adjunta da revista — justamente no dia em que foi anunciada a morte de Jed Martin.

Apesar de se estender sobre isso ao longo de várias páginas, o equipamento utilizado por Jed não tinha, em si, nada de muito especial: um tripé Manfrotto, uma filmadora semiprofissional Panasonic — que ele escolhera pela excepcional luminosidade do sensor, que permitia filmar numa escuridão quase total — e um disco rígido de dois terabytes conectado à saída USB da filmadora. Durante mais de dez anos, todas as manhãs, à exceção das terças-feiras (que ele reservava para as compras), Jed Martin acondicionou esse material no porta-malas de seu Audi antes de percorrer a estrada particular que mandara construir e que atravessava seu domínio. Não era possível aventurar-se além dessa estrada: o capim, muito alto e cheio de moitas com espinhos, logo se juntava à mata fechada e impenetrável. O vestígio das trilhas que eventualmente cortavam a floresta se apagara fazia tempo. O entorno do tanque, onde um capim ralo crescia com dificuldade sobre um terreno esponjoso, permanecia a única zona minimamente acessível.

Apesar de dispor de uma extensa gama de lentes, utilizava quase sempre uma Schneider Apo-Sinar, que apresentava a espantosa particularidade de abrir a 1,9 ao mesmo tempo em que alcançava uma distância focal máxima de 1200mm em formato 24 x 36mm. A escolha do tema "não correspondia a nenhuma estratégia preestabelecida", afirmou ele em várias passagens à jornalista; "seguia simplesmente o impulso do momento". Em todo caso, quase sempre utilizava focais bastante elevadas, concentrando-se num galho de faia agitado pelo vento, às vezes num tufo de relva, no topo de uma touceira de urtigas ou numa superfície de terra movediça e enlameada entre duas poças. Uma vez efetuado o enquadramento, ele conectava a fonte da filmadora na tomada do isqueiro do carro, ligava-a e voltava para casa a pé, deixando o motor funcionando por horas a fio, às vezes pelo restante do dia e pela noite seguinte — a capacidade do disco rígido lhe teria permitido quase uma semana de imagens ininterruptas.

Respostas que apelam para o "impulso do momento" são, na realidade, decepcionantes para uma revista de informações gerais, e a jovem jornalista, dessa vez, tenta saber um pouco mais: de alguma maneira, fareja ela, as imagens capturadas num determinado dia deviam influir nas imagens dos dias seguintes; um projeto devia, pouco a pouco, elaborar-se, construir-se. Em absoluto, obstina-se Martin: pela manhã, no momento de arrancar com seu carro, ainda ignorava o que tinha intenção de filmar; todo dia, para ele, era um novo dia. E esse período de incerteza total perduraria, esclarece, por quase dez anos.

Falou em seguida sobre as imagens obtidas por um método que consistia basicamente na montagem, ainda que se tratasse de uma montagem bastante específica, na qual às vezes selecionava apenas alguns fotogramas de uma sequência de três horas; mas era efetivamente uma montagem que lhe permitia obter aquelas tramas vegetais em movimento, com flexibilidade carnívora, serenas e impiedosas ao mesmo tempo, que constituem, sem dúvida alguma, a tentativa mais bem-sucedida, na arte ocidental, de representar o ponto de vista vegetal sobre o mundo.

Jed Martin "esquecera", ao menos era o que afirmava, o que o impelira, após dez anos dedicados exclusivamente à filmagem de vegetais, a retornar à representação de objetos industriais: primeiro um telefone celular, depois um teclado de computador, uma luminária de mesa, diversos outros objetos, bastante variados no início, antes de aos poucos concentrar-se quase exclusivamente naqueles dotados de componentes eletrônicos. Suas imagens mais impressionantes permanecem, certamente, as dos mapas ou placas-mães de computadores sucateados, que, filmados sem nenhuma indicação de escala, evocam estranhas cidadelas futuristas. Filmava esses objetos no seu porão, contra um fundo cinza neutro, destinado a desaparecer após a inserção nos vídeos. A fim de acelerar o processo de decomposição, aspergia-os com ácido sulfúrico diluído, que comprava em botijões — um preparado, esclarecia, utilizado em geral como agrotóxico. Em seguida, procedia, nesse caso também, a um trabalho de montagem, retirando alguns fotogramas distanciados uns dos outros; o resultado era muito diferente de uma simples aceleração, na medida em que o processo de degradação, em vez de ser contínuo, produzia-se por patamares, aos arrancos.

Após 15 anos de filmagens e montagens, dispunha de cerca de 3 mil módulos, superestranhos, com duração média de três minutos; mas foi somente em seguida que seu trabalho desenvolveu-se de verdade, quando saiu à procura de um software de sobreimpressão. Utilizado sobretudo nos primórdios do cinema mudo, a sobreimpressão praticamente desaparecera tanto da produção dos cineastas profissionais como da dos videastas amadores, até mesmo entre aqueles que atuavam no campo artístico; era considerado um efeito especial caduco, datado, em função de seu irrealismo claramente reivindicado. Após vários dias de procura, descobriu um freeware de sobreimpressão simples. Fez contato com o autor, que morava no Illinois, e perguntou-lhe se aceitaria, mediante remuneração, desenvolver uma versão mais completa de seu software. Chegaram a um acordo quanto às condições e, alguns meses mais tarde, Jed Martin dispunha de um instrumento excepcional para uso exclusivo, sem similar no mercado. Baseado num princípio bastante análogo ao dos decalques de Photoshop, permitia superpor até 96 fitas de vídeo, ajustando, para cada uma delas, a luminosidade, a saturação e o contraste, e fazendo-as, além disso, passarem progressivamente ao primeiro plano ou sumir na profundidade da imagem. Foi esse software que lhe permitiu obter os longos planos hipnóticos em que os objetos industriais parecem se afogar, progressivamente submergidos pela proliferação das camadas vegetais. Às vezes, eles dão a impressão de se debater, de tentar voltar à superfície; depois são carregados por uma onda de capim e folhas, voltando a mergulhar no seio do magma vegetal, ao mesmo tempo em que sua superfície se desagrega, descortinando os microprocessadores, as baterias, as placas e os mapas da memória.

A saúde de Jed piorava, ele não conseguia comer senão laticínios e doces, e começava a suspeitar que seria, como seu pai, levado por um câncer das vias digestivas. Exames realizados no hospital de Limoges confirmaram esse prognóstico, mas ele se recusou a se tratar, a passar por uma radioterapia ou por outros tratamentos pesados, limitando-se a tomar remédios paliativos, que aliviavam suas dores, particularmente intensas à noite, e doses maciças de soníferos. Fez seu testamento, legando sua fortuna a diferentes associações de proteção aos animais.

Na mesma época, começou a filmar fotografias de todas as pessoas que conhecera, de Geneviève a Olga, passando por Franz, Michel Houellebecq, seu pai, e outras pessoas também, todas aquelas, na realidade, das quais possuía fotografias. Ele as dispunha sobre uma tela impermeável cinza neutra, esticada sobre uma moldura metálica, e as filmava, bem à sua frente, deixando dessa vez a degradação natural operar. Submetidas às alternâncias de chuva e luz solar, as fotografias estufavam, apodreciam em certos lugares, depois se decompunham em fragmentos e eram totalmente destruídas no espaço de semanas. Mais curiosamente, adquiriu bonecos em miniatura, representações esquemáticas de seres humanos, e submeteu-os ao mesmo processo. Os bonequinhos eram mais resistentes, e ele se viu obrigado, para acelerar sua decomposição, a recorrer novamente a seus botijões de ácido. Alimentava-se, nessa fase, exclusivamente de líquidos, e todas as noites uma enfermeira vinha lhe aplicar uma injeção de morfina. Pela manhã, porém, sentia-se melhor, e até o último dia pôde trabalhar ao menos duas ou três horas.

Foi assim que Jed Martin se *despediu* de uma existência à qual nunca aderira totalmente. Imagens lhe voltavam agora e, curiosamente, embora sua vida erótica não tivesse tido nada de excepcional, tratava-se sobretudo de mulheres. Geneviève, a gentil Geneviève, e a infeliz Olga perseguiam-no em seus sonhos. Voltou-lhe até mesmo a lembrança de Marthe Taillefer, que lhe revelara o desejo, numa sacada de Port-Grimaud, no momento em que, soltando seu sutiã Lejaby, desnudara os seios. Na época, ela tinha 15 anos e ele, 13. Naquela mesma noite, masturbara-se no banheiro do apartamento funcional alugado pelo pai para os vigias do canteiro de obras e admirara-se ao sentir tanto prazer com aquilo. Voltaram-lhe outras lembranças de seios macios, línguas ágeis, vaginas estreitas. Vamos, ele não tivera uma vida ruim.

Cerca de trinta anos antes (e essa é a única indicação que extrapola o estrito plano técnico que ele fornece na entrevista à *Art Press*), Jed realizara uma viagem ao Ruhrgebiet, onde seria organizada uma retrospectiva de grande amplitude de sua obra. De Duisburg a Dortmund, passando por Bochum e Gelsenkirchen, a maioria das antigas usinas siderúrgicas havia sido transformada em locais de exposições, espetáculos e concertos, ao mesmo tempo em que as autoridades locais tentavam implantar um *turismo industrial* baseado na reconstituição do modo de vida operário do início do século XX. Na realidade, toda a região, com seus altos-fornos, suas escórias, suas ferrovias desativadas onde terminavam de enferrujar vagões de mercadorias, suas alas de pavilhões idênticos e limpíssimos, que às vezes embelezavam parques operários, lembrava um conservatório da primeira era industrial europeia. Jed ficara impressionado, na época, com a densidade ameaçadora das florestas, que, após um mero século de inatividade, cercavam as fábricas.

Apenas aquelas passíveis de serem adaptadas à sua nova vocação cultural foram revitalizadas; as outras se desagregavam pouco a pouco. Aqueles colossos industriais, onde outrora se concentrara o essencial da capacidade produtiva alemã, estavam então enferrujados, praticamente soterrados, e as plantas colonizavam as antigas oficinas, insinuando-se entre as ruínas, que cobriam pouco a pouco com uma floresta impenetrável.

Portanto, a obra que ocupou os últimos anos da vida de Jed Martin pode ser vista — é a interpretação mais horizontal — como uma meditação nostálgica sobre o fim da era industrial na Europa e, mais genericamente, sobre o caráter perecível e transitório de toda indústria humana. Entretanto, essa interpretação é insuficiente para explicar o mal-estar que nos toma ao vermos aqueles patéticos bonequinhos tipo Playmobil, perdidos em meio a uma cidade futurista abstrata e imensa, cidade que, por sua vez, se corrói e se dissocia, depois parece aos poucos se esparramar pela imensidão vegetal que se estende ao infinito. E tampouco o sentimento de desolação que nos invade à medida que as representações dos seres humanos que acompanharam Jed Martin ao longo de sua vida terrena se desagregam sob o efeito das intempéries, depois se decompõem e dividem em retalhos, parecendo, nos últimos vídeos, constituírem o símbolo do aniquilamento generalizado da espécie humana. Elas afundam, parecem, por um instante, debater-se, antes de se verem sufocadas pelas camadas superpostas das plantas. Depois tudo se acalma, não há senão a relva agitada pelo vento. O triunfo da vegetação é total.

AGRADECIMENTOS

Não tenho o hábito de agradecer a ninguém, porque me documento muito pouco, pouquíssimo até, comparado a um autor americano. Porém, no caso, eu estava impressionado e intrigado com a polícia, e me pareceu necessário fazer um pouco mais.

Desta vez, portanto, tenho a satisfação de agradecer a Teresa Cremisi, que efetuou os procedimentos necessários, bem como ao chefe de gabinete Henry Moreau e ao chefe de polícia Pierre Dieppois, que me receberam cortesmente no Quai des Orfèvres, fornecendo utilíssimos esclarecimentos sobre sua difícil profissão.

Obviamente, senti-me com liberdade para modificar os fatos, e as opiniões expressas comprometem apenas os personagens que as exprimem; em suma, convém que o leitor se situe no âmbito da ficção.

Agradeço também à Wikipedia (http://fr.wikipedia.org) e a seus colaboradores, cujos verbetes às vezes utilizei como fonte de inspiração, sobretudo os relativos à mosca doméstica, à cidade de Beauvais ou ainda a Frédéric Nihous.

Este livro foi composto na tipografia
Minion Pro, em corpo 12/14,9, e impresso em
papel off-white no Sistema Digital Instant Duplex
da Divisão Gráfica da Distribuidora Record.